基金实战指引

王　伟　华惠川　著

中国金融出版社

责任编辑：张智慧　王雪珂
责任校对：李俊英
责任印制：丁淮宾

图书在版编目（CIP）数据

基金实战指引（Jijin Shizhan Zhiyin）/王伟，华惠川著．—北京：中国金融出版社，2016.1
ISBN 978－7－5049－8242－1

Ⅰ．①基…　Ⅱ．①王…②华…　Ⅲ．①基金—投资—研究
Ⅳ．①F830.59

中国版本图书馆CIP数据核字（2015）第288932号

出版发行　中国金融出版社
社址　北京市丰台区益泽路2号
市场开发部　（010）63266347，63805472，63439533（传真）
网上书店　http://www.chinafph.com
（010）63286832，63365686（传真）
读者服务部　（010）66070833，62568380
邮编　100071
经销　新华书店
印刷　保利达印务有限公司
尺寸　169毫米×239毫米
印张　25
字数　330千
版次　2016年1月第1版
印次　2016年1月第1次印刷
定价　68.00元
ISBN 978－7－5049－8242－1/F.7802
如出现印装错误本社负责调换　联系电话（010）63263947

序　　言

张　炜

随着中国经济的高速发展，居民个人财富持续积累，据瑞士信贷银行2015年10月发布的《2015全球财富报告》，中国家庭财富总值达22.8万亿美元，较上年增加1.5万亿美元，超过日本跃居世界第二位，仅次于美国。

与此同时，随着利率市场化、金融脱媒、互联网金融以及金融政策的放开，我国经济的金融化程度不断加深，金融深化正在以前所未有的进程向前推进。近年来，我国财富管理行业积极变革，证券公司、基金公司、私募基金、期货公司，以及银行理财、保险、信托等各类财富管理机构蓬勃发展，无论是财富管理机构还是财富管理产品，都有日益多元化的趋势。随着监管限制逐渐放宽，银行、证券公司、期货公司、基金管理公司、保险公司、信托公司之间的竞争壁垒逐步被打破，金融业进入了一个以竞争、创新、混业经营为主题的大资管时代。

特别是我国的公募基金，凭借相对规范的运作机制、相对充分的信息披露，以及较好的投资业绩，已被投资者广为接受。根据中国基金业协会的数据，截至2015年11月底，我国境内共有基金管理公司100家，取得公募基金管理资格的证券公司9家，保险资管公司1家，管理的公募基金资产合计7.2万亿元，共2 636只基金，其中封闭式基金160只，开放式基金2 476只（股票基金577只，混合基金1 140只，货币基金211只，债券基金450只，QDII基金98只）。

近年来，公募基金创新亮点频现，灵活配置粉墨登场，分级杠杆横空出世，主题基金此起彼伏，行业 ETF 变革创新，QDII 基金也为普通投资者提供了参与全球化资产配置的机会——得到了市场和投资者的广泛认可。可以说，公募基金的产品类型在各类资管产品最为丰富，可以容纳不同的风险偏好与投资目标的投资者，同时投资门槛低，流动性高，不愧为一种创新内涵丰富、便捷的资产配置工具。

基金产品的极大丰富，产品创新也被不断赋予新的意见和内涵。对于投资者而言，机会越来越多，也越来越难，迫切需要专业的机构来提供专业的投资顾问服务。甄别一只基金的优劣，目前市面上主流的观点就是看这只基金能否跑赢市场、跑赢同类，即能否带来显著的超额收益。用来衡量超额最直接的指标就是基金的业绩，但是，业绩本身并不是基金的全部，因为“基金的过往业绩并不代表未来表现”。不过，目前市场广为流传的基金评级体系都是基于业绩与业绩方差本身做出该基金的星级评判。而且，比较致命的一点是，它们在评级中，都没有考虑基金经理的变动，这会让那些初入不明就里的投资者误认为该基金还是好基金。另外，基金的业绩也有阶段之分，假如每个阶段（最低可以精确到每天），都在市场的前 1/3 的水平，则当然算是好基金。但是一些机构以“三年期”为比较阶段，尽管相对客观，但对当下的基金的分析与投资指导并无多大作用。所以，什么样的业绩才算真的好，并没有确切的定义。

本书认为，与其就业绩的自身来分析业绩，不如将业绩的来源做个归因。一只基金过去及未来的表现，主要取决于三个因素：市场时机、产品本身以及基金管理人。若将市场看成“天”，产品看成“地”，基金管理人看成“人”，则就是分析该基金的“三位一体化”分析法。作为一个专业的基金研究机构，杭州淘基信息技术有限公司开展了全谱系的基金研究，提示基金在大资管时代的本质和价值，把握基金产品未来的发展方向和投资机会，从而为推动中国居民资产配置重构的伟大进程尽绵薄之力。

前　　言

《基金实战指引》一书，终于要出版啦！

早在四年前我与华老师共事之时，由于国内基金的参考书较少且多以理论为主，我们就有想法想要写一本关于基金的书。当时为了培训与对外报告需求开始写一些基金专题，慢慢积累素材直至现在。现在回首，发现正是这些积累最终促成了《基金实战指引》一书的诞生。

本书由华惠川老师主笔，创作历时十个月，定稿超二十万字。写作是痛苦的，这不仅仅是说写作本身，更表现在写作所需要的客观条件和周围人对此的态度上。在当今这个比较物质化的社会中，花这么多的时间代价是需要一些勇气的。在写作这段时间里，公司也经历了业务上的瓶颈期，遇到了许多意想不到的困难。但是，我们都最终坚持了下来。

《基金实战指引》内容含基金投资基础，可以作为普通基金投资爱好者的入门之书，也系统地介绍了基金的实战方法，可以作为基金培训参考用书。本书创作的主要目的是为了推广基金的投资方式，让更多人了解和喜欢基金这种产品。如果可能，我们希望能够有更多更好的创作来服务基金人。

感谢华老师的智慧与夜以继日。

王伟

2016. 1. 5

目　录

第一章　中国公募基金的概况

本章对中国公募基金（或称为证券投资基金）的内涵、历史、类型及现状进行概述，使投资者对基金有个整体认识。

一、公募基金的内涵

首先，基金（Fund）从广义上说，是为了某种目的而设立的具有一定数量的资金。由于此类资金也是委托专业的人去打理，所以可以看成是信托；也就是说，基金是一种模式固定化、结构法定化的特殊信托。实际上，早在1774年荷兰人就开始创设了基金，当然那只是私人的，作为社会化的基金，则是发生在18世纪中期的工业革命期间。到了1931年，英国成立了一只基金，它以净值作为基金赎回单位，这可以看成是现代基金的开端。

从概念上来说，公募基金（美国称为共同基金）是基金公司（发行并管理公募基金的公司）——现在放宽到券商资管等机构，通过直销（即基金公司自身）与代销机构（如银行、天天基金网）向公众公开募集，且资金在银行托管下（目前放宽到券商），然后参与股票、债券等投资的资金。公募基金的投资与股票投资是不同的。通俗的说，炒股是公众直接从股票市场买卖，基金投资则是集中公众的资金，让专业的投资者，即基金经理来做管理投资。股票在极端前提下，可能出现摘牌退市风险，而基金由于买了一揽子股票，不至于血本无归。

一般普通基金投资者在银行所购买的基金，或者听说过的，例如以前基金经理王亚伟管理的华夏大盘精基金选，就是指公募基金。我们把投资经历比较长的称为“老基民”，而刚买基金不久的投资者称为“新基民”。

之所以叫公募基金，是因为它有别于私募基金，前者普通老百姓都可以买到，资金最低 1 分钱就可以（如余额宝），申购赎回基本都是每日开放的，而后者则是向资金较大的（如 100 万元以上）投资者募集，申购赎回都有一定的要求。为方便起见，除非特别指出，本文将公募基金简称为基金。

一只基金的诞生，需要经历如下几步。第一，需要基金公司设计出产品，该产品需要明确投资对象、基金经理、基金托管人等事项。第二，上报证监会（监督股票，基金，期货等的机构）审查批准。第三，当批准通过后，基金公司就可以对外宣传，然后通过基金公司网站的“直销渠道”，或者借助第三方即代销渠道，向公众销售以募集资金。第四，当资金募集完毕后——需要人数与资金量都达标（如 2 亿元），基金公司就宣告该基金合同生效，也就是一只基金诞生。

通过基金的诞生，可以知道，与一只基金关联的对象有：证监会、基金公司、基金经理、基金托管人（银行或券商）、基金销售渠道、基民。在基金成立后，基民可以在基金公司网站，也可以通过银行、券商、财经网站，看到每天基金净值与收益率的变动。

一般来说，若自身投资水平不错，可以自主参与股票交易或债券交易。但是，对于大多数投资者来说，通过炒股赚钱不容易，否则也不会有“一赚二平七亏损”的说法，所以不如通过一些较好的基金来赚钱更靠谱。其实，自 2001 年 9 月第一只开放式股票型基金诞生以来，基金长期下来的年化收益率还是比较可观的。例如，我们取复合的年化收益率来（即历年复利）看，股票型与混合型成立以来的平均复合收益都在 15% 以上，而债券型基金则都在5%到9%，总体来说，长期收益率还是比较喜人的。当然，若截止日期取在2008年10月底，则收益率会打折扣，但是一般在牛市中获利了结，则可以获得较好的收益率。所以，相对而言，在市场估值合理的时候，利用基金定投或者理财，且一直持有到牛市周期获利了结，是比股票更稳健的方式。

表1－1　　各类型开放式基金的年化收益率　　单位:%

序号	名称	各类型成立日期	截止日期	成立以来涨幅	复合年化收益率
1	股票型平均	2001－09－21	2015－04－20	599.69	15.5
2	混合型平均	2002－05－24	2015－04－20	526.81	15.2
3	二级债基平均	2002－09－20	2015－04－20	172.85	8.4
4	一级债基平均	2002－10－23	2015－04－20	128.25	6.9
5	纯债型平均	2003－04－28	2015－04－20	91.66	5.4

数据来源：大智慧财汇。

二、公募基金的简史

中国公募基金的历史，可以分为旧阶段与新阶段。在旧阶段，封闭式基金是开端，具体时间要追溯到1991年7月，当时发行规模达6 930万元的珠信基金（原名一号珠信物托）成立，它是国内发行时间最早的基金。之后，天骥、蓝天、淄博等投资基金作为首批基金在深圳、上海证券交易所上市，标志着我国全国性投资基金市场的诞生。不过在旧阶段，专业性基金管理公司很少（不足10家），基金总的来说规模很小，运作也很不规范。所以，亟须规范整顿。

于是，到了1997年11月14日，《证券投资基金管理暂行办法》正式颁布，同时，由中国证监会替代中国人民银行作为基金管理的主管机关，这标志着新阶段的开始。到1998年后，证监会相继批准了10家基金公司，业内俗称“老十家基金公司”，而它们目前也大多是市场上规模处于前列的基金公司。其中，在1998年，南方与国泰基金分别最早发行了新阶段的两只封闭式基金——基金开元（184688）与基金金泰（500001），并且分别在深交所与上交所上市交易，规模多在20亿元，远大于旧阶段的基金。

而旧阶段的老基金，1999年3月在证监会的监管下，经过一系列的基金合并、资产重组，将原先不良资产全部置换为流通性较强的上市公司股票、国债或现金资产，并在此基础上完成了基金的扩募和续期，最终实现了新老基金的历史过渡。例如，兼并重组的第一只基金——华夏基金公司旗下的封闭式基金“基金兴业”（500028），就由原海鸥基金、珠信基金、赣农基金、金星基金经清理规范扩募而成的，当然，基金兴业也在原来扩募延续期满后，转为现在的华夏平稳增长（519029）。

表1－2　　最早成立的10家基金公司

序号	基金公司全称	组织形式	成立日期
1	国泰基金管理有限公司	中外合资企业	1998－03－05
2	南方基金管理有限公司	中资企业	1998－03－06
3	华夏基金管理有限公司	中外合资企业	1998－04－09
4	华安基金管理有限公司	国有企业	1998－06－04
5	博时基金管理有限公司	中资企业	1998－07－13
6	鹏华基金管理有限公司	中外合资企业	1998－12－22
7	嘉实基金管理有限公司	中外合资企业	1999－03－25
8	长盛基金管理有限公司	中外合资企业	1999－03－26
9	大成基金管理有限公司	中资企业	1999－04－12
10	富国基金管理有限公司	中外合资企业	1999－04－13

在新阶段时期，从2001年9月21日开始，华安基金公司成立了国内第一只开放式股票基金，之后陆续有混合型、债券型、指数型等基金登台，从此开放式基金逐渐取代过去的封闭式基金，成为基金市场的主角。

至于基金的类型，将在下节重点讲述。

表 1 – 3　　各类型的第一只基金

序号	基金类型	基金名称（代码）	成立日期
1	转型扩募而来的封基	基金兴业（500028）	1991 – 11 – 15
2	新阶段的封基	基金开元（184688）	1998 – 03 – 27
3	开放式主动管理型股基	华安创新（040001）	2001 – 09 – 21
4	混合型基金	鹏华行业成长（206001）	2002 – 05 – 24
5	债券型	南方宝元债券（202101）	2002 – 09 – 20
6	股票指数型基金	华安 MSCI 中国 A 股（040002）	2002 – 11 – 08
7	保本型基金	南方避险增值（202202）	2003 – 06 – 27
8	货币基金	景顺长城货币（260102）	2003 – 10 – 24
9	QDII 基金	华安国际配置（040006）	2006 – 11 – 02
10	商品型基金	国泰黄金 ETF（518800）	2013 – 07 – 18

三、公募基金的分类

基民在投资基金中，首先要知道买的是什么，例如需要知道是保本还是不保本的，是投资股票还是投资债券的，风险与收益是怎么样的。因此，就需要知道基金的投资种类。实际上，面对市场上成千只基金，也有必要进行分门别类。就像我们现在面对 A 股的 2 600 多只股票，也需要根据其行业、区域或主题进行分类。

基金的投资种类，最常见的划分方法都是按照投资对象进行的，它可以分为股票型、混合型、债券型与货币型。

股票型中根据投资理念的不同，又可以分为主动管理的股票型和被动管理的股票型（即所谓的股票型指数基金）。而混合型中还有一种保本混合型。由于主动管理的股票型，股票指数型与保本型基金数量都较多，所以，我们都将它们作为一级分类。当然，随着投资对象的全球化，于是有了投资海外市场的QDII基金，而随着投资品种的多样化，也有了商品型等基金。另外，根据基金的运作方式是开放还是封闭（所谓开放就是每天可以申购与赎回，封闭式则不是），也有开放式与封闭式的分法，但是主流的运作，都是开放式的，所以过去的封闭式基金都将封闭转为开放式（即“封转开”）。当然，像有些债券型基金为了便于运作，也有定期开放的。

综合上述提到的投资对象、投资区域、投资理念、运作方式，我们可以将基金分为七大类型：开放式主动股票型（不含分级子基金）、股票指数型、混合型、保本型、债券型、QDII型、封闭股票型。这七大类型都是独立并列的，都可以参与同类业绩排名。将来随着往后基金品种的推陈出新，预计还将有新的大类出来，如FOF基金，还有像跨境基金，如沪港深基金等。

表1－4　基金的常见一级分类与淘基二级分类（只对一级分类排名）

一级分类	二级分类	备注
1. 主动股票型（股票仓位不低于80%）	价值股票型	一般以价值蓝筹与主板个股为主
	成长股票型	一般以中小板、创业板与新兴产业为主
	主题股票型	一般是政策导向与概念，含行业主题
2. 股票指数型	复制指数型	不含分级A与B，完全复制指数
	增强指数型	不含分级A与B，复制为主，增强为辅
3. 混合型	偏债混合型	股票比例低于0到40%，兴全转债，银华股债30/70归到此类
	偏股混合型	股票比例60%至95%
	灵活混合型	股票比例0到95%
4. 保本型		在保本期，最初认购的本金（包含手续费）免受亏损
5. 债券型	绝对纯债型	不可投资股票，主动管理，不含可转债（只可投资纯债部分）
	一般纯债型	不可投资股票，主动管理，含可转债
	指数型	被动管理的，含跟踪可转债指数的

续表

一级分类	二级分类	备注
	一级债基	可网上打新，一级市场定增，不可二级市场交易股票
	二级债基	可以二级市场交易股票
6. 货币型	普通货币型	每日开放申赎的货基
	交易型货币	可以 T+0 场内交易的货基
	短期理财型	一般是 N 天理财，如 7 天，14 天，1 个月，3 个月等
7. QDII 型	QDII 主动型	主动投资海外的股票与债券型
	QDII 指数型	不含分级 A 与 B，被动跟踪海外指数的类型
	QDII－FOF	投资海外 ETF 等组合的类型
8. 商品型		投资商品类的基金，如单纯投资国内黄金的
9. 封闭股票型		早期的封闭式基金
FOF 型（待定）		基金中的基金，目前还没有，ETF 联基仅属狭义的 FOF
跨境基金（待定）		它既可投 A 股，也可投资境外，如景顺长城沪港深基金

不过，在交易方式与创新上，有些基金比较特殊，它们是上市交易的 LOF 基金、ETF 基金，与 ETF 基金挂钩的 ETF 连接基金，分级子基金等。这些品种除分级子基金外，都包含在上述类型中，之所以没把分级子基金作为独立的一类，是因为它其实是上述类型中母基金的一类而已，且不能参与排名。综合考虑，我们将这些基金归为“特殊属性”基金，但不作为一种独立的种类，它更相当于基金的板块，就像股票中的“一带一路”概念等。

表 1－5　　特殊属性的基金

特殊属性	备注
分级母基金	包含在 1，2，5，7 中
分级 A 类子基金	属于 1，2，5，7 母基金的子基金，但不在上述类型中
分级 B 类子基金	属于 1，2，5，7 母基金的子基金，但不在上述类型中
LOF 基金	包含在 1，2，3，5，7 中
ETF 基金	包含在 2 中
ETF 连接基金	包含在 2 中
场内 T+0 基金	包含在 QDII，商品型，货币型之中

四、各类基金的概念

我们对上述一级分类、二级分类的投资类型，以及特殊属性的基金做简单的概念解释。值得一提的是，在我们看来，基金的排名只需要根据一级分类即可，而没必要像银河基金研究中心提出的那样，细分到二级分类上。当然，若单独设立像股票那样的基金板块，则可以进行单独排名。

主动开放式股票型，是指主要投资股票的基金，一般投资比例在60%到90%之间，不过根据中国证监会2014年7月7日颁布的《公开募集证券投资基金运作管理办法》（以下简称《运作办法》）的有关规定，在2015年8月8日之后，股票型基金不得低于80%，所以在该日之后的股票型基金在建仓完毕后，在原则上都不应该低于80%，所以此类型是主动管理型中风险等级最高的，当然也对应着高收益。从2015年8月8日之后的大限去看，为了规避最低仓位的限制，很多主动股票型基金已经转型为灵活性更高的混合型基金，例如，华夏基金公司只剩下华夏领先与华夏全球两只基金。所以，主动管理的灵活型基金将成为主流。至于二级分类上，考虑到基金重仓股以及行业配置的特点，我们将其投资风格做了三个分类：价值型、成长型与主题型。当然在二级分类上，一只基金的风格也不是完全不变的，有时随着行情的演变，成长型的基金也可能转为价值型，所以一般风格我们都是一个季度更新一次。

股票指数型基金则是跟踪市场指数的基金，例如华夏沪深300基金就是跟踪沪深300指数；它们将不低于90%的资产投资于跟踪指数的成分股，其权重与市场指数里成分股权重一致。在投资理念上，一般若完全复制指数的，则属于复制指数型，而若在复制的基础上，还会用另外10%的资产去投资成分股中更有潜力的——目前也可以扩展到成分股之外，则属于增强指数型。由于指数型以尽量控制跟踪标的指数的误差为目标，所以无论市场如何变化，一直近乎满仓操作，因此在所有基金的一级类型中，属于风险最高的，尤其在熊市中。

混合型基金，顾名思义，它就是股票与债券的混合，其股票投资比例为0到95%。不过，就二级分类上，这个股票投资比例可以细分，像投资比例在60%以上的，则是偏股混合型，而若在50%以内则是偏债混合型，至于0到95%则属于灵活混合型。值得一提的是，像偏债混合与下面提到的二级债基还是有区别的，偏债混合的股票比例，可以达到50%，而二级债基最大为20%。由于混合型基金股票投资比例相对股票型与指数型较低，所以风险处于中高程度。就2014年与2015年来说，随着打新的火爆，新发行的0到95%设置的混合型基金，常参与打新，若一直以打新为主的，则风险较低。

保本型基金，就是在完整的保本周期（1年到3年都有），保证本金安全的基金。但是，保本需要符合同时两点要求。第一，基金的购买一定要在认购期（募集期购买），或者基金公司承诺保本的申购期。第二，一定要持有保本期满。通俗的说，1个承诺3年保本期的基金，你需要在认购期买入，并且持有3年期满，才会确保保本。这里的保本，保证了你初始的认购资金（含认购费）以及认购期产生的利息。当然，中间收益率若已经满意，赎回也行，只不过手续费比较高。此类基金，风险较低。

债券型基金，就是以债券为主要投资对象的基金，一般投资债券的比例不低于80%。当然，在二级分类上，需要根据投资债券的种类，以及投资股票的比例，进行细分。先普及一个常识，债券市场包含利率债、信用债、可转债这三大类，其中前两者只有债券的性质，而可转债则有股票的性质，且与股市正相关。所以，在二级分类中，纯债基只能投资债券，而绝对纯债基，不可投资可转债，而一般纯债基则可以，当然前两者都是主动管理的，后来也有跟踪债券指数型的，如国债指数、转债指数，此类我们将其定义为纯债指数型。可以投资股票的一级债基与二级债基，在股票投资的投资比例上都不能超过20%，但在股票获得的方式上不同，其中一级债基只能通过一级市场的定向增发（非公开发行），以及网下打新才能获得（目前债基网下打新被叫停），而二级债基除了有与一级债基同样的方式外，还可以直接在二级市场交易股票。从风险上，债券型小于前面的股票型、指数型与混合型，但是并非纯债基金风险就低，应该根据投资对象来设定。一般而言，能够涉及可转债与股票的债基，风险相对较高，否则风险较小。

另外，还有涉及A、B与C份额的，实际上不单是对于债券基金，对于股票型基金也一样，当然分级除外，它们的区别在于认购、申购与赎回费用的不同。一般A类是有认购、申购与赎回费的，且在前端收费（即申购的时候就收取申购费），而B类的申购是后端收费（即赎回的时候才交申购费，但持有时间越长费率越低），C类则没有申购与赎回费（一般超过30日才没有赎回费），但每日计提服务费，不过若只有A与B两类的情况下，B类就相当于C类，所以是不收申购费的，不是后端收费的概念，但有销售服务费。

货币型基金，如大家耳熟能详的余额宝（对接的是天弘增利宝），是一种替代存款的现金管理工具，具备最高的流动性，所以在投资对象上，以现金、通知存款、协议存款等为主，而股票是绝对不能碰的，像债券只能投资短期融资券，剩余期限在397以内的信用债等。从二级分类看，最初货币型都是每日开放申购与赎回的普通货币型，后来又增加了一定期限的，如7天、14天的货币型，即短期理财型，随着股票交易保证金（也就是股票账户不用的现金）沉淀日益扩大，针对股票交易的货币基金，即场内T+0货币基金也有了。值得一提的是，货币基金以“万份每日收益”，“七日年化收益率”来计算，所以货币基金的净值恒定为1

元。从风险角度看，正因投资对象的低风险性，中国的货币基金几乎绝对保本。

QDII 基金，就是投资境外的基金，不能投资 A 股，投资对象也包括股票、债券、商品、地产等，实际上相对境内的基金来说，更加广泛。为了简便起见，我们在二级分类上，分为主动型 QDII、被动型 QDII，以及 FOF 投资。关于主动与被动，跟股票型与指数型的概念一致，而 FOF，即基金中的基金，也就是该类 QDII 为海外基金的组合。就风险而言，取决于投资对象，但由于境外投资主要是以美元为主，汇兑风险是难逃的，因此此类基金风险还是中高的。

商品型基金，是主要投资商品的基金，它是在 2011 年之后产生的，一般以投资国内的黄金为主，未来可能投资国内的资产证券产品，如地产 REITs 等。从风险角度而言，也属于高风险品种。

封闭式股票型基金，就是份额保持不变，不能申购与赎回，但可场内交易的基金，它包括了旧阶段扩募而成的封闭股基，以及新阶段（1998—2002 年）发行发封闭式股基。随着封闭期 15 年的临近，此类基金都将封转开，从此退出历史舞台。

对于特殊属性的基金，这里做简单介绍。首先，分级基金是指按收益分配的不同，将一只普通的基金，再次拆解成两个子基金，其中普通正常运作的基金就叫分级母基金，而子基金中的积极份额（劣后份额）称为分级 B 类子基金，而稳健类（优先份额）称为分级 A 类子基金。LOF 基金，是指不仅可以申购与赎回，还可以上市交易的开放式基金，它可以是指数基金，也可以是主动管理的开放式基金，所以在基金一级市场与二级市场净值不一致时，可以套利。ETF 基金，是上市交易的指数基金，它可以运用二级市场的交易价格与基金份额净值（IOPV）不同实行套利，但套利方式是通过买入一揽子股票后赎回 ETF 份额，或者申购 ETF 份额卖出来实现。ETF 连接基金，是指专门投资 ETF 基金的份额，之所以称为连接，是因为ETF基金，普通投资者不能直接申购，所以需要通过ETF连接基金。场内T+0的的基金，是指可以通过股票软件T+0操作的基金，是针对个别QDII、商品型基金、债券基金实施的一种特别方式，其目的是增加基金活跃性。

综上所述，我们可以将股票型、指数型与混合型归为权益类基金（即股票类为主），而将债券型、货币型归为固定收益类基金。从风险上说，大体可以根据投资股票与债券来划分，一般而言可以投资股票的，都属于中等以上风险品种，而且比例越高，风险越大，就债券而言，风险相对较低。基金投资者，在投资过程中，需要清晰地认识自身的风险偏好，以及欲投基金的风险属性，切不可盲目投资，例如保守型投资者最好不要介入股票指数型基金的投资。

知道了公募基金、公募基金的历史、基金类型，在投资实践之前，我们还需要知道当前的基金市场正处于何种状态，因而引出了下节。

五、基金市场的现况

就公募基金市场来说，这15年来成绩斐然，整个市场从2000年的48只，863亿元，发展到2015年的（截止到4月27日）的2 073只，5.47万亿元规模。值得注意的是，公募基金是在经历2007年的大牛市之后，才真正被公众所熟悉，然后逐步壮大。从原因上看，之所以公募基金的发展一波三折，主要归因于2000年之后，中国A股市场的“牛短熊长”特征。当然与基金经理和投资者不成熟的理念也有关系，例如在熊市之中，就规模而言，在2007年到2011年期间，也没多少变化。因此，从历史上看，基金的市场规模与市场的赚钱效应密切相关，例如2012年底市场进入底部之后，基金数量与规模都有大幅增长。

表 1－6　　2000—2015 年公募基金数量与资产规模的发展

截止日期	总数	截止日份额（亿份）	截止日资产净值（亿元）
2015 年	2 073	85 204.5084	54 736.1370
2014 年	1 908	62 486.4746	45 447.4621
2013 年	1 587	47 574.9887	30 059.1891
2012 年	1 206	35 370.8583	28 672.4454
2011 年	933	26 510.5016	21 918.4027
2010 年	710	24 228.3938	25 196.4600
2009 年	559	24 535.9431	26 762.7679
2008 年	439	25 741.2447	19 390.6403
2007 年	346	22 331.6134	32 757.8708
2006 年	308	6 222.6759	8 566.5773
2005 年	218	4 714.9210	4 691.1632
2004 年	161	3 308.7165	3 246.2935
2003 年	110	1 632.7580	1 715.6189
2002 年	71	1 330.4201	1 206.7523
2001 年	53	803.9898	818.4262
2000 年	48	560.0000	863.6341

数据来源：Choice 数据，2015 年数据截止到 2015－04－27。

就资产规模来说，截止到 2015 年 4 月 27 日，已经有 2 073 只基金，而资产规模已经超过 5.3 万亿元。具体上看，在数量上，主动开放式股票型，也不再一支独大，其中债券型与混合型也已反超或跟上，2015 年 8 月 8 日新的基金法下，很多股票型转为混合型。在资产上，货币型基金由于 2013 年 5 月余额宝的横空出世，将货币基金整体规模提升了一个台阶，目前货币基金已经挤掉权益类的股票型与混合型，合计占比 4 成。总体上看，当前基金的数量越来越多，规模也越来越大，投资的种类也越来越全。当然，随着 2014 年 11 月以来，在基金显著的赚钱效应下，基金的开户数量再创历史新高，说明投资者对基金投资的热情也越来越高涨。

表1－7　　市场中各类基金的数量及资产净值（A与B合并算）

基金类型	数量（只）	数量占比（%）	资产净值（亿元）	资产占比（%）
主动开放式股票型	453	21.7998	9 914.8698	18.4110
股票指数型	308	15.0700	5 506.5779	10.2252
混合型基金	437	21.0298	10 334.3339	19.1899
债券型基金	520	25.0241	4 465.8200	8.2926
货币型	180	8.6622	21 703.7674	40.3018
QDII	91	4.3792	569.2835	1.0571
保本型基金	56	2.6949	715.7877	1.3291
其他	28	1.3474	636.0189	1.1810
合计	2 073	100.0000	53 853.0647	100.0000

数据来源：Choice数据，截止到2015－04－27。

就基金公司来说，截止到2015年第一季度，已经有100家，在资产规模上，持有基金资产1 000亿元以上，已经成了进入规模排名前10的门槛。从规模上看，老十家基金公司多数还是位居前20名，但在前10名的只有华夏、嘉实与南方基金了。从格局上看，自2013年余额宝诞生后，货币基金的规模对基金公司的资产排名带来了很大冲击。除天弘基金因为淘宝关系，其他的银行系基金在货币基金上也有着先天优势，如工银、招商与中银基金。

表1　8　　2015年第一季度基金公司的规模排名

排名	基金公司	基金数量	份额合计（亿份）	资产合计（亿元）
1	天弘基金管理有限公司	22	7 363.9829	7 381.8274
2	华夏基金管理有限公司	55	3 521.2844	3 435.0712
3	易方达基金管理有限公司	72	2 410.7848	2 705.0170
4	工银瑞信基金管理有限公司	59	2 534.3718	2 673.4975
5	嘉实基金管理有限公司	73	2 901.5913	2 624.5116
6	汇添富基金管理股份有限公司	52	30 961.9696	1 964.0949

续表

排名	基金公司	基金数量	份额合计（亿份）	资产合计（亿元）
7	南方基金管理有限公司	64	1 928.2962	1 961.8766
8	广发基金管理有限公司	70	3 731.1045	1 895.1924
9	招商基金管理有限公司	46	1 519.7542	1 644.9108
10	中银基金管理有限公司	47	1 299.6176	1 393.8639
11	富国基金管理有限公司	58	1 320.4164	1 385.4083
12	博时基金管理有限公司	59	1 157.3336	1 286.1283
13	上投摩根基金管理有限公司	41	1 165.4978	1 257.7573
14	建信基金管理有限责任公司	52	1 097.9069	1 125.8998
15	兴业全球基金管理有限公司	14	969.3540	1 116.3713
16	银华基金管理有限公司	49	813.4533	1 074.8635
17	鹏华基金管理有限公司	66	1 226.8823	1 067.7879
18	华安基金管理有限公司	60	785.5115	1 008.2322
19	大成基金管理有限公司	52	3 549.3678	919.8452
20	华宝兴业基金管理有限公司	34	390.3192	915.2132

资料来源：Choice 数据。

就基金经理来说，截止到2015年第一季度，在任基金经理有917位，不过公募离职现象同样严重。在2014年，共有216名基金经理离职，创出新高，离职率高出2013年6.59个百分点。尤其是2014年7月以来的牛市，让许多优秀的基金经理纷纷奔私，当前基金经理一拖多的现象较为严重。例如，截至2015年5月6日，近一年来离职的公募基金经理达236人，而上年同期仅156人。所以，基金公司除了在人才培养上需要下功夫，在如何稳定基金经理队伍上，也需要给予重视。

总体来说，历经近20年的发展，多轮牛熊更迭，当前的基金市场无论在基金规模、基金数量、基金种类、人才数量等方面，都有了长足发展与进步。

第二章　基金交易的基础

本章涉及的概念与术语较多，不过都是与交易相关的基础内容，例如基金的销售渠道，基金的份额如何计算，基金的交易费用等，基金投资人有必要对此有全面认知。

一、基金的销售渠道与基金开户

初次想买基金的投资者（俗称新基民），都会问哪里可以买基金，其实就是问基金的销售渠道（销售机构）在哪里。就中国而言，基金的买卖有两个渠道：直销渠道与代销渠道。所谓直销渠道就是基金公司，当然投资者没有必要跑到基金公司去，而直接登录基金公司网站即可。代销渠道，最大的渠道为银行，券商渠道也较大，然后是第三方基金销售公司，如天天基金网、数米基金、淘宝等，当然这些都只需要网上操作即可。目前，也可以登录相应渠道的手机 APP 进行操作。相对而言，基金直销渠道手续费会便宜，而第三方销售公司，操作简单，手续费也便宜。对于银行来说，尽管手续费较贵，但代销的基金种类及数目要全得多，而且，在基金服务方面，银行也提供得较多。

知道哪里购买之后，实际在操作时，若按提示操作的话，还会提示基金开户。例如，在银行买基金时，需先登录网上银行，然后点击“基金”栏目，而当你点击买基金时，会有两个提示。第一个提示是进行“风险测试”，第二个提示是开立基金交易账户。这都是相对简单的，投资者只要根据提示就知道步骤了。

需要提醒的是，一位投资者名下，在银行等一个渠道都只有一个基金账户，而投资者购买不同的基金，则会开具不同基金公司的TA账户。对于每个基金公司来说，都有自身的TA账户，对上市交易的基金则还有中登TA账户（它主要用于购买LOF基金等上市交易的基金）——中国证券登记结算有限公司（以下简称中登公司）。例如，你在工行有一个基金账户，然后购买南方、华夏、易方达等基金公司的基金，则对应了3个TA账户，不过你若在农行交易时，则会开具另一个基金账户，若是买同样基金公司的基金，TA账户就不需要重新开了。

关于TA账户，或TA系统，全称为交易代理（Trade Agent），是注册与过户登记机构为投资者开立的，用于记录投资者持有基金份额及其变动情况的账户，也就是登记基金份额的账户。简单的说，有了基金公司的TA账户，就可以申购该基金旗下的所有基金，当然像一些不能申购的，而只在交易所交易的，例如分级B类基金，则还需要开立中登TA账户，它包含了沪市与深市的TA账户。所以，每一个基金公司都有各自的TA账户，投资者开一次就够了，对上市交易的则有一个中登TA账户。总之，基金交易账户对应的是基金销售渠道，它是基金销售机构为投资人开立的，而TA账户，即基金账户，对应的是登记机构为投资人开立的每个基金公司。

在实际交易中，一般都有开户的操作提示，投资者大可不必在理论上纠结细节，按提示的步骤操作即可。值得一提的是，若你在银行的风险测试中，表现为保守者，可能就不能购买高风险的品种，比如说，当你申购高风险的股票型基金时，基金公司会拒绝你的请求。

二、基金的认购与申购

当投资者开立了基金交易账户与基金 TA 账户后，下一步就是购买基金了。基金有正在募集的新发或首发基金，简称新基金，也有已经成立多时，且打开申赎的老基金。每个基金都有唯一且独有的基金代码，投资者只要输入代码即可购买。我们对新基金的购买，称为认购，对于老基金的购买，称为申购。需要提醒的是，对于在当日在基金业务办理时间内提交的申购申请，投资者可以在当日 15：00 前提交撤销申请，予以撤销，15：00后则无法撤销申请。但如果是在基金发行期间（也就是认购期内），认购申请是不能被撤销的。

认购与申购的区别，主要体现在是否立刻出现净值波动。因为新基金在成立之后，最初是没有股票或债券仓位的，一般会有 3 个月以内的基金建仓期（指数型基金相对建仓快），而老基金则有仓位，因此，新基金买入后，不会马上见到收益波动，而老基金则是每日波动的。所以，为防短期市场波动，或为规避风险，可以认购新基金，而欲立刻跟上市场节奏，追随市场向上趋势，则申购老基金。

1. 基金的费用

投资者在认购与申购基金时，分别对应着认购费与申购费，一般是 0.6% ~1.5%。当然，不同的销售机构费用不同，而不同的认购与申购金额，也对应着不同的费率，具体可以参见基金的招募说明书。而且，有时在基金促销期间，会有打 6 折与 4 折的，甚至零费用的。不过，货币基金是零申购费用。

在基金的费用方面，除了认购或申购费外，每只基金还有每日计提付给银行的托管费，也有对投资者每日计提的管理费——该费用是基金公司的主要利润来源。由于费用是投资者相对计较的一项因素，所以基金公司在费用设计上也有迎合，主要有如下两种方式。

第一种是免除了申购费用，但新加了一项费用。当前很多债券基金（也有部分股票类基金）分为A类，B类或C类，一般对于A类是正常的收费模式，但B类或C类，比如华商收益增强B（630103）、宝盈核心优势C（000241），没有申购费用，但有销售服务费，而对于A类则没有。因此，对于中长期投资的投资者，不如购买有认购或申购费用的A类，因为届时销售服务费会超过初始的购买费用，而对于短期的投资者，可以购买B类或C类份额。

第二种是申购时采用前端收费与后端收费。所谓前端收费就是投资者在申购时，需要一次性支付申购费用，而后端收费，在最初则不需要支付任何费用，但赎回时才支付申购费用。有的基金公司，为了鼓励投资者长线持有，也有规定持有超过一定期限的，免除后端收费。显然，选择前端收费，买到的基金份额较少，而后端则较多，关于基金份额的计算，详见下面。

2. 基金份额的计算

基金份额相当于股票的股数，也就是投资人买到手的份数。它可以分为场外份额与场内份额。场外份额，就是我们通过直销渠道，代销渠道中的银行渠道、券商场外与第三方基金销售公司购买的份额。而场内份额，是指在券商场内认购或申购的份额，实际就是点击股票交易软件的“场内申购”按钮实现。场外份额，登记在注册登记系统下，场内份额则登记在证券登记结算系统下。一般来说，大多数基金都是以场外认购或申购为主，而上市可以交易的基金，一般都有场外与场内认购或申购。

关于基金份额的计算，2007年6月之前，采取的都是内扣法。以申购为例，则申购份额＝申购金额×（1－申购费率）/申购净值。该方法很容易理解，比如有1万元申购基金，申购费率为1%，则申购费用为1

万元×1%，即100元，所以可以净申购费为9 900元，若净值为1元，则可以获得9 900份额。不过，还有获得份额更多的“外扣法”；依然以申购为例，则申购份额=［申购金额/（1+申购费率）］/申购净值，于是，可以求得9 900.99份，多出0.99份。实际上，外扣法中的［申购金额/（1+申购费率）］在数值上，大于内扣法的申购金额×（1-申购费率）。

虽然对于普通投资来说，增加不了多少份额，但若是100万元，则多出99份。而对于100亿元规模的基金来说，相当于少收99万元的费用。由于外扣法比内扣法更利于基金投资者，所以在2007年3月，证监会基金部发出《关于统一规范证券投资基金认（申）购费用及认（申）购份额计算方法有关问题的通知》，要求基金公司在基金份额的计算时，6月之后统一按照外扣法，也就是下面的公式：

认购的基金份额 =［认购金额/(1 + 认购费率)
+ 认购期的利息］/ 份额初始面值

申购的基金份额 =［申购金额/(1 + 申购费率)］/T日份额净值

这里，认购与申购金额，就是投资者投入的本金。T日指的是投资者参与基金购买的日子，但需在该日的15点之前，且必须是股市交易日。T日份额净值，指的是基金在当日股票收盘后的单位价格，一般在晚上才知道，所以，申购时的净值是未知的。当然对于认购来说，基金份额初始面值一般都为1元。另外，基金份额的确认，一般是T+2日，即2个交易日才确认。

上面两个公式的基本区别是，第一，认购期间有利息；第二，认购期间的利息所购买的基金，不需要支付认购费用。

举例如下：投资者有1万元，设申购当日基金的净值为1.05元，申购费用为1.5%，则基金的份额为［10 000/［（1+1%）］/1.05，即9 429.51份。若是认购基金，假设认购费用为1%，认购期间产生10元利息，则为［10 000/［（1+1%）+10］/1，即9 910.99份。

实际上上述公式，可以拆分成三层意思，对于认购来说：

认购的基金份额 = ［净认购金额 + 认购利息］/ 份额初始面值

其中，净认购金额 = 认购金额/（1 + 认购费率）

认购费用 = 认购金额 - 净认购金额

所以，在上述例子中，10 000/（1 + 1%），即 9 900.99 元为净认购金额，认购费用为 10 000 - 9 900.99，即 99.01 元。实际上，这三层意思更具有普遍性，因为基金公司大都对 500 万元（含）以上的认购，只收取 1 000元认购费用。例如，若某投资人投资 550 万元认购基金，设认购获得的利息为 550 元，其对应的认购费用为 1 000 元，则其可得到的认购份额为（550 万元 - 1 000 元）/1，即 5 499 550.00 份。

值得一提的是，对于有些基金，例如分级母基金，采取的还有场内认购的方式。在场内认购中，是采取份额确认的方式，也就是确认份额数目，然后缴纳认购金额，当然认购金额的利息依然可以折算成份额。不过，在计算公式上，依然与上述一致。

显然，对于申购来说，也有三层意思：

申购的基金份额 = 净申购金额/ T 日份额净值

其中，净申购金额 = 申购金额/（1 + 申购费率）

申购费用 = 申购金额 - 净申购金额 = 净申购金额 × 申购费率

所以，在上述例子中，10 000/［（1 + 1%），即 9 900.99 元为净申购金额，申购费用为 10 000 - 9 900.99，即 99.01 元，或者净申购额 × 费率，即 9 900.99 × 1%。

三、基金的赎回与转换

1. 基金的赎回与费用

基金在认购与申购成功后，接下来就可以看到收益波动了。持有一段时间后，对于那些收益不理想的基金，一般投资者会有两个选择：赎回与转换。

就赎回来说，有5个细节。第一，当日（T日，需要为股市交易日）赎回是指在15点之前，赎回的净值是当天收盘净值，也就是说当时你赎回时是不知道赎回价格的。第二，正因当日赎回净值是未知价，所以赎回的只能是份额，而不是金额。第三，赎回确认一般在T+2后可以查到，但资金到账，则可能需要T+4日。第四，赎回的费率一般与时间长短相关，时间越长赎回费率越低，例如，3年以上赎回费率大多为零，不过与赎回金额无关。第五，对于在当日在基金业务办理时间内提交的赎回申请，投资者可以在当日15：00前提交撤销申请，予以撤销。15：00后则无法撤销申请。赎回金额的计算公式为：

赎回总金额=赎回份额×T日基金份额净值；

赎回费用=赎回总金额×赎回费率；

净赎回金额=赎回总金额-赎回费用。

2. 基金的转换与费用

基金转换，有狭义与广义之分。从广义上讲，基金转换就是将基金赎回后，然后换成（申购）另一只基金。我们通常讲的是狭义的基金转换，它是指同一家基金公司的基金，不需要赎回，直接可以选择“转换”这一操作，然后转换成同公司的另一个基金，它不仅可以同类做转换，不同类型间也可以。这里涉及转入与转出的概念，例如，对于A基金转换成B基金，则A为转出基金，B为转入基金。

狭义的基金转换，如要成功，需要注意三点情况：

（1）在同一家销售机构销售的，且为同一注册登记人的两只同时开放式基金，比如一般的开放式基金不能转换为ETF基金；

（2）前端收费模式的开放式基金只能转换到前端收费模式的其他基金；

（3）后端收费模式的基金可以转换到前端或后端收费模式的其他基金。

狭义的基金转换，目前已经运用的很广泛，总体来说，它有三个好处。

第一是节省部分费用，这在下面将具体讲到。当然有时基金公司在打折促销时，这部分费用未必能省掉。

第二是节省了非货币型基金的到账时间。例如一般非货币型基金赎回T+2才确认，而到账时间为T+4，此时可以选择先将非货币型基金转换成货币基金，然后利用货币基金T+0的特点，在T+2日就赎回，从而缩短时间。

第三是及时规避市场风险或跟踪市场趋势。例如，当投资者判断股市要转弱时，则可以将股票型基金转换为货币基金，而当股市转强时，再重新转换为股票型基金。其实，很多基金公司的智能定投（后面将讲到）也运用到了该点。当然，自己对股市不明时，也可以将高风险的股票类基金，转换成风险偏低的债券类即可。

对于广义的基金转换来说，先赎回，然后申购，中间涉及的费用是转出基金的赎回费，然后加上转入基金的申购费。对于狭义的基金转换来说，基金转换费用就相对复杂些。这里分为两种情况。

（1）当基金公司设定了两个基金的转换费率，一般为0.5%，若由A转到B基金，则：

转换费用=A的份额×T日A基金净值×转换费率

B基金份额=A的份额×T日A基金净值×（1－转换费率）/T日B基金净值

该公式中的费用等价于只收转出基金的赎回费，而不收取转入基金的申购费。举例来说，1万份A基金转换成B基金，转换费率0.5%，若T日A的净值为1元，B为2元，则转换费用为10 000×1×0.5%，即50

元，而可以买到 B 的份额为（10 000 ×1 −50）/2。

（2）当基金公司没有两个基金的转换费率，此时基金转换费由发生转换的两只基金的申购补差费和转出基金的赎回费用构成，具体又分为两种情况，假设还是 A 转入 B 基金：

第一种，当 A 的申购费率“不小于”B 的申购费率。

此时，A 不用补申购部分的差值，即申购补差费为 0。设正常申购下 A 与 B 的申购费用分别是 x，y，A 的赎回费率为 a，A 与 B 的 T 日净值分别为 A，B，赎回 A 的份额为 M，转换成 B 的份额为 N，则：

转换时 B 的申购费率 =0

B 的净申购金额 = B 的申购金额/（1 + 转换时 B 的申购费率） = A 的赎回金额/（1 + 转换时 B 的申购费率） = A 的赎回金额

所以：

转换的费用 = A 的赎回费 = M × A × （1 − a）

B 的基金份额 N = B 的净申购金额/T 日 B 的净值 = ｛[M × A × （1 − a)] /B

举例来说，1 万份 A 基金转换成 B 基金，A 的赎回费率为 0.6%，A 与 B 的申购费率分别为 1.5%、1.2%，若 T 日 A 的净值为 1 元，B 为 2 元，则转换的费用为 10 000 ×1 ×0.6%，即 50 元，而 B 的份额为“10 000 ×1 × （1 −0.6%）/2”。

第二种，当 A 的申购费率小于 B 的申购费率。

此时，A 要补申购部分的差价，即有申购补差费这一项，也就是说转换时的 B 的申购费率为 B 的申购费率减去 A 的申购费率。

设正常申购下 A 与 B 的申购费用分别是 x，y，A 的赎回费率为 a，A 与 B 的 T 日净值分别为 A，B，赎回 A 的份额为 M，转成 B 的份额为 N，则：

转换时 B 的申购费率 = y − x

B 的净申购金额 = B 的申购金额/（1 + 转换时 B 的申购费率） = A 的赎回金额/（1 + 转换时 B 的申购费率）

所以：

转换的费用 = A 的赎回费 + B 的申购费用 = A 的赎回费 + B 的净申购金额 × B 申购费率

= M × A × a + [M × A × (1 − a)] / [1 + (Y − X)] × (y − x) = M × A [a + (y − x)] / [1 + (Y − X)]

B 的基金份额 N = B 的净申购金额/T 日 B 的净值 = {[M × A × (1 − a)] / [1 + (Y − X)]} /B

举例来说，1 万份 A 基金转换成 B 基金，A 的赎回费率为 0.6%，A 与 B 的申购费率分别为 1.2%、1.5%，若 T 日 A 的净值为 1 元，B 为 2 元，则转换的费用为 10 000 × 1 × (0.6% + 0.3%) / (1 + 0.3%)，为 88.85 元，若赎回再申购，则为 60 + 6 000 × 1.5%/ (1 + 1.5%)，即 148.67 元，所以总体节省了 59.8 元，而 B 的份额为 [10 000 × 1 × (1 − 0.6%)] / (1 + 0.3%)] /2。

综上所述，在基金转换时，转出基金的赎回费是必收的（当然一般期满 3 年可以不用收），而另一项申购补差费则需要区别转出基金与转入基金的申购费高低。具体是，若从申购费用低的基金向申购费用高的基金转换时，每次收取申购补差费用；而从申购费用高的基金向申购费用低的基金时，以及相同申购费用的基金之间的转换时，申购补差费用为 0。

四、基金的转托管

基金的转托管，一般较少用到，不过也是一项基本技能，尤其是涉及 LOF 基金套利和分级基金套利时。所谓的基金转托管是指基金投资者将所持有的基金份额从原来的销售渠道（即代销机构），转出到另一个销售渠道的业务。

根据基金登记系统的不同，可以分为系统内转托管与跨系统转托管。系统内转托管，是指基金份额持有人将持有的基金份额，在注册登记系统内（TA 系统）不同销售机构（网点）之间，或者证券登记结算系统内（中登 TA 系统）不同会员单位（席位）之间进行转托管的行为。而跨系统转托管，是指基金份额持有人将持有的基金份额在注册登记系统和证券登记结算系统间进行转托管的行为。

所以，例如将银行申购的基金，转到其他银行，由于两个系统都是注册登记系统，则为系统内转托管；若将证券公司场内申购的基金，转到另一证券公司，也是属于系统内转托管。而例如，将券商场内申购的基金转到银行，则为跨系统转托管。

相对来说，跨系统转托管要复杂点，它分为场外转到场内，以及场内转到场外两种情况。第一种，若将场外申购的基金托管到场内（证券公司营业部），则在办理跨系统转托管之前。第一，投资者需要知道证券营业部在深交所席位号码；第二，在正常交易日到转出方代销机构按要求办理跨系统转托管业务。投资者须填写转托管申请表，写明拟转入的证券营业部席位号码、深圳开放式基金账户号码、拟转出上市开放式基金代码和转托管数量，其中转托管数量应为整数份。第二种，若将托管在场内的基金份额转托管至场外，则在办理跨系统转托管之前，投资者须注意如下事项：（1）确保开立基金的 TA 账户；（2）获知转入代销机构代码（6 开头）。总体转托管的时间需要 T+2 才能看到结果，具体在操作的细节中，可以咨询基金公司客服、银行、券商营业部。

第三章　基金的构成要素

看到一只基金，很多新基民往往一筹莫展，不知该从何开始分析。其实，根据基金的构成要素，就能迅速认知一只基金。当然，这种认识是相对浅显的，至于深入的分析，将在后面的基金实战章节中谈到。

一、基金的招募说明书

一只基金在最初诞生的时候，基金公司会有基金发售公告，基金合同，基金招募说明书出台。其中，最重要的是基金招募说明书。基金招募说明书是指，一只新基金在向公众发行时，基金发起人为基金投资者提供的、对基金情况进行说明的一种法律性文件。该文件只要登录基金公司网站，点击该基金的名录，就可以快捷下载。当然，随着基金的成立，基金招募说明书会有部分修改，到时会有更新的招募说明书。所以，无论对于新老基金，都可以根据基金招募说明书（以下简称招募书）的内容，作出迅速了解。

在招募书中，可以先看目录。根据不同类型的基金，目录会有不同，其中最复杂的是“分级基金”。不过，无论任何类型，最重要的一章是“基金的投资”。当然，对于像创新型基金，如分级基金来说，在目录中就会涉及更多的复杂章节，除了基金投资这一章外，还有如基金份额的分类与计算，基金的配对转换，基金的折算等章节。另外，有些章节中，像

“基金的认购、申购与赎回”中，会有详细的基金费用（如申购赎回费，服务费，托管费，管理费）说明，有时也可以留意。对于拟任的基金经理尽管在招募书里有介绍，但只不过是一个简单的简历，至于过往业绩做的如何则没有，所以更详细的信息还是要看其他资料。

具体在“基金的投资”中，公布了基金的投资目标、投资范围、投资策略、投资限制、业绩比较基准、风险收益特征等。投资目标、投资限制，对于很多基金大体都一致。而对于投资范围来说，则不同类型的基金有不同的内容，它可以说是招募书中最重要的。在该部分，它会告诉你基金最多投资股票或债券的仓位，具体投资股票及债券的范围。对于主题基金来说，还会告知相关主题股票范围的定义等，从中我们知道该基金的投资方向与投资风格。另外，相对重要的是业绩比较基准，这对于指数基金或者保本基金是很重要的，我们从中知道该基金未来业绩的参照物。至于风险收益特征，一般就是给出一只基金的风险与收益是高还是低。

总之，看了基金的招募书，就对该基金的投资对象、风险收益有了基本的了解。在实际中，凡是对于一眼看上去没有头绪的基金，都可以从该招募书中找到答案。比如，招商双债增强（161716），若不知道何为双债，那么就可以在招募书中找到答案。又如一些主题基金，像上投摩根安全战略（001009），从基金名称可能还不知道“安全战略”的确切定义，此时，只要打开招募书，就知道它涉及国土安全、食品安全、生态安全与信息安全四大方面。

二、基金的季报与年报

本节所说的季报与年报，旨在揭示一只基金的整体运作情况，它是针对老基金而言的。季报分为第一、第二、第三、第四季报，通常在一个季度结束后的20个交易日左右公布，而年报分为半年报与年报，公布时间也差不多延迟一个月。尽管时间延迟，但多数基金不会在1个月内就又大手笔地调仓换股，所以对当下的买卖有诸多的参考意义，尤其是结合前后季报进行分析。下面分别对季报与年报展开介绍。

基金的季报，是对基金运作一个季度之后的总结与展望，它包含了几个重要内容：基金基本概况、基金净值表现（与业绩基准的比较）、管理人报告、投资组合报告、份额变动。下面做简单介绍。

第一，基金基本概况，主要列举了基金招募说明书基金的投资重要事项。第二，基金净值表现所指的关键内容是基金相对于比较基准的表现，不过，对于多数的权益类基金而言，不如看同类排名更有意义。第三，管理人报告会对基金过去运作做简单总结，也会对后市进行展望，不过很多基金是轻描淡写的。而基金份额变动，则给出了基金相对前一季度的增加，当然也可以清楚知道基金的规模有多大；一般来说，基金份额增加（即净申购）代表着基金被看好，只是有时人们趋于谨慎，才出现了业绩增长反而份额减少的情况；而像基金规模，在熊市中一般不易于太大，在牛市中则没有多少问题。第四，资产组合报告，是季报中最重要的一节。它首先会给出基金组合的基本情况，然后会给出基金的投资行业，基金的前10大重仓股，另外在最后会告诉你基金持股中的受限情况，关于这些，我们会在后续章节中的资产配置中做详细分析。

基金的半年报与年报，是对半年与一年的总结。它涉及的内容，多了托管人报告和重要事件提醒，而其他都是一致的。托管人报告，其实是无关痛痒的。而重要事件提醒，一般涉及基金经理变动，该消息是滞后的，也没什么用处，但是还有一节是涉及基金经理投资策略的改变，这是需要引起重视的。除此之外，半年报与年报，还会在投资组合中列出前20大股票（有的是列出所有股票），当然前10大与季报是一致的。而且，在基金份额持有人结构中，还会列出机构持有人比例。一般来说，机构持有人越大，该基金稳定性相对越高，可能也越会被看好，当然根据淘基金融研究中心的实证结果表明：当涉及股票型与混合型时，买入机构持有比例高的基金，最终业绩排名靠前的可能性更大，不过对于债券型基金而言，并非如此。

表 3-1　　汇添富消费份额持有人结构

持有人户数（户）	户均持有的基金份额	持有人结构			
		机构投资者		个人投资者	
		持有份额	占总份额比例	持有份额	占总份额比例
20 304	45 227.24	360 782 528.55	39.29%	557 511 398.93	60.71%

资料来源：汇添富消费 2014 年报。

三、份额净值、累计净值与复权净值

基金的份额净值、累计净值是指一份基金的价格，其中，份额净值指的是除权除息后当下的价格，而份额累计净值则是将基金从成立之日起的累计分红都算上去的价格。这两个价格对于每只基金而言，在每日收盘后（一般晚上 7 点之后）都会公布。这里的复权净值，是指基金从成立之日起，将累计分红进行分红再投资所得到的价格，其与累计净值的区别在于复权净值是分红再投，而累计净值则是直接现金分红。从定义可以知道，基金份额的复权净值相当于股票中的后复权价格（而非前复权价格），基金公司一般不会公布。

根据前面介绍的交易基础，知道基金的份额净值，就可以算出申购、赎回与转换的份额。而就累计净值来说，其实在现实中的意义不大：首先，因为份额的计算，不会根据该值计算；其次，即使计算现金分红的基金阶段收益（或称为区间收益），也并非可以根据两个累计净值得到。不过，复权净值在实践中就用的很多，它主要用于基金的阶段收益与排名，实际上我们所看到的基金周排名、月排名、季排名、年度排名等，都是根据复权净值计算得到的，而且多数投资者在申购基金时都选择“分红再投”。

为了更好地理解三类净值，我们给出了具体的公式。首先给出简单的份额净值公式，公式中的基金资产净值是指基金资产值减去负债后的价值。

T 日基金份额净值 = T 日闭市后的基金资产净值/T 日本基金基金份额的总数

而对于累计净值与复权净值来说，需要清楚现金分红、分红再投资（或称为红利再投资）与拆分的概念。

所谓的现金分红，就是当基金获得一定收益时，会每份派出一定现金，虽然不交个人所得税，不过要除息，因此现金分红前后投资者手中的总资产不变，类似于羊毛出自羊身上。例如 1 份份额净值为 1.05 元的基金，每 10 份派 0.5 元，相当于 1 份分得 0.05 元现金，所以当分红之后，基金净值就变为 1 元。关于除息，其实与银行存款取出利息的道理一样，比如 100 元定存，若 1 年 3% 的利息，则 1 年后，你获得 3 元利息，当你取走 3 元后，你的本金就又变为 100 元。但是，为何还要现金分红，这主要是为了规避市场下跌的风险，因为至少分红掉的资产免受风险担忧。

而分红再投资，也就是将现金分红后，继续买入该基金进行投资。显然，若是熊市时，让现金分红落袋为安更好，而牛市的时候则采取红利再投资，不过，投资者事先并非不知道牛熊，但是基于长期而言，或者从未来上看，市场总是向上的概率更大点，因此投资者采取分红再投资更好。另外，对于优秀基金经理管理的基金，或者本身行业是非周期的消费类行业，如医疗保健类基金，大概率趋势向上，因此采取红利再投资更好。

最后，是基金拆分的概念。没有经历过 2007 年牛市的投资者，大多没有这个概念。所谓基金拆分，就是将原来的份额进行一份拆成多份的概念，类似于股票中的送股。拆分一般是针对份额基金净值很高的基金来说的，比如达到4元以上时，此时基民有“恐高”心理，喜欢买便宜的基金，所以基金公司为了营销方便，会选择净值归1，不过，若不是大牛市，拆分次数一般不会太多。当然，实际上基金的价格高低与基金收益的高低，是没有联系的，因为基金的价格本身就是收益，而且基金公司买的重仓股未必是高价股，所以只要基金操作得好，像王亚伟曾经管理的华夏大盘一样，到10元也没问题。值得一提的是，对于ETF基金，有时为了与所跟踪的指数点位相对应，会采取“缩股”的拆分方式，此时是一份拆成X（X<1）份。另外，对于分级基金来说，折算并非拆分，因为所谓的拆分，都是对单一基金来说的，而折算并非简单的扩股或缩股。

根据上述概念，我们可以得出份额累计净值与份额复权净值的计算方法。由于推导过程复杂，下面先给出份额累计净值的算法。

在推导份额累计净值时，需要注意累计净值的份额永远都是不变的，即便是拆分。当然，由于实际份额是在变动的，所以现金分红也随着份额而变动，也就是说，在有拆分情况发生时，累计的现金分红并不是简单相加。例如，兴全趋势（163402）在2007年5月11日发生了1次拆分，因此在这之前的累计现金分红，由于基金份额没有变动，则可以简单地相加（即2006年3月与1月），而2007年6月及之后的现金分红，则还要乘上3.9939这个拆分比例。

表3－2　　关于兴全趋势的累计分红计算

除息日/拆分日	单位分红	基民起初的1份份额在拆分前后实际获得的分红	原始1份份额的累计现金分红
2011－12－20	0.058（记为d7）	0.2316462（扩大3.9939倍）	1.737499
2010－10－20	0.08（记为d6）	0.319512（扩大3.9939倍）	1.5058528
2009－08－17	0.1（记为d5）	0.39939（扩大3.9939倍）	1.1863408
2008－12－19	0.042（记为d4）	0.1677438（扩大3.9939倍）	0.7869508
2007－06－25	0.13（记为d3）	0.519207（扩大3.9939倍）	0.619207
2007－05－11	拆分比例3.9939	0	0.1
2006－03－13	0.076（记为d2）	0.076	0.1
2006－01－24	0.024（记为d1）	0.024	0.024

由于拆分与分红都可以有 N 次，所以情况较为复杂，当然，公式的计算依然可以从简单到复杂。

（1）当基金既无拆分，又无分红时，则两个净值，无论任意一天都相等，即：

份额累计净值 = 份额净值。

（2）当基金自始至终都不存在拆分，也就是说，只存在现金分红的情况下，则：

当日份额累计净值 = 当日份额净值 + 当日之前的累计现金分红（含当日），

第 i 日份额累计净值 = 第 i 日份额净值 + （d1 + d2 + … + di）。

显然，这里的累计现金分红，就是简单地加总，而每日的现金分红默认为 0 元。实际上，自 2009 年 8 月以来，由于股市一路走熊，基金净值普遍不高，所以很少有权益类基金拆分。因而，这个公式对于 2009 年 8 月之后的基金大多适用，它也是我们习以为常认为的累计净值等于净值加累计分红，不过一旦有拆分，那就不对了。

（3）若基金只存在拆分，假设有 n 次，分别为 f1，f2，…fn，则：

第 i 日份额累计净值 = 第 i 日份额净值 × fi。

（4）若基金既有拆分，又有分红时，则可以根据拆分的前后，进行计算。由于份额累计净值，针对的是最原始的 1 份基金而言的，而拆分后的现金分红，还考虑到了新拆分出份额，因此这原始的 1 份基金的实际分红，还要扩大相应的拆分比例。同样，对于份额净值而言，这 1 份原始份额的净值，实际在拆分后也要扩大为拆分比例的倍数。所以，对于拆分 1 次的基金来说，假设前后分别有 m 次与 n 次分红，拆分在第 m 次分红与第 m + 1 次分红之间的第 k 日，则有：

①拆分前——第 k 日（不包含 K 日）之前的份额累计净值的计算公式为（$i < k$）：

第 i 日份额累计净值 = 第 i 日份额净值 + （d1 + d2 + … + di）

②拆分当日——第 k 日的份额累计净值的计算公式为：

第 k 日份额累计净值 = f1 × 第 k 日份额净值 + （d1 + d2 + … + dm）

③拆分之后——第 k 日之后的份额累计净值的计算公式为（j > k）：

第 j 日的份额累计净值 = 第 j 日的份额净值 × f1 + [（d1 + d2 + … + dm）+（dm + 1 + dm + 2 + … + dn）× f1]

若将三种情况进行统一，则有：

份额累计份额 = 原始 1 份份额的实际净值 + 原始 1 份份额的实际累计分红

为了方便说明，我们以拆分一次的兴全趋势基金为例，该基金在 2007 年 5 月 11 日发生了拆分，而之后的单位分红，针对的是拆分后的新基金份额而言的，所以，对于最原始的 1 份份额，还要扩大 3.9939 倍——实际上，这 1 份原始份额，已经变成了 3.9939 份新的份额。由于累计净值始终维持 1 份的原始份额，因此这 1 份基金在拆分后是同股不同权的，当然拆分前是同股同权的，于是拆分前的净值与累计分红，都用没有拆分时的公式计算，而拆分后，则实际的净值与实际的累计现金分红，要扩大相应的比例，即与拆分比例一样的倍数。表 3-3 就清晰地给出了这个过程。

表 3-3　累计净值的计算（按公式计算的与基金公司给出的一致）

日期	净值	基金公司公布的累计净值	1 份原始份额的累计现金分红（见表 3-2）	1 份原始份额的实际净值	根据公式计算出的累计净值
2011-12-20	0.8281	5.0448	1.737499	3.307349	5.04484759
2010-10-20	1.0769	5.8069	1.505853	4.301031	5.80688371
2009-08-17	1.0238	5.2753	1.186341	4.088955	5.27529562
2008-12-19	0.7996	3.9805	0.786951	3.193522	3.98047324
2007-06-25	0.9575	4.4434	0.619207	3.824159	4.44336625

续表

日期	净值	基金公司公布的累计净值	1份原始份额的累计现金分红（见表3-2）	1份原始份额的实际净值	根据公式计算出的累计净值
2007-05-11（拆分）	1	4.0939	0.1	3.9939	4.0939
2006-03-13	1.0182	1.1182	0.1	1.0182	1.1182
2006-01-24	1.0682	1.0922	0.024	1.0682	1.0922

份额复权净值，所涉及的份额除了累计份额净值中所含有的拆分新增份额外，还要考虑分红再投新增的份额。所以，复权净值可以看成是一种累计的总资产。这里若把基金成立之前的认购期作为初值，其中每份分红，累计分红初值都为0，新增份额为0，累计份额为1，总资产（即累计净值）为1，则可以得到份额复权净值的递归公式：

份额复权净值 = 当日累计份额 × 份额净值　　(1)

当日累计份额 = 当日新增份额 + 昨日累计份额　　(2)

当日新增份额 = 分红再投新增份额 + 拆分新增份额
= 昨日累计份额 × 每份现金分红 / 当日份额净值
+ 昨日累计份额 ×（拆分比例 - 1）　　(3)

当日新增份额 = 分红再投新增份额 + 拆分新增份额
= 昨日累计份额 × 每份现金分红 /（昨日份额净值
- 现金分红）+ 昨日累计份额 ×（拆分比例 - 1）(4)

上面的公式有两点需要注意。第一，在当日新增份额中，分红再投或拆分的话，可能不同步，若没有的话，则公式中就会计算出为0；比如若没有分红，则每份现金分红为0，若没有拆分，则拆分比例为1，则拆分新增份额为0。第二，公式（3）与公式（4）的区别是分红再投资的分母不同，一个是当日份额净值，一个是昨日份额净值 - 现金分红。目前，评级机构与基金公司的排名采取的都是公式（3），而公式（4）则类似于股票中的除权除息。所以，复权净值目前采取的是公式（1），公式（2）及公式（3）三个递归公式。

四、净值增长率、区间收益率与业绩排名

如同份额净值一样，基金公司也会在每个交易日结束后公布基金的每日净值增长率，它代表的是基金净资产的每日增值幅度。至于区间收益率，表示的是基金在某一个时间段的收益率，例如一个季度，一年的收益率，至于这个收益率，基金公司不会公布，但像第三方研究机构，如银河、晨星等会公布。实际上，基金的每日净值增长率相当于只有 1 天的区间收益率，这里，我们单独将其拿出来。同份额净值、累计净值与复权净值一样，为了更好地理解每日净值增长率，区间收益率的准确内涵，我们给出了它们的计算方法。

1. 净值增长率的计算方法

前面已经说过，基金的净值增长率（或称为净值收益率），指的是基金的每日涨跌幅。关于该值的计算，根据分红与拆分的不同，可以分为 4 种情况：既无分红也无拆分，有分红无拆分，有拆分无分红，既有拆分又有分红。这里，当没有分红时，现金分红默认为 0 元，而基金没有拆分时，拆分比例默认为 1。

（1）在没有分红，也没有拆分的情况下：

当日的净值增长率 = 当日的净值 ÷ 昨日的净值 - 1

（2）只有分红的情况下，假设当日基金每份份额分红为 d1，则净值增长率有两种表述方式。

第一种是不考虑分红再投资的收益率，则：

当日的净值增长率 =（当日的净值 + d1）÷ 昨日的净值 - 1

第二种是考虑分红再投的收益率，则：

当日的净值增长率 = 当日的净值 ÷ （昨日净值 - d1） - 1

注意，这里的 d1 可以等于 0，所以没有分红的时候，也适用于上述公式，只不过没有分红时，现金分红的值默认为 0 元。基金公司，目前采用的是第一种计算方式，也就是我们每日见到的净值增长率。而对于股票来说，在股票软件中采取的第二种方式，即昨日的收盘价除息的方式。

基金公司采取第一种方式，主要是考虑到现金分红到账日（即派息日），是在股权登记日与除息日之后的（注：股权登记日与除息日，一般都在同一天），因此尽管当日除息了，但基金投资者并没有获得现金分红，所以这部分现金分红也会存有波动，因此也就有了“当日的净值 + d1”。关于第二种方式，考虑的是分红再投资，因为分红再投资，就在股权登记日当天。由于分红已经转变成了份额，相当于股票中的送股形式，因此现金分红买入的基金净值，并不是当日的净值，而是当日开盘前的除息净值，即“昨日净值 - d1”。就像股票 10 送 10 当日，其实在开盘前就把股票送到投资者的账户中了，而事实上，早在前一天晚上 10 点左右就可能到账户了。

那么，哪种方式好点儿呢？这是不绝对的。假使当日净值为 a1，昨日为 a0，则可以比较两种增长率的大小。第一种减去第二种 = （a1 + d1）/a0—a1/（a0 - d1） = d1 × ［a0 - d1 - a1］/［a0（a0 - d1）］，由于分母大于 0，且 d1 大于 0，所以就看“a0 - d1 - a1”是否大于 0。这里有 3 种情况。①若当日涨，则 a0 - d1 < a1，则 a0 < a1 + d1，从而（a1 + d1）/a0 < a1/（a0 - d1）；②若当日不涨不跌，则 a0 - d1 = a1，则两个增长率相等；③若当日下跌，则 a0 - d1 > a1，则 a0 > a1 + d1，从而（a1 + d1）/a0 > a1/（a0 - d1）。从 3 种情况说明，若当日基金上涨，则第二种划算，即考虑现金分红再投资为好，若基金收平，则两种一致，若是当日基金下跌，则选择现金分红好。这其实与我们日常选择现金分红或再投资的道理是一致的，即若预期市场下跌，则要选择现金分红，若预期上涨则要选择再投资。

（3）在只有拆分的情况下，假设拆分比例为 f1，则有：

具体拆分的时点，通常是在拆分当日收盘才知道具体拆分比例的，比如2007 年5 月11 日，兴全趋势净值为3.9939 元，所以当日的拆分比例为3.9939。因此：

当日的净值增长率 = f1 × 当日的净值 ÷ 昨日的净值 − 1

一般情况下，公式中当日的份净值就等于 1 元，因为拆分通常是净值归 1。

值得注意的是，在没有拆分的时候，f1 默认为 1，因此也适用于上述公式。

（4）在既有分红，也有拆分的时候，假设分红为 d1，拆分为 f1，则有：

基金公司的算法：当日的净值增长率 = f1 ×（当日的净值 + d1）÷ 昨日的净值 − 1

分红再投资的算法：当日的净值增长率 = f1 × 当日的净值 ÷（昨日的净值 − d1）− 1

一般来说，一只基金很少在拆分的当日，同时进行分红。当然，这不妨碍分析，因为 f1 与 d1 已经分别默认为 1 与 0。由于有了这种默认，所以第 4 种情况的公式，已经将前面 3 种情况全部包括在里面了。故而，在计算基金净值增长率时，可以统一用第 4 种情况的公式，而与我们息息相关的是基金公司的算法。

2. 区间收益率的计算方法

区间收益率，根据现金分红及拆分与分红再投资及拆分，有两种算法。第一种，涉及份额累计净值与现金分红及拆分，它算出的是考虑现金分红的区间收益率，而第二种，涉及份额复权净值与分红再投及拆分，它算出的是分红再投的区间收益率。在我们常见的阶段排名，如季度、年度排名中，用的都是第二种区间收益率。实际上，在股票投资中，用的是第二种复权净值计算方法（参见复权净值的递归运算）。由于分红再投资都是复利的概念，设第 i 日净值长率为 Ri，则可以用 R = （1 + R1）） × （1 + R2） … × （1 + Rn） − 1 来计算区间收益率。当然，更方便的是根据复权净值，具体公式如下。

（1）当采取现金分红时：

区间收益率 = （期末累计净值 − 期初的累计分红值）/（期初累计净值 − 期初的累计分红值） − 1

值得注意的是，期初的累计分红在分子与分母中都要减去“期初的累计分红”。而不能根据“区间收益率 = （期末净值 + 期间的累计分红）/期初净值 − 1”而得到，因为期末份额净值与期初份额净值，在拆分发生时，并没有对应同一个份额。而用份额累计净值替代份额净值也是不对的，因为无论是期末还是期初份额累计净值都是包含了期初累计分红的。

（2）当采取分红再投资时，有两类区间收益率的算法。

区间收益率 1 = 期末份额复权净值/期初份额复权净值 − 1

区间收益率 2 = 第二类期末复权净值/第二类期初复权净值 − 1

我们目前所看到的阶段排行的计算方法，都采取区间收益率 1 的算法，而第二种复权净值，是针对股票的算法。

3. 业绩排名

基金的业绩排名，是衡量一只基金表现的重要参考，它通过比较同类型的区间收益率得出，一般在财经网站都有公布，如天天基金网。在众多类型中，主动管理的股票型与混合型，更常用到这个工具。不过，对于绝对收益为主的债券型基金，业绩排名反倒应该放在次位。不过，目前的投资者买基金，都喜欢前10名的，实际上能常年保持前10名的基金，少之又少。我们认为，一般能常年保持在前1/3位置就已经很不错了。

基金排名，若根据自然时间去看，那么只要关注每一年自然年份的排名。但更多的时候，我们关注的是动态的排名，比如最近1年，最近1季度，最1个月等。

而对于业绩排名，就时间区间来看，是看1个季度，1年还是2年，甚或是3年呢？其实，像3年以上的业绩排名多数是没有意义的。尽管晨星评级或其他评级机构，都将3年作为一个基本期限，但是，这面临一个致命的问题，那就是基金经理很可能管理不到3年就离任了。实际上，就中国市场多变的市场来说，基金看到2年以内的排名就够了。比如，最近2年，最近1年，最近半年都可以在前1/3就会相对较好。这里，最近2年甚至可以看成长期指标了。

但是，由于是动态的去看，我们不能排除一种可能，那就是短期1个月或1个季度，业绩也有可能出现暴涨现象，那样会显著地拉升中长期的业绩。所以，具体在实践中，若选出一些好的基金，最好是不要业绩突然爆发的基金，而应该选择排名更平稳变动的。关于更详细的业绩排名分析，我们会在后面关于业绩的分析中做展开。

五、基金经理与基金公司

1. 基金经理

毫不夸张地说，对于主动管理的基金而言，基金经理就是灵魂。投资者买入一只基金，那么之后在择时选股、资产配置上，都将交由基金经理全权处理。所以，对于主动管理的基金来说，选择了好的基金经理，就向选出好基金跨出了一大步。由于基金投资者不可能与基金经理随时见面沟通，所以只能从公开资料中获取信息。这些公开资料，包括基金经理的简历、管理年限、过往业绩水平。

一般而言，名牌大学的研究生要经历好多步才能成为真正的基金经理：助理研究员、研究员、高级研究员、助理基金经理、基金经理。当然，在基金经理缺乏的今天，也并非要全部经历过。不过，无论如何，行业研究员的背景是很重要的，它对于基金经理的风格划分也起到一定的辅助。例如，离任的基金经理王茹远曾是海通首席分析师，也是 TMT 研究出身，所以当时其管理的宝盈核心属于成长型基金。

在管理年限上，通常是越长越好，尤其是经历过多轮的牛熊周期更为重要，这样才会相对趋于稳健成熟，否则若都是牛市之中上任的基金经理，很大程度上还是因为市场的原因。因为就基金的业绩而言，一般有市场因素、基金经理因素与产品本身设计因素三大方面。但是，在科技日新月异，尤其是移动互联网日趋发达的今天，年轻的基金经理，对于新事物的理解，在逻辑上更有优势。因此，投资年限不能作为孤立的条件去看。

在过往业绩上，这可以说是最有说服力的。不过，“业绩好”只是“基金好”的必要条件之一，而非充分条件，也就是说，我们不能说因为业绩好，所以基金好。但是，在现实选择基金中，投资者往往就认为业绩好，所以基金好。这样，在行情多变中，容易失效，例如离任基金经理王鹏辉在 2013 年管理期间的景顺长城内需表现很好，但在 2013 年 10 月高位追进去的投资者，在后面创业板的调整中，吃了大亏。实际上，历年前 10 名的基金，往往在第二年就大变样了。但是，若一个基金经理管理过多只基金，且都做得很好的话，那后续继续成功的概率也会更大，例如华商的刘宏基金经理，过去管理的所有基金都很好，那么后续有望继续保持。而对于那些管理业绩参差不齐的基金经理，业绩可持续性也会大打折扣。

综合来说，在基金经理的分析上，目前更多的是凭借常规经验判断。更细化的分析，我们认为，还应该结合基金经理的投资风格进行判断。关于这一点，在后面关于基金的分析中具体探讨。

2. 基金公司

基金公司，就是发行基金的主体，在法律上属于基金管理人范畴。与基金经理一样，对于基金公司的分析，很多也是经验上的。我们一般都比较注重6个方面：资产规模、投研团队、基金经理稳定性、基金公司的整体风格、基金的产品线与业绩的整体表现。当然这6个方面并非完全独立，还有一定的相关性。

就资产规模来说，我们并不能简单地说规模大就是好。规模大的确有规模大的好处，第一，相对稳健，但是正因为稳健，所以牛市未必讨好。第二，规模大的公司，在吸引人才方面，更有优势，例如很多从小基金公司的优秀基金经理会跳槽到相对大的基金公司中。第三，投研经费上有支撑，而且卖方资源会提供的更多，不过，对于规模倒数的基金公司，一般表现是要差点，因为其在投研团队，产品研发费用上会捉襟见肘。

在投研团队上，研究员数量、行业研究团队等是对基金经理择股择时上的重要支持。像过去华宝兴业基金在人才培养上可谓黄埔军校，只是在留住人才方面，显得不足。而且，由于基金的发行与设计，其实也与投研关联，像这方面富国基金做得不错，其在开放如富国军工，富国创业板上，都相对跟得上市场节奏。由于资料不足，整个投研团队，也难以量化。不过，可以通过旗下的基金的重仓股，或者基金公司自身的股票池，作出一些跟踪。例如，汇添富基金，华商基金在重组股的挖掘上，就胜人一筹。最后，投研团队的稳定，能够使得后续人才不断跟进，不至于某个基金经理，尤其是明星基金经理离任后，出现大的动荡，在这个方面华宝兴业一直是这么培养人才的。

就基金经理稳定性来说，这是所有基金公司都会遇到的问题，即使像华夏基金。基金经理的稳定性，对于基金的风格稳定性与业绩可持续性来说，有着很重要的作用，这样对于投资者来说，也会有长期投资的愿望与动力。否则，很多较好的基金，一旦基金经理离任，风格能否保持，业绩能否持续，就很难说了。从目前看来，富国基金是基金经理中最稳定的，带来的一个直接结果是中长期业绩也处于前列。关于稳定性，一般可以通过基金公司经理的离职数据进行比较。

就基金公司的整体风格来说，似乎难以一以贯之。从经验上来说，与股东有些关联。比如，银行系的基金，中银、招商基金等风格相对平稳，仓位控制上较好。像券商系的基金，有时会比较激进，如广发控股的广发基金，有较多基金经理从广发证券而来。像外资合资的基金公司，可能更注重中长期的把握，如富国基金在中长期业绩上较为突出。而信托系的基金公司，如国投瑞银基金公司，更加追求绝对收益。另外，有些基金公司，一直贯穿着本身的宗旨，如嘉实基金一直以稳健为上，而汇添富基金则以进取为主。

在基金的产品线上，一般而言越全越好，不过这与公司大小关联度很大，因为产品越全，往往基金经理也越多，投研团队也越大。不过，随着分级基金的出现，鹏华，前海开源在分级基金产品线上也走得比较前面。另外，产品线的丰富，也为投资者在选择上，或基金转换上提供了更多的空间。

最后，在基金公司整体业绩上的分析，国内的银河证券基金研究中心已经在做。由于这方面的业绩数据都是完善的，所以量化起来相对容易，但在量化模型中，有个明显的问题是，由于基金旗下数量不同，所以一起进行比较会显偏颇。因为，很明显数量越多，要同时获得较好的概率较小，除非都由单一基金经理或同一风格的基金经理担任。所以，我们认为具体在分析中，只要看某些基金公司在大类上的水平即可。例如，华商基金在权益类方面较好，银行系的基金如工银，建信与中银在固定收益上不错等。

总体来说，由于数据资料有限，对于基金公司的分析，也大多基于经验的总结。不过，随着未来数据越来越广泛，整体进行量化分析也并非不可能。

第四章　主动管理的股票及混合型基金实战

从本章开始，我们将陆续针对各类型的基金探讨基金实战中的技巧。本章将重点针对主动管理的股票型与混合型展开分析。首先，我们给出了具体的分析框架，之后对框架内的重要内容展开分析。

一、基金的“三位一体”分析框架

分析基金的好坏，无非就是看这只基金能否长期跑赢市场、跑赢同类，即能否带来显著的超额收益。用来衡量超额最直接的指标就是基金的业绩，但是，业绩本身并不是基金的全部，因为我们都知道基金的过往业绩，并不代表未来表现。不过，目前市场广为流传的基金评级体系，如晨星、海通与银河等，都是基于业绩本身作出该基金的星级评判。但这些星级评判，都没有考虑基金经理的变动，尽管他们也意识到了这点，但是假设不存在影响，在实践中会带来致命问题。例如华夏大盘精选在王亚伟于 2012 年 5 月离任后，后面的接任者在 2013 年只取得业绩倒数的成绩，但是从 5 年评级看，华夏大盘还是 5 星级，这会让那些初入不明就里的投资者误认为该基金还是好基金。

另外，业绩也有阶段之分，假如每个阶段（最低可以精确到每天），都在市场前 1/3 的水平，则当然算是好基金。不过，以 2004 年推出中国晨星评价体系为代表的机构，都以 3 年期为基准年限（似乎证监会本身也有这个要求，但还是过于理论），实际上基金最初是2年的，后来参时间标准由目前的2年改为3年，即当某只基金满足3年或3年以上业绩历史才参与晨星评级，主要是为与晨星全球评级标准接轨。虽然以3年作为标准，理论上说得过去，例如基金应该更看好中长期收益，但对中国范围内的基金分析与投资指导并无多大作用。所以，什么期限的业绩好才算真的好，并没有确切的定义。而作为基金的星级评级，仅供参考，最好不要作为主要的买入依据。

我们认为，围绕业绩本身反复挖掘还是显得狭隘，不过再将业绩的来源做个归因，会显得更加全面。在我们来看，一只基金过去及未来的表现，主要取决于三个因素：市场时机、产品本身以及基金管理人。当然，在学术领域，还涉及很多的业绩归因分析，也有择时选股模型，但对于国内基金市场来说，运用价值并不大。

我们认为对上述三个因素的分析，就能形成一个相对完整的分析框架。举例而言，2013年的股票型基金冠军中邮战略新兴产业，所处的市场时机是创业板牛市，TMT概念火爆，而该产品本身就主要以新兴产业，尤其是TMT概念为主导方向，因此这两个因素可以使该基金在上年的业绩排名靠前，而能取得第一名的业绩，则要将其归为基金经理的管理能力。像2015年前5个月，汇添富移动互联网拔得头筹，也更多归因于产品设计本身。

这里，若将市场看成“天”，产品看成“地”，基金管理人看成“人”，则就是分析该基金是否具备天时、地利与人和的特征。显然，最好的基金一定是天时、地利、人和的基金。

对于被动管理的指数型来说，市场时机是最重要的。比如沪深300指数，若在2006年初发行，那么就是大“牛基”，若是在2007年10月发行，那么就是大“熊基”了。当然，投资者可以抱怨基金公司在选时上没有选好，所以最大的问题是不符合市场时机。

对于主动管理的基金，可以分为新发的新基金与已经存在的老基金。对于主动管理的新发的新基金而言，产品本身的重要性更突出，即一定是要接地气的，也就是最好是与市场时机相契合的。就如 2015 年发行的诸多主题基金，如工业 4.0、一带一路、国企改革等，都是与国家政策导向相符合的。

对于主动管理的老基金而言，“人和”是最重要的。比如一只蓝筹主题的基金，尽管在 2010 年 11 月到 2012 年 12 月，大盘蓝筹股普遍表现不佳，但是也有伊利、格力、云南白药、天士力，茅台、上海家化、大华股份与歌尔声学等大牛股出现，曾阶段性创造出历史新高的包括了上证 380 板块的多数成分股，民生银行，煤炭与白酒行业。这期间，蓝筹基金也有脱颖而出的，如华夏基金原基金经理胡建平管理的华夏回报，中银基金原基金经理孙庆瑞女士管理的中银中国，嘉实基金原基金经理张弢管理的嘉实研究精选，就创出 2007 年新高。

当然，所有新发的基金，随着时间的推移，总是会变成老基金，因此，对于大多数主动管理的基金来说，基金经理是一只基金的核心，对于基金的分析也应该侧重在这个方面。考虑到基金在投资范围上有所差异，所以市场时机并不能对所有基金都通用。于是，在实际分析过程中，我们一般先从产品本身开始分析，然后是市场时机，最后是基金管理人。

表 4－1　全市场基金的三位一体分析体系——“天地人”分析体系

一级指标	二级指标	二级指标描述
市场时机	市场状态	包括基本面（如市场、行业与股票估值水平，债券则关注无风险收益率与信用评级）、政策面、资金面的分析
	市场热点	挖掘热点是传统或新兴，周期或非周期，大盘或中小盘，成长或价值；债券则分析债券品种、期限的热点
	市场属性	通过技术分析，分析市场处于震荡市、熊市还是牛市

续表

一级指标		二级指标	二级指标描述
产品本身		投资风格	通过分析投资范围，确定属于价值型、成长型还是主题型
		投资时机	描述基金建仓或持仓是否契合市场时机
		资产配置	份额变动、行业配置、重仓股（稳定度与集中度）、仓位变动
		收益特征	分析基金的助涨抗跌性，风险调整后的收益（如夏普比率）
		风险属性	主要考察风险特征，如波动性，最大回撤等
基金管理人	基金经理	投资经验	分析基金经理的研究与投资经历，是否经历过牛熊市考验
		投资风格	综合分析过去管理的基金，判断其价值、成长及主题风格
		历史业绩	分析过往主动管理的基金的“全阶段业绩”是否前1/3，是否稳定
	基金公司	投研体系	分析投研团队的过往实力，产品设计与创新能力
		人员流动	分析管理层、基金经理的稳定度
		整体风格	分析基金公司整体在风格上的偏向
		资产规模	分析基金产品线是否全，资产规模是否大
		整体业绩	分析基金在权益类、固定收益类的整体影响力

注：若将市场、产品与管理人分别看成“天、地与人”，则上述体系可以称为“天地人”体系。

根据三位一体的基金体系，我们就可以将市场中所有类型的基金，都纳入到三位一体的的分析框架中，无论是权益类的还是固定收益类的，无论是新基金还是老基金，也无论是主动管理还是被动管理的。当然，在具体基金的分析过程中，可以根据产品本身的特点，有侧重地分析，而没必要生搬硬套。下面我们对框架中最为重要的几个内容做展开分析：基金的业绩分析、基金的资产配置分析与基金经理分析。

二、风险调整后的收益分析

风险调整后的收益这一学说认为，在投资中，作为风险必须得到惩罚。因而，目前几乎所有权威的基金评级，如晨星评级，都是基于风险调整后的收益对基金进行星级评定。当然，晨星的算法与下面所讲的有所不同，晨星评级的理论基础是期望效用理论，详情可以参阅晨星评级介绍，这里不做展开。

根据基金的风险与收益特征，一般可以为不同的投资者选择相适应的基金。不过，对于风险如何度量，并没有统一的理论。从直观的角度理解，一般认为波动越大，则风险越大，或者回撤幅度越大，风险也越大。在公司金融学中，研究风险是为了研究投资的风险补偿，而对风险的数学度量，是以投资（资产）的实际收益率与期望收益率的离散程度来表示的，最常见的度量指标是方差和标准差，而收益一般都是运用风险调整后的收益。当然，这些都是基于过去业绩基础上构建的指标，正如股票中的MACD、KDJ 等，仅供参考而已，不可作为单一的买入依据。

我们平时看到的基金业绩，都是包含了风险的。为此，很多学者将风险进行了剔除，从而获得风险调整后的收益。其中，夏普比率、特雷诺指数和詹森指数是三个经典的风险调整后收益指标。当然，还有信息比率、估值比率、M^2 测度等。不过，总体都仅供参考。

1. 基金的风险

我们一般用标准差衡量波动，从而度量风险，也就是说，波动率反映了基金风险程度，计算公式为：

$$\sigma = \sqrt{\sum_{i=1}^{n}(R_i - \overline{R})^2/(N-1)}$$

σ 为标准差（即波动率），

R_i 为第 i 期基金收益率，

$\overline{R}$ 为 N 时期内平均收益率（简单算术平均计算），

N 为样本数。

我们可以根据周或月收益率波动率两种数据进行年化，公式如下：

采用周波动率年化：年化波动率 = $\sqrt{52}\sigma$

采用月波动率年化：年化波动率 = $\sqrt{12}\sigma$

目前的文献中，多数采用周波动率年化。我们用该指标比较时都是针对同一类型的基金，一般来说，该值越大，风险也越大。但是在实践中，由于基金经理离任的问题，所以一年未必都是同一个基金经理所管理，而且，取值不同的时间段，波动率并没有一致性表现。比如在第 n 年当中 A 基金波动率小于 B 基金的波动率，但是在第 n + 1 年中，A 基金的波动率却大于 B 的波动率。另外，风险与收益一般是正相关的，也可以理解一分波动也提高了一分收益，所以适当的波动也是有必要的。

2. 风险调整后的收益分析

（1）夏普比率

夏普比率（Sharpe）反映的是每单位总风险获得超额收益的能力，Sharpe 比率越大越好。夏普比率的计算公式为：

$$S = \frac{\overline{R_i} - R_f}{\sigma_i}$$

其中，

$\overline{R_i}$ 为基金或投资组合在样本期内的平均收益率，

R_f 表示样本期内的无风险收益率，

σ_i 表示基金或投资组合收益率的标准差。

关于夏普指数，有三点需要注意。第一，夏普比率没有基准点，因此其大小本身没有意义，只有在与其他组合的比较中才有价值。第二，夏普比率是线性的，但在有效前沿上，风险与收益之间的变换并不是线性的，因此，夏普指数在对标准差较大的基金的绩效衡量上存在偏误。第三，在计算上，由于标准差与时间跨度和收益计算时间间隔的选取有关，所以夏普指数同样存在一个稳定性问题。

举例来说，根据晨星的运用，一般都是基于 3 年期来计算夏普比率的。从表 4 - 2 中，我们可以看到，截止到 2015 年 6 月 26 日，夏普比率最大（表示基金越好）的 20 只基金中，在晨星 3 年评级中，都能获得 4

星以上评级。但是对于短期而言，例如2015年以来的半年时间，能进入前1/3的基金，根据夏普比率，并没有显著性。所以，具体在实践中，我们可以参考多个阶段的业绩进行综合筛选。

表4－2　　　　股票型中排名最高的20个夏普比率值

基金名称	晨星三年评级	夏普比率（3年）	今年排名（共693只）
汇添富民营活力股票	五星	1.92	3
长盛电子信息产业股票	五星	1.92	296（未进入前1/3）
汇添富逆向投资股票	五星	1.82	235（未进入前1/3）
银河创新股票	五星	1.82	127
兴全绿色投资股票（LOF）	五星	1.8	430（未进入前1/3）
华商价值精选股票	五星	1.79	11
华安科技动力股票	五星	1.78	166
嘉实研究精选股票	五星	1.77	291（未进入前1/3）
宝盈资源优选股票	五星	1.76	112
长城双动力股票	五星	1.73	98
新华行业周期轮换股票	五星	1.72	217
汇添富医药保健股票	五星	1.71	209
华商主题精选股票	五星	1.71	228
银河行业股票	五星	1.7	21
华宝兴业新兴产业	五星	1.68	70
景顺长城优选股票	四星	1.66	280（未进入前1/3）
诺安主题精选股票	四星	1.65	511（未进入前1/3）
汇添富价值精选股票	五星	1.65	245（未进入前1/3）
鹏华新兴产业股票	四星	1.65	136
银河成长股票	五星	1.65	22

资料来源：晨星专业版，截止到2015年6月27日。

（2）特雷诺指数

特雷诺（Treyor）指数是每单位风险下获得的风险溢价，反映的是每单位系统性风险获得超额收益的能力。当T越大，基金的表现越好，反之基金的表现就越差。特雷诺指数计算公式为：

$$T = \frac{\overline{R_i} - R_f}{\beta_i}$$

其中，

$\overline{R_i}$ 为基金的平均收益率，

R_f 为表示无风险收益率，

β_i 为贝塔系数，为基金 i 承担的系统性风险。

这里，β 系数是一种评估证券系统性风险的工具，用以度量一种证券（基金或股票）或一个投资证券组合相对总体市场的波动性，属于系统性风险指标。β 越高（越小），意味着证券（基金或股票）或一个投资证券组合相对于业绩评价基准的波动性越大（越小）。举例来说，β 大于 1，则股票的波动性大于业绩评价基准的波动性，反之亦然，若 β 为 1，则与市场同步。在实际中，一般用股票或基金的历史收益率对同期指数（大盘）收益率进行回归，回归系数就是 Beta 系数，具体可用最小二乘法计算求出 α 与 β 。

$$R_i = \alpha + \beta \times R_m + \varepsilon_i$$

$$\beta = \frac{n\sum R_m R_i - \sum R_m \sum R_i}{n\sum R_m^2 - (\sum R_m)^2}$$

$$\alpha = \overline{R_i} - \beta \times \overline{R_m}$$

其中，

β 为基金相对整体证券市场价格波动情况，

α 为超额收益，即詹森指数，

R_m 为基准指数收益率，

ε_i 为随机误差序列，

$\overline{R_i}$ 为考察期内的基金平均收益率，

$\overline{R_m}$ 为考察期内的基准的平均收益率。

（3）詹森指数

1968 年，美国经济学家詹森（Michael C. Jensen）发表了《1945—1964 年共同基金的业绩》一文，提出了这个以资本资产定价模型（CAPM）为基础的业绩衡量指数。该指数通过比较考察期基金收益率与由定价模型 CAPM 得出的预期收益率之差，即基金的实际收益超过它所承受风险对应的预期收益的部分来评价基金，此差额部分就是与基金经理业绩直接相关的收益。詹森指数又称为阿尔法值，是衡量基金超额收益大小的一种指标，具体计算公式为：

$$\alpha = \overline{R_i} - [R_f + \beta_i \times (\overline{R_m} - R_f)]$$

$\overline{R_i}$ 为考察期内的基金平均收益率，

$\overline{R_m}$ 为考察期内的基准的平均收益率，

R_f 为表示无风险收益率，

R_m 为表示基准指数的收益率，

β_i 为基金相对于基准的贝塔系数。

由于詹森指数是超额收益，且综合考虑了基金收益与风险因素，所以比单纯的考虑基金收益大小要更科学。举例来说，假设基金收益有 3%，是正收益，但如果同期市场上涨了 4%，从阿尔法角度来看投资者的收益却是 -1%。由于这一指标詹森指数 >0，表明基金的业绩表现优于市场基准组合，大得越多，业绩越好；反之，如果詹森指数 <0，则表明其绩效不好。

（4）信息比率

信息比率反映单位跟踪误差所带来的超额收益。信息比率是从主动管理的角度描述风险调整后收益。信息比率越大，说明基金经理单位跟踪误差所获得的超额收益越高，因此，信息比率较大的基金的表现要优于信息比率较低的基金。其公式如下：

$$IR = \frac{TD}{TE} = \frac{\overline{R_i} - \overline{R_m}}{TE}$$

其中，

IR 为信息比率，

TD，即 $\overline{R_i} - \overline{R_m}$ 为超额收益均值，

$\overline{R_i}$ 为考察期内的基金的平均收益率，

$\overline{R_m}$ 为考察期内的基准的平均收益率，

TE 为基金的跟踪误差。

（5）估价比率

估价比率是改进的詹森指数，因为在詹森指数中隐含了基金已通过投资组合彻底分散非系统性风险假设，只反映了收益率和系统性风险的关系。所以，若基金没有消除非系统性风险，则詹森指数就会给出错误的信息。估价比率反映的是每单位“非系统风险”所带来的超常收益，反映了基金经理主动投资的管理能力。计算公式为：

$$AR_P = \frac{\sigma_P}{\sigma_\varphi}$$

其中，

σ_P 为投资组合的詹森指数，

σ_φ 为非系统风险。

（6）M^2 测度

针对 Sharpe 比难以进行直观经济解释的局限，Modigliani（1997）和 Franco Modigliani 引入经改进的 Sharpe 比，即 M^2 调整法。M^2 测度对总风险进行调整，其反映“资产组合”与“相应的无风险资产”混合，以达到同市场组合具有同样的风险水平时，混合组合的收益高出市场收益的大小。同 Sharpe 比率相比，其经济解释更为直观。M^2 测度越大，基金的业绩表现越好；反之，基金表现越差。相关计算式如下：

$$M^2 = \frac{\sigma_m}{\sigma_i}(R_i - R_f) - R_m + R_f$$

其中，

M^2 表示基金用 M^2 方法调整后的收益率，

R_m 表示基准的收益率，

R_i 表示基金的收益率，

R_f 表示无风险收益率，

σ_m 表示基准的标准差，

σ_i 表示基金的标准差。

三、业绩的排名分析

虽然相对专业的人士，会将建立在风险调整后的收益作为评级基础的晨星评级，作为基金分析的标准，但对于大多数投资者而言，是不会将风险调整后的收益作为筛选基金的标准的，甚至都不在乎这个参考指标，而更多的是基于业绩排名去筛选或分析基金。

根据5年以上的长期观察，我们认为业绩排名虽不能反映基金的全部，例如过去绩优并不能推导出未来一定优秀，但是，未来业绩好的基金，过往业绩排名整体上以靠前为主。总之，业绩排名好的基金，不一定未来就好，但未来好的话，则当前的排名最好靠前。所以，我们选择基金，最好还是选择在业绩上比同类更好的，这正如选拔运动员，最初的筛选还是先看过往成绩。实际上，目前已经有大家广为熟知的“四四三三”法则了，下面对此进行适当修正。

1.“四四三三”法则

在过去及现在，比较风靡的基金筛选方法为“四四三三”法则，是由台湾理财作家张文婷在《聪明买基金》一书中提出的。该法则旨在根据基金的过往业绩，筛选出优秀基金。该法则因为兼顾了短中长业绩，并且是层层筛选，所以能够客观地筛选出好的基金。

“四四三三”法则，是按时间的长短进行基金分析的，简单地说，就是筛选出短期业绩排在同类型前1/3，并且中长期业绩排在前1/4 的基金。一般来说，由于短期的业绩排名比较大，因此将排名适当放宽，只要进入前1/3 就符合要求，而中长期的业绩波动相对稳定些，因此要进入前1/4。

通常，我们评判的基金业绩从短到长有6 个：最近3 个月、最近6 个月、最近1 年、最近2 年、最近3 年、最近5 年。在美国市场中，3 年以内都是短期，10 年以上才是长期。而对于中国而言，最早成立的开放式基金华安创新（成立于2001 年9 月21 日），也不过10 年时间。并且，A 股市场的波动远远大于美国市场，因此不适合所谓的长期价值投资。鉴于此，这里，我们将基金的投资期限分为短期、中期与长期，分别在1 年以内，1 年到3 年，3 年以上。

由于“四四三三”法则的基准时间是最近1 年，因此原则是只针对成立满1 年的基金。截止到2012 年11 月27 日，成立时间满1 年的股票型基金占到了80%，因此该方法能适用于大多数基金。当然为了兼顾剩下的成立时间不足1 年的股票型基金，我们可以将“四四三三”法则做适当的改动，改为“四个三”法则，针对的是时间为最近1 月，最近3 月，最近6 个月，今年以来。只要这四个时间段的业绩排名都在同类前1/3，就符合要求。因为1 年以内的业绩，我们都看成是短期，所以业绩只要进入前1/3 就符合要求。

根据前述的定义与说明，我们可以针对成立于不同时间段的基金，制定出具体的“四四三三”判断法则。

（1）成立时间超过6 个月，但不足1 年的：则月度、季度、半年度、今年以来业绩排名，都在同类前1/3。

（2）成立时间满1 年不足2 年的：则今年以来，近1 年的排名都在前1/4，季度与半年度都在前1/3。

（3）成立时间满2 年不足3 年的：则今年以来，近1 年、2 年的排名都在前1/4，季度与半年度都在前1/3。

（4）成立时间满3年不足5年的：则今年以来，近1年、2年、3年的排名都在前1/4，季度与半年度都在前1/3。

（5）成立时间满5年的：则今年以来，近1年、2年、3年、5年的排名都在前1/4，季度与半年度都在前1/3。

通过“四四三三”法则选出的基金，虽然不能说未来一定优秀，但由于筛选条件严格，因此大致还是选出了不少好基金。实际上，“四四三三”法则也存在2个大的缺陷。第一，“四四三三”法则中，会淘汰掉短期中（3个月、6个月）表现一时不佳，但中长期业绩依然稳健的基金。第二，短期中，例如最近6个月业绩暴增的基金，完全可以使中长期的业绩排名迅速靠前，从而掩盖过去曾出现的下跌。

为此，我们提出另外两套筛选法则，用以改进这两个缺陷。第一，放宽了“四四三三”法则，而改为短中长“三三三”法则，用以改进第一个缺陷。为了操作上的方便，我们认为，目前各财经网站上普遍采用的“四分位”排名也很实用。第二，在“三三三”法则的基础上，用业绩定点倒推法进一步分析，来改进第二个缺陷。下面，我们重点给出这几类方法。

2. “三三三”法则与“四分位”法则

“三三三”法则，是根据基金的阶段业绩排名，进行了好坏区分。这里，我们将业绩进入前1/3，都评为好，业绩在中间1/3的（即1/3到2/3之间），评为中，将倒数三分之一的评为坏。

由于“三三三”法则，已经做了很大的放宽，因此只需要符合短中长有三个业绩，进入前1/3即可。这里，与“四四三三”法则一样，我们将基金的投资期限分为短期、中期与长期，分别在1年以内、1年到3年之内、3年及以上。在给出“三三三”法则前，需做两点说明。

第一，无论是“四四三三”还是“三三三”法则，“今年以来的时间”需要满3个月，若不满，则按最近一个季度。

第二，“三三三”法则的分析起点，并不是针对基金成立的时间的，而是现任基金经理（若有两个以上的取最先上任的）上任的时间点，比如，一个基金经理上任时点是2014年5月21日，那么即使该基金是成立于2002年的，我们只分析最近1年的业绩（截止到2015年21日），而不是最近5年的。另外，对于现任基金经理管理已满1年以上的，短期的业绩不需要考虑到季度，因为短期稍有波动，就会让好的基金，季度排名靠后。具体我们可以制定出“三三三”法则。

（1）现任基金经理管理该基金时间超过6个月，但不足1年的：则季度、半年度、今年以来业绩排名，都在同类前1/3。

（2）现任基金经理管理该基金时间满1年不足2年的：则今年以来、半年度、近1年的排名都在前1/3。

（3）现任基金经理管理该基金时间满2年不足3年的：则今年以来、近1年、2年的排名都在前1/3。

（4）现任基金经理管理该基金时间满3年不足5年的：则今年以来、近1年或2年、3年的排名都在前1/3（注：中期只要有一个满足即可）。

（5）现任基金经理管理该基金时间满5年的：则今年以来、近1年或2年、3年的排名都在前1/3（注：中期只要有一个满足即可，近5年的排名意义不大）。

目前，财经网站普遍采用的是类似于“三三三”法则的“四分位”排名，为了方便分析，基金投资者可以登录新浪财经基金频道，东方财富的天天基金网输入基金代码看到排名。所谓的“四分位”排名是将同类基金按涨幅大小顺序排列，然后分为四等分，每个部分包含1/4即25%的基金，即0到25%，26%到50%，51%到75%，76%到100%，而基金按相对排名的位置高低分为：优秀、良好、一般、不佳。由于这里将进入前1/2就作为良好以上的标准，所以实际上“四分位”法则无非就是将“三三三”法则的条件继续放宽，具体可以制定出“四分位”法则。

（1）现任基金经理管理该基金时间超过6个月，但不足1年的：则季度、半年度、今年以来业绩排名，都在同类前1/2。

（2）现任基金经理管理该基金时间满1年不足2年的：则今年以来、半年度、近1年的排名都在前1/2。

（3）现任基金经理管理该基金时间满2年不足3年的：则今年以来、近1年、2年的排名都在前1/2。

（4）现任基金经理管理该基金时间满3年不足5年的：则今年以来、近1年或近2年、3年的排名都在前1/2（注：中期只要有一个满足即可）。

（5）现任基金经理管理该基金时间满5年的：则今年以来、近1年或近2年、3年的排名都在前1/2（注：中期只要有一个满足即可，近5年的排名意义不大）。

举例来说，截止到2015年6月23日，基金经理彭敢先生已经管理宝盈核心资源4年多时间，那么从天天基金网的四分位排名可以看到，短期（即今年以来）的业绩是优秀，中期（最近1年与最近2年）也是优秀，长期（最近3年）也是优秀，因此该基金就可以进入备选基金池。当然，这只是针对一个基金的具体评判。我们也可以借助基金行情软件，对全市场或一个基金公司的同类型基金，根据“三三三”或“四分位”方法，快速筛选出全市场的绩优基金备选池或一个基金公司的绩优备选池。

表4-3　彭敢经理管理的宝盈核心资源（213008）“四分位”排名

	今年来	近1周	近1月	近3月	近6月	近1年	近2年	近3年
阶段涨幅	95.75%	-8.42%	-4.71%	45.95%	100.17%	176.71%	247.09%	318.45%
同类平均	64.85%	-6.10%	-2.07%	31.98%	70.85%	125.37%	129.00%	135.05%
沪深300	35.44%	-5.50%	-3.34%	20.49%	43.95%	124.27%	106.53%	90.52%
同类排名	107 | 700	747 | 805	597 | 788	95 | 736	104 | 698	24 | 647	9 | 564	8 | 488
四分位排名	优秀	不佳	不佳	优秀	优秀	优秀	优秀	优秀

资料来源：天天基金网，截止到2015-06-23。

3. 业绩的定点倒推

值得一提的是，无论是“四四三三”，“三三三”与“四分位”法则，在时间上都是动态的。一般而言，它是从当前的时间往前倒推回去的，比如说今天收盘日期为 2015 年 6 月 24 日，则最近 1 年便是 2014 年 6 月 24 日至 2015 年 6 月 24 日。当然，为了避免某一阶段突发的行情，也可以它指定一个时间点，然后从该时间点往前倒推。

例如，在 2015 年前 5 个月创业板飙升的情况下，很多涨幅居前的基金，其业绩的偶然性相对较大，因为只要重仓押注创业板，就会实现较高的收益。那么，为了避免这种突发阶段，我们可以对今年以来业绩靠前的基金（业绩进入前 1/3）进行定点倒推，然后再将 2015 年 1 月 6 日（该日创业板扭转格局），作为一个时间点往前倒推，即将时间截止到该时点，然后看这些选入的基金是否有所表现。

于是，动态看最近 1 年表现，具体可以将 2014 年 1 月 6 日至 2015 年 1 月 6 日作为最近 1 年来看待，将 2014 年 7 月 6 日至 2015 年 1 月 6 日作为最近半年来看待，同样可以看一个季度，然后根据上面的“三三三”法则看业绩是否都在前。若表现也佳，那说明偶然性可能较小，因为 2014 年创业板表现并不不如主板，从中说明基金灵活度较强；而若表现不好，那说明基金很可能一直在重仓创业板而已。

实际上，我们已经不自觉地在用定点倒推了。例如，我们过去在年终的时候，常根据自然年份进行排名，无非就是将时间选择了 12 月 31 日而已。例如，就当前 2015 年而言，则 2014 年、2013 年等之前的年份就是自然年份。当然更细化的，可以按照自然季度进行倒推，其原理都是一致的。若一定要选择自然年份进行比较，则便是静态的阶段比较了，它无非只是动态阶段的某个时间点而已。

四、业绩的助涨抗跌分析

根据业绩的排名，固然可以快速筛选出备选基金，但是具体到基金是助涨还是抗跌，还是没办法呈现。所以，本节给出了基金的助涨抗跌分析。本节的分析主要针对开放的主动股票型、混合型基金。当然，对于股票指数型基金也是适用的，只不过在细节上会有所不同。

1. 基本原理

在权益类的基金分析中，除了与同类型基金进行排名比较之外，我们还会将它们与市场做对比，以此判断基金跑赢还是跑输市场。显然，我们期待的是基金跑赢市场。一般来说，在市场下跌时，基金若有很好的抗跌性，则能跑赢市场，而在市场上涨时，若基金具有很好的助涨性，则也能跑赢市场。由此，我们提出了“助涨抗跌”分析方法，用于分析基金的助涨抗跌属性。明白了基金的助涨抗跌性质，那么若我们判断后市可能要上涨，那么就可以买入那些抗跌性十分强的基金，相反，若判断大盘可能要下跌，则可以将基金转换到抗跌性强的基金上去。当然，从综合角度来讲，挑选的基金应该是既助涨又抗跌的基金。

简单地说，助涨抗跌分析方法，就是统计基金在市场上涨与下跌时的概率，从而判断基金是否具有抗跌与助涨性。例如，一只基金成立后，经历了 7 次上涨与 7 次下跌，则若该基金在市场上涨时，有 6 次跑赢大盘，而在市场下跌时，有 7 次跑赢大盘，则我们可以判断该基金具有很强的抗跌性与助涨性。

2. 比较周期的划分

从目前来看，上证指数与创业板指数最被关注，可以作为比较基准指数，所以给出这两个指数的涨跌周期就可以，当然也可以选择沪深 300 指数，但一般我们所说的市场指数大体是指上证指数。一般来说，日线级别的涨跌周期较为频繁，所以一般考虑的是周线级别的。考虑到开放式基金最早是从 2001 年 9 月才有的，所以周期的划分从 2001 年 6 月开始。

指数的周期划分，是基于缠中说禅《教你炒股票》的“笔的划分”，也就是说，顶分型与底分型相连作为下跌周期，而底分型与顶分型相连作为上涨周期。由于两个分型之间需要一根独立 K 线，且底分型之后必须接顶分型，或者顶分型之后必须接底分型，所以根据这个规则，就可以确定上涨与下跌周期。根据这个原理，我们就可以得出每个确定的阶段，例如 2001 年到 2005 年的上证指数，就可以用周线的向上笔与向下笔连接起来。下面的两表也具体给出了上证指数与创业板指数的划分阶段。

我们认为，对于明显且持续为价值型风格的基金，可以基于上证指数进行比较，而对于始终以成长风格为主的基金，则可以以创业板指数为阶段比较。

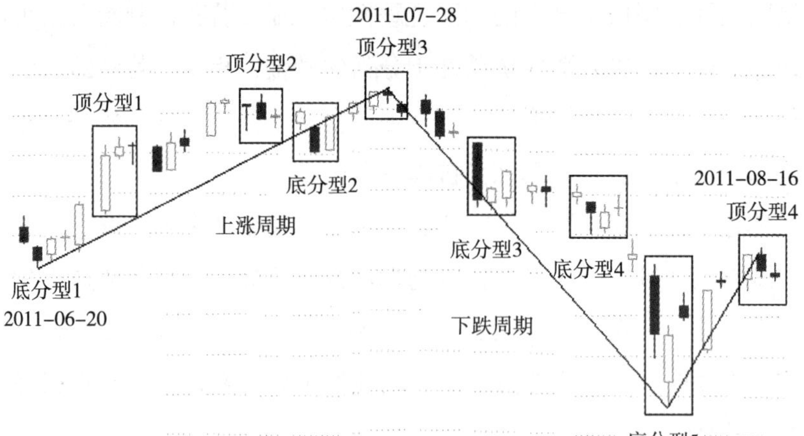

图 4－1　上涨与下跌周期示意

表 4－4　　上证指数的上涨与下跌周期

序号	起始阶段	市场描述	基金涨幅	市场涨幅	超额收益	同类涨幅	基金表现
40	2014－05－21—2015－03－30	上涨		85.83%			
39	2014－04－10—2014－05－21	下跌		－5.12%			
38	2014－03－12—2014－04－10	上涨		6.84%			
37	2013－09－12—2014－03－12	下跌		－11.43%			
36	2013－06－25—2013－09－12	上涨		15.11%			
35	2013－05－29—2013－06－25	下跌		－15.68%			
34	2013－05－02—2013－05－29	上涨		6.89%			
33	2013－02－18—2013－05－02	下跌		－10.22%			
32	2012－12－04—2013－02－18	上涨		22.60%			
31	2012－05－04—2012－12－04	下跌		－19.45%			
30	2012－03－29—2012－05－04	上涨		8.87%			
29	2012－02－27—2012－03－29	下跌		－7.96%			
28	2012－01－06—2012－02－27	上涨		13.11%			
27	2011－07－18—2012－01－06	下跌		－23.19%			
26	2011－06－20—2011－07－18	上涨		7.46%			
25	2011－04－18—2011－06－20	下跌		－14.26%			
24	2011－01－25—2011－04－18	上涨		14.19%			
23	2010－11－11—2011－01－25	下跌		－14.94%			
22	2010－07－02－－2010－11－11	上涨		32.10%			
21	2010－04－15－－2010－07－02	下跌		－24.71%			
20	2010－02－03—2010－04－15	上涨		5.36%			
19	2009－11－24—2010－02－03	下跌		－6.82%			
18	2009－09－01—2009－11－24	上涨		20.11%			
17	2009－08－04—2009－09－01	下跌		－22.69%			
16	2008－10－28—2009－08－04	上涨		95.93%			
15	2007－10－16—2008－10－28	下跌		－70.92%			

续表

序号	起始阶段	市场描述	基金涨幅	市场涨幅	超额收益	同类涨幅	基金表现
14	2006－08－07—2007－10－16	上涨		293.69%			
13	2006－07－05—2006－08－07	下跌		－9.96%			
12	2005－10－28—2006－07－05	上涨		59.00%			
11	2005－09－20—2005－10－28	下跌		－10.86%			
10	2005－06－06—2005－09－20	上涨		17.23%			
9	2004－04－07—2005－06－06	下跌		－41.71%			
8	2003－11－13—2004－04－07	上涨		34.48%			
7	2003－04－16—2003－11－13	下跌		－17.84%			
6	2003－01－06—2003－04－16	上涨		20.35%			
5	2002－06－25—2003－01－06	下跌		－21.79%			
4	2002－01－29—2002－06－25	上涨		22.53%			
3	2001－12－05—2002－01－29	下跌		－20.20%			
2	2001－10－22—2001－12－05	上涨		14.77%			
1	2001－06－14—2001－10－22	下跌		－30.95%			

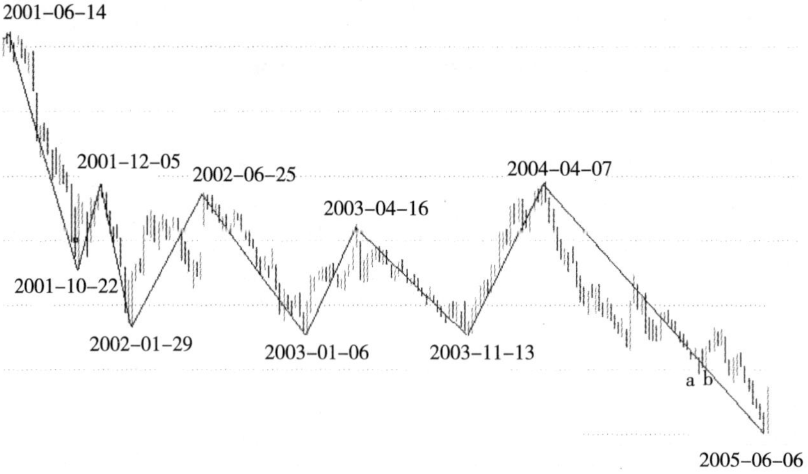

图4－2　根据周线级别做的阶段划分（2001—2005年）

表 4－5　创业板指数的上涨与下跌周期（截止到 2015－05－25）

序号	起始阶段	市场描述	基金涨幅	市场涨幅	超额收益	同类涨幅	基金表现
17	2014－05－16—2015－03－30	上涨					
16	2014－02－25—2014－05－16	下跌					
15	2013－04－08—2014－02－25	上涨					
14	2013－03－06—2013－04－08	下跌					
13	2012－12－04—2013－03－06	上涨					
12	2012－09－12—2012－12－04	下跌					
11	2012－07－31—2012－09－12	上涨					
10	2012－06－18—2012－07－31	下跌					
9	2012－04－24—2012－06－18	上涨					
8	2012－03－14—2012－04－24	下跌					
7	2012－01－19—2012－03－14	上涨					
6	2011－08－30—2012－01－19	下跌					
5	2011－06－23—2011－08－30	上涨					
4	2011－02－22—2011－06－23	下跌					
3	2011－01－25—2011－02－22	上涨					
2	2010－12－20—2011－01－25	下跌					
1	2010－07－02—2010－12－20	上涨					

3. 助涨抗跌的模型及评价

首先，我们要对每个基金的初始评价设定一个初始点。具体为：

第一，从基金成立起的最临近一个阶段开始，例如该基金成立于 2001 年 8 月 2 日，则最临近的一个阶段为“2001－10－22—2001－12－05”，因此就从该阶段开始评价。

第二，先不用考虑基金经理的变更，所有基金的第一个阶段，都从成立之初的最临近一个阶段开始。

而一旦基金经理发生变革，则根据如下两点进行设定：

第一，新基金经理替换原基金经理的处理。例如成立于 2001 年 8 月 2 日的基金，在 2003 年 3 月 2 日，有一个新上任的基金经理替换原来的基金经理，则从该新任基金经理最临近的一个阶段开始，也就是2003-04-16—2003-11-13这个阶段。

第二，在原基金经理的基础上，新增加基金经理的处理。例如，成立于2001年8月2日的基金，在2003年3月2日新添加了一个基金经理，则对原来的基金经理分析，还是从2001-10-22—2001-12-05开始，而新添加的基金经理的分析阶段，就从2003-04-16—2003-11-13开始了。

接下去的评价，分为单个阶段的评价以及综合阶段的评价。

首先，具体对于单个阶段来说，基金表现可分为6种：抗跌，抗跌且超越同类，不抗跌，助涨，助涨且超越同类，不助涨。详细定义解释如下：

（1）市场下跌时，超额收益（即基金涨幅与市场涨幅之差）大于零，则定义为抗跌，否则定义为不抗跌；若抗跌的同时，基金涨幅还超越同类涨幅，则定义为抗跌且超越同类。

（2）市场上涨时，超额收益大于零，则定义为助涨，否则定义为不助涨；当基金表现为助涨的同时，基金涨幅还超越同类涨幅，则定义为助涨且超越同类。

而对于所有阶段的综合评价，会建立在概率基础上，具体阐述如下。

设当前基金经理管理的阶段总数为X，其中，市场上涨的阶段总数为X1，市场下跌的阶段总数为X2；又设在市场上涨阶段中，超额收益为正的总数为Y1，而在市场下跌阶段中，超额收益为正的总数为Y2。从中，可以得出综合评价。相应地，我们也能得到上涨时的胜率为A = Y1/X1，下跌时的胜率为B = Y2/X2，整个阶段的总胜率C =（Y1 + Y2）/X。

那么，该如何量化上涨与下跌时，所需超额收益的次数呢？我们认为所给出的量化模型，必须符合三个条件。

第一，由于公募基金，普遍不是满仓操作，因此，在市场下跌时，普遍会因为低仓位原因，而获得超额收益，但再上涨的时候，基金相对于大盘，能获得超额收益的难度要大于下跌之时。鉴于此，我们认为，若上涨与下跌阶段数相同，则要求下跌所获得超额收益的次数，要大于上涨之时。第二，随着时间推移，经历的阶段数目越多，获得超额收益的难度也会增加，因此经历的阶段越多，获得超额收益的胜率也将下降。第三，无论经历过多少个阶段，都必须要求上涨与下跌时的胜率大于50%。由此，我们可以设计出两个函数，使之无论经历多少个阶段，都满足刚才所提的三点要求。

函数设计如下。在上涨之时，Y1≥1+［X1/2］。而下跌之时，相应地增加一次超额收益的次数，从而有 Y2≥2+［X2/2］。这里，X1≥2，即基金经历的上涨阶段至少要2个；X2≥3，即基金经历的下跌阶段至少要3个。式中，［X1/2］为取整函数，也称高斯函数。例如当 X1=7，则［X1/2］=3。我们可以从表中看到上涨与下跌经历35个阶段的情形，通过表可以发现，随着阶段数目的递增，上涨与下跌的胜率会逐步收敛到50%。当然，这里是奇数或偶数收敛。如表4－6所示，经历过34个偶数阶段，就收敛到52.94%了。

表4－6　　上涨与下跌时所需获得超额收益的次数

阶段数 X1	上涨时赢的最少次数 Y1	上涨时赢的概率 A=Y1/X1	阶段数 X2	下跌时赢的最少次数 Y2	下跌时赢的概率 B=Y2/X2
2	2	100.00%	2	2	100.00%
3	2	66.67%	3	3	100.00%
4	3	75.00%	4	4	100.00%
5	3	60.00%	5	4	80.00%
6	4	66.67%	6	5	83.33%
7	4	57.14%	7	5	71.43%
8	5	62.50%	8	6	75.00%
9	5	55.56%	9	6	66.67%

续表

阶段数 X1	上涨时赢的最少次数 Y1	上涨时赢的概率 A = Y1/X1	阶段数 X2	下跌时赢的最少次数 Y2	下跌时赢的概率 B = Y2/X2
10	6	60.00%	10	7	70.00%
11	6	54.55%	11	7	63.64%
12	7	58.33%	12	8	66.67%
13	7	53.85%	13	8	61.54%
14	8	57.14%	14	9	64.29%
15	8	53.33%	15	9	60.00%
16	9	56.25%	16	10	62.50%
17	9	52.94%	17	10	58.82%
18	10	55.56%	18	11	61.11%
19	10	52.63%	19	11	57.89%
20	11	55.00%	20	12	60.00%
21	11	52.38%	21	12	57.14%
22	12	54.55%	22	13	59.09%
23	12	52.17%	23	13	56.52%
24	13	54.17%	24	14	58.33%
25	13	52.00%	25	14	56.00%
26	14	53.85%	26	15	57.69%
27	14	51.85%	27	15	55.56%
28	15	53.57%	28	16	57.14%
29	15	51.72%	29	16	55.17%
30	16	53.33%	30	17	56.67%
31	16	51.61%	31	17	54.84%
32	17	53.13%	32	18	56.25%
33	17	51.52%	33	18	54.55%
34	18	52.94%	34	19	55.88%
35	18	51.43%	35	19	54.29%

注：这里当下跌时，阶段为2，则不符合下跌时的公式，当下跌阶段为2时，则公式中 Y2 = 2 + 1 = 3，而共只有2个阶段，所以 Y2 不可能大于3，所以要单独拿出来。

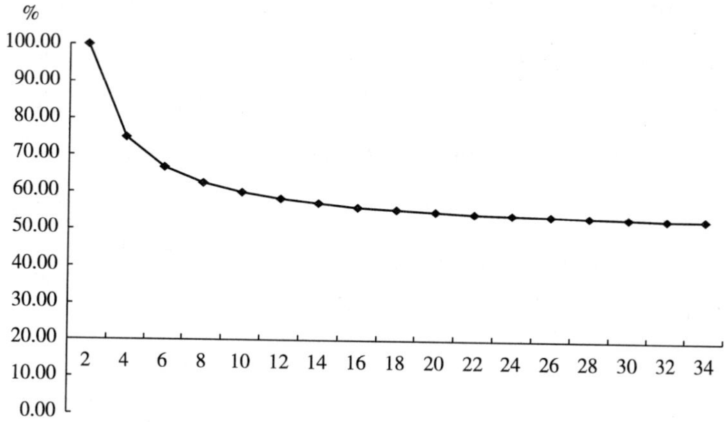

图 4－3　经历过一定的上涨阶段将收敛于 50%

根据不同的阶段总数，若 Y1 满足最少次数的要求，则我们可以定义为该基金具有助涨性，同样若 Y2 满足最少次数的要求，则我们可以定义为该基金具有抗跌性。根据是否助涨，是否抗跌，以及是否有超额收益，则可以将基金经理的投资风格划分为 8 类（2×2×2）。而有超额收益（总收益入围同类前 1/3），投资风格才有效：总共三类。

表 4－7　　基金的助涨抗跌风格归类

助涨性	抗跌性	超额收益性	风险归类
助涨	不抗跌	有超额收益率	进攻有效型
		无超额收益率	进攻弱有效型
	抗跌	有超额收益率	攻防有效型
		无超额收益率	攻防弱有效型
不助涨	不抗跌	有超额收益率	攻防突变型
		无超额收益率	攻防无效型
	抗跌	有超额收益率	防守有效型
		无超额收益率	防守无效型

例如，对于广发核心精选，可以这么评价：截止到 2013 年 3 月 29

日，该基金在市场8次下跌中，有6次跑赢市场，下跌胜率为75%；在市场7次上涨中，有4次跑赢市场，胜率为57.14%；在市场15次下跌与上涨中，共跑赢市场10次，综合胜率为66.67%。因此，该基金既具有抗跌性，又具有助涨性，相对于市场的超额收益率为51.38%。

对于助涨抗跌的运用是，我们最好选择在超额收益的前提下，即具备助涨与抗跌的，这种风格适合稳健型与积极型。当然，那种防守有效型与进攻型的基金，也分别适合稳健与积极的投资者。

表4-8　　广发核心2009—2013年分阶段的助涨抗跌分析

比较阶段	市场涨幅	市场描述	基金涨幅	超额收益	同类涨幅	阶段描述
2009-11-24—2010-02-03	-6.82	下跌	-5.73	1.09	-6.26	抗跌且超越同类
2010-02-03—2010-04-15	5.36	上涨	7.11	1.75	5.97	助涨且超越同类
2010-04-15—2010-07-02	-24.71	下跌	-14.81	9.90	-19.07	抗跌且超越同类
2010-07-02—2010-11-11	32.10	上涨	43.45	11.35	34.57	助涨且超越同类
2010-11-11—2011-01-25	-14.94	下跌	-15.37	-0.43	-14.60	不抗跌
2011-01-25—2011-04-18	14.19	上涨	6.10	-8.09	10.08	不助涨
2011-04-18—2011-06-20	-14.26	下跌	-10.67	3.59	-12.07	抗跌且超越同类
2011-06-20—2011-07-18	7.46	上涨	14.22	6.76	9.39	助涨且超越同类
2011-07-18—2012-01-06	-23.19	下跌	-27.01	-3.82	-24.98	不抗跌
2012-01-06—2012-02-27	13.11	上涨	12.23	-0.88	12.79	不助涨
2012-02-27—2012-03-29	-7.96	下跌	-3.37	4.59	-6.29	抗跌且超越同类
2012-03-29—2012-05-04	8.87	上涨	10.91	2.04	8.11	助涨且超越同类
2012-05-04—2012-12-04	-19.45	下跌	-6.09	13.36	-16.43	抗跌且超越同类
2012-12-04—2013-02-18	22.60	上涨	22.15	-0.45	25.20	不助涨
2013-02-18—2013-03-29	-7.64	下跌	6.06	13.70	-4.39	抗跌且超越同类
综合评价：该基金不仅具有助涨性，也具有抗跌性，并能获得显著的超额收益。						

五、业绩的最大回撤分析

1. 为何用回撤来衡量风险

相对于基金的波动来说，我们更关心的是业绩的回撤问题。尤其是对于私募基金来说，它们不像公募那样没有止损线。举例而言，在银行配资的信托基金，若按1:2.5比例的配资，即1 000万元获配2 500万元，则警戒线就是0.92元，清仓线为0.87元。所以私募基金更注重的是回撤，而不是波动。实际上，对于普通的基金投资者来说，波动往往也是能承受的，但是巨大的回撤，往往是接受不了的。因为假如一只基金亏损50%，则需要100%才能挽回损失，而若是亏损20%，则只需25%即可回本。我们认为回撤能替代波动，能更好地衡量风险，具体理由有6点。

第一，波动不能很好地代表风险。波动大不代表亏损的可能性大，例如广发聚瑞在刘明月管理时期，波动剧烈，但未必亏损。而像沪深300指数基金，尽管波动小，但高位买入套牢的可能性也大。

第二，回撤能更好地与收益挂钩。下跌一定的幅度，需要更大的涨幅才能涨回来。例如，跌20%，需要涨25%才能回本，跌50%，需要涨100%。

第三，回撤能更好地衡量损益。回撤的话，就代表着基金面临的亏损，比如对于创业板的成长性基金，最近1年若要获得100%的收益，则要面对50%的回撤，而对于医疗行业的基金，虽然最近1年收益只有50%，但回撤可能只有15%，那相对来说，回撤小的基金，更稳健。

第四，对于基民来说，更关心的是买入后回撤小点，而不是波动小点。

第五，回撤能更好地运用到组合配置中。最大回撤，对于后面讲到基金组合配资有重要作用，因此可以对基金组合中基金的筛选有很大作用。

第六，最大回撤不存在夏普比率失效的风险。长期下跌时，像夏普比率这样的风险调整收益，将失效［因为会出现夏普比率负值（负值就没有实际意义），而夏普比率都是在正的情况下有效］。

当然，所谓的回撤，一般都是指最大回撤，下面，我们给出最大回撤的概念及运用。

2. 某点的最大回撤

业绩的“回撤”是我们常常提到的话题，因为它最直观地告诉了我们买入一种资产后的亏损。例如，我们在认购1元的新基金时，常会问买入后会不会亏损，便是指在1元买入后面临的最大损失，也就某点的回撤。

就某点的回撤概念来说，直观地理解可能有两种。第一种是在某一价格买入后，首次面临的最大亏损，第二种是买入后，在回本前所经历的最大跌幅。关于第一种，看似有道理，但其实面临极端情况，例如2007年1月买入1元的新基金，经历1年后，一直涨到2元，而从没有跌破1元，但在2008年2月10日跌破1元，那么，此时讨论1元的最大回撤就没有意义了，因为若1元买入，则它在1年的时间里压根就没有回撤。

而第二种概念，则就合乎常理。它所指的回撤的概念是，起点至首次大于等于起点的点，所经历的最大跌幅。值得一提的是，起点到再次超过起点的时间，其实也是一种风险，它在经济学意义上是机会成本，若要定义，这里不做展开分析。

回到第二种回撤的概念上，比如图4－4中，基金单位净值分别经历1、1.05、0.98、1.02、0.94、0.9、0.93、0.98、1.01、1.1、1.15元，则A点的回撤为0，因为买入后先是涨到了B点，而后才跌到了C点。总之，只要买入后就上涨，那么回撤就为0。所以在回撤的定义上，会与初始买入后的涨跌有关，当然只要严格把握首次高于起点的点即可准确定义。例如，在图4-4中，A点买入后就涨到了B点，所以回撤为0，因为A点到首次高于A点的点（即B点）所发生的跌幅为0。而图4-5中，A点买入后就跌到了B点，之后到C点才在A上面，所以存在AB的最大回撤。

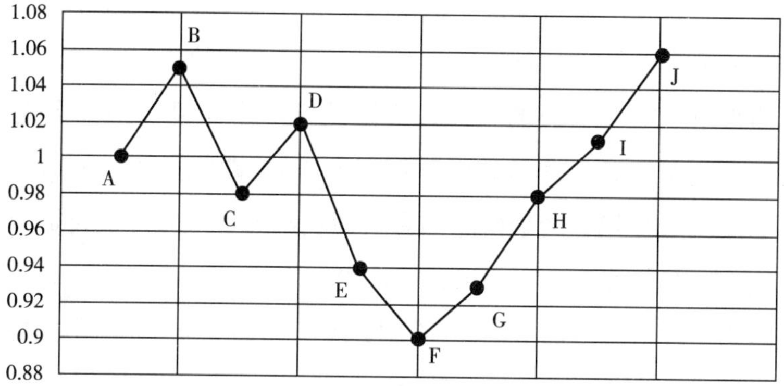

图4-4　净值的变动带来的回撤

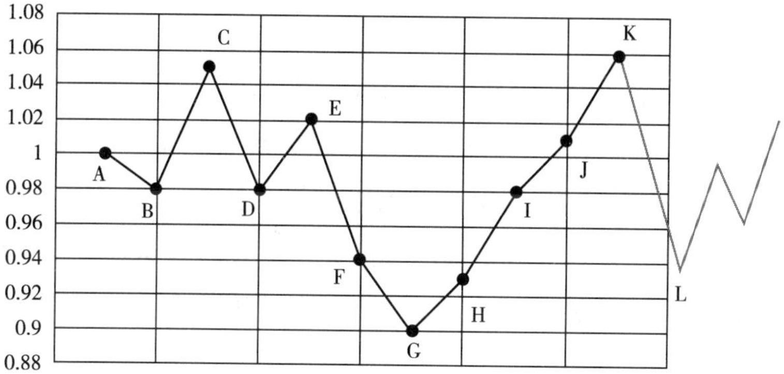

图4-5　净值的变动带来的回撤

但是，一定会有人认为，在A点买入后，若B点与D点都没有卖掉，则最大回撤到F点的0.9元时才真的止跌，所以似乎应该到0.9元才合理。这也不无道理。若我们希望图4-4中A点的回撤终点是F点的0.9

元，则必须引入缠中说禅在《教你炒股票》中笔的概念，而这里可以引用周线笔。若引入周线笔的概念，则周线笔的端点，才构成回撤的端点（包含起点与终点）。引入该概念后，那么回撤的终点便是0.9元。但在实践中，多数人理解不了“周线笔”的概念，而且基金也没有复权的K线，所以我们可以通过基金的复权净值走势，将明显的低点作为回撤的低点，事实上，从事后去看，前面的高低点都是一目了然的。

总体来说，定义回撤的概念，可以基于两个角度。第一个是基于V形期间（若无V形，则回撤为0）所经历的最大跌幅，第二个是引入“周线笔”去定义。显然，两个概念都有道理。但为了照顾多数投资者，也为了程序化得以容易实现，我们可以采取第一个概念。

根据第一种概念，那么图4-4中，A的回撤为0，B的回撤终点为F点（BJ期间经历的最大跌幅），C的回撤为0，D与E的回撤终点为F点（EK与FI期间经历的最大跌幅），而F，G，H，I的回撤都为0。对于图4-5，A的回撤终点为B点（AC期间经历的最大跌幅），其他点的判断依此类推。

最后再提一个注意点。若某点之后始终没有高于该点的点，或者截止到某点没有高于该点的点，则期间发生的最大跌幅，就是最大回撤。例如图4-5中，若净值K点之后始终没有一点能超越高点，而在L点之后也没有被跌破，则K点的最大回撤的终点便是L点。像这种点，一般都是某一阶段的历史最高点与历史最低点。而假如只截止到L点，那么最大回撤的终点也是L点。

3. 阶段的最大回撤

根据某点的回撤概念，可以推导出阶段的回撤概念。其实，我们在通常意义上的回撤，都是基于某一阶段而言的。例如，我们常会说买入后，1年之内最大亏损不能达到多少，这就是所谓的阶段回撤概念。从定义上来说，一个阶段包含了N个点，这N个点对应了N个回撤值（包含0），而取其中最大的回撤值，便是阶段的最大回撤。所以，计算最大回撤，事先要设定好起始点 start，结束点 finish，我们只要比较起点与结束点之间，所有回撤的大小即可。

例如，对于下面 A 到 R 点的连接，我们可以求得 A 到 R 点的最大回撤，具体见表 4－9，我们也可以在下面的图中用箭头标示出来。所以，AR 阶段的最大回撤 = max ｛AB，0，CF，0，EF，0，GH，0，IJ，0，KN，0，MN，0，OP，0，QR｝ = CF。而第二大回撤值为 KN。同样，例如 DQ 阶段的最大回撤 = KN，LP 阶段的最大回撤为 MN。

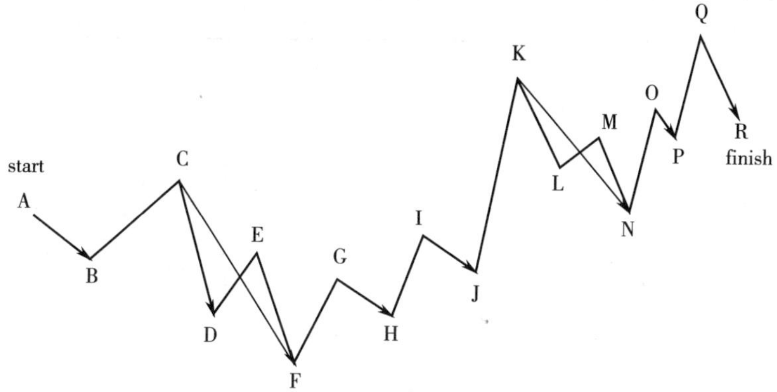

图 4－6　阶段回撤的示意图

表 4－9　　阶段各点的最大回撤表

回撤起点	首次高于回撤起点的点	最大回撤
A	C	AB
B	C	0
C	K	CF
D	E	0
E	I	EF
F	G	0
G	I	GH
H	I	0

续表

回撤起点	首次高于回撤起点的点	最大回撤
I	K	IJ
J	K	0
K	Q	KN
L	M	0
M	O	MN
N	O	0
O	Q	OP
P	Q	0
Q	无	QR

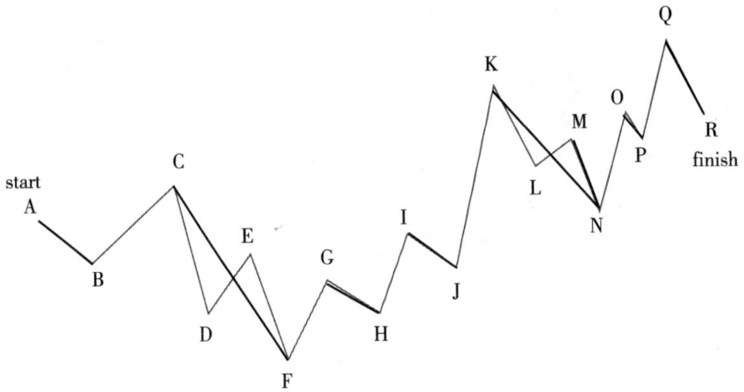

图4－7　各点的最人回撤

4. 最大回撤的运用

我们一般分析的是，某一阶段的最大回撤主要有三种运用。

第一种是，根据历史最大回撤，然后评估当前的回撤，从而做好风险控制。关于这点，在后面章节关于基金组合的配置中，会经常用于计算每个基金介入的比例。具体是，首先确定每个基金对总资产造成的亏损，然后根据过往的最大回撤，最后确认介入的资产比例＝对总资产的最大亏损/最大回撤幅度。比如，一个基金最大历史回撤是30%，若对总资产造成的损失控制在3%以内，则最多只能介入10%的资产。这样，一旦跌破30%后，则立刻止损出局。

第二种是，运用最大回撤进行波段操作。举例而言，比如富国天惠在2008年见顶时，最大跌幅为58.88%，而之后在2010年12月见顶后也一路下跌，那么跌到什么时候才可以介入呢？显然，我们预测不会有2008年那样的跌幅，不过下跌一半的位置，也是有可能的，即跌到29%左右还是可能的。那么，我们可以在下跌29%之后，用50%的资金买入富国天惠，这样做的目的是，万一真的下跌58.88%，那么，也在很大程度上降低了风险。因为只有一半的仓位及一半的跌幅，相当于总资产最多亏15%。

这里，提供一个介入方法：下跌的幅度是最大回撤的X，则买入X比例的资金。比如，下跌幅度为50%的最大回撤，则买入50%的资金，若下跌幅度大于等于最大回撤，那么就买入100%的资金（这意味着超过历史最大跌幅，反而可以重仓抄底），若不跌，则不买。为何根据这个方法？我们可以假设最大回撤为100%吧，尽管是不可能的事情。那么，比如下跌10%，你介入10%的仓位，相当于这部分筹码，最多也就下跌90%，对于总资金来说，就是下跌9%（计算方法为：10%×90%=9%）。而下跌50%，则最大亏损为25%（50%×50%=25%）。

第三种是，将最大回撤看做风险，然后将区间的收益或超额收益，相对最大回撤的比值，作为风险调整后的收益，一般有Calmar比率以及Sterling分析。Calmar比率描述的是收益和最大回撤之间的关系。计算方式为年化收益率与历史最大回撤之间的比率。Calmar比率数值越大，基金的业绩表现越好。反之，基金的业绩表现越差。Sterling比率则是描述年超额收益与年最大回撤之间的关系，该比率越大越好。我们以国投瑞银最近1年为例，截止到2015年7月6日，该基金最近1年涨幅108.19%，最大回撤5.17%，所以Calmar比率为：108.19%/5.17%=20.92，处于

图 4-8 富国天惠的最大回撤示例

所有混合型基金第一名。

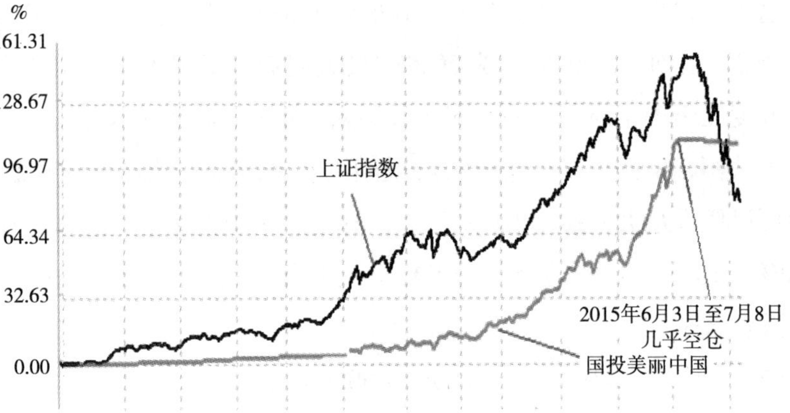

图 4-9 国投瑞银美丽中国（000663）最近 1 年的走势

实际上，对 Calmar 比率的分析，在对私募基金的分析中运用较多。例如，好买基金曾在 2012 年的 12 月对私募基金做过统计。统计显示，在运作时间在 1.5 年以上的各类策略基金，在按照 Calmar 比率进行的排序中，中性策略的信合东方基金具有最高的 Calmar 比率 12.27，该基金的最大回撤仅为 1.76%。凯丰基金虽然最大回撤相对较大，但是其很高的年化收益率使该基金的 Calmar 比率达到 6.47。展博和星石由于其投资策略的原因，基金的最大回撤相对较小，因此这两家私募公司旗下有数只基金拥有较高的 Calmar 比率。另外，市场中性基金尊嘉 ALPHA 以及普通管理型产品泽熙 5 期、精熙 1 期和呈瑞 1 期也具有较高的 Calmar 比率。采取择时股指期货对冲策略的基金创赢 2 号（宝赢对冲）拥有较高的年化收益率，同时最大回撤仅为 13.95%，该基金的 Calmar 比率也是相对排名靠前。

六、基金的风险收益模型

很多时候，基民往往买在最高点，然后一直深套到最低点。那么，接下去如何判断，补仓以及增持的价位呢？这里，提出了用风险收益模型来解决。本节先给出了淘基原创的风险收益模型的推导，然后运用该模型，针对深套的基金，在何时补仓及何时卖出上，给出了一些具有实战性的指导。

1. 风险收益模型的原理

本节所指的风险收益模型（也可以称为盈亏比模型），是本文独创的，我们先将其内涵介绍给大家。所谓风险收益原理，是指当一只股票或基金从高位回落探底基本确定之后，介入的价格应该在风险远小于收益之时，而卖出的价格，则在收益大于风险之时。

在心理学上，我们知道痛苦往往比快乐更容易放大，例如一分痛苦需要用两分快乐补偿。例如，你丢了 10 元钱，那么需要捡到多少钱才可以弥补你的不快乐？在心理实验上是 20 元。同样，一份风险对应一份收益，也就是说，若承担了风险，则必须获得风险补偿。

在投资学中，当所承担的风险（潜在风险）大于预期收益时，是卖出时点；而潜在风险小于机会之时，则可以持有；当潜在风险远小于机会之时，则可以买入。举例，我们通常说以小博大，比如面临 10% 的亏损同时，可以获得100%的收益，则风险收益比就是10，即1次成功，就可以抵挡10次亏损。那假如同时平均买入10只可能翻倍的股，只要有1只成功，即使其他9只都以亏损10%出局，那么总体也没有亏损，盈利为1%。

2. 卖出价格的确定

(1) 基于风险收益临界点的推导

为了更好地说明模型，我们引入下述变量。设证券（股票与基金）的最高点为A（价格为A元），最低点为B，当前价格为C，这里，A > C > B（当遇到分红与拆分时可以考虑采取当前价格不变而往前倒推的前复权价），则C的运行只能出现两个结果：要么先跌破B点，要么先突破A点，所以：

预期最大收益率 = A/C - 1

预期最大亏损率 = 预期潜在亏损率 = B/C - 1

最大回撤率 = - 预期潜在亏损率 = 1 - B/C（注：用正数表示）

风险收益比 = 收益/风险 = 预期收益率/最大回撤率 = （A - C）/（C - B）

这里，风险收益比（用Y表示）经过平移后是一个反比例函数，若用Y表示则：

Y + 1 = （A - C）/（C - B） = （A - B）/（C - B）

即，Y + 1 = K/X，这里K = A - B，X = C - B。

根据函数关系，随着C的价格上涨，Y值逐渐变小。当以A的价格买入，Y的值就为0，即完全都是风险，当以接近B的价格买入，则Y值就无限大。所以，当卖出价格一定，则买入的价格是越低越好。若将上述函数中C固定为一个价格，则显然卖出价格为A的时候最大，也就是说上述是以A卖出时可以获得最大风险收益比。

其实，从原理上也容易理解，当C的价格提高，不仅面临更大的回撤或亏损，且收益还在降低。所以，当以C的价格买入后，且只有在最高点A点卖出，才能弥补潜在亏损，那么这个C的价格就达到了风险与收益的临界点了，所以：

（A/C－1）/（C/B－1）＝1

从而：C＝（A＋B）/2＝50%A＋50%B

上述公式也可以看成A与B的价格各占50%的权重，它表示当C＝（A＋B）/2时，则处于风险收益临界点，即当C＞（A＋B）/2时，此时风险高于收益，风险不足以弥补收益，不适合继续持有，更不适合买入。当然，并不是说此时介入就会亏，而是风险角度来说，此时介入可能面临很大的高位套牢风险。言而简之，当C的价格低于（A＋B）/2之时，即A与B的平均值时，才值得持有或买入。实际上，很多人做股票用（最高点＋最低点）/2，来作为反弹的位置，其实本质内涵可以用风险收益模型去理解。

（2）基于过往上证指数反弹力度的推导

从风险收益模型，我们知道C是关于A与B的线性函数，所以，我们可以假设以“C＝a×A＋b×B”的价格卖出，其中，a＋b＝1，那么，B到C的幅度为：

C/B－1＝（a×A＋b×B）/B－1＝a×（A/B）＋b－1＝a×（A/B）－a＝a×（A/B－1）

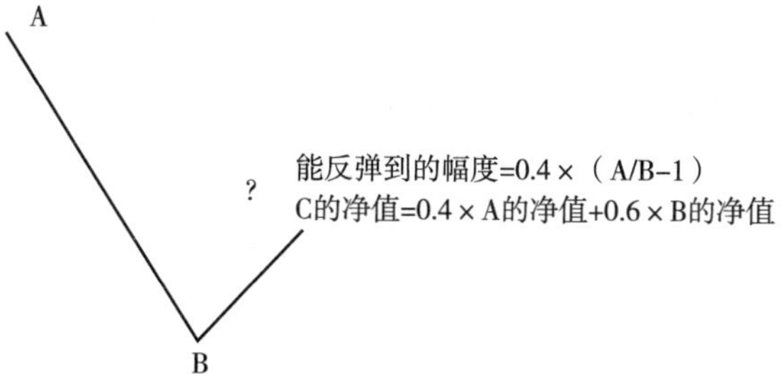

图4－10　反弹价格的确定

由于（A/B－1）就是B重新回到A的幅度，所以，B到C的反弹幅度相当于对反弹到最高点打个a的折扣。显然，下一步的关键是如何确定这个a值。根据上面公式，可以得到a＝（C/B－1）/（A/B－1），我们可以以上证指数成立至今的周线与月线级别（具体可以参考《缠中说禅》中的“笔的划分”）的数据为例，取其中位数获得a值。

在取值过程中，我们要求反弹的C点没有一次性高过A点，算上月线级别的3次，共有23轮“ABC”的调整。通过统计，如表所示，a值最大值为0.982，最小为0.287，a的平均值为0.638，而a值的中位数（即高于与低于该数的数目相同）为2009年11月到2010年4月的0.619，该值与平均值接近，而且与斐波那契数列的黄金分割点0.618是巧合的。也就是说，我们可以将a值设定为0.618。

不过，若从保守的角度来说，自2007年10月以来，0.407发生在周线与月线级别中，是唯一发生过2次的，而最近10年以来也是数值最小的。另外，我们基于风险收益比的角度也说明了a值一旦大于1，则风险收益比将小于1。所以，为安全起见，可以将a值设定为0.4，因为这样对于基金来说，反而容易反弹到。当然，相对积极的投资者，还是可以将a值设定为0.6。不过，从我们的角度来说，还是设为0.4为好。

若以0.4为a值，则C＝0.4A＋0.6B。这样，比如在2015年6月的股灾后，基金从最高点A点（一般是2015年6月4日），下跌到最低点B（大体是9月2日），那么反弹的幅度，就是0.4×（A/B－1），也就是说若B重新回到A点的幅度为X，则从B点能反弹到的高度为0.X。就股票来说，若10元的股票跌到2元，那么从2元反弹上去，能反弹多大幅度？那就是：0.4（10/2－1）＝160%。同样，若手中的基金从高点到低点下跌了50%，那么回到原来高点为100%，所以合理的反弹幅度就为40%。

表 4-10　　上证指数关于 a 值的统计

级别	时间	A	B	C	A/B-1	C/B-1	a 值
周线	1993 年 2 月—1993 年 4 月	1558.95	913.74	1392.62	70.61%	52.41%	0.742
周线	1993 年 4 月—1993 年 12 月	1392.62	774.54	1044.85	79.80%	34.90%	0.437
周线	1994 年 9 月—1995 年 5 月	1052.94	524.43	926.41	100.78%	76.65%	0.761
周线	1995 年 5 月—1996 年 8 月	926.41	512.83	894.85	80.65%	74.49%	0.924
周线	1997 年 5 月—1998 年 2 月	1510.17	1025.13	1262.62	47.31%	23.17%	0.490
周线	1998 年 6 月—1998 年 11 月	1422.97	1043.02	1300.15	36.43%	24.65%	0.677
周线	2001 年 6 月—2001 年 12 月	2245.43	1514.86	1776.02	48.23%	17.24%	0.357
周线	2002 年 6 月—2003 年 4 月	1748.89	1311.68	1649.6	33.33%	25.76%	0.773
周线	2004 年 7 月—2005 年 9 月	1783.01	998.23	1223.56	78.62%	22.57%	0.287
周线	2007 年 10 月—2009 年 8 月	6124.04	1664.93	3478.01	267.83%	108.90%	0.407
周线	2009 年 8 月—2009 年 11 月	3478.01	2639.76	3361.39	31.75%	27.34%	0.861
周线	2009 年 11 月—2010 年 4 月	3361.39	2890.02	3181.66	16.31%	10.09%	0.619
周线	2010 年 11 月—2011 年 4 月	3186.72	2661.45	3067.46	19.74%	15.26%	0.773
周线	2011 年 4 月—2011 年 7 月	3067.46	2610.99	2826.96	17.48%	8.27%	0.473
周线	2011 年 7 月—2012 年 3 月	2826.96	2132.63	2478.38	32.56%	16.21%	0.498
周线	2012 年 3 月—2012 年 5 月	2478.38	2242.35	2453.73	10.53%	9.43%	0.896
周线	2012 年 5 月—2013 年 2 月	2453.73	1949.46	2444.8	25.87%	25.41%	0.982
周线	2013 年 2 月—2013 年 5 月	2444.8	2161.14	2334.33	13.13%	8.01%	0.611
周线	2013 年 5 月—2013 年 9 月	2334.33	1849.65	2270.27	26.20%	22.74%	0.868
周线	2013 年 9 月—2014 年 4 月	2270.27	1974.38	2146.67	14.99%	8.73%	0.582
月线	2001 年 6 月—2004 年 4 月	2245.43	1307.4	1783.01	71.75%	36.38%	0.507
月线	2007 年 10 月—2009 年 8 月	6124.04	1664.93	3478.01	267.83%	108.90%	0.407
月线	2009 年 8 月—2010 年 11 月	3478.01	2319.74	3186.72	49.93%	37.37%	0.749

综上所述，我们可以在 C =（A + B）/2 选择卖出，但是，更保险的做法是在 C = 0.4 × A + 0.6 × B 时就选择卖出。

3. 买入价格的确定

（1）基于实际风险收益比的推导

根据上述结果，在 A 与 B 的价格区间，买入的 C 的价格最高不能超

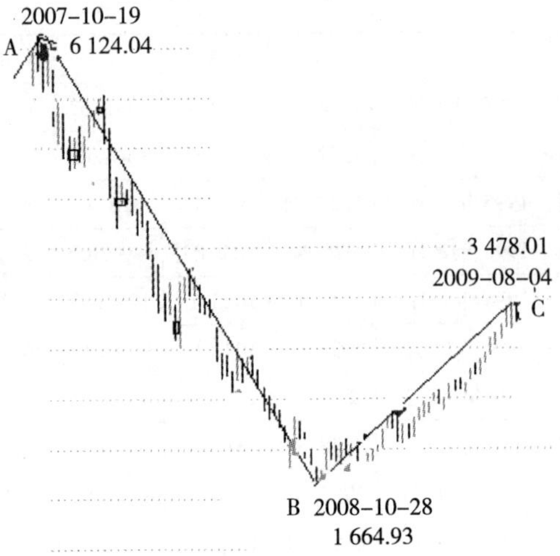

图 4－11 周线基本的反弹示意

过（A+B）/2。也就是说，在实践中，当我们以 C 的价格买入后，一旦价格触及（A+B）/2 就会选择卖出，而不会等到 A 点才卖，所以：

预期收益率 = [（A+B）/2] /C－1

最大回撤率 = －预期潜在亏损率 = 1－B/C

显然，实际风险收益比≥1 时，即预期收益率/最大回撤率≥1 时，才会买入证券，此时：

[（A+B）/2] /C－1≥1－B/C

所以：C≤A/4+3B/4 = 25% A+75% B

若将在这个价格买入，且持有到 A 点卖出，则：

最大风险收益比 = [A/（A/4+3B/4）－1] / [1－B/（A/4+3B/4）] = 3

这个式子说明，当投资者将证券以 A/4+3B/4 价格买入，若持有到创新高才卖出，则风险收益比为 3，即 1% 的风险可以获得 3% 的收益补偿。

（2）基于概率角度的推导

当然，从概率角度来说，由于是底部反弹上来的，因此二次探底或再创新低的概率会更大，至少有 50% 的可能。而且，从 C 的公式去看，B 的权重也更大，例如上式中有 75%，也就是说买入的价格受最低点的影响更大。由于要么创新低，要么突破（A+B）/2 价格，只有两个选择，且前者概率更大，所以概率可以假设分别为 2/3 与 1/3，则有：

期望的实际风险收益比 = 期望收益率/期望回撤率≥1

即 $1/3\times\{[(A+B)/2]/C-1\}\geq 2/3\times(1-B/C)$

所以：$C\leq A/6+5B/6$

同理，若将在这个价格买入，且持有到 A 点卖出，则最大风险收益比 =5。

这个式子说明，当投资者将证券以“A/6+5B/6”价格买入，若持有到创新高才卖出，则风险收益比为 5，即 1% 的风险可以获得 5% 的收益补偿。

当然，我们可以做一般化的处理。假设突破新高 A 点的概率为 m，而跌破 B 点的概率为 $k\times m$，则 $m+k\times m=1$，所以：

$k=(1-m)/m=1/m-1$

最大风险收益比 $=m\times(A/C-1)/[km\times(C/B-1)]=(A-C)/[k\times(C-B)]\geq 1$

所以：不考虑概率时的风险收益比 $=(A-C)/(C-B)\geq k$

从上述公式可以看出，k 值的意义是其代表了风险收益比的临界值，而上述公式还告诉我们最大风险收益比与突破新高的概率是反向的关系，比如：

当 $m=2/3$，则 $k=0.5$

当 $m=1/2$，则 $k=1$

当 $m=1/3$，则 $k=2$

当 $m=1/4$，则 $k=3$

当 $m=1/5$，则 $k=4$

当 $m=1/6$，则 $k=5$

这看似是一个悖论。其一是，因为突破新高的概率越大，说明赚钱概率越大，但是为何不值得买入呢？其二是，当跌破新低的概率越大，说明赚钱概率越小，此时为何又选择买入呢？

关于第一个悖论的解释是，虽然突破新高的概率很大，但因为此时风险收益比开始下降，它与突破新高的概率是负相关的。当然，这里隐含了一个假设，即证券价格在突破新高之后，就会面临见顶。但是，对于那些投资者来说，之所以在高点买入，是基于突破新高之后，还有更高点。例如，当未来上证再次突破5500点的时候，此时创出2007年新高的概率将是很大的，届时一定有很多投资者会高位买入。但若只为获得突破6124点的确定性收益，还是不值得的，因为面临的亏损风险也是很大的，而且这个收益已经不能弥补潜在的亏损。那么，只能有一种解释，那就是5500点买入的人，看到未来的8000点，甚至1万点，从而使风险收益比抬高。当然，就风险收益模型来说，当面临很小的盈利同时，却面临着很高的亏损，那么，即使这种成功概率较大，也不值得一搏。

至于第二个悖论是，跌破新低的概率尽管很大，说明赚钱概率越小，但是此时风险补偿越大。举例来说，假如跌破新低后亏损的幅度只有10%，但突破新高则可以获得100%，那么只要有一次成功，就可以抵挡10次的亏损。也就是说，就风险收益模型来说，在面临很小的亏损同时，却能获得很高的收益补偿，那么，即使这种成功概率较小，也是值得一搏的。

总结上述的结果便是，当价格越低的时候，虽然成功的概率越小，但大赚的概率却越大（即风险收益比越大）；而当价格越高的时候，虽然成功的概率越大，但大亏的概率也越大（即风险收益比越小）。那么，是追求小概率的大赚，还是大概率的小赚呢？从现实上看，大多数人追求的是大概率的小赚，结果却是多数人都亏损。例如在 2015 年 5 月，投资者在 5000 点高位买入，其实都是奔着上证突破 6000 点去的。但其实，概率这东西，成功就是 100%，不成功便是零，所以索罗斯说过，他不在乎胜负的概率，而期望盈利的时候比亏损的时候，多赚一些。也正如巴菲特所言，与其追求精确的模糊，不如追求模糊的精确。在我们看来，较大的资金，选择大概率的小赚，不如以较小的资金，选择小概率的大赚，因为后者更适合资金有限的中小投资者。

而根据最大风险收益比，可以得到：

$C \leqslant m \times A + (1-m) \times B$

因此，C 的价格对于 A 与 B 的权重分别为突破 A 的与跌破 B 的概率（当然也可以成是 A 与 B 对当前的价格影响力），实际上，根据前面还知道，$k=(1-m)/m$，这就说明最大风险收益比的临界值，正好是 A 与 B 的权重或概率之比，例如：

当 $m=1/2$ 时，$C \leqslant A/2+B/2$，最大风险收益比 $\geqslant 1$

当 $m=1/3$ 时，$C \leqslant A/3+2B/3$，最大风险收益比 $\geqslant 2$

当 $m=1/4$ 时，$C \leqslant A/4+3B/4$，最大风险收益比 $\geqslant 3$

当 $m=1/5$ 时，$C \leqslant A/5+4B/5$，最大风险收益比 $\geqslant 4$

当 $m=1/6$ 时，$C \leqslant A/6+5B/4$，最大风险收益比 $\geqslant 5$

那么，到底该取什么样的价格介入呢？这里，并没有确定的答案。但是从前面所说的期望的实际风险收益比的角度来说，$C \leqslant A/6+5B/4$ 为好。

另外，从心理学角度来说，1 份的风险需要用两份的收益来弥补，因此期望的实际风险收益比需要大于 2，也就是说：

$[(A+B)/2]/C-1 \geqslant 2 \times (1-B/C)$

所以：$C \leqslant A/6+5B/6$

若将在这个价格买入，且持有到 A 点卖出，则最大风险收益比 $=5$，说明也是一致的。

4. 风险收益模型总结

从上面三个买入价格去看，基于概率与心理学角度的价格都是一样的，实际上，第一个买入价格也可以看成是概率下的价格，无非向下跌破与向上突破的概率都为50%而已。由于第二或第三个买入价格，要低于第一个，因此安全性更高。关于以哪个价格买入，需要我们主观判断，比如当你判断不会二次探底，则可以以第一个价格买入，当你觉得创新低可能性更高，则可以以第二或第三价格买入。

为了统一起见，我们将［B，A/6 +5B/6）作为买入区间，将［A/6 +5B/6，A/4 +3B/4）作为增持区间，将［A/4 +3B/4，A/2 + B/2）作为持有区间，将［A/2 + B/2，A］作为卖出区间。其中，当 C = A/6 + 5B/6 时，最大风险收益比为5；当 C = A/4 +3B/4 时，最大风险收益比为3。当然更保险的做法是，在 0.4 × A +0.6 × B 就选择卖出，所以可以将［A/4 +3B/4，0.4 × A +0.6 × B）作为持有区间，而将［0.4 × A +0.6 × B，A/2 +B/2）作为第一卖出区间，将［［0.5 × A +0.5 × B，A）作为第二卖出区间。不过，若钱少的投资者，或者稳健型的，则只在买入价以内介入即可。

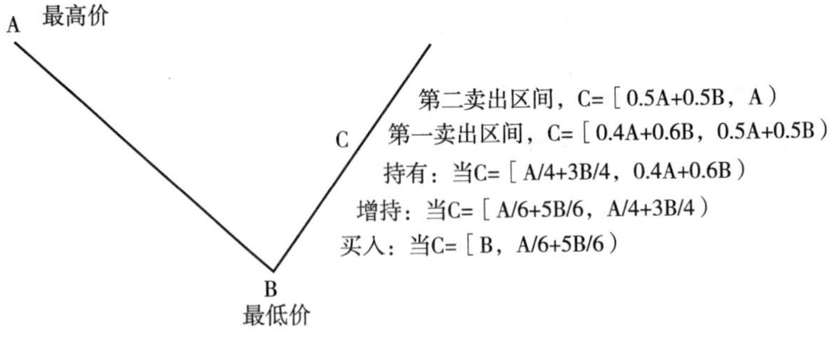

图 4-12　风险收益模型的买卖点

这里有两个细节需要指出。第一，当跌破 B 点时，该怎么办？我们认为有两个选择。第一个选择是立刻止损。当然，若选择止损，则对总资产造成的亏损比例不应该超过 2%，所以最初介入的资产比例 = 总资产 ×（2%/最大回撤率）。第二个选择是不用止损，但 B 的价格改为新的低点，而一旦这类基金解套后，就先出来，然后按新的买入价格、增持价格、持有与卖出价格重新介入。当然，不止损的基金，最好需要满足绩优的一些条件，例如基金经理是优秀的，总体业绩排名是靠前的。这样，即使新低不断改写，也终究会回到最初的高点，例如在 2012 年 12 月很多基金创出新低后，在 2014 年底的那一波牛市中，就再次创出历史新高。

5. 风险收益模型的运用：基金解套

基民被套，尤其是深套之后，往往就失去了信心，实际上大可不必。其实，在众所周知的方法中，就是转换成同公司，或替换成其他公司的同类绩优基金。但是，在系统性风险中暴跌基金，绩优的基金也很多处于深套，那么此时采取就可以基于风险收益模型进行自救了。

（1）适度降低成本与解套时间的关系

很多人基金或股票解套后，就是一味死拿，对于最高点买入的投资者说，很可能会是一个历史性的悲剧。实际上，基金解套的第一步是，只要适度降低成本，就能大大提高解套的可能性，以及大大加快解套的时间，从而降低悲剧的发生。

我们以上证指数为例，假如在 2007 年 10 月 16 日，即 6 124 点最高点那天，买入类似与上证指数一样的基金的话，那么若不降低成本，则等 8 年，甚至 10 年都解不了套，而后面的成本，若降低了 4.5%，11%，15%，在 2015 年 6 月 12 日的最高点（5 178 点），也解不了套。

但是，当成本降低超过 15% 之后，我们发现，后面就有望解套了。比如，2007 年 12 月 10 日的 5 161 点，在 2015 年的 6 月 12 日解套，相隔 2 741天。

过往数据显示，价值类的基金成本每当降低 5% 左右，就会使得解套时间加快1~3个月，而一旦成本降低45%以上，解套时间将发生质的飞跃。不过，这是基于过往数据，假如未来市场走向成熟，如注册制推出，股票退市制度严格执行，那么很多股票也许可能变为类似于香港那样几分钱的“仙股”，不过，目前来看，这还是较为遥远的事。

实际上，对于与中小板、创业板指数相关度高的基金来说，通过适当地降低成本，提高解套时间的速度，要大大快于上证指数相关的基金，投资者可以自行验证。所以，被深套的中小创基金，当务之急就是适当降低成本，最好在15%以上。

总之，基金解套的最大功劳，当然归属于市场的大幅反弹，但是对于投资者来说，最具备可行性的操作，便是适度降低成本。

表4-11　　上证指数的持仓成本与解套时间

时间	收盘价	相对6092点的成本降幅	初次解套的时间	初次解套的收盘价	解套的时间相隔（天）
2007-10-16	6092.06（最高点）				
2007-10-19	5818.05	4.50%	无	无	
2007-11-14	5412.69	11.15%	无	无	
2007-11-21	5214.23	14.41%	无	无	
2007-12-10	5161.92	15.27%	2015年6月12日	5166.35	2741
2007-12-12	5095.54	16.36%	2015年6月10日	5106.04	2737
2007-12-14	5007.91	17.80%	2015年6月5日	5023.1	2730
2007-12-19	4941.78	18.88%	2015年6月4日	4947.1	2724
2008-01-25	4761.69	21.84%	2015年6月1日	4828.74	2684
2008-02-04	4672.17	23.31%	2015年6月24日	4690.15	2697
2008-02-05	4599.7	24.50%	2015年5月27日	4941.71	2668
2008-02-14	4552.32	25.27%	2015年5月22日	4657.6	2654
2008-02-15	4497.13	26.18%	2015年5月21日	4529.42	2652
2008-03-03	4438.27	27.15%	2015年5月20日	4446.29	2634
2008-03-06	4360.99	28.42%	2015年5月19日	4417.55	2630

续表

时间	收盘价	相对 6092 点的成本降幅	初次解套的时间	初次解套的收盘价	解套的时间相隔（天）
2008-03-07	4300.52	29.41%	2015 年 5 月 11 日	4333.58	2621
2008-03-11	4165.88	31.62%	2015 年 4 月 16 日	4194.82	2592
2008-03-12	4070.12	33.19%	2015 年 4 月 13 日	4121.71	2588
2008-03-13	3971.26	34.81%	2015 年 4 月 10 日	4034.31	2584
2008-03-17	3820.05	37.29%	2015 年 4 月 2 日	3825.78	2572
2008-03-19	3761.6	38.25%	2015 年 3 月 30 日	3786.57	2567
2008-04-30	3693.11	39.38%	2015 年 3 月 26 日	3682.1	2521
2008-05-14	3657.43	39.96%	2015 年 3 月 23 日	3687.73	2504
2008-05-19	3604.76	40.83%	2015 年 3 月 20 日	3617.32	2496
2008-05-21	3544.19	41.82%	2015 年 3 月 18 日	3577.3	2492
2008-05-22	3485.63	42.78%	2015 年 3 月 17 日	3502.85	2490
2008-05-29	3401.44	44.17%	2009 年 7 月 27 日	3435.21	424

注：阴影部分代表每降低 5% 左右的成本对应的解套时间。

（2）根据基金预期解套净值适度补仓

第一步是让深套的基民适度降低成本，第二步则可以依据预期解套价格适度补仓。根据前面我们根据风险收益模型，且过往上证的统计数据，可以算出基金见底后的反弹幅度。实际上因反弹幅度可以计算出未来大概率的解套成本，注意这个成本并非持有不动的成本，而是通过适度补仓、高抛低吸后应努力降低到的成本，也就是基金的预期解套价格，当然这里的关键是确定底部的价格。由于底部是不可预测的，但是一般而言，对于股票或基金来说，都有一个最大回撤，通常对于 A 股市场的基金来说，不会超过 80%。所以，有时我们可以用最大回撤预估一个底部，然后测算出未来大概率的解套成本。

若 A 到 B 的下跌幅度为 X，则 B = A（1 + X），此时，B 从该值重新回到 A 点，需要的涨幅为 A/［A（1 + X）］ - 1，即为 1/（1 + X） - 1。那从表 4 - 12 可以看到，假设跌幅达到 50% 见底的话，投资者若持有不动的话，则需要反弹100%才能解套。这对于一个基金来说，一口气解套并不容易。不过，我们可以看到，根据前面的反弹幅度推导，之后大概率将反弹40%，假设10元是最高点的话，在7元就可以解套。所以，就基金来说，对于一只1元钱认购的新基金，假设购买之后就一路下跌，一直跌到0.5元见底，则你只要将成本降低到0.7元以内，就可以解套。但是，一开始你并不清楚0.5元就会见底，那你可以假设会跌到0.3元——对于基金来说跌幅达到70%已经非常高了。那么，你只要将成本控制在0.58元以内就可以实现解套。而若将见底设定在0.2元，也就是跌80%才见底的话，那你的成本控制在0.52元以内就可以实现解套。

表4-12　关于解套成本（预期解套净值）的确定

A价格	B价格	见底后的亏损幅度	持有不动回本涨幅	见底后能反弹的幅度	控制在此跌幅之内即可解套	解套价格
1	0.95	-5.00%	5.26%	2.11%	-3.00%	0.97
1	0.9	-10.00%	11.11%	4.44%	-6.00%	0.94
1	0.85	-15.00%	17.65%	7.06%	-9.00%	0.91
1	0.8	-20.00%	25.00%	10.00%	-12.00%	0.88
1	0.75	-25.00%	33.33%	13.33%	-15.00%	0.85
1	0.7	-30.00%	42.86%	17.14%	-18.00%	0.82
1	0.65	-35.00%	53.85%	21.54%	-21.00%	0.79
1	0.6	-40.00%	66.67%	26.67%	-24.00%	0.76
1	0.55	-45.00%	81.82%	32.73%	-27.00%	0.73
1	0.5	-50.00%	100.00%	40.00%	-30.00%	0.7
1	0.45	-55.00%	122.22%	48.89%	-33.00%	0.67
1	0.4	-60.00%	150.00%	60.00%	-36.00%	0.64
1	0.35	-65.00%	185.71%	74.29%	-39.00%	0.61
1	0.3	-70.00%	233.33%	93.33%	-42.00%	0.58
1	0.25	-75.00%	300.00%	120.00%	-45.00%	0.55
1	0.2	-80.00%	400.00%	160.00%	-48.00%	0.52
1	0.15	-85.00%	566.67%	226.67%	-51.00%	0.49
1	0.1	-90.00%	900.00%	360.00%	-54.00%	0.46
1	0.05	-95.00%	1900.00%	760.00%	-57.00%	0.43

实际上，解套成本一表中隐含了一个重要的推论：基金一旦从高位下跌60%，则可以补仓，而往后被套的概率几乎为零。由于绝大多数基金的跌幅都不会超过80%，那么基金的跌幅一旦达到50%，则投资者开始介入的话，大概率不会亏钱，当然短期是有被套牢的风险的，因为后面还可能跌到80%。因为，例如1元的基金，若真的跌到0.2元才见底，但之后也大概率会反弹到0.52元，所以投资者在跌到50%，即0.5元介入是可以解套的。

当然，若将手续费与时间成本考虑进去，则基金从最高点下跌达到60%的时候，是可以介入的，因为届时0.4元到0.52元的话，还有30%的涨幅，可以支付手续费，以及对时间成本做出一定的风险补偿。实际上，假如真的以0.4元介入，那么日后即使基金跌幅达到95%，也不用担心被套，因为之后会反弹到0.43元。综上所述，对于经历两轮股灾的基民来说，若真的手头的基金比如汇添富移动互联，下跌的幅度达到了60%以上，那是没必要割肉的，实际上，此时加仓反而是合理的。

表4-13　　两轮股灾之后的基金跌幅

证券代码	证券简称	投资类型	2015-06-04—09-07跌幅（%）
000697.OF	汇添富移动互联股票	股票型基金	-66.6491
470028.OF	汇添富社会责任混合	混合型基金	-65.7838
450004.OF	国富深化价值混合	混合型基金	-65.1044
450011.OF	国富研究精选混合	混合型基金	-64.6468
710001.OF	富安达优势成长混合	混合型基金	-63.8432
000925.OF	汇添富外延增长主题股票	股票型基金	-63.6215
257070.OF	国联安优选行业混合	混合型基金	-63.1762
001000.OF	中欧明睿新起点混合	混合型基金	-63.1186
398001.OF	中海优质成长混合	混合型基金	-62.3667
000965.OF	汇丰晋信新动力混合	混合型基金	-61.3108
000263.OF	工银信息产业混合	混合型基金	-61.0632
000893.OF	工银创新动力股票	股票型基金	-61.5100
000793.OF	工银高端制造股票	股票型基金	-60.6780

（3）基金解套案例

2015年6月与8月分别发生了两轮股灾，两轮股灾中让基金累计跌幅普遍在50%以上。其中，在2015年6月12日至7月8日的股灾中，中小创配资较多的基金跌幅最深，例如像彭敢先生管理的宝盈科技30，虽然在6月12日前，2015年以来收益达到了156%，但第一轮股灾的跌幅达到53.72%。那么，像此类基金该如何解套呢？

首先，我们知道2015年7月9日市场的大幅反转，已经可以较为确定救市成功（当然后来才知道没有成功），那么7月10日之后就可以买入与增持该基金。然后，我们根据风险收益模型得出，买入价格最好在1.61元以内，而增持价在1.75以内。这样，7月10日，我们有一次机会以1.497买入，当然这个价格是事后得知的，但当天可以预估不会超过1.61元。而后面的交易日中，显然价格都将小于1.75以内，所以就可以持续不断的增持一直到7月16日或17日为止——前提是要有后备资金。

而何时卖出呢？模型给出的第一卖出价格是1.9814，第二卖出价格是2.14元。当然，这里卖出的筹码是买入与增持的筹码，而之前买入套牢的持仓，最好作为底仓，留待到解套成本卖出。在卖出后，以后若继续跌破增持价或买入价，则可以继续买入。我们认为，买入的价格越低，买入的资金也可以增多。那么，万一跌破最低点，要不要止损呢？我们的答案是不用止损，只需等待新的最低点出来即可。

表4-14　2015年6月股灾期间跌幅较深的两只基金

基金	最高点	最低点	买入价	增持价	第一卖出价	第二卖出价
宝盈科技30	2.924	1.353	1.61	1.75	1.9814	2.14
中银新经济	3.092	1.397	1.68	1.82	2.075	2.24

表 4－15　　　　第一轮股灾中宝盈科技 30 的增持与买入价

	日期	净值	累计净值	日涨跌	日涨幅
	2015-07-24	1.9480	1.9480	-0.0280	-1.4170%
	2015-07-23	1.9760	1.9760	0.0740	3.8906%
	2015-07-22	1.9020	1.9020	0.0240	1.2780%
	2015-07-21	1.8780	1.8780	0.0600	3.3003%
	2015-07-20	1.8180	1.8180	0.0650	3.7079%
	2015-07-17	1.7530	1.7530	0.0990	5.9855%
增持	2015-07-16	1.6540	1.6540	0.0330	2.0358%
增持	2015-07-15	1.6210	1.6210	-0.0820	-4.8150%
增持	2015-07-14	1.7030	1.7030	0.0540	3.2747%
增持	2015-07-13	1.6490	1.6490	0.1520	10.1536%
买入	2015-07-10	1.4970	1.4970	0.0850	6.0198%
	2015-07-09	1.4120	1.4120	0.0590	4.3607%
	2015-07-08	1.3530	1.3530	-0.0530	-3.7696%
	2015-07-07	1.4060	1.4060	-0.1330	-8.6420%
	2015-07-06	1.5390	1.5390	-0.0910	-5.5828%
	2015-07-03	1.6300	1.6300	-0.1380	-7.8054%

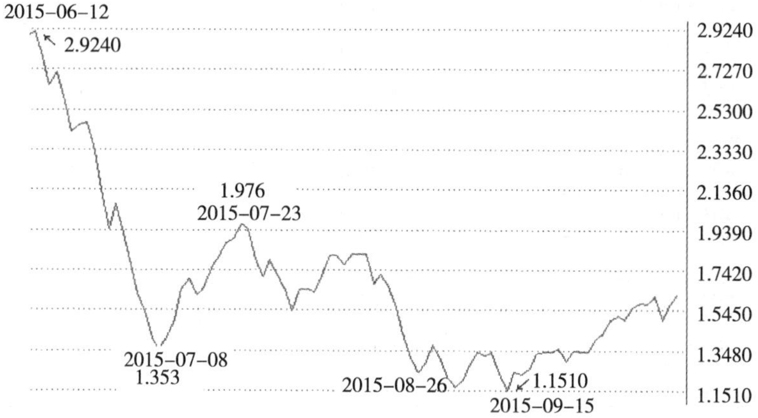

图 4－13　宝盈科技 30（000698）两轮股灾示意图

后来，宝盈科技 30 在 7 月 23 日达到第一轮股灾反弹后的最高点 1.976 元后，就没有再创新高，而此时也没有达到我们的第一卖出价格。由于没有达到第一次的卖出价格，那么前面买入与增持的可以放着。后面，在 8 月之后，迎来了第二轮股灾，但是，底部我们是没法确定的。不过，在 8 月 25 日上证指数跌破 3000 点后，8 月 25 日央行就公布“双降”（降息与降准），且中金大幅提高股指期货保证金，所以，基本可以确定是政策底，当然 26 日又继续下跌到 2850 点的低点，所以后面可能预示着有更低的市场底。因此，在当时，可以先等等再介入。之后，我们也看到宝盈科技 30 在 9 月 1 日之后继续创新低，达到了 1. 21 元。

尽管我们不知道 1. 21 元是最低点，但我们可以假设最低点到 1. 1 元，甚至是 1 元，那么，可以根据风险收益比为 5 的情况，确定买卖价格。所以，前面的最高点为 2. 924 元，最低点假设为 1 元，此时可以买入的价格为：2. 924/6 + 1 × 5/6 = 1. 32 元。而 9 月 1 日之后的价格有好几次都明显低于此价格，所以可以买入。

表 4 – 16　　宝盈科技 30 在 9 月的价格

日期	单位净值（元）	是否买入
2015 – 09 – 16	1. 2410	买入
2015 – 09 – 15	1. 1510	买入
2015 – 09 – 14	1. 2330	买入
2015 – 09 – 11	1. 3390	否
2015 – 09 – 10	1. 3240	否
2015 – 09 – 09	1. 3390	否
2015 – 09 – 08	1. 2740	买入
2015 – 09 – 07	1. 2010	买入
2015 – 09 – 02	1. 1680	买入
2015 – 09 – 01	1. 2170	买入

当然，在买入后，一直到 9 月 15 日又达到了最低点 1. 151 元，但之后在 10 月股指大幅反弹的背景下，一直没有跌破 1. 151 元，所以我们可以假设这个价格是最低点，此时可以算出基金的解套预期价（基金解套成本）：0. 4 × 2. 924/6 + 1. 151 × 5/6 = 2. 128 元。这个价格相当于最高点的 72. 8%，也就是说，若能将成本控制在下跌 27. 2% 就能大概率解套。实际上，即使第一波买入的价格，也远低于基金解套成本。

鉴于一般的投资者都没有办法很好地高抛低吸，所以只要价格在 1. 32 以内，就可以类似定投一样地加仓，直到成本变为 2. 128，然后就等着解套即可。比如说，投资者在2.9元差不多最高点买入10万元，那么假如第一次没有补仓的话，其在第二次1.3买入10万元，则成本就可以变为2.1元了，然后就可以轻松的等着解套。当然，投资者后面若没有10万元，那么就可以慢慢在1.3之内类似定投一样的补仓即可。总之，将成本降低到2.218元以内，就有大概率解套机会。

七、基金的资产配置分析

1986年著名的经济学家Brinson、Hood、Beebower在发表的论文《资产组合业绩表现的决定因素》（*Determinants of Portfolio formance*）中，通过对91家大型养老金公司10年的投资绩效分解发现，总投资回报的91.5%由资产配置决定，只有4.6%由产品决定，1.8%由市场时机决定，剩下的2.1%由其他因素决定。因此，本节将着重分析权益类基金的资产配置。

在前面的季报中，我们已经说过投资组合报告是季报中最重要的，而我们要分析的关于资产配置的信息，也主要在这里。关于基金的资产配置，一般分为4个方向。第一，基金组合中各类资产的的分布情况；第二，给出基金的投资行业配置比例；第三，给出基金的前10大重仓股；第四，基金持股中的受限情况，下面具体分析。

1. 基金的仓位与份额变动分析

在基金组合的基本情况中，给出了股票与债券的投资比例，而根据股票仓位的比重，就可以知道基金的风险情况，当然最好结合多个季度看，从中可以知道股票仓位的情况。不过，一般我们给出的不是占总资产的比例，而是股票占基金净值的变动，该数值在行业组合中给出。根据新基金法的规定，股票型不低于80%，而混合型则可以是0～95%，所以仓位上的分析，对于混合型更是重要点。关于仓位的分析，通常与择时能力关联大。例如一只基金，在2015 年一季度股加仓了，而股市也在该季度上涨（有的研究认为下一季度）了，那么可以看成择时相对较好。

表 4－17　　基金资产组合情况

序号	项目	金额（元）	占基金总资产的比例（%）
1	权益投资	5 751 094 537. 11	86. 97
	其中：股票	5 751 094 537. 11	86. 97
2	固定收益投资	—	—
	其中：债券	—	—
	资产支持证券	—	—
3	贵金属投资	—	—
4	金融衍生品投资	—	—
5	买入返售金融资产	—	—
	其中：买断式回购的买入返售金融资产	—	—
6	银行存款和结算备付金合计	707 543 806. 32	10. 70
7	其他资产	154 187 379. 94	2. 33
8	合计	6 612 825 723. 37	100. 00

资料来源：富国低碳环保 2015 年第一季报。

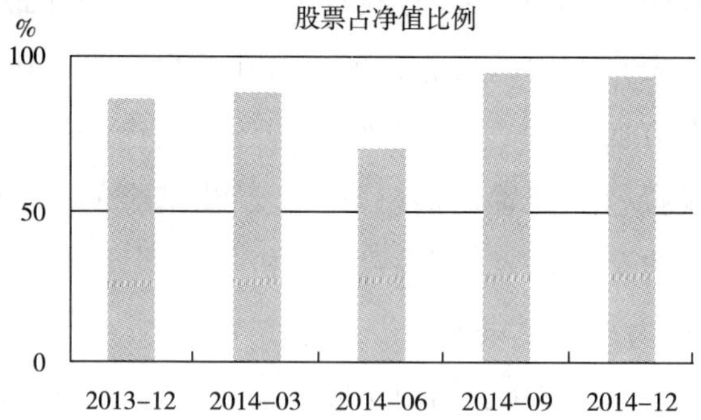

基金仓位季节变化

资产配置（%）	2014-09-30	2014-12-31	2015-03-31
股票市值/基金净值	94.96	94.06	93.95

资料来源：新浪财经。

图 4－14　富国低碳环保的仓位变动（股票占净值之比）

值得一提的是，开放式基金的份额变动，也是可以动态看待的。一般来说，净申购导致的份额增加对于一只基金是好消息，而净赎回导致的份额较少是坏消息。但是，有时候也会出现基金越涨，份额越小的情况，这反映了基金投资者谨慎的情绪，不过一般来说，基金走势越强，净申购的概率更大。根据多个季报，可以得出多个季度的份额变动，从信息来源获得渠道看，也可以参考新浪财经上的基金频道。不过，从基金规模来说，并非越大越好，尤其是熊市或震荡市的时候，大体是市场中中等规模以下的基金表现会更好。当然，在牛市中，规模的大小与业绩的关联度并不大，因为大盘股在牛市中依然会有较好的表现。就中国股市来说，由于"牛短熊长"的特征较为明显，所以对于主动管理的基金来说，根据我们的统计，选择规模中等以下的，就中长期来说，表现也会更好，这正应了"船小好调头"的说法。

表 4－18　　富国低碳回报的份额变动　　单位：份

报告期期初基金份额总额	326 680 936.53
报告期期间基金总申购份额	4 355 885 596.61
减：报告期期间基金总赎回份额	1 881 750 715.91
报告期期间基金拆分变动份额（份额减少以"－"填列）	—
报告期期末基金份额总额	2 800 815 817.23

资料来源：富国低碳环保 2015 年第一季报。

表 4－19　　富国低碳回报的多个季度的份额变动

报告期	期初总份额（份）	期末总份额（份）	期间净申赎份额（份）	净申赎比例
2015－03－31	326 681 000	2 800 820 000	2 474 140 000	7.57%
2014－12－31	526 521 000	326 681 000	－199 840 000	－0.38%
2014－12－31	270 624 000	326 681 000	56 057 000	0.21%
2014－09－30	282 899 000	270 624 000	－12 274 900	－0.04%
2014－06－30	526 521 000	582 899 000	－243 622 000	－0.46%
2014－06－30	481 185 000	282 899 000	－198 2858 520	－0.41%

续表

报告期	期初总份额（份）	期末总份额（份）	期间净申赎份额（份）	净申赎比例
2014－03－31	526 521 000	481 185 000	－45 336 000	－0. 09%
2013－12－31	593 063 000	526 521 000	－66 542 000	－0. 11%
2013－12－31	456 942 000	526 521 000	69 578 600	0. 15%
2013－09－30	718 510 000	456 942 000	－261 567 800	－. 036%
2013－06－30	593 063 000	7198 510 000	125 447 000	0. 21%

资料来源：新浪财经。

2. 基金的行业配置分析

在基金的投资行业中，给出了基金所投资的行业，就行业来说，它涉及投资的总体框架。因为在基金经理的资产配置中，除了采用自下而上的个股精选策略外，更多的是采用自上而下的行业配置策略。

在行业分析中，我们最需要观察的是基金集中在哪几个行业，而这些行业处于的估值水平又在什么位置（这需要参考申万估值）。知道一些集中的行业，就可以知道基金大致的投资风格。例如信息行业配置多的，则可以看成成长风格，而金融配置多的则可以看成价值风格。不过，基金季报在 2013 年之前的制造业给出了 10 个细类划分——如食品、电子、医疗等，但 2013 年起因证监会调整了行业分类，就没有了制造业的细分。所以，制造业这一栏的大致行业，需要结合 10 大重仓股去大体判断，例如若 10 大重仓有很多医疗股，则可以说制造业中的医疗行业也是重点。但是，像其他非制造业，例如信息软件业等，在最近几年的行情中，还是具有很大的参考意义。

总的说来，行业的配置是否合理、直接影响到了基金的业绩表现。例如，上证指数在 2009 年 8 月 4 日的 3 478 点跌下来，到 2012 年 12 月，重仓食品、医药与电子行业的基金，表现要远远好于重仓交通运输、公用事业及金融的基金。不过，行业的差异性只是基金业绩差异的重要因素之一，而并不是说挑对了行业，就一定意味着基金表现就好，因为还与行业中的个股有关，例如，同样是大消费行业中的电子行业比汽车行业要好得多。就当前涉及A股两市的行业指数而言，比较知名的有证监会行业指数，申万一级行业。下面我们做简单介绍。

2012年10月26日，证监会网站公布了《上市公司行业分类指引》，而2001年中国证监会公布的《上市公司行业分类指引》同时废止。就基金公布的行业配置来说，在2013年第一季度之前，还详细公布制造业中的10大细分行业，但之后则没有继续公布。为了对基金的行业配置有较深入的理解，有必要知道当前主流的行业分类。从新的证监会行业分法去看，将环保，教育，科教单独列出，而制造业不再细分。我们现在看到基金季报中的行业，都是证监会最新版本的，但由于制造业没有了细分，所以还是必须再辅助参考重仓股，才知道制造业中到底主配了什么。

表4-20　　2013年之前的证监会行业分类

一级行业	二级行业
农、林、牧、渔	农业，林业，畜牧业，渔业，农、林、牧、渔服务业，其他、农、林、牧、渔服务业
采掘业	煤炭采选业，石油和天然气开采业，黑色金属矿采选业，有色金属矿采选业，非金属矿采选业，其他矿采选业，采掘服务业
制造业——食品、饮料	食品加工业，食品制造业，饮料制造业
制造业——纺织、服装、皮毛	纺织业，服装及其他纤维制品制造业，皮革、毛皮、羽绒及制品制造业
制造业——木材、家具	木材加工及竹、藤、棕、草制品业，家具制造业
制造业——造纸、印刷	造纸及纸制品业，印刷业，文教体育用品制造业
制造业——石油、化学、塑胶、塑料	石油加工及炼焦业，化学原料及化学制品制造业，化学纤维制造业，橡胶制造业，塑料制造业
制造业——电子	电子元器件制造业，日用电子器具制造业，其他电子设备制造业，电子设备修理业
制造业——金属、非金属	非金属矿物制品业，黑色金属冶炼及压延加工业，有色金属冶炼及压延加工业，金属制品业

续表

一级行业	二级行业
制造业——机械、设备、仪表	普通机械制造业，专用设备制造业，交通运输设备制造业，电器机械及器材制造业，仪器仪表及文化、办公用机械制造业
制造业——医药、生物制品	医药制造业，生物制品业
其他制造业	
电力、煤气及水的生产和供应业	电力、蒸汽、热水的生产和供应业，煤气生产和供应业，自来水的生产和供应业
建筑业	土木工程建筑业，装修装饰业
交通运输、仓储业	铁路运输业，公路运输业，管道运输业，水上运输业，航空运输业，交通运输辅助业，其他交通运输业，仓储业
信息技术业	通信及相关设备制造业，计算机及相关设备制造业，通信服务业，计算机应用服务业
批发和零售贸易	食品、饮料、烟草和家庭用品批发业，能源、材料和机械电子设备批发业，其他批发业，零售业
金融、保险业	商业经纪与代理业，银行业，保险业，证券、期货业，金融信托业，基金业，其他金融业
房地产业	房地产开发与经营业，房地产管理业，房地产中介服务业
社会服务业	公共设施服务业，邮政服务业，专业、科研服务业，餐饮业，旅馆业，旅游业，娱乐服务业，卫生、保健、护理服务业，租赁服务业，其他社会服务业
传播与文化产业	出版业，声像业，广播电影电视业，艺术业，信息传播服务业，其他传播、文化产业
综合类	

表 4－21　　2013 年证监会新标准下的基金行业分类情况

代码	行业类别	公允价值（元）	占基金资产净值比例（%）
A	农、林、牧、渔业	—	—
B	采矿业	—	—
C	制造业	2 578 439 210. 79	42. 12
D	电力、热力、燃气及水生产和供应业	—	—

续表

代码	行业类别	公允价值（元）	占基金资产净值比例（%）
E	建筑业	20 754.00	—
F	批发和零售业	9 598.00	—
G	交通运输、仓储和邮政业	8 703.00	—
H	住宿和餐饮业	3 896.15	—
I	信息传输、软件和信息技术服务业	2 555 378 675.60	41.74
J	金融业	—	—
K	房地产业	6 069.00	—
L	租赁和商务服务业	560 957 091.77	9.00
M	科学研究和技术服务业	13 206.00	—
N	水利、环境和公共设施管理业	4 334.00	—
O	居民服务、修理和其他服务业	—	—
P	教育	4 791.00	—
Q	卫生和社会工作	9 307 942.00	0.15
R	文化、体育和娱乐业	56 940 265.80	0.93
S	综合	—	—
	合计	5 751 094 537.11	93.95

资料来源：富国低碳环保2015年第一季报。

从证监会新的行业标准看，制造业有31个二级行业，比之前的10个二级分类多了21个。它们是农副食品加工业，食品制造业，酒、饮料和精制茶制造业，烟草制品业，纺织业，纺织服装、服饰业，皮革、毛皮、羽绒及其制品和制鞋业，木材加工和木、竹、藤、棕、草制品业，家具制造业，造纸和纸制品业，印刷和记录媒介复制业，文教、工美、体育和娱乐用品制造业，石油加工、炼焦和核燃料加工业，化学原料和化学制品制造业，医药制造业，化学纤维制造业，橡胶和塑料制品业，非金属矿物制品业，黑色金属冶炼和压延加工业，有色金属冶炼和压延加工业，金属制品业，通用设备制造业，专用设备制造业，汽车制造业，铁路、船舶、航空航天和其他运输设备制造业，电气机械和器材制造业，计算机、通信和其他电子设备制造业，仪器仪表制造业，其他制造业，废弃资源综合利用业，金属制品、机械和设备修理业。

表 4-22 申万一级行业、二级行业及三级行业分类标准（2011 年版）

一级行业	二级行业	三级行业
农、林、牧、渔	种植业，渔业，畜禽养殖，林业，饲料，农产品加工，动物保健，农业综合	种子生产、粮食种植、其他种植业，海洋捕捞、水产养殖，畜禽养殖，林业，饲料，果蔬加工、粮油加工、其他农产品加工，动物保健，农业综合
采掘	石油开采，煤炭开采，其他采掘，采掘服务	石油开采，煤炭开采、焦炭加工，其他采掘，油气钻采服务
化工	石油化工，化学原料，化学制品，化学纤维，塑料，橡胶，化工新材料	石油加工、石油贸易，纯碱、氯碱、无机盐、其他化学原料，氮肥、磷肥、农药、日用化学产品、涂料油漆油墨制造、钾肥、民爆用品、纺织化学用品、复合肥、氟化工及制冷剂、磷化工及磷酸盐、其他化学制品，涤纶、维纶、粘胶、其他纤维、氨纶，其他塑料制品、合成革、改性塑料，轮胎、其他橡胶制品、炭黑，其他化工新材料、聚氨酯、玻纤
黑色金属	钢铁	普钢、特钢
有色金属	有色金属冶炼与加工，金属非金属新材料	铝、铜、铅锌、黄金、小金属，金属新材料、磁性材料、非金属新材料
建筑建材	建筑材料，建筑装饰	玻璃制造、水泥制造、陶瓷制造、其他建材、耐火材料、管材，装饰园林、房屋建设、基础建设、专业工程
机械设备	通用机械，专用设备，仪器仪表，电气设备，金属制品	机床工具，机械基础件、磨具磨料、内燃机、制冷空调设备、其他通用机械，纺织服装设备、工程机械、农用机械、重型机械、冶金矿采化工设备、印刷包装机械、其他专用机械、楼宇设备、环保设备，仪器仪表，电机、电气自控设备、电源设备、输变电设备、其他电力设备，金属制品
电子	半导体，元件，光学光电子，电子制造，其他电子	集成电路、分立器件、半导体材料，印制电路板、被动元件，显示器件、LED、光学元件，电子系统组装、电子零部件制造，其他电子

续表

一级行业	二级行业	三级行业
交运设备	汽车整车，汽车零部件，非汽车交运设备，交运设备服务	乘用车、商用载货车、商用载客车、专用汽车，汽车零部件，摩托车、航空航天设备、船舶制造、铁路设备、其他交运设备，汽车服务、其他交运设备服务
信息设备	通信设备，计算机设备	终端设备、通信传输设备、通信配套服务，计算机设备
家用电器	白色家电，视听器材	冰箱、空调、洗衣机、小家电、其他白色家电，彩电、其他视听器材
食品饮料	食品加工制造，饮料制造	肉制品、调味发酵品、乳品、食品综合，白酒、啤酒、其他酒类、软饮料、葡萄酒、黄酒
纺织服装	纺织制造，服装家纺	毛纺、棉纺、丝绸、印染、辅料、其他纺织，男装、女装、休闲服装、鞋帽、家纺、其他服装
轻工制造	造纸，包装印刷，家用轻工，其他轻工制造	造纸，包装印刷，家具、其他家用轻工、珠宝首饰、文娱用品，其他轻工制造
医药生物	化学制药，中药，生物制品，医药商业，医疗器械，医疗服务	化学原料药、化学制剂，中药，生物制品、医药商业，医疗器械，医疗服务
公用事业	电力，水务，燃气，环保工程及服务水务	火电、水电、燃机发电、热电，水务，燃气，环保工程及服务
交通运输	港口，高速公路，公交，航空运输，机场，航运，铁路运输，物流	港口，高速公路，公交，航空运输，机场，航运，铁路运输，物流
房地产	房地产开发，园区开发	房地产开发、园区开发
金融服务	银行，多元金融，证券，保险	银行，多元金融，证券，保险
商业贸易	零售，贸易	百货零售、专业连锁、商业物业经营，贸易
餐饮旅游	景点，酒店，旅游综合，餐饮	人工景点、自然景点，酒店、旅游综合，餐饮
信息服务	通信运营，网络服务，计算机应用，传媒	通信运营，互联网信息服务、移动通讯增值服务、其他网络服务、有线电视网络，软件开发及服务、系统集成，平面媒体、影视动漫、营销服务、其他传媒
综合	综合	综合

注：后面的三级行业用“，”与前面的二级行业对应。

就申万行业来说，在2014年也做了新的调整。根据新的政治经济形势，将原来的23个行业扩展到28个，比较突出的改变是，加入了国防军工、非银金融。相对于证监会的行业分类来说，申万的新行业标准，更接地气。当然，在这个市场中，很多指数基金，除了跟踪中证指数外，也有许多跟踪申万行业指数。对于相关行业配置较多的基金，可以参考申万研究所网站每周公布的的一级行业信息表。一般来说，市盈率在50倍以上，市净率在5倍以上的行业就面临高估值的风险了。

表4-23　　28个申万一级行业（2014年后新标准）

指数代码	指数名称	发布日期	市盈率（倍）	市净率（倍）
801010	农、林、牧、渔	2015-06-19	103.38	6.39
801020	采掘	2015-06-19	54.51	2.68
801030	化工	2015-06-19	66.71	4.64
801040	钢铁	2015-06-19	100.44	2.48
801050	有色金属	2015-06-19	121.07	4.88
801080	电子	2015-06-19	98.79	6
801110	家用电器	2015-06-19	22.64	4.31
801120	食品饮料	2015-06-19	35.4	5.19
801130	纺织服装	2015-06-19	56.54	5.56
801140	轻工制造	2015-06-19	101.98	5.73
801150	医药生物	2015-06-19	64.27	6.87
801160	公用事业	2015-06-19	34.17	4.05
801170	交通运输	2015-06-19	38.04	3.53
801180	房地产	2015-06-19	29.98	3.63
801200	商业贸易	2015-06-19	62.57	4.84
801210	休闲服务	2015-06-19	94.14	7.12
801230	综合	2015-06-19	104.45	6.72
801710	建筑材料	2015-06-19	44.17	3.57
801720	建筑装饰	2015-06-19	27.61	3.22
801730	电气设备	2015-06-19	85.32	6.19
801740	国防军工	2015-06-19	207.2	7.29

续表

指数代码	指数名称	发布日期	市盈率（倍）	市净率（倍）
801750	计算机	2015－06－19	134.06	13.2
801760	传媒	2015－06－19	120.66	9.72
801770	通信	2015－06－19	80.3	5.58
801780	银行	2015－06－19	7.49	1.25
801790	非银金融	2015－06－19	26.61	3.27
801880	汽车	2015－06－19	32.05	3.92
801890	机械设备	2015－06－19	115.75	5.26

资料来源：http：//www.swsindex.com/IdxMain.aspx.

3. 基金的重仓股与受限股分析

基金的前10大重仓股分析，是资产配置中的重中之重。我们一般可以从三个方面考虑：10大重仓股与前一季度的股票变化（持股稳定度），10大重仓股的持股集中度，10大重仓股涉及的行业与股票风格。

先说第一个方面，从前后季度中持股的变动，可以看出换手率快慢，或者说持股是否稳定；通常换手率低则风险低，就如炒股，越频繁交易越容易亏损。就第二个方面来说，持股集中度越高，比如10大重仓股合计占净值达到50%以上，则10大重仓的表现大体可以决定一只基金的未来表现，当然一般来说，越集中也意味着风险越大，如富国低碳环保就可以看出前10大重仓股比较集中——超过50%。

至于第三个方面，10大重仓涉及的行业与股票风格，一来可以辅助看出制造业中的哪些细分行业被关注，二来从股票风格，再结合行业持仓，就能大体判断一只基金大致的投资风格，例如富国低碳集中在“3”开头的创业板与“2”开头的中小板，就知道是成长风格的（当然从名称上可以说是生态环保主题）。我们一般将大盘蓝筹归为价值型的股票，而将中小板，中证500以及创业板的利润增速潜力大的个股，归为成长型，而将一些主题概念比较明显的，如国企改革、国防军工、一带一路等归为主题概念股，当然该部分可能与价值股及成长股有重叠。

表 4－24　　　　基金的前 10 大重仓股

序号	股票代码	股票名称	数量（股）	公允价值（元）	占基金资产净值比例（%）
1	300104	乐视网	5 151 877	482 833 912. 44	7. 89
2	002280	联络互动	3 180 056	451 249 946. 40	7. 37
3	300178	腾邦国际	7 099 758	443 521 882. 26	7. 25
4	002488	金固股份	8 651 111	437 746 216. 60	7. 15
5	002496	辉丰股份	14 020 267	435 749 898. 36	7. 12
6	300295	三六五网	2 436 268	421 693 628. 12	6. 89
7	300263	卫宁软件	2 101 141	342 696 097. 10	5. 60
8	300226	上海钢联	2 676 537	311 013 599. 40	5. 08
9	002363	隆基机械	9 638 029	310 826 435. 25	5. 08
10	002568	百润股份	3 670 487	294 189 533. 05	4. 81

资料来源：富国低碳环保 2015 年第一季报。

基金的流通受限股，一般有三类：定增未解禁，停牌筹划重大事项，配股打新等还未上市流通。此类基金中，有时一旦有停牌重组的，则可能面临套利的机会，尤其是当有许多只股票停牌时，会引发场外资金套利。当然，由于目前基金对停牌股采取的是“指数估值”或“行业估值”的方法，这就意味着停牌股票的涨跌幅已经被考虑在内，所以除非该股票复牌后能连续暴涨，否则未必有空间。

表 4－25　　　　基金的流通受限情况

序号	股票代码	股票名称	流通受限部分的公允价值（元）	占基金资产净值比例（%）	流通受限情况说明
1	002280	联络互动	451 249 946. 40	7. 37	筹划重大事项
2	002496	辉丰股份	58 098 900. 72	0. 95	配股未上市流通

资料来源：富国低碳环保 2015 年第一季报。

4. 案例分析：王茹远的基金资产配置方法

很多时候，一个基金的配置能否带来长久的稳健收益，可以看它是否遵循着稳健的投资风格，也就是配置上采取着均衡的方式：价值股 + 成长股 + 主题股 + 债券。由于这种组合方式属于稳健型的一种，因此绩优基金业绩具有较好的可持续性。

经过研究，我们发现，2014 年 10 月离职的基金一姐王茹远采取的基金管理方式，正是如此，而这也是宝盈核心成为两年混合型冠军的制胜法宝之一，具体体现在 4 个特征上。

第一，股票与债券大致采取“七二法则”，剩下的一成进行灵活配置，使风险系数降低。王茹远始终都将股票与债券进行了配置，因此符合上述资产配置中股票与债券共同配置的基本原则。我们以 2014 年第二季度为例，该基金股票与债券的仓位分别为 73.56%、18.51%，而实际上，每个季度的股票与债券占净值的比例一般是 70% 左右，20% 左右。

表 4－26　　股债占比、10 大重仓股集中度及稳定度

	股票占净值比	债券占净值比	持股集中度	重仓股稳定度
2014 第一季度	77%	20%	71%	5
2014 第二季度	74%	19%	72%	6
2014 第三季度	68%	15%	74%	5

第二，10 大重仓股集中且稳定，使业绩持续稳定。从表 4－26 可以看到，10 大重仓股在股票比例中的集中度都在 70% 以上，显著超越同类 45% 的均值；而从稳定度看，稳定度也较为稳定，而同类大约 4 左右。

第三，股票投资涉及成长、价值与主题三大方向，且以成长为主导，这也部分降低了投资风险。我们以 2014 年第二季度前 15 大重仓股为例，该基金配置中就涉及到成长，价值与主题三个方向，而且以成长股占比较多。因此该基金可以看成偏向成长风格。

第四，成长股的选股能力突出，使其成为冠军。我们注意到，诸如东方财富，朗玛信息，涨幅都在 5 倍以上，而太极股份与硕贝德也有数倍涨幅。实际上，王茹远也曾说过，成长潜力没有 5 到 10 倍的个股，不会入其法眼，当然这与其TMT研究员的背景有关。

表4-27　　宝盈核心2014年第二季度持仓

序号	股票代码	股票名称	占净值比例	股票占比	同比增减仓	投资方向
1	002368	太极股份	8.84%	11.94%	92.06万股	成长
2	300059	东方财富	8.40%	11.34%	1462.00万股	成长
3	601998	中信银行	7.26%	9.81%	3620.00万股	价值
4	600518	康美药业	5.61%	7.58%	200.00万股	价值
5	300288	朗玛信息	5.42%	7.32%	0.00万股	成长
6	300115	长盈精密	4.91%	6.63%	—	成长
7	300322	硕贝德	4.65%	6.28%	520.00万股	成长
8	601989	中国重工	2.91%	3.93%	—	主题（国防军工）
9	600887	伊利股份	2.80%	3.78%	—	价值
10	600315	上海家化	2.52%	3.40%	—	价值
11	000538	云南白药	2.50%	3.38%	—	价值
12	300218	安利股份	2.49%	3.36%	—	成长
13	600536	中国软件	2.27%	3.07%	-159.00万股	主题（信息安全）
14	300353	东土科技	2.02%	2.73%	—	主题（工业4.0）
15	000768	中航飞机	1.98%	2.68%	—	主题（国防军工）

从上述资产配置可以看出，价值+成长+主题+债券的投资方式，贯穿王茹远的公募投资生涯，而由于其TMT研究员的出身，使成长股的超额收益更加突出。用一句话概括就是，以股债兼配、投资风格多样性、持股稳定来控制风险，以持股集中，侧重成长来获得超额收益。由此，成就了该基金业绩波动较小，而收益相对较高的特点。也可以毫不夸张的说，此类资产配置风格，是公募基金学习的典范。

八、基金经理的分析

前面已经提过，对于主动管理的基金来说，基金经理是一只基金的灵魂。其实，投资者投资一只基金，就像企业选人，只要选对了人，企业的运营效率就会大大提高。对于投资者来说，选到好的基金经理，那么也可以申购其管理的基金，将资金交由其放心管理。不过，市场风云诡谲，基金经理水平参差不齐，因此选出业绩持续较好的基金经理并不容易。当然，我们还是可以从一些线索，去发现基金经理的潜力与不足。

1. 绩优基金经理的快速筛选

对于基金经理，这里主要针对主动管理的权益类基金经理，若要相对简单的分析，只要看两个方面。

第一，看基金经理是否经历过熊市。关于牛市，只要在2014年底管理的基金经理，都可以说经历过了。至于熊市，虽然2015年6月中旬的股灾，在跌幅上可以看成是熊市，但时间上并不算。从最近一期的熊市看，没必要经历过2001年到2005年，也没必要经历2008年，或者经历过2009年8月以来的市场，只要经历过2010年11月开始到2012年12月的市场，或者更短的话，经历过2011年4月开始到2012年12月的市场，即使不完整，也可以看成是经历过熊市。因为多数基金经理在担任该职位前，都担任过基金经理助理。

为何注重熊市呢？这里，很大的原因是牛市中由于所有股票都上涨，会出现鸡犬升天的局面，因此不好辨别基金经理的抗风险能力。而在中国投机气氛浓重的市场中，牛短熊长、暴涨暴跌是市场的常态，因此，通过考验基金经理在熊市中的表现，就能更好地看出基金经理的抗风险能力与中长期投资能力。截止到2015年7月15日，我们可以根据最先管理基金的时间，将基金经理分为4类：

（1）现任基金经理管理基金时间满1年（含），但不足2年；

（2）现任基金经理管理基金时间满2年（含），但不足3年；

（3）现任基金经理管理基金时间满3年（含），但不足5年；

（4）现任基金经理管理基金时间满5年（含）以上。

根据上述分类，只要是第（3）与第（4）类，即管理基金满3年以上的，都可以作为重点。而第（1）类除非是管理业绩特别突出，如管理基金的全阶段排名在前1/10，则可以作为重点关注对象，对于第（2）类，则可以放宽到管理基金以来的全阶段排名在前1/3。

随着一代又一代基金经理的离任，经历过长期熊市，且抗风险性强的基金经理并不多。截止到2015年8月10日，这样的基金及基金经理有：富国天惠（161005）的朱少醒，兴全社会责任（340007）的傅鹏博，兴全全球视野（340006）的董承非，富国天成红利的于江勇，汇添富价值精选的陈晓翔，华夏收入（288002）的郑煜，长城安心回报（200007）的徐九龙，招商行业精选（000746）的王忠波，华商创新成长（000541）的刘宏，华商领先企业（630001）的田明圣，中欧行业成长混合（LOF）（166006）的曹剑飞，中欧新蓝筹（166002）的周蔚文，新华优选消费（519150）的崔建波，宝盈资源（213008）的彭敢，广发行业领先（270025）的刘晓龙。至于像刘明月、梁永强，则风格相对激进，并不能说具备很好的抗风险能力。我们具体在基金的投资风格中还将展开。

第二，看基金经理管理的业绩。这里，有两个方面的业绩。首先，是过往管理的但已离任的基金经理，此时只要分析管理全阶段的业绩即可，但前提是需要所有管理的基金都进入前1/2。其次，当前管理的基金的业绩，该业绩需要短中长都在前1/3。之所以将过去的业绩，放宽到前1/2，是因为过去的业绩不代表现在，但现在的业绩必须严格进入前 1/3。

根据这两个方面所筛选出的基金经理，若两个方面都很不错，那所选的基金经理基本可以认为是中上的，至少是潜力很大的。从目前财经媒体看，新浪财经的基金频道有基金经理的过往及当前的业绩统计。实际上，在业绩统计中，已经可以看到基金经理的管理年限及是否经历过熊市考验了。以截止到 2015 年 7 月 15 日的数据为例，华商基金公司的基金经理刘宏先生，就符合上述两个标准，即不仅经历牛熊市，过往阶段业绩（见华商产业升级）在前 1/2，且当前管理的三只基金业绩，全部处于同类前 1/10 水平。

表 4－28　　刘宏基金经理的过往业绩

产品名称	任职公司	管理类型	任职时间	任期回报	同类平均	行业排名
华商创新成长混合发起式	华商基金	激进混合型	2014－02－13 至今	131.53%	58.54%	3/184
华商盛世成长股票	华商基金	一般股票型	2013－02－01 至今	173.42%	87.38%	11/336
华商产业升级股票	华商基金	一般股票型	2012－04－24—2013－12－10	22.64%	17.37%	98/301
华商价值精选股票	华商基金	一般股票型	2011－04－21 至今	204.2%	72.43%	2/248

资料来源：新浪财经。

关于基金经理筛选出的结果，对于基金投资者来说，最直接的莫过于对明星基金经理的追崇。其实只要是基金投资者，大多都知道王亚伟这个名字，在 2012 年离开公募基金前，是明星基金经理中的丰碑。那么，何为明星基金经理？

从一般意义上来说，明星基金经理是指在某一季度、年度获得优秀业绩的基金经理。例如，已离任的兴业全球基金公司的前基金经理陈扬帆，曾在其管理的兴全轻资产中获得以 26.27% 的业绩，2014 年第一季度冠军而受到市场追捧。而像每年的年度冠军、亚军与季军都会属于明星基金经理。而根据中国证券报的金牛奖，还有3年期、5年期的评选。当然，获得冠、亚、季军并不容易，所以实际上，更宽泛的讲，只要业绩在同公司中长期领先，甚至是在市场中长期领先的基金经理，就都属于明星基金经理，例如宝盈基金的彭敢，华商基金的刘宏等。那么，我们能否迷信明星基金经理呢？

根据统计结果，且不说历年的冠亚军变脸迅速，也不说排名前10名的基金，即使是排名在前1/3的基金，在第二年都会大变脸。所以，关于基金经理的筛选出的结果，仅仅是初步的，更深入地考察，还是要落实到基金经理的风格中去。

2. 基金经理的投资风格、影响因素与运用

每年都有基金经理离职，甚至在2014年底出现离职潮，例如，截止到2015年8月5日，离职的基金经理人数达到224位，而2012年、2013年、2014年全年也有111位、255位和215位基金经理离职。但基金经理的新鲜血液依然补充及时，根据Choice数据显示，截止到2015年8月5日，各类型的现任公募基金经理有1 100位。不过我们在三位一体的分析框架中已经说过，基金的业绩由资本市场、产品设计与管理人三个因素决定。不过，市场时机对收益的影响是外在的，而产品本身，若非特定投资于固定领域，则从本质上说，还是由基金经理来决定投资策略。因而，研究一个基金经理的投资风格就是分析基金的内在了。

我们可以将前面的助涨抗跌分析用来分析基金经理的风格。由于基金相对于市场（或业绩基准）会有三类性质：助涨性，抗跌性、超额收益性。所以，根据是否助涨，是否抗跌，以及是否有超额收益，则可以将基金经理的投资风格划分为8类（2×2×2）。不过，超额收益或单个基金入围同类前1/3，投资风格才有效，所以总共三类。

表 4－29　　基金经理的风格归类

助涨性	抗跌性	超额收益性	风险归类
助涨	不抗跌	有超额收益率	进攻有效型
		无超额收益率	进攻弱有效型
	抗跌	有超额收益率	攻防有效型
		无超额收益率	攻防弱有效型
不助涨	不抗跌	有超额收益率	攻防突变型
		无超额收益率	攻防无效型
	抗跌	有超额收益率	防守有效型
		无超额收益率	防守无效型

（1）进攻型的风格

进攻型的投资风格，概括地说就是不择时＋择股成长股，所以一般针对的是股票型基金，或者高仓位的混合型基金，通常有 5 个特点。

①以创业板、中小盘为主，且持股集中度高；实际上，被动型中，创业板指数，中证 500 指数都属进攻型。

②仓位接近满仓或上限，类似于指数基金。

③基金规模基本在 50 亿元之内。

④进攻型非市场主流，但由于活跃度高，爆发性强，因此在抄底时，很受市场青睐。

⑤一般在牛市与震荡市中，有较多的波段交易性机会。

进攻型虽然过去非市场主流，但由于 2015 年上半年的创业板的疯狂，很多基金经理都将创业板作为主力配置品种，导致了进攻型风格一度成为主流。

根据上述特点，可以总结出进攻型的代表人物，他们有：广发聚优前基金经理的刘明月（目前任职于中欧基金公司），海富通国策导向的前基金经理黄春雨（离职），兴全轻资产的前基金经理陈扬帆（离职），华商动态阿尔法与华商主题的基金经理梁永强，浦银安盛精致生活的吴勇，富国天合稳健的前基金经理尚鹏岳（离职），宝盈资源优选的基金经理彭敢。

从图 4－15 和图 4－16 可以看到，刘明月与梁永强的投资风格，都是助涨但不抗跌的。也就是说，下跌的时候可能超过市场，而上涨也显著优于市场。知晓了这样的风格，那么对于想抄底股票市场却又感觉水平不足的投资者，可以选择他们的基金进行投资，当然在操作上，还是更适于波段。

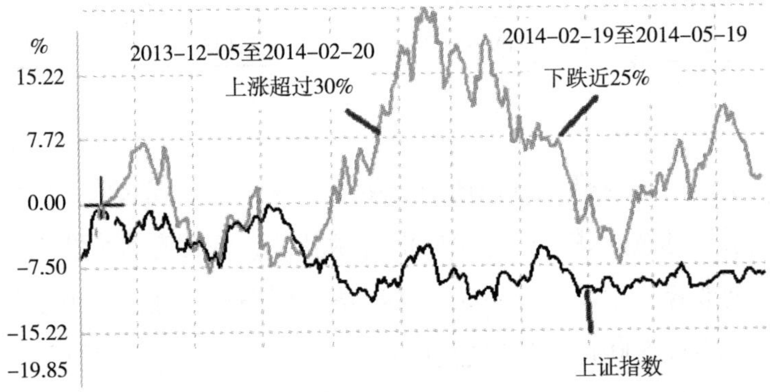

图 4－15　前基金经理刘明月管理的广发聚优的风格示意

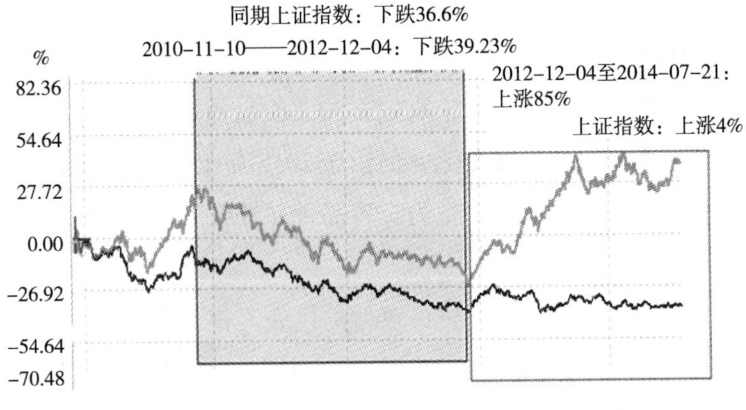

图 4－16　基金经理梁永强管理的华商动态阿尔法的风格示意

（2）攻守型的风格

进攻型的投资风格，概括地说就是择时＋择股，由于混合型的仓位是0～95%，所以一般针对的是混合型基金，或者之前可以降低到60%的股票型基金，通常有4个特点。

①表现出既助涨又抗跌，是过去基金经理追去的主流风格，但因2015年的创业板的疯狂，而逐渐不再奉为圭臬。

②择时与择股不当，都会使攻守出现失误，因此该类型的基金经理也是最容易出问题的，所以不可迷信（一般短中长业绩在退出前1/3就要引起警惕）。

③从历史数据看，进攻容易，但防守困难。

④基金仓位一般在七成到九成，股票一般集中在非周期行业，且以成长型为主。

根据上述特点，可以总结出攻守型的代表人物，他们有：景顺内需与景顺策略的前基金经理王鹏辉，嘉实研究的前基金经理张弢，宝盈核心优势的前基金经理王茹远（混合型），长盛电子与长盛创新的前基金经理王克玉，上投摩根行业轮动的前基金经理冯刚，华商价值精选的刘宏，华商领先企业的田明圣，富国天惠精选的朱少醒，汇添富逆向投资的顾耀强，银行行业与国联安优选的前基金经理王忠波（现在招商优质成长）。

从图4－17可以看到，前嘉实研究的张弢先生的投资风格，就是攻守型的，表现为既助涨又抗跌。也就是说，下跌的时候幅度小于市场，而上涨时，很多时候也优于市场。知晓了这样的风格，那么对于稳健型的投资者可以买入此类基金经理管理的基金，由于回撤相对较小，所以也更适合中长期持有。

但是，对于基金来说，由于本身仓位上不大可能满仓，所以抗跌一般可以做到，但要同时做到助涨，就要在择股上下很大功夫。不过，在白马成长股与新兴成长股上，出现失误的可能性也是较大的。

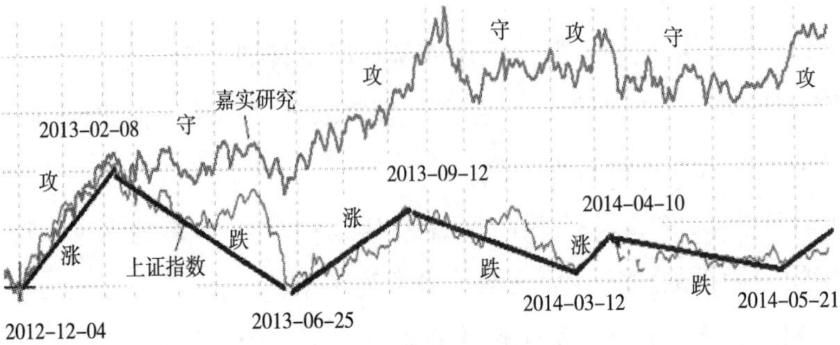

图 4－17　前基金经理张弢管理的嘉实研究的风格示意

首先，看在白马成长股上防守失败的例子。在 2013 年 10 月基金重仓的白马股见顶后，如大华股份、海康威视、杰瑞股份、歌尔声学、双鹭药业、长城汽车等，使较多的攻守型基金经理折戟，代表性的有广发核心的前基金经理朱纪刚，国泰金牛的前基金经理范迪钊，泰达宏利红利先锋的梁辉。当然，白马股在业绩又重新上来后，很多基金基金经理依然能扭转格局，重新回到攻守的轨道上，只不过这里想说明的是，要长期保持攻守的风格并不容易。

图 4－18　广发核心的前基金经理朱纪刚因白马成长股而失误

其次，看因新兴成长股而出现阶段防守失误的例子。例如，在 2014

年初新兴的成长股，如汤臣倍健、碧水源、华谊兄弟、蓝色光标、富瑞特装、掌趣科技等，出现了较大幅度的下跌，从而导致很多基金经理防守出现问题。典型的有华宝收益的前基金经理邵喆阳，农银汇理中小盘的付娟等。当然，在2015年上半年创业板大涨行情中，也能够恢复现状。不过，在2015年6月的股灾中，依然难免惨烈，所以一般来说以新兴成长股作为进攻的攻守风格，很容易出现失误。

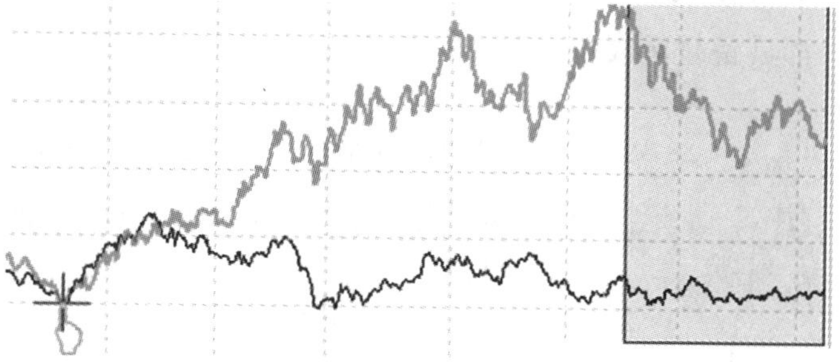

图4－19　华宝收益的前基金经理邵喆阳因新兴成长股而失误

（3）防守型的风格

防守型的投资风格，概括的说就是较低仓位＋价值型个股，更多的是体现在长期防守上，通常有4个特点。

①基金一般以混合型基金为主，股票仓位一般不会超过八成，当然也有不择时的。

②基金规模一般在中上水平，如50亿元以上。

③基金经理一般阅历都较深，换手率不高。

④股票的选择一般以主板的白马股为主，如格力电器、伊利股份等。

根据上述特点，可以总结出防守型的代表人物，他们有：博时主题的邓晓锋（离任），兴全社会责任的傅鹏博，汇添富价值精选的陈晓翔，中欧价值发现的苟开红（离任），富国天成红利的于江勇（混合型），华夏回报的胡建平（离任），中银中国的孙庆瑞（离任）。

从图 4－20 可以看到，博时主题的前基金经理邓晓锋先生的投资风格，就是防守型的，表现为非常强的抗跌性。如图 4－20 所示，长期以来，博时主题都以蓝筹为主，尤其是电力股中的国投电力，自从 2009 年以来到其离任的 2014 年，一直作为重仓股持有。而从基金的走势看，在 2009 年 8 月的 3478 点至 2014 年，该基金回撤一直都相对较小，具备很强的防守性。关于防守型的风格，对于基金定投来说是比较适合的。因为中国 A 股具备“牛短熊长”的特征，因此在大部分熊市时期，此类风格的基金经理，都具备超额收益。

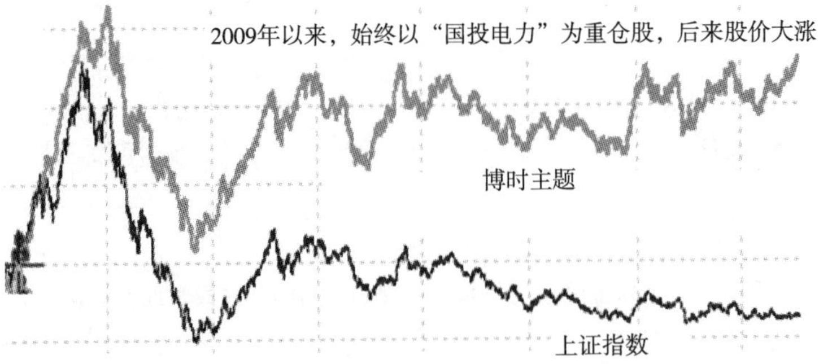

图 4－20　博时主题的前基金经理邓时锋的风格

（4）影响基金经理投资风格的因素

那么，投资者不禁要问，是什么决定了基金经理的投资风格呢？根据淘基金融研究中心对众多基金公司的调查，我们认为有 10 个因素影响着基金经理的投资风格，其中内因有 5 个，外因有 5 个。

内因是基金经理固有的，具体有 5 个。

①性别（男，女）。目前来说，男性基金经理为主力，而且冠军常为男性，如一哥王亚伟，当然也有脱颖而出的前一姐王茹远。实际上，相对于男性来说，女性基金经理的投资更稳健，如中银中国的前基金经理孙庆瑞，中欧优选的前基金经理荀开红，光大动态的前基金经理王健，上投摩

根的基金经理孙芳等。

②年龄（“60后”到“80后”）。如成胜（离职）、任泽松、宋昆、齐东超（离职）等都是“80后”，一般来说“80后”会相对进取，会在新兴成长主题上下重仓，而像博时主题的前基金经理邓时锋就相对保守，一般以传统蓝筹为主。

③学历（硕士、博士）。目前硕士学位是主力，相对说是来说，博士的换手率更低，如易方达价值成长的前基金经理潘峰博士，就一直比较执着。

④出身背景。这里在求学背景上有是否海归之分，在行业上是否是TMT、医药、化学或新财富前三名，一般来说TMT概念在当前移动互联网普遍的今天，具备很强的优势，如银河主题的基金经理就出身TMT，而化学行业出身的基金经理也有一定的优势，如汇添富民营的齐东超就出身于化学专业，而新财富前三的也具备很强的优势，如华泰柏瑞的张慧管理的华泰柏瑞创新升级就不错。另外，债券或宏观研究出身，也会具备一定的优势。如前基金经理孙庆瑞就出身于债券研究，因此其对宏观方面有独到判断，所以基金的抗跌性非常强。

⑤基金经理从业年限。根据基金经理筛选的说明，我们以是否经历过牛熊市，即3年以上作为分界。显然，经历过熊市考验的基金经理更让人相信其未来表现。

至于外因，是基金经理难以控制的，它具体有5个方面。

①职位（助理，总监）。一般明星基金经理的助理出身基金经理，会具备较好的优势，如孙芳是前上投总监冯刚的助理，华商价值精选的刘宏曾是华商动态阿尔法梁永强的助理。而就投资总监，研究总监而言，一般若是单独管理的，则业绩会较好，如前农银汇理行业的曹剑飞，但多人管理的可能自身并没有在管理。

②规模。在基金经理的绩效考核中，就考核权重来说，一般规模占四

成，业绩占六成。也就是说，业绩虽好，但对基金经理来说，可能并非全部，但是规模太大，也不利于业绩的成长，尤其是熊市中，船大并好调头。所以，需要在业绩与规模之间做一个平衡。例如，中邮战略新兴成长的任泽松在其获得冠军后，就开始控制中邮战略规模，而最典型的例子是王亚伟在管理华夏大盘期间，几乎是全程封闭管理的。

③业绩基准。根据业绩基准，可以看出基金的积极程度，就股票型来说，一般比较基准是95% ×沪深指数 +5% ×定存，但是在混合型中会有一些区别，如华夏回报是1年期定存，这就说明该基金以绝对收益的获得为主。

④投研团队问题。一般来说，一个公司若全体业绩都在前列，或者在操作上具备一致性，则可能与投研团队具备很大的关系。投研团队若较好的话，受到明星基金经理出走的影响会较小。如上投摩根有有自身的资金池，所以同公司的基金经理的选择都相对一致，而像汇添富、富国与华商基金在整体权益类基金上都表现不错，可能就与投研团队有很大关系。另外，前海开源成功躲过2015年6月股灾也是王宏远的影响，后面具体介绍。

⑤基金公司的规模。基金公司的规模，会影响到投研团队的稳定性，研究的投入，投资的风格。一般来说，规模小的基金公司的积极，规模大的偏于稳健或保守。例如相对较小的基金公司浦银安盛就相对激进，而嘉实基金就比较稳健。

根据我们对10个影响因素的量化研究，有如下6点结论。

①出身背景是最显著的影响因素，我们最好选择卖方行业研究员出身的，但是否海归没有显著差别。

②基金经理从业年限作为第二个重要影响因素，所以最好选择经历过牛熊市的，也就是有过3年以上的经验的。

③投研团队这个外因作为第三个重要因素。研究显示，在市场越来越

复杂的今天，单靠明星基金经理的支撑，则一个基金公司很难长远发展，而靠整个严密的投研团队群策群力，则会取得较好的业绩与规模。

④基金规模与基金公司大小，也显著影响着风格。就基金规模来说一般50亿元以内为佳，但在熊市中，20亿元以内就是相对较好的选择，但最好也不用选择1亿元以内的基金，此类基金受申赎影响可能较大。就基金公司来说，小公司激进，大公司稳健，我们在选基金时，也应该择优选择较大规模的公司。

⑤年龄也构成了显著因素，根据分析，“80后”目前反而具备了显著优势，主要可能在于对新经济的接受更快。

⑥性别与学历，并没有多少影响，主要与当前男性，硕士为主有关。

为了更好地理解影响因素，下面我们对内因与外因中的第一重要因素，给出了两个典型的案例。

第一，就出身背景来说，前基金经理王亚伟与茅台的故事，可以作为出身背景影响投资风格的典型案例。

关于贵州茅台这只股票，投资者都清楚在最初是一只成长性很高的白马股，但它却被作为基金一哥王亚伟的笑柄：所有的基金经理都分享到了茅台的成长，除了王亚伟。那么，具体是怎么回事呢？这可以从王亚伟基金管理的历程看出端倪。

2001年12月至2005年4月，王亚伟管理第一只基金——华夏成长。2001年12月至2003年第一季度，王亚伟的10大重仓股中率先挖掘出贵州茅台。不过，在持有2年没有上涨后，王亚伟于2003年第一季度后卖出茅台，但茅台在第三季度就达到历史最低点，然后一路大涨。于是，2005年4月至2005年12月，王亚伟出国进修。2005年12月王亚伟管理华夏大盘，但之后一直没有买入贵州茅台，这是为什么？实际上，王亚伟的风格已经彻底转变！已经学到了彼得林奇的精髓——不拘一格选股思路，如对重组题材的挖掘。假如王亚伟不出国进修，那么可在投资风格上，从公募到私募，可能并不会始终如一的以挖掘重组股为投资策略。

第二，就投研团队来说，一个典型的例子是前海开源的空仓躲过2015年6月的股灾。

在2015年5月20日上攻4500点后，作为公募基金第一代基金经理、第一代投资总监，现为前海开源基金联席董事长王宏远（王茹远的哥哥）突然发出另类的声音：创业板、中小板泡沫将随时破灭。前海开源也成为首家严格控制中小创持仓比例、并公开唱空的公募基金公司。而此前，前海开源旗下三只指数型基金，前海中证大农业指数、前海开源中航军工和前海开源中证健康产业指数分级指数成立后迟迟不肯建仓，曾一度饱受持有人质疑。面对投资者的质疑，前海开源基金却逃过2015年6月至7月初的股灾——上证指数高低点跌幅在30%以上。

（5）关于基金经理投资风格的运用

在本节，我们给出了关于基金经理投资风格的5个运用，它们能解决常见的一些基金问题。

运用之1：新基金是否认购？

问①基金经理为新人，那么新基金是否可以认购？

回答：长盛高端（2014年2月发行）的基金经理为张锦灿，是2009年国泰君安获得第三名的新财富研究员，故可以认购。

问②基金经理为老人，那么新基金是否认购？

回答：国泰结构转型（2014年4月发行）的基金经理为范迪钊，由于其在最近国泰金牛上表现不佳，故谨慎推荐。

问③两个基金经理共同发行的新基金，是否认购？

回答：中邮双动力（2014 年 4 月发行），任泽松负责股票，张萌负责债券，两者都是相应领域的强人，具备风格互补优势，故可以认购。

运用之 2：老基金套牢的去留？

问：老基金的套牢留还是不留？

回答：对于相对较好的基金经理，尤其是助涨风格的基金经理，可以保留。如彭敢先生管理的宝盈资源优选，虽然经历了 2015 年的股灾，跌幅较深（接近 50%），但还是有望回到最高点，所以可以保留。

运用之 3：基金经理变更留还是不留？

问①新华钻石品质的基金经理曹名长离任，由贲兴振接任，那么是留还是不留？

回答：从往去看，贲兴振以中小盘为主，而曹名长以大盘价值为主，所以风格变动较大，所以若原先看好曹名长稳健风格的投资者，可以不保留。

问②汇添富民营齐东超离职，该基金是否保留？

举例：这里可以用基金经理变的“出身背景”分析。由于接任齐东超的基金经理，是有着 8 年消费行业资深研究员的朱晓亮，化们之间风格类似，故保留。

问③招商优质成长的基金经理更换为王忠波，是否该加仓？

回答：这是关于绩差基金经理变更为绩优基金经理的分析。由于王忠波攻防能力较好，因此可以考虑加仓。

运用之 4：2 个及以上基金经理如何看待？

问：3 个及以上基金经理共同担任，这样的基金如何看待？

回答：该类基金一般规模偏大，常在 80 亿元以上的规模。此时多个基金经理担任，有两个可能，第一是一个老人带多个新人，但此时会有风格上的分歧，第二个可能规模过大，一个基金经理难以管理，所以需要多个基金经理分仓管理。但不管如何，此类基金在风格上可能会因九龙治水而导致效率低下，风格不稳，所以最好做转换。例如汇添富均衡增长（519018）在 2014 年之后就由 4 个基金经理担任，很可能分仓管理，所以不如转换成汇添富民营活力（470009）。

九、基金的波段操作技巧

本节尽管不在基金的分析框架里，不过，对于暴涨暴跌的 A 股来说，掌握一定的波段操作技巧，也会起到事半功倍的效果。这里，我们主要谈如何买入，因为只要买点得当，赢率就偏高，那么以后无非就是赚多赚少的问题了。当然，也可参考后面基金组合配置一章中的关于止盈技巧。下面，通过 5 个实例，给出具有实战的波段操作方法。

1. 根据指数的相关性操作

对于偏股方向的基金，一般可以分价值型，成长型与主题型，而后两者波动性很强，所以适合波段操作。但是，很多投资者已经习惯盯着上证指数判断基金的买卖，这其实是错误的。

例如，截止到2015年3月11日，混合型冠军基金为易方达新兴成长(0004040)。从该基金的名词就知道，它与新兴产业关联大，那么很大可能与创业板指数（399006）相关。我们将两者进行叠加发现，两者高度匹配，因此，若要基金波段操作的话，只要盯牢创业板就可以了。

那么，问题来了，对于创业板指数不确定的投资者，该怎么把握波段操作的节奏呢？这里，提供一个参考技巧。根据我们的研究，一般创业板市盈率回落到55倍以内，就可以分批介入，然后在65倍上方，就可以分批卖出。

当然，现在已经逼近80倍PE了，所以，最好是只卖不买。但是，并不是说80倍PE就一定泡沫破灭，所以，对于非常激进的投资者，依然可以波段操作。其技巧就是，逢创业板在临近收盘大跌2.5%以上，就可以介入。

总之，根据指数相关性操作，要对指数的判断具备很高的技巧，这更适合于指数基金。这里，给出3个指数基金的操作技巧，第一，指数发生MACD日线或周线底背离（最好是非常明显时），可以介入指数相关性强的基金，如2012年12月4日的易方达创业板基金，可以根据创业板指数的底背离进行介入，第二，指数估值显著低于历史估值的底部，如2011

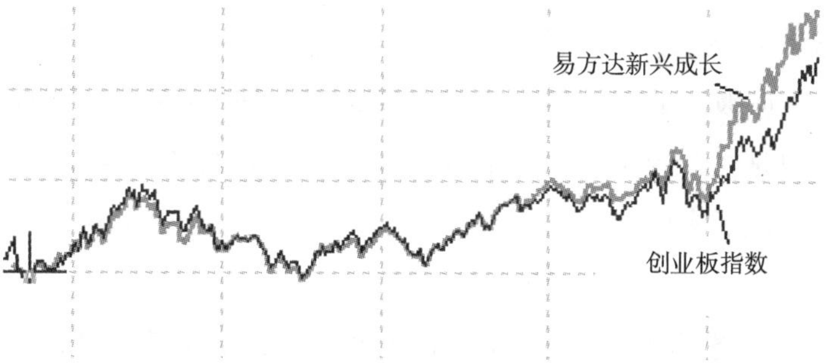

图4-21 易方达新兴基金与创业板指数的高度相关

年 1 月的沪深 300 指数估值不到 8 倍，第三，发生周线级别的两个中枢平台，如大宗商品指数在 2013 年 6 月底就形成了。

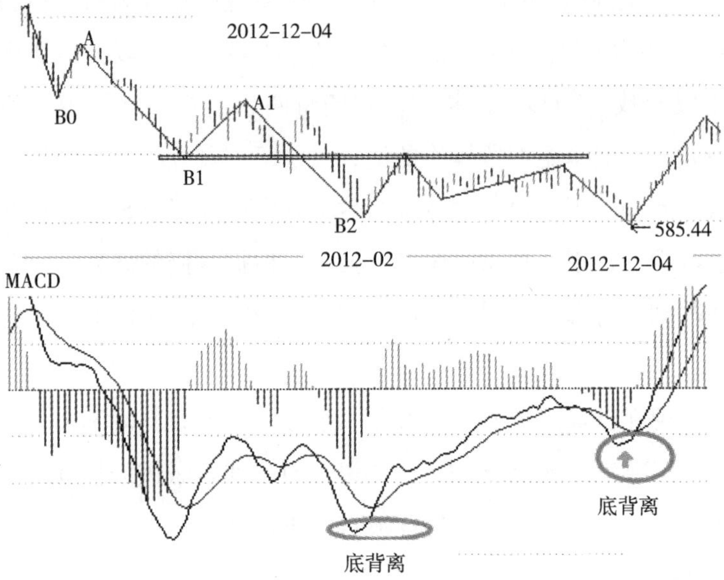

图 4－22　创业板指数周线图

2. 根据基金的最大回撤进行操作

此类操作，一般针对的是绩优的价值型基金。通常，绩优的价值型基金，都能很好地控制回撤。关于这方面的操作，具体可以参考前面最大回撤的运用分析，这里不再赘述。

3. 跌到前期低位时的波段操作

基金大幅波动后，跌破或逼近前期低点，是很常见的。这样的波段操作实例，也是经常会遇见的。不过前提是要优秀的基金经理操作的基金，否则很容易跌下去就上不来，或者是趋势向上的基金，如医药基金、环保生态基金。

例如，朱晓亮时期管理的汇添富消费行业，一来基金经理牛 X，二来消费行业中很多也保持趋势向上特征，所以，适合买入。具体见 A 与 B

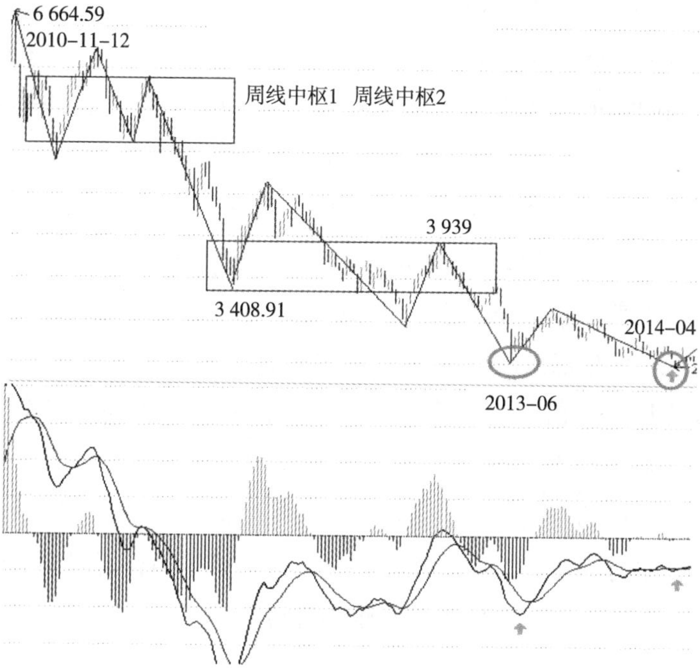

图 4－23　大宗商品（399979）周线走势图

点，当 B 点跌破 A 点的位置后，即前期的低点。那么，此时买还是不买？

若纯粹从基金的走势看，只要是优秀经理管理，或者主题向上的基金，那么，只要跌破或逼近前期的低点，我们的答案就是买入。

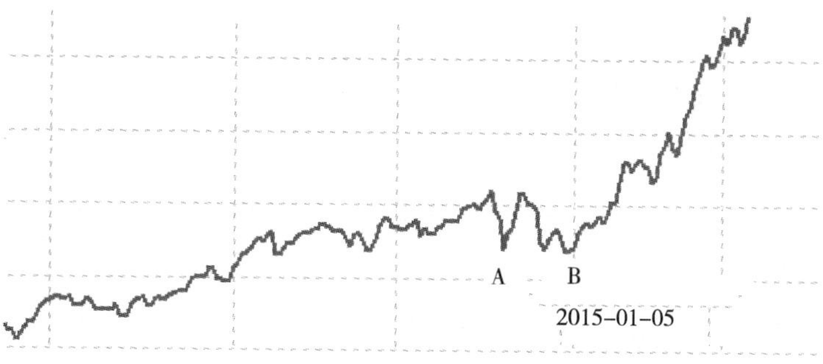

图 4－24　汇添富消费行业的买入点

4. 跌破前期高位时的波段操作

有些基金，涨幅像台阶一样，一波跟着一波，不过，此类基金，一般都有一些共同特征，就是会跌破前期低点。当然，对于这类的基金，与实例3说的一样，都是针对优秀经理或向上主题而言的。

例如，在明星基金经理刘明月管理时期的广发聚优，A1之后就一直向上，并且突破A点后，还持续上涨，那么要不要追呢？我们建议是宁可错过，也不要追高，那么何时买入呢，我们的建议是跌破A点之后。从走势看，后面果然跌破，然后又是一段大涨，这段大涨，很显然可以将其定到B点以上卖出，之后D点回落后，何时再买入呢？答案依然是跌破B点，之后也果真跌破。

操作该案例的基金，一般针对的是大幅上涨的基金的。因为此类基金的股票，都会有不止一波的上涨，不过回调是难免的，而回调的位置，常常也要跌破前期的高点，所以务必耐心等待。

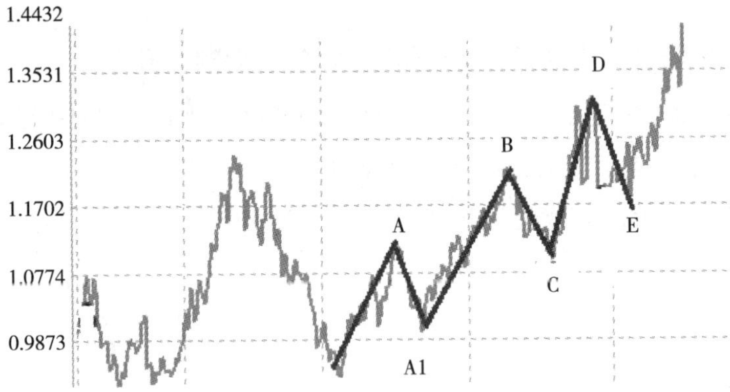

图4－25　广发聚优的日线走势

5. 突发事件的波段操作

突发事件，一般指的是系统性风险，或者是黑天鹅事件。此类操作，只适合非常激进的投资者，或者低仓位介入。另外，此类操作，要快进快出，短期获利3%以上就可以抛出，当然最好是根据二级市场买入场内基金进行交易。

举例来说，2015 年 1 月 19 日，因证监会对两融进行严查，金融板块全线跌停，而大盘又暴跌 7% 以上，那么，此时要不要介入呢？从当时来说，恐怖气氛不亚于 2007 年的 530 惨案，所以若要介入，也会遇到一定的风险，但是当时大盘位置为 3120 点左右，那么预测可能跌破 3000 点，也就是还有 4% 左右的跌幅。

但是，若将仓位降低一半位置，那么，无非就是面临 2% 的亏损，所以还是可以尝试抄底的。至于抄什么基金，显然是要与大盘指数相关的，如沪深 300、金融指数、非银指数、地产指数、可转债指数基金、分级 B 类基金，或者就是上证指数的基金，如汇添富上证综合（470007）。

第五章　股票指数型基金实战

本章主要讲的是跟踪股票指数的指数基金，以区别于跟踪债券指数的债基。由于指数品种多样，而且随着市场的发展，各类指数都被开发出来，所以本章总体在分类上进行阐述。

一、指数基金概况

指数基金，简称指基，顾名思义，就是跟踪市场指数的基金，比如嘉实沪深 300，就是跟踪沪深 300 指数的指数基金。由于指数涨，它就涨，指数跌，它就跌，因此它属于被动投资；基金经理要做的工作只要紧密跟踪指数，缩小跟踪误差就可以了。正因如此，被动管理的指数型基金，具有投资透明、运作费用低廉等优势。

相对而言，主动管理的基金更看重的是基金经理的资产管理能力，而指数基金则取决于自身所跟踪的指数情况。一般来说，由于指数基金大多具备 90% 以上的股票仓位，因此指数基金在牛市时期，会显著地好于主动管理的基金，但熊市时期，往往也亏得惨烈。所以，通常在牛市时期或市场大涨时，指数基金很受欢迎，也很容易发行，而熊市时期，指数基金一般被抛弃，也较难发行。例如，2009 年发行了 29 只股票指数型基金，但有 27 只都是 3000 点左右发行的。但正因如此，构成了指数基金投资的悲剧，比如当市场点位较低时，指数基金的安全性更高，但此时却发行不出去，而当市场高涨，甚至出现泡沫时，风险已经很高的指数基金，却很容易发行，而此时买入的人，就面临巨大的套牢风险。

实际上，自2002年11月8日中国内地成立第一只指数基金华安MS-CI中国A股（基金代码040002）以来，指数基金得到了长足发展，尤其是2006年、2007年，2009年与2015上半年的牛市之中，指数基金收益率大放光彩，成为投资者抄底或资产配置的重要工具。自2009年后，指数基金规模迅速扩大，且成为股票型分级基金的主流设计品种。据大智慧财汇终端统计，截止到2014年第三季度，股票型基金中有1/3的资产是股票指数型基金，这其中主流的投资策略上都以完全复制指数为主，而增强指数策略相对较少。这里，所谓的复制指数型，就是完全按照指数的成分股占比来配置基金，而增强指数型，则还可以用10%的资产加强投资指数中所看好的成分股，以达到超越指数收益率的目标。

表5－1　　股票型基金中指数基金的占比（%）

名称		基金只数		基金资产净值	
		只数（只）	占市场比（%）	资产净值（亿元）	占市场比（%）
股票型基金：		680	37.69	10 986.48	28.15
1. 普通股票型		415	23	7 384.12	18.92
2. 股票指数型	复制指数型	219	12.14	3 115.26	7.98
	增强指数型	46	2.55	487.1046	1.25

资料来源：大智慧财汇，截止到2014年9月30日。

而在当前指数流行的趋势方面，需要特别指出的是，最初的指数基金多数以规模指数为主，尤其是大盘指数，最典型的莫过于沪深300指数，然后逐渐扩展到基本面主题指数。不过，行业指数虽说早在2005年7月15日，就有公用事业行业的万家公用事业（代码161903），但严格来说算不上行业指数，因为股票仓位多数不到80%，而其他行业沉寂了5年之久，直到2010年4月9日才有金融地产行业的国投瑞银金融地产指数（代码161211）。但是，诸如趋势一直向上的医疗指数，直到2013年3月

28 日才得以发行，它是华夏上证医药卫生 ETF（代码 510660），不过可惜医疗指数已经与过去大好的 8 年失之交臂。当然，行业指数在 2014 年终于开始让投资者尝到甜头，那就是分级指数基金的引入，这其中富国军工指数率先成为向上折算的行业基金，而在 2014 年 11 月 21 日降息之后，申万证券行业指数分级，鹏华非银指数分级也都向上折算。总体来说，行业指数，尤其是引入分级机制的，逐渐已经取代过去的沪深 300 指数，成为市场主流。

此外，在指数成分方面，成分股等权重，以及行业的等权重，已经越来越成为指数基金跟踪的主流。而实际上，国际上流行的指数，也以等权重为主流。

由于当前市场上的指数基金数量已经很大，截止到 2014 年 11 月 28 日，单是股票指数型，就有 282 只，而指数基金所跟踪指数的特点也是层出不穷，从而使收益率也是大相径庭。所以，为了更好地选择指数基金，获取指数基金的收益，首先必须清楚地认识指数基金的分类，我们将在下文阐述。

二、指数基金的大类划分

关于指数基金的划分，先要从大处着手，然后再从细处划分，才能有的放矢，在该部分我们先给出了指数基金的大类划分。不过，指数基金的大类划分有好几种分法，就像区别人口一样，除了按肤色区分之外，还可以按国籍、语言、区域等来划分。下面我们给出四种大类的划分。不过前面三种对于实践的指导，意义不大，而第四种则相对可靠得多，下面具体阐述。

第一，最常见的从大类划分方法，就是上面所说的，以跟踪指数的目标来划分，它可以分为复制指数型（也称标准指数型）与增强指数型

（或称指数增强型）两大类，前者以跟踪最小误差为目标，而后者以超越指数为目标。如何看出基金属于这两种类型？可以看招募说明书的投资目标与投资策略，那里会有明确说明。

关于标准指数型与增强指数型孰优孰劣，可以通过复制指数型的华夏上证 50 与增强指数型的易方达上证 50 来说明。这两者由于成立时间较早，具有一定的代表性。通过两者 9 年多来（2004 年 12 月 30 日到 2014 年 11 月 28 日）的累计收益率去看，华夏上证 50 的累计收益率为 172.74%，高于易方达上证 50 的 162.18%，两者差距为 10.58%。这说明从长远看来，指数增强型并不如想象中的好。当然，将近 10 年，平均每年只相差 1.06%，这也从中说明，指数增强型与完全复制型即使有差距，从长远来看，也不会相差很大。所以，基金投资者，为了避免基金经理失误，可以投资完全复制型的指数基金。当然，增强指数型基金，也有做得好的，例如富国基金公司旗下的富国沪深 300 增强指数，就比完全复制的沪深 300 要好。总体来说，买复制指数型还是买增强指数型，其实对于基金的实战来说，指导意义不大。

第二，假如从投资市场角度去看，可以分为投资股票市场的指基（如华夏沪深 300 指数），债券市场的指基（如南方中债中期票据），海外市场的指基（如博时标普 500）以及单一商品的指基（如华安黄金，鹏华美国房地产）。若不做说明，投资者所说的指数基金，一般是指投资股票市场的。海外市场的指数基金，也正成为 QDII 基金的主流，主要原因在于主动管理的 QDII 基金业绩普遍较差。这种分类，由于太宽泛，所以并没有多少指导意义。当然，从资产配置的角度看，是有意义的。比如沪深 300 与标普 500 存有一定的互补性，因此同时定投这两只基金，就会在风险与收益上更加的稳健。

第三，按照成分股所在市场的不同，可以分为单一市场指数基金与跨市场指数基金。目前中国的 A 股市场，就单一市场而言，可分为沪市、深市主板、深市中小板，深市创业板；在单一市场中，比较典型的有如下指数基金：上证 50 指数基金，深 100 指数基金，中小板指数基金，创业板指数基金。跨市场的指数基金中，可以将沪市与深市结合起来，典型的如沪深 300 指数基金，也有将深圳市场中的主板、中小板与创业板结合起来的深 300 指数基金。单一市场指数基金与跨市场指数基金，在数量上旗鼓相当。而在风险收益率上，由于沪市的波动要小于深市，因此风险较小，但在收益率上，沪市的指数基金要小于深市的。总体而言，深市与沪市结合之后，能平衡风险与收益。就指导实践来说，这种分法具有一定的意义，但是难以在细处进一步指导。

第四，是我们淘基金融研究中心提出的，即可以根据指数的风格进行分类。我们认为，可以根据指数成分股的规模进行划分，而不能按规模划分的，则可以归为主题指数，因此，指基可以归为两大类：规模指数与主题指数。这样的划分，最能体现实战技巧。当然，在投资风格上，也可以按照价值、成长与主题进行划分，不过此时的主题更多的是指国策导向主题。不过，考虑到规模指数的特殊性，我们依然没有按照这类风格进行划分，而更多的是将这类划分用于主动型基金上。另外，鉴于目前行业指数已经逐渐成为主流，因而我们将行业指数从主题指数中单列出来，就像将金融学从经济学中单列出一样。所以，指数基金在大类上可以分为规模指数、行业指数与主题指数。

值得一提的是，在中证系列指数中，也有所谓的主题指数、风格指数等，不过那些划分对于大多投资者而言，还是没有实战意义。所以，将规模之外的指数都归为“主题指数”更好。我们认为，按照规模指数以及主题指数的大类划分，能更清晰地呈现给投资者。尤其在主题中，诸如低碳、环保、TMT 等细分的概念，都可以作为一个主题，对于投资者也更容易理解。综上所述，为能在细节处进行实战指导，我们根据第四种进行划分。下面将对市场中所有的指数基金，进行细分。

三、规模指数基金的细分及投资策略

1. 规模指数基金的细分

在规模指数中，官方的中证指数系列最完善，其中大家耳熟能详的是沪深300指数。该指数，可以看成是中证300指数，类似的中证指数（也就是沪深市场指数），还有中证100，中证200（中证300减中证100），中证500（大致是沪深300之外的500只除ST外的成分股），中证800（沪深300+中证500）。

不过，官方对成分股规模的定义不契合市场实践。比如说中盘指数，官方给出的上证中盘指数就明显是大盘指数，因为该指数就是上证180剔除了上证50后的指数——上证180的成分股已经都是大盘股了。还有，官方将中证200看成中盘指数，但其实其成分股都是沪深300中的。

为此，本文以实践为基础，给出自己契合市场的判断，而不拘泥于官方的说法。根据中国实际，只有四种规模指数，分别是大盘指数、中小盘指数、小盘指数、大中小盘指数。而对于中盘指数，由于成分股从大变小，或者从小变大都比较快，因此我们这里不单独列出中盘指数，而将其称为中小盘指数。若实在要单列，则中证500就是中盘指数，本文不做单列，具体如表5－2所示。

表5－2　规模指数的细分

大类细分	代表性指数	代表性基金	市场机会
大盘指数	沪深300指数，上证180，深100，中证100，恒生ETF，标普500	嘉实沪深300，华安上证180，易基深100，中银中证100，华夏恒生ETF，大成标普500	牛市，PE或PB估值在历史低位，2015年注册制背景下

续表

大类细分	代表性指数	代表性基金	市场机会
中小盘指数	中证500指数，上证380指数，纳斯达克100	富国中证500，南方上证380，国泰纳斯达克100ETF	牛市，结构市
小盘指数	中小板指数，创业板指数	华夏中小板ETF，易方达创业板指数	牛市，结构市
大中小盘指数	中证800指数	长盛同庆中证800	牛市

2. 规模指数的投资策略

关于规模指数的投资策略，我们认为，有一个大的指导原则：大盘指数首先看估值，而中小盘指数则看成长。因为大盘指数一般在牛市中具备很好的机会，但对于中小规模的指数来说，它们并不一定要牛市，只要整个市场不要处于熊市即可，例如2012年12月至今的震荡市，或者说结构市，就有很大机会。尤其在过去投机盛行的A股市场中，中小盘指数的成分股由于规模小，壳资源供不应求，方便拉升炒作，因此往往波动大，收益也大，整体过往表现也好于大盘指数。

不过，未来随着注册制度的推行，中国中小盘的壳资源将不再值钱，在估值上具备很大压力，因此在中国A股逐渐成熟化的过程中，大盘指数的价值将可能一改以往的传统，再次受到投资者青睐。因此，在注册制开始实施前后，中小盘指数，可能不如大盘指数。但中长期看来，若按照美国的经验看，还是有望继续跑赢大盘指数。

四、行业指数基金的细分及投资策略

1. 行业指数基金的细分

行业指数基金，由于专注一个到两三个行业，相对于跨行业的指数基金，更加的纯粹。由于只需要判断一个或两三个行业的趋势，而没必要判断多个行业，因此行业指数基金，在操作上，也更容易掌握。比如看好券商行业，那么就可以大举介入，而若看好军工，也同样可以介入。所以，行业指数基金尽管发行的较晚，但后来者居上，目前已经成为市场的主流——国外早就成为主流，尤其在引入分级机制后，行业指数基金成为基金公司份额扩大的主要发行类型。最明显的是富国军工指数基金，份额从2014年第二季度的3亿份扩到第三季度的20亿份，基金资产净值也从4.6亿元，膨胀到42亿元。

在行业指数中，证件会原先的23个行业已经做了改版，在新版中制造业不再细分成10个子行业，例如食品与医疗都作为制造业大类，而不再细分，所以没有参考意义。在行业指数中，最具有代表性的是官方的中证行业指数，还有申万的行业指数。2015年降息后向上折算的富国中证军工，鹏华中证800非银金融，就属于中证指数系列，而同样向上折算，且涨势最会恢弘的申万证券行业指数，就属于申万非银金融下的子指数。从表5－3可以看到，28个申万指数中，已经有16个有相关的行业指数基金，而还有12个没有，这说明未来还有继续发展的要求。

表5－3　　　　　　　　　　申万28个行业指数

序号	指数代码	指数名称	有无行业指数基金
1	801010	农、林、牧、渔	有
2	801020	采掘	有
3	801030	化工	无
4	801040	钢铁	有
5	801050	有色金属	有
6	801080	电子	有
7	801110	家用电器	无
8	801120	食品饮料	有
9	801130	纺织服装	无
10	801140	轻工制造	有
11	801150	医药生物	有

续表

序号	指数代码	指数名称	有无行业指数基金
12	801160	公用事业	有
13	801170	交通运输	无
14	801180	房地产	有
15	801200	商业贸易	无
16	801210	休闲服务	无
17	801230	申万综合	无
18	801710	建筑材料	无
19	801720	建筑装饰	无
20	801730	电气设备	有
21	801740	国防军工	有
22	801750	计算机	有
23	801760	传媒	有
24	801770	通信	有
25	801780	银行	有
26	801790	非银金融	有
27	801880	汽车	有
28	801890	机械设备	无

一般行业指数基金，都是相对纯粹的，基本不会超过 3 个以上。比如说，金融地产，TMT 行业，只不过两三个。像军工行业，过往是没有的，目前单独将其拿出来。当然，投资者也可以将行业细分为周期性与非周期性行业，比如说能源可以归为周期性的，但是，在产业变革的今天，行业的周期性定义越来模糊。比如船舶行业，传统而言是周期性行业，但是若将其归纳到军工，那又属于非周期了（军工由于国家投入，是抗经济周期的）。所以，为了明确起见，这里不再分周期与非周期。

表 5－4　　　　　　行业主题的细分（含综合行业）

大类细分	代表性指数	代表性基金	市场机会
证券行业	申万证券	申万菱信申万证券	在行业处于如下状况之一时介入：处于景气周期，处于业绩的向上拐点，国家扶持的重点，具备向上趋势。
军工行业	中证军工指数	富国中证军工	
金融行业	中证 800 金融	信诚中证 800 金融分级	
非银金融	非银金融指数	鹏华中证 800 非银行金融指数	
金融地产	国证房地产	国泰国证房地产	
地产行业	中证金融地产	汇添富中证金融地产 ETF	
消费行业	中证内地消费主题指数	大成中证内地消费主题	
资源行业	中证大宗商品股票指数	招商中证大宗商品指数	
能源行业	上证能源	华夏上证能源指数	
医疗行业	上证医药卫生	华夏上证医药卫生 ETF	
食品产业	国证食品饮料	国泰国证食品饮料分级	
信息行业	中证信息技术	鹏华中证信息技术分级	
TMT 行业	深圳 TMT50	招商深证 TMT50	
传媒行业	中证传媒指数	鹏华中证传媒分级	
互联网	中证移动互联网	富国互联网分级	
环保行业	中证环保产业	新华中证环保产业	

注：新兴产业我们将它归为成长性的主题基金，而 TMT，互联网，消费指数这里将其作为一个综合行业。

2. 行业指数基金的投资策略

判断行业指数基金，就是判断行业是否存在机会。例如，在大型牛市，或长牛中，业绩比较确定的就是券商行业，因为第一融资融券的利润很大，且交易佣金也会随交易量而抬高，而注册制展开后，券商的投行业务也将有一大块收入，当然，这些都是要基于对行业的判断。总体来说，从过去来看，医疗行业是确定性最强的行业，整个行业的个股尽管也受到熊市的冲击，但趋势上都表现出很强的向上特征。

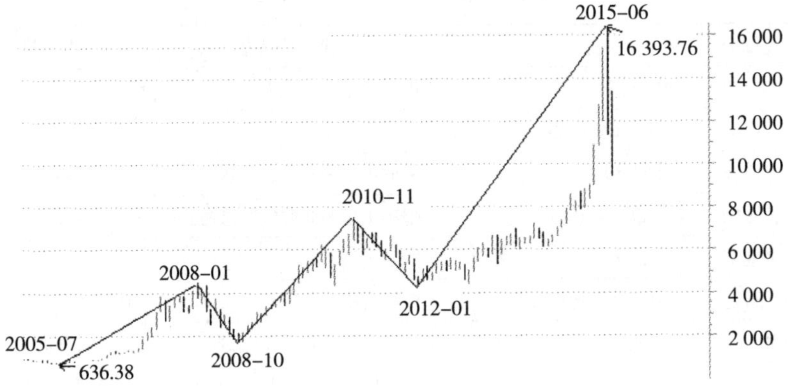

图 5 –1　医药行业的总体表现

五、主题指数基金的细分及投资策略

1. 主题指数基金的细分

我们将既不在规模指数中，也不在行业的指数中的指数基金，归到主题指数中。一般来说，该类型的指数基金，都在基本面主题、成长主题、特定对象主题与策略主题中。表 5 –5 中给出了相应的代表及市场机会。在传统指数中，基本面主题较多，不过由于成分股很多类似于大盘规模指数基金，因此多数投资者亏损较大。而成长型主题，随着 2012 年底创业板的大涨，一些网游、智能穿戴，传媒，科技等大放异彩，从而使 2013 年成为成长主题浓重的一年，比如嘉实中创 400 就属于涨幅最大的指基之一。而策略指数，一般是定制的，尤其是在金融互联网的今天，未来定制的指数会越来越多。例如，2014 年最流行的就是腾讯与银河合作的银河定投宝，还有广发与百度合作开发的百发 100 指数。最后一个是国策导向主题，它是国家政策长期支持的一类指数，在 2015 年显得尤其火爆，例如国企改革指数，一带一路指数。不过该类指数，过去很少，但随着诸如环保，军工行业的指数推出，国家战略的指数开始诞生。

不过，这里需要注意两点。第一，有些指数名义上是成长的，但实际表现可能会逊色很多，比如跟踪上证新兴产业的诺安上证新兴产而已，并不理想。所以，具体在实践中，也要留意成分股是否真的与指数特征一致。第二，策略指数，是否真的如指数宣传时所描述的那样，还需要留待时间考验，毕竟模型反映的是过去的历史。

表 5－5　　主题概念指数的细分

大类细分	代表性指数	代表性基金	市场机会
基本面主题（含价值主题）	中证红利指数，央视财经 50 指数，深证基本面 200	万家中证红利，招商央视财经 50，博时深圳基本面 200	在估值修复时，牛市中
成长主题（含新兴主题）	中创 400 指数，中证技术领先，上证新兴产业	嘉实中创 400ETF，金鹰中证技术领先，诺安上证新兴产业	结构市，牛市
特定对象主题	可转债指数，上证 5 年期国债，国内现货黄金，标普石油，MSCI 美国房地产，国企改革（也可放到策略里）	银华中证转债增强，国泰国债 ETF，华安黄金 ETF，华安标普石油，广发美国房地产指数，富国国企改革分级	牛市
策略主题（含定制策略）	中证成长股债 30/70，中证腾安价值 100 指数，中证百度百发策略 100	银华中证成长股债 30/70，银河定投宝中证腾安价值 100 指数，广发百发 100 指数	具体以指数特征为标准
国策导向主题	国企改革指数，一带一路指数	富国中证国企改革分级，长盛一代一路指数分级	具体以指数特征为标准

2. 主题指数基金的投资策略

主题指数基金，与规模指数基金的投资策略相似，整体还是判断该主题指数，是否符合当前的趋势，比如说，在 2013 年新兴产业主题一定是符合潮流的，而在当前，就未必符合，因为在未来新股注册制背景下，高估值的板块都面临很大的估值压力。当然，从中长期看，新兴产业还是具备朝阳特征的。

对于特定对象的主题，比如黄金、地产、可转债、国债、原油等，需要投资者对相应的品种，有着深刻理解，至少要清楚它们的历史，尤其是风险方面的，若不理解，则建议还是回避。就比如说，黄金 ETF 基金，很多人投资时，只看到了其保值属性，但隐含的风险其实是巨大的，因为 1980 年到 2001 年，黄金曾经熊了 20 年，跌幅达 70%，但多数投资者却不了解。

六、A 股股票型指数基金大全

截止到 2014 年 11 月 28 日，A 股市场已经有 276 只股票指数型基金（含连接基金），为了方便投资者，这里对 A 股的所有股票指数型基金进行了总结归类。为保持与前面的分类一致，首先，大类上我们分为规模，行业与主题三大类，然后再对大类进行了细分归类。

1. 规模指数

规模指数可以分为大盘、中小盘、大中小盘三类。由于大盘规模最为传统，因此基金数量最多，而最常见的沪深 300。中小盘中属于中证 500 最多。

大中小盘指数，主要以中证 800 为主流，因为它是沪深 300 与中证 500 指数的叠加，所以全市场的规模指数都囊括在里面了。而深 300，大体是深圳 A 股前 300 名市值构成的指数，包含了深 100、中小板与创业板，为此将其看为大中小盘指数。而像上证综指，其实也额可以看成是大盘指数，当然因为成分数目多的缘故，因而归到此类。

（1）大盘规模指数

表 5－6　　大盘指数：沪深 300 方向

序号	基金代码	基金简称	跟踪指数	成立日期
1	050002	博时沪深 300 指数	沪深 300 指数	2003－08－26
2	200002	长城久泰沪深 300 指数	沪深 300 指数	2004－05－21
3	310318	申万菱信沪深 300 指数增强	沪深 300 指数	2004－11－29
4	160706	嘉实沪深 300ETF 连接（LOF）	沪深 300 指数	2005－08－29
5	519300	大成沪深 300 指数	沪深 300 指数	2006－04－06
6	020011	国泰沪深 300 指数	沪深 300 指数	2007－11－11
7	270010	广发沪深 300 指数	沪深 300 指数	2008－12－30
8	481009	工银沪深 300 指数	沪深 300 指数	2009－03－05
9	202015	南方开元沪深 300ETF 连接	沪深 300 指数	2009－03－25
10	160615	鹏华沪深 300 指数（LOF）	沪深 300 指数	2009－04－03
11	000051	华夏沪深 300ETF 连接	沪深 300 指数	2009－07－10
12	110020	易方达沪深 300ETF 连接	沪深 300 指数	2009－08－26
13	450008	国富沪深 300 指数	沪深 300 指数	2009－09－03
14	161207	国投瑞银沪深 300 指数分级	沪深 300 指数	2009－10－14
15	165309	建信沪深 300 指数（LOF）	沪深 300 指数	2009－11－05
16	100038	富国沪深 300 增强	沪深 300 指数	2009－12－16
17	166007	中欧沪深 300 指数增强（LOF）	沪深 300 指数	2010－06－24
18	160807	长盛沪深 300 指数（LOF）	沪深 300 指数	2010－08－04
19	163407	兴全沪深 300 指数（LOF）	沪深 300 指数	2010－11－02
20	519116	浦银安盛沪深 300 指数增强	沪深 300 指数	2010－12－10
21	660008	农银汇理沪深 300 指数	沪深 300 指数	2011－04－12
22	165515	信诚沪深 300 指数分级	沪深 300 指数	2012－02－01
23	510300	华泰柏瑞沪深 300ETF	沪深 300 指数	2012－05－04
24	159919	嘉实沪深 300ETF	沪深 300 指数	2012－05－07
25	166802	浙商沪深 300 指数分级	沪深 300 指数	2012－05－07
26	163821	中银沪深 300 等权重指数（LOF）	沪深 300 等权重指数	2012－05－17
27	460300	华泰柏瑞沪深 300ETF 联接	沪深 300 指数	2012－05－29
28	160417	华安沪深 300 指数分级	沪深 300 指数	2012－06－25
29	110030	易方达沪深 300 量化增强	沪深 300 指数	2012－07－05

续表

序号	基金代码	基金简称	跟踪指数	成立日期
30	519714	交银沪深300行业等权指数	沪深300行业分层等权重指数	2012-11-07
31	510330	华夏沪深300ETF	沪深300指数	2012-12-25
32	159925	南方开元沪深300ETF	沪深300指数	2013-02-18
33	510310	易方达沪深300发起式ETF	沪深300指数	2013-03-06
34	167901	华宸沪深300指数发起式(LOF)	沪深300指数	2013-04-26
35	159924	景顺长城沪深300等权重ETF	沪深300等权重指数	2013-05-07
36	159927	鹏华沪深300ETF	沪深300指数	2013-07-19
37	167601	国金沪深300指数分级	沪深300指数	2013-07-26
38	000172	华泰柏瑞量化增强股票	沪深300指数	2013-08-02
39	000312	华安沪深300增强A	沪深300指数	2013-09-27
40	000313	华安沪深300增强C	沪深300指数	2013-09-27
41	000311	景顺长城沪深300指数增强	沪深300指数	2013-10-29
42	161811	银华沪深300指数分级	沪深300指数	2014-01-07
43	000613	国寿安保沪深300指数	沪深300指数	2014-06-05
44	000656	前海开源沪深300指数	沪深300指数	2014-06/17

表5-7　　大盘指数：非沪深300方向

序号	基金代码	基金简称	跟踪指数	成立日期
1	040002	华安中国A股增强指数	MSCI中国A股指数	2002-11-08
2	519180	万家180指数	上证180指数	2003-03-15
3	161604	融通深证100指数	深证100指数	2003-09-30
4	110003	易方达上证50指数	上证50指数	2004-03-22
5	180003	银华道琼斯88指数	道琼斯中国88指数	2004-08-11
6	510050	华夏上证50ETF	上证50指数	2004-12-30
7	161607	融通巨潮100指数（LOF）	巨潮100指数	2005-05-12
8	163503	天治核心成长股票（LOF）	富时中国A全指	2006-01-20
9	159901	易方达深证100ETF	深证100价格指数	2006-03-24

续表

序号	基金代码	基金简称	跟踪指数	成立日期
10	510180	华安上证 180ETF	上证 180 指数	2006-04-13
11	519100	长盛中证 100 指数	中证 100 指数	2006-11-22
12	163808	中银中证 100 指数增强	中证 100 指数	2009-09-04
13	040180	华安上证 180ETF 连接	上证 180 指数	2009-09-29
14	240014	华宝兴业中证 100 指数	中证 100 指数	2009-09-29
15	320010	诺安中证 100 指数	中证 100 指数	2009-10-27
16	162307	海富通中证 100 指数（LOF）	中证 100 指数	2009-10-30
17	110019	易方达深证 100ETF 连接	深证 100 价格指数	2009-12-01
18	159903	南方深成 ETF	深证成分指数	2009-12-04
19	202017	南方深证成份 ETF 连接	深证成分指数	2009-12-09
20	050013	博时超大 ETF 连接	上证超级大盘指数	2009-12-29
21	510020	博时超大 ETF	上证超级大盘指数	2009-12-29
22	410008	华富中证 100 指数	中证 100 指数	2009-12-30
23	213010	宝盈中证 100 指数增强	中证 100 指数	2010-02-08
24	399001	中海上证 50 指数增强	上证 50 指数	2010-03-25
25	510130	易方达中盘 ETF	上证中盘指数	2010-03-29
26	110021	易方达上证中盘 ETF 连接	上证中盘指数	2010-03-31
27	162509	国联安双禧中证 100 指数	中证 100 指数	2010-04-16
28	162213	泰达宏利财富大盘指数	中证财富大盘指数	2010-04-23
29	161812	银华深证 100 指数分级	深证 100 价格指数	2010-05-07
30	217016	招商深证 100 指数	深证 100 指数	2010-06-22
31	164205	天弘深证成分指数（LOF）	深证成分指数	2010-08-12
32	202021	南方小康 ETF 连接	中证南方小康产业指数	2010-08-27
33	510160	中证南方小康产业指数 ETF	中证南方小康产业指数	2010-08-27
34	163109	申万菱信深证成指分级	深证成指增长率	2010-10-22
35	161612	融通深证成分指数	深证成分指数	2010-11-15
36	040190	华安上证龙头 ETF 连接	上证龙头企业指数	2010-11-18
37	510190	华安上证龙头 ETF	上证龙头企业指数	2010-11-18
38	161816	银华中证等权 90 指数分级	中证等权重 90 指数	2011-03-17

续表

序号	基金代码	基金简称	跟踪指数	成立日期
39	290010	泰信中证200指数	中证200指数	2011-06-09
40	160808	长盛同瑞中证200指数分级	中证200指数	2011-12-06
41	165806	东吴深证100指数增强（LOF）	深证100价格指数	2012-03-09
42	530018	建信深证100指数增强	深证100价格指数	2012-03-16
43	162714	广发深证100指数分级	深证100价格指数	2012-05-07
44	510420	景顺长城上证180等权ETF	上证180等权重指数	2012-06-12
45	263001	景顺长城上证180等权ETF连接	上证180等权重指数	2012-06-25
46	540012	汇丰晋信恒生A股行业指数	恒生A股行业龙头指数	2012-08-01
47	510430	银华上证50等权ETF	上证50等权重指数	2012-08-23
48	180033	银华上证50等权ETF连接	上证50等权重指数	2012-08-29
49	660014	农银深证100指数	深证100价格指数	2012-09-04
50	160809	长盛同辉深100等权重指数分级	深证100等权重指数	2012-09-13
51	164811	工银深证100指数分级	深证100指数	2012-10-25
52	159923	大成中证100ETF	中证100指数	2013-02-07
53	000042	财通可持续发展100指数	中证财通中国可持续发展100指数	2013-03-22
54	510700	长盛上证市值百强ETF	上证市值百强指数	2013-04-24
55	000835	华润元大富时中国A50	富时中国A50指数	2014-11-20

（2）中小盘规模指数

表5-8　　中小盘指数：中证500方向

序号	基金代码	基金简称	跟踪指数	成立日期
1	160119	南方中证500ETF连接（LOF）	中证500指数	2009-09-25
2	162711	广发中证500ETF连接（LOF）	中证500指数	2009-11-26
3	160616	鹏华中证500指数（LOF）	中证500指数	2010-02-05
4	165511	信诚中证500指数	中证500指数	2011-02-11
5	161017	富国中证500指数增强（LOF）	中证500指数	2011-10-12
6	660011	农银汇理中证500指数	中证500指数	2011-11-29

续表

序号	基金代码	基金简称	跟踪指数	成立日期
7	162216	泰达宏利500指数分级	中证500指数	2011-12-01
8	164809	工银中证500指数	中证500指数	2012-01-31
9	162107	金鹰中证500指数分级	中证500指数	2012-06-05
10	510440	大成中证500沪市ETF	中证500沪市指数	2012-08-24
11	166301	华商中证500指数分级	中证500指数	2012-09-06
12	159922	嘉实中证500ETF	中证500指数	2013-02-06
13	510500	南方中证500ETF	中证500指数	2013-02-06
14	000008	嘉实中证500ETF连接	中证500指数	2013-03-22
15	510510	广发中证500ETF	中证500指数	2013-04-11
16	159932	大成中证500深市ETF	中证500深市价格指数	2013-09-12
17	000478	建信中证500指数增强	中证500指数	2014-01-27
18	510520	诺安中证500ETF	中证500指数	2014-02-07

表5-9　　中小盘指数：非中证500方向

序号	基金代码	基金简称	跟踪指数	成立日期
1	159902	华夏中小板ETF	中小企业板价格指数	2006-06-08
2	460220	华泰柏瑞上证中小盘ETF连接	上证中小盘指数	2011-01-26
3	510220	华泰柏瑞中小盘ETF	上证中小盘指数	2011-01-26
4	159907	广发中小板300ETF	中小板300价格指数	2011-06-03
5	270026	广发中小板300连接	中小板300价格指数	2011-06-09
6	510290	南方上证380ETF	上证380指数	2011-09-16
7	110026	易方达创业板ETF连接	创业板指数	2011-09-20
8	159915	易方达创业板ETF	创业板指数	2011-09-20
9	202025	南方380	上证380指数	2011-09-20
10	590007	中邮上证380指数增强	上证380指数	2011-11-22
11	410010	华富中小板指数增强型	中小板指数	2011-12-09
12	162010	长城久兆中小300指数分级	中小板300（价格）指数	2012-01-30
13	399011	中海上证380指数	上证380指数	2012-03-07
14	162510	国联安双力中小板分级	中小板综指	2012-03-23

续表

序号	基金代码	基金简称	跟踪指数	成立日期
15	161613	融通创业板指数	创业板指数	2012－04－06
16	163111	申万菱信中小板指数分级	中小板指数	2012－05－08
17	161118	易方达中小板指数分级	中小板价格指数	2012－09－20
18	159921	诺安中小板等权重 ETF	中小板等权重指数	2012－12－10
19	320022	诺安中小板等权重 ETF 连接	中小板等权重指数	2012－12－10
20	161022	富国创业板指数分级	创业板指数	2013－09－12
21	510680	万家上证 380ETF	上证 380 指数	2013－10－31

（3）大中小盘规模指数

表 5－10　　大中小盘指数

序号	基金代码	基金简称	跟踪指数	成立日期
1	160806	长盛同庆	中证 800 指数	2009－05－12
2	470007	汇添富上证综合指数	上证综合指数	2009－07－01
3	100053	富国上证综指 ETF 连接	上证综合指数	2011－01－30
4	510210	富国上证综指 ETF	上证综合指数	2011－01－30
5	160415	华安深证 300 指数（LOF）	深证 300 价格指数	2011－09－02
6	159912	汇添富深证 300ETF	深证 300 指数	2011－09－16
7	470068	汇添富深证 300ETF 连接	深证 300 指数	2011－09－28
8	233010	大摩深证 300 指数增强	深证 300 价格指数	2011－11－15
9	700002	平安大华深证 300 指数增强	深证 300 指数	2011－12－20
10	165707	诺德深证 300 指数分级	深证 300 价格指数	2012－09－10
11	161825	银华中证 800 等权指数增强分级	中证 800 等权重指数	2013－11－05

2. 行业指数

行业指数，比较常见的偏向于这几个方向：资源、消费、医药、军工、TMT、食品等。实际上，行业指数要规模指数好投资得多，因为行业指数比较纯粹，基本是只要看准一两个行业的趋势可以，而像规模指数，比如沪深 300 覆盖了几乎所有行业，那就会出现此消彼长的现象。

表 5－11　　　　行业方向：TMT、军工与环保

序号	基金代码	基金简称	跟踪指数	细类	成立日期
1	159909	招商深证 TMT50ETF	深证 TMT50 指数	TMT	2011－06－27
2	217019	招商深证 TMT50ETF 连接	深证 TMT50 指数	TMT	2011－06－27
3	160626	鹏华信息分级	中证信息技术指数	TMT	2014－05－05
4	512220	景顺长城中证 TMT150ETF	中证 TMT150 指数	TMT	2014－07－18
5	161025	富国中证移动互联网指数分级	中证移动互联网指数	TMT	2014－09－02
6	165522	信诚中证 TMT 分级	中证 TMT 产业主题指数	TMT	2014－11－28
7	161024	富国中证军工指数分级	中证军工价格指数	军工	2014－04－04
8	000596	前海开源中证军工指数	中证军工指数	军工	2014－05－27
9	163115	申万菱信中证军工指数分级	中证军工指数	军工	2014－07－24
10	163114	申万菱信中证环保产业指数分级	中证环保产业指数	环保	2014－05－30
11	164304	新华中证环保产业指数分级	中证环保产业指数	环保	2014－09－11

表 5－12　　　　行业方向：消费（非周期）

序号	基金代码	基金简称	跟踪指数	细类	成立日期
1	217017	招商上证消费 80ETF 连接	上证消费 80 指数	大消费	2010－12－08
2	510150	招商上证消费 80ETF	上证消费 80 指数	大消费	2010－12－08
3	161213	国投中证消费服务指数（LOF）	中证下游消费与服务指数	大消费	2010－12－16
4	510120	海富通上证非周期 ETF	上证非周期行业 100 指数	大消费	2011－04－22
5	519032	海富通上证非周期 ETF 连接	上证非周期行业 100 指数	大消费	2011－04－27
6	740101	长安沪深 300 非周期行业指数	沪深 300 非周期行业指数	大消费	2012－06－25
7	510630	华夏消费 ETF	上证主要消费行业指数	大消费	2013－03－28
8	159928	汇添富中证主要消费 ETF	中证主要消费指数	大消费	2013－08－23
9	159936	广发中证全指可选消费 ETF	中证全指可选消费指数	大消费	2014－06－03
10	512600	嘉实中证主要消费 ETF	中证主要消费指数	大消费	2014－06－13

表 5－13　　行业方向：食品与医疗

序号	基金代码	基金简称	跟踪指数	细类	成立日期
1	512210	景顺中证 800 食品饮料 ETF	中证 800 食品饮料指数	食品	2014－07－18
2	160222	国泰国证食品饮料行业分级	国泰国证食品饮料行业指数	食品	2014－10－30
3	510660	华夏医药 ETF	上证医药卫生行业指数	医疗	2013－03－28
4	165519	信诚中证 800 医药指数分级	中证 800 制药与生物科技指数	医药	2013－08－16
5	000059	国联安医药 100 指数	中证医药 100 指数	医药	2013－08－21
6	159929	汇添富中证医药卫生 ETF	中证医药卫生指数	医药	2013－08－23
7	160219	国泰国证医药卫生行业分级	国证医药卫生行业指数	医药	2013－08－29
8	512010	易方达沪深 300 医药 ETF	沪深 300 医药卫生指数	医药	2013－09－23
9	512120	华安中证细分医药 ETF	中证细分医药产业主题指数	医药	2013－12－04
10	512610	嘉实中证医药卫生 ETF	中证医药卫生指数	医药	2014－06－13
11	512230	景顺长城中证医药卫生 ETF	中证医药卫生指数	医药	2014－07－18
12	512300	南方中证 500 医药卫生 ETF	中证 500 医药卫生指数	医药	2014－10－30
13	000373	华安医药 ETF 连接 A	中证细分医药产业主题指数	医药	2014－11－28
14	000376	华安医药 ETF 连接 C	中证细分医药产业主题指数	医药	2014－11－28

表 5－14　　行业方向：资源（周期）

序号	基金代码	基金简称	跟踪指数	细类	成立日期
1	510110	海富通周期 ETF	上证周期行业 50 指数	资源	2010－09－19
2	519027	海富通上证周期 ETF 连接	上证周期行业 50 指数	资源	2010－09－28
3	510170	国联安商品 ETF	上证大宗商品股票指数	资源	2010－11－26
4	257060	国联安商品 ETF 连接	上证大宗商品股票指数	资源	2010－12－01
5	161217	国投瑞银中证资源指数（LOF）	中证上游资源产业指数	资源	2011－07－21
6	161819	银华中证内地资源指数分级	中证内地资源主题指数	资源	2011－12－08

续表

序号	基金代码	基金简称	跟踪指数	细类	成立日期
7	690008	民生中证内地资源主题指数	中证内地资源主题指数	资源	2012－03－08
8	050024	博时上证自然资源 ETF 连接	上证自然资源指数	资源	2012－04－10
9	510410	博时上证自然资源 ETF	上证自然资源指数	资源	2012－04－10
10	161715	招商中证大宗商品指数分级	中证大宗商品股票指数	资源	2012－06－28
11	370023	上投摩根中证消费指数	中证消费服务领先指数	资源	2012－09－25
12	160620	鹏华资源分级	中证 A 股资源产业指数	资源	2012－09－27
13	510610	华夏能源 ETF	上证能源行业指数	资源	2013－03－28
14	510620	华夏材料 ETF	上证原材料行业指数	资源	2013－03－28
15	159930	汇添富中证能源 ETF	中证能源指数	资源	2013－08－23
16	165520	信诚中证 800 有色指数分级	中证 800 有色金属指数	资源	2013－08－30

3. 主题指数

主题指数基金，大体可以分为策略型，成长型与价值型。值得一提的是，成长型与价值型，分别与中小盘规模型，大盘规模型相似。不过，这里还是将它们作了区别，其中成长型突出成长的特点，而价值型突出基本面的特点。而策略型，作为后起之秀，其实只要设计得当，完全也可以成为热点，比如百发 100 指数。关于国策导向主题，主要体现在国企改革，一带一路等。

表 5－15　　主题方向：成长

序号	代码	基金简称	跟踪指数	细类	成立日期
1	206005	鹏华上证民企 50ETF 连接	上证民营企业 50 指数	成长	2010－08－05
2	510070	鹏华上证民企 ETF	上证民营企业 50 指数	成长	2010－08－05
3	090012	大成深证成长 40ETF 连接	深证成长 40 价格指数	成长	2010－12－21
4	159906	大成深证成长 40ETF	深证成长 40 价格指数	成长	2010－12－21
5	585001	东吴中证新兴产业指数	中证新兴产业指数	成长	2011－02－01

续表

序号	代码	基金简称	跟踪指数	细类	成立日期
6	320014	诺安上证新兴产业 ETF 连接	上证新兴产业指数	成长	2011-04-07
7	510260	诺安上证新兴产业 ETF	上证新兴产业指数	成长	2011-04-07
8	210007	金鹰中证技术领先指数	中证技术领先指数	成长	2011-06-01
9	510280	华宝兴业上证 180 成长 ETF	上证 180 成长指数	成长	2011-08-04
10	240019	华宝上证 180 成长 ETF 连接	上证 180 成长指数	成长	2011-08-09
11	159911	鹏华深证民营 ETF	深证民营价格指数	成长	2011-09-02
12	206010	鹏华深证民营 ETF 连接	深证民营价格指数	成长	2011-09-02
13	020025	国泰中小板 300 成长连接	中小板 300 成长指数	成长	2012-03-15
14	159917	国泰中小板 300 成长 ETF	中小板 300 成长指数	成长	2012-03-15
15	070030	嘉实中创 400 连接	中创 400 指数	成长	2012-03-22
16	159918	嘉实中创 400ETF	中创 400 指数	成长	2012-03-22
17	163209	诺安中证创业成长指数分级	中证创业成长指数	成长	2012-03-29
18	519034	海富通中证内地低碳指数	中证内地低碳经济主题指数	成长	2012-05-25
19	161910	万家中证创业成长指数分级	中证创业成长指数	成长	2012-08-02
20	161507	银河沪深 300 成长分级	沪深 300 成长指数	成长	2013-03-29

表 5-16　主题方向：价值

序号	基金代码	基金简称	跟踪指数	细类	成立日期
1	510880	华泰柏瑞上证红利 ETF	上证红利指数	价值	2006-11-17
2	100032	富国中证红利指数增强	中证红利指数	价值	2008-11-20
3	510060	上工银瑞信上证中央企业 50ETF	上证中央企业 50 指数	价值	2009-08-26
4	510010	交银治理 ETF	上证 180 公司治理指数	价值	2009-09-25
5	519686	交银上证 180 公司治理 ETF 连接	上证 180 公司治理指数	价值	2009-09-29
6	519671	银河沪深 300 指数	沪深 300 价值指数	价值	2009-12-28

续表

序号	基金代码	基金简称	跟踪指数	细类	成立日期
7	160716	嘉实基本面50指数（LOF）	中证锐联基本面50指数	价值	2009-12-30
8	090010	大成中证红利指数	中证红利指数	价值	2010-02-02
9	310398	申万菱信沪深300价值指数	沪深300价值指数增长率	价值	2010-02-11
10	163001	长信中证央企100指数（LOF）	中证中央企业100指数	价值	2010-03-26
11	240016	华宝兴业上证180价值ETF连接	上证180价值指数	价值	2010-04-23
12	510030	华宝价值ETF	上证180价值指数	价值	2010-04-23
13	510090	建信责任ETF	上证社会责任指数	价值	2010-05-28
14	530010	建信上证社会责任ETF连接	上证社会责任指数	价值	2010-05-28
15	159905	工银深证红利ETF	深证红利价格指数	价值	2010-11-05
16	481012	工银深证红利ETF连接	深证红利价格指数	价值	2010-11-09
17	161907	万家中证红利指数（LOF）	中证红利指数	价值	2011-03-17
18	050021	博时深证基本面200ETF连接	深证基本面200指数	价值	2011-06-10
19	159908	博时深证基本面200ETF	深证基本面200指数	价值	2011-06-10
20	510270	中银上证国企100ETF	上证国有企业100指数	价值	2011-06-16
21	070023	嘉实深证基本面120连接	深证基本面120指数	价值	2011-08-01
22	159910	嘉实深证基本面120ETF	深证基本面120指数	价值	2011-08-01
23	159916	建信深证基本面60ETF	深证基本面60指数	价值	2011-09-08
24	530015	建信深证基本面60ETF连接	深证基本面60指数	价值	2011-09-08
25	159913	交银深证300价值ETF	深证300价值价格指数	价值	2011-09-22
26	519706.	交银深证300价值连接	深证300价值价格指数	价值	2011-09-28
27	519117	浦银安盛基本面400指数	中证锐联基本面400指数	价值	2012-05-14

续表

序号	基金代码	基金简称	跟踪指数	细类	成立日期
28	162907	泰信基本面400指数分级	中证锐联基本面400指数	价值	2012－09－07
29	400018	东方央视财经50指数	央视财经50指数	价值	2012－12－19
30	217027	招商央视财经50指数	央视财经50指数	价值	2013－02－05
31	165312	建信央视财经50指数分级	央视财经50指数	价值	2013－03－28
32	000820	华安中证高分红指数增强A	中证高分红指数	价值	2014－11－14
33	000821	华安中证高分红指数增强C	中证高分红指数	价值	2014－11－14

表5－17　　主题方向：策略

序号	基金代码	基金简称	跟踪指数	细类	成立日期
1	510450	上投上证180高贝塔ETF	上证180高贝塔指数	策略	2013－07－08
2	161718	招商沪深300高贝塔指数分级	沪深300高贝塔指数	策略	2013－08－01
3	000368	汇添富沪深300安中指数	沪深300安中动态策略指数	策略	2013－11－06
4	519677	银河定投宝中证腾安指数	中证腾安价值100指数	策略	2014－03－14
5	000826	广发百发100指数A	百发100指数	策略	2014－10－30
6	000827	广发百发100指数E	百发100指数	策略	2014－10－30

表5－18　　主题指数基金：国策方向（只列出代表性的）

序号	代码	名称	分级类型	管理风格	大类	指数细类	成立日期
1	161026	富国国企改革分级	母基金	指数型	主题型	国企改革	2014－12－17
2	161028	富国新能源汽车分级	母基金	指数型	主题型	新能源	2015－03－30
3	502013	长盛一带一路分级	母基金	指数型	主题型	一带一路	2015－05－29

注：部分国策导向。

第六章　股票型分级基金实战

一、股票型分级基金的内涵

1. 分级基金的运作原理

分级基金起源于20世纪80年代，90年代之后迅速发展，其中以美国与英国的封闭式分级基金为代表。由于具有杠杆性，相对于普通基金而言，分级基金属于创新型基金。中国公募基金业最早于2007年7月17日发行了第一只分级基金，之后经过8年的发展，逐渐受到投资者的青睐。截止到2014年12月5日，市场中存在的所有股票型分级基金，共62只。下面我们简要地介绍下分级基金的内涵。

将一只普通的基金，按不同的净资产比例，分解成低风险与高风险两份，并且给予低风险份额低收益，高风险份额高收益，于是就形成了两种份额的子基金，即分级基金，也被称为结构型基金。因此，任何一只基金产品，只要把基金的收益与风险进行不对等分配，都可以变成分级基金。实际上，还可以将一只基金分解成三级及以上的子基金，但是，目前中国的分级基金的子份额都只有两类。

我们将要被分解的基金称为母基金，也称为基础份额；另外两份资产都称为子基金，其中低风险的资产，称为稳健类份额，也叫A类份额，而高风险的资产，称为进取类或积极类份额，也叫B类份额。例如，银华中证等权 90 指数分级（代码：161816）这一基础份额，可以分为稳健型的银华金利（代码：150030），以及积极型的银华鑫利（150031）。

A 类份额，一般会以 B 类的净资产作为担保，从而获得高于银行定存的约定收益率（但一旦 B 的净值小于 0，则 A 将亏损），因此适合于保守型投资者；在满足 A 的收益后，剩下的收益全部归 B 类份额所有，因此适合于想获得超额收益的激进型投资者。值得一提的是，A 类份额只能在二级市场交易，而一般二级市场市场都是折价的，加上 A 类相当于永续类的债券，并不能像理论上那样兑现收益；它们兑现收益的时间一般发生在向下折算与定期折算时，所以从交易角度来说，A 类份额也面临一定的风险。

其实，分级基金只不过是把一块固定的蛋糕进行利益的重新分配，而蛋糕本身并不会因为采取了分级的方式而变大。由此，可以得出分级基金的运作原理：进取份额将自有资产与从稳健份额处借进的资产合并，然后按普通基金一样运作，只不过在运作过程中，进取份额每日向稳健份额以单利的形式支付利息。由于进取份额放大了交易，因此分级基金的进取份额都具有杠杆倍数。就这一角度而言，分级基金也常被称为杠杆基金，而母基金与子基金间的关系，有份额与净值上的关系，下面分开讲述。

2. 母子基金份额之间的联系

在说明母子基金的份额之前，需要清楚不同份额的分布。分级基金份额的复杂性，相较于普通的基金，有着根本不同，一方面在于多了两类子份额，另一方面在于份额分布于场内与场外，而这一方面正是分级基金套利的来源。这里，场外销售机构包括基金公司直销系统，有基金代销资格的银行与券商。场内销售机构包括有基金代销资格，且可以做子份额配对转换业务的券商。

一般而言，无论债券型还是股票型，母基金可以在场内与场外募集，但对于子份额，股票型与债券型是不一致的。股票型（含指数型）的子基金在一开始是通过场内母基金的自动拆分而形成的，而债券型的子基金，可以合并募集，也可以单独募集，所以场内与场外都可以交易，具体可以参见招募说明书。因此，对于股票型（含指数型）基金来说，一只分级基金包括场外基础份额、场内基础份额、场内稳健份额、场内进取份额；对于债券型来说：分级基金包括场外基础份额、场外稳健份额、场外进取份额、场内稳健份额、场内进取份额。

熟悉了分级基金的场内与场外分布情况，就可以知道分级基金份额比例的构成了。在基金招募说明书中，都会说明 A 份额与 B 份额的比例，假如 A 与 B 份额分别为 a 份与 b 份，则两者的份额比例为 a∶b，而母基金的份额就为（a + b）份。根据这个比例，也能确认进取份额的初始杠杆，即（a + b）/a。例如，每 2 份场内银华中证等权 90 指数分级，可以拆分为 1 份银华金利及 1 份银华鑫利，因此银华鑫利的初始杠杆为 2 倍。

表 6－1　　分级基金不同份额的交易细节

份额类别	交易场所	交易方式	交易价格
基础份额	场内与场外	申购/赎回，直接买卖	一级收盘净值 二级市场价格
子份额（股票型）	券商场内	直接买卖	二级市场价格
子份额（债券型）	场内与场外	申购/赎回、直接买卖	一级收盘净值 二级市场价格

注：股票型的瑞福优先未上市交易。

除了比例上的关系外，在目前主流的股票型基金中，普遍在招募说明书上，说明了份额配对转换条款。该条款，除了为投资者解决流动性之外，主要是为分级基金的套利而准备的。配对转换包括两种方式：一是可以将场外的母基金转托管到场内，拆分成子基金进行交易，而场内的母基金可以直接申请拆分成子基金；二是可以将场内的子基金按比例合并成场内的母基金，之后进行赎回操作。相对来说，拆分要麻烦些，尤其是跨系统拆分，需要 5 个交易日。

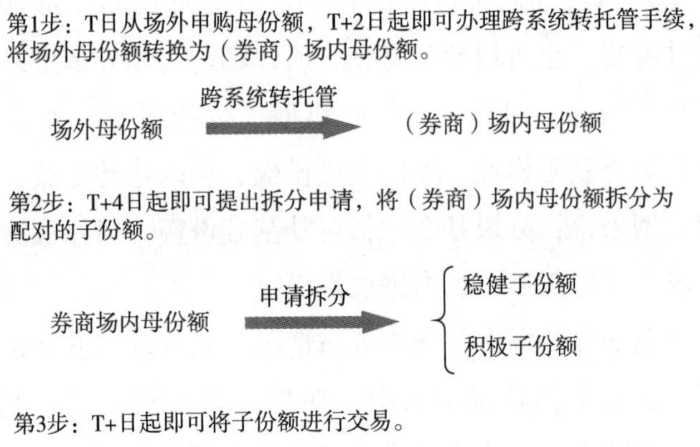
第1步：T日从场外申购母份额，T+2日起即可办理跨系统转托管手续，
将场外母份额转换为（券商）场内母份额。
跨系统转托管
场外母份额
（券商）场内母份额
第2步：T+4日起即可提出拆分申请，将（券商）场内母份额拆分为
配对的子份额。
申请拆分
券商场内母份额
稳健子份额
积极子份额
第3步：T+日起即可将子份额进行交易。

图 6－1　场外母基金跨系统拆分的步骤

不妨以金鹰中证 500 指数分级基金为例，金鹰中证 500 份额与金鹰中证 500A 份额、金鹰中证 500B 份额之间的配对转换的方式包括以下两种：

（1）分拆，指基金份额持有人将其持有的每 2 份金鹰中证 500 的场内份额申请转换成 1 份金鹰中证 500A 份额与 1 份金鹰中证 500B 份额的行为。

（2）合并，指基金份额持有人将其持有的每 1 份金鹰中证 500A 份额与 1 份金鹰中证 500B 份额申请转换成 2 份金鹰中证 500 场内份额的行为。

3. 母子基金净值之间的关系

假设 A 份额与 B 份额的份额分别为 a 份与 b 份，则初始比例为 a∶b，C 份额为（a＋b）份；基础份额、A 份额与 B 份额的净值分别为 C、A 与 B，则有：

$$(a+b)\times C = a\times A + b\times B$$

目前分级基金中，稳健与进取的份额，通常是有 4 种：4∶6、1∶1、7∶3、8∶2，因此初始杠杆一般是 1.67 倍、2 倍、3.33 倍、5 倍。其中，3 倍以上的都是债券基金的杠杆，现在股票型（含指数型）的初始杠杆都是 2 倍及以内的。当然，随着母基金的净值越低，股票型分级基金的杠杆可以迅速扩大，例如申万进取一度达到 10 倍杠杆。不过，按照 2011 年 12

月 18 日《分级基金产品审核指引》，目前债券基金最高杠杆不能超过 8 倍，股票基金不能超过 6 倍，一旦达到最高限，要进行折算，从而恢复到初始杠杆。

对于股票型分级基金而言，在首次募集时，若场内母基金认购的份额为 X，则场内的母基金净资产等于拆分成 A 份额与 B 份额的净资产。

$$C \times X = \frac{aX}{a+b} \times A + \frac{bX}{a+b} \times B$$

当然实际上母基金份额还有场外的，所以左边公式中指的是场内的，而场外的份额净值则根据场内来设定（即按上述公式）。

二、股票型分级基金的分类

截止到 2014 年 12 月 5 日，市场中存在的所有股票型分级基金，共 62 只。这 62 只产品，一共经历了 4 代发展，产品结构从复杂化逐渐向简单化过渡——准确地说，产品结构朝着更利于投资者理解的方向发展。当然，就操作角度而言，未来有望出现多空分级基金，其实证监会已经发出多空分级的指引。总体来说，随着风险对冲要求的提高，分级基金可能又会走向复杂。

第一代产品代表：国投瑞银瑞福分级。2007 年 7 月 17 日诞生了国内第一只分级基金。国投瑞银瑞福分级的产品条款比较复杂，首先在募集方式上，采用了瑞福优先与瑞福进取分开募集的方式，其次采用了封闭管理与定期开放的方式，最后更复杂的是在瑞福优先 1 年定期开放赎回的价格上，存在很多分类。因此，在 2008 年 7 月，运作满 1 年后，出现了瑞福优先赎回将亏损 30% 的局面。正因如此，该款产品并未被市场广泛接受。由此，诞生了第二代产品。

第二代产品代表：长盛同庆分级（2009 年 5 月 12 日成立），国泰估值优势可分离分级。目前市场上的债券型分级基金也大都沿用此类模式。与第一代不同，它们采取了合并募集、封闭运作的方式，而场内募集的母基金将自动拆分为稳健与进取份额，并且上市交易。因此，在资金流动性方面，投资者更灵活。

第三代产品代表：国投瑞银沪深300分级，银华深圳100指数分级，国联安双力中小板综指分级。该代产品与第二代的不同之处有三点，第一，引入了开放式被动管理的运作模式；第二，引入了配对转换机制；第三，引入了折算条款。当然，这三者之间也有着不同。银华深100分级与国联安中小板综指分级都是在瑞和沪深300分级的基础上扩展开的，它们的主要区别在后者设定了3年期限，之后将转成LOF基金，而银华深100分级则没有期限。它们与瑞和沪深300的区别，主要在于折算条款的不同，后者没有不定期折算，只是每个运作周年折算一次，而银华100分级与国联安中小板综指分级还引入了向上与向下的不定期折算条款。因此，目前市场上主流的股票型基金（含指数型），都采取了银华深100指数分级与国联安双力中小板综指分级的模式运作。

第四代产品代表：易方达上证50指数分级（502048）。该产品是沪市首只分级基金，与第三代，也就是目前在深交所主流的分级基金不同的是，该产品的母基金也能在场内上市交易，由于是T+0合并分拆，从而使套利也是当日进行，从而实现了变相的T+0。具体表现为四点：第一，买入50分级母基金后，T+0即可分拆成上证50A和B分别卖出；第二，买入50分级母基金后，T+0当日即可赎回；第三，买入上证50A和B之后，T+0当日合并成50分级母基金卖出；第四，买入上证50A和B之后，T+0当日合并成50分级母基金赎回。当然，深交所的申购母基金，然后T+2拆分套利，上交所的分级基金也是可以做到的。根据2014年12月10日公布的《上海证券交易所上市开放式基金业务指引》第6章“分级基金相关业务”，分级基金在交易日期上按表6-2进行。

表 6－2　　分级基金母基金份额的交易、申赎、转托管和分拆

母基金份额来源	卖出	赎回	转出	分拆
T 日初持有的母基金份额	T	T	T	T
T 日买入的母基金份额	T+1	T	T	T
T 日申购的母基金份额	T+2	T+2	T+2	T+2
T 日转托管转入（场外转场内）的份额	T+2	T+2	T+2	T+2
T 日子份额合并成的母基金份额	T	T	T	T+1

资料来源：2014 年 12 月 10 日《上海证券交易所上市开放式基金业务指引》，下同。

表 6－3　　分级基金子份额的交易和合并

子份额来源	卖出	合并
T 日初持有的子份额	T	T
T 日买入的子份额	T+1	T
T 日由母基金份额分拆出来的子份额	T	T+1

根据投资实践，尤其是投机及套利上的方便，我们在大类上分为主动管理的与被动管理的（指数型）。而指数型分级基金，目前是市场主流，因此我们继续将其在指数大类与指数细类上，进行了划分。其中，指数大类分为规模型，行业型与主题型。

由于股票型分级基金中，指数型已经成为市场主流，截止到 2015 年 4 月 21 日，目前共有 68 只母基金。此类分级基金中，在早期一般为规模指数，其中跟踪最多的为沪深 300 指数，但由于当时市场处于熊市中，给一级与二级市场投资者带来深重的损失，不过随着牛市的到来，这些损失在几个月内就全部挽回。后来，行业指数逐渐成为市场主流，而在 2014 年下半年行情中，尤其是降息后的行情中，先后有富国军工、申万证券、鹏华非银等行业指数基金发生向上折算。由于这三大类基金众多，因此我们将它们单独作为一类。

1. 主动管理型

在早期，很多分级基金都是主动管理型，后来逐步被取代，或者转型

为指数型。例如，最早的长盛同庆、国投瑞福都分别转型为深100、中证800分级指数基金，而国泰估值优势转为LOF基金。当然，这些基金都具备所有分级基金的特征：折算、杠杆、拆分与合并套利。

实际上，主动管理的分级基金，只有中欧盛世发生了向上的折算，其他的一来因市场影响，二来受基金经理影响，均没有向上折算。在我们看来，主动管理的分级基金，除非基金经理能力突出，否则不建议去买。

表6－4　　主动管理型的分级股票基金

序号	代码	名称	分级类型	管理风格	成立日期
1	163406	兴全合润分级	母基金	主动管理	2010－04－22
	150017	兴全合润分级B	B份额	主动管理	2010－04－22
	150016	兴全合润分级A	A份额	主动管理	2010－04－22
2	165310	建信双利策略主题分级	母基金	主动管理	2011－05－06
	150037	建信双利分级进取	B份额	主动管理	2011－05－06
	150036	建信双利分级稳健	A份额	主动管理	2011－05－06
3	161818	银华消费主题分级	母基金	主动管理	2011－09－28
	150048	银华瑞祥	B份额	主动管理	2011－09－28
	150047	银华瑞吉	A份额	主动管理	2011－09－28
4	160127	南方新兴消费增长分级	母基金	主动管理	2012－03－13
	150050	南方新兴消费进取	B份额	主动管理	2012－03－13
	150049	南方新兴消费收益	A份额	主动管理	2012－03－13
5	166011	中欧盛世成长分级	母基金	主动管理	2012－03－29
	150072	中欧盛世成长分级B	B份额	主动管理	2012－03－29
	150071	中欧盛世成长分级A	A份额	主动管理	2012－03－29

2. 指数分级：规模指数

规模指数分级，可以分为大盘规模指数，中小盘以及大中小盘指数，它们分别有15只、11只、3只，总共29只。

（1）大盘规模指数

大盘规模指数分级，一共有15只。它们可以分为3类，跟踪方向分别为深100、沪深300，以及其他大盘指数型。值得一提的是，像分级指数基金中，跟踪沪深300地产分级、沪深300医疗分级、沪深300高贝塔等，我们将其归纳到行业指数与主题指数中。

表6-5　　　　大盘规模指数型分级：深100方向

序号	基金代码	基金名称	分级类型	管理风格	指数大类	指数细类	成立日期
1	161812	银华深证100指数分级	母基金	指数型	规模型	大盘型	2010-05-07
	150018	银华稳进	A份额	指数型	规模型	大盘型	2010-05-07
	150019	银华锐进	B份额	指数型	规模型	大盘型	2010-05-07
2	162714	广发深证100分级	母基金	指数型	规模型	大盘型	2012-05-07
	150083	广发深证100分级A	A份额	指数型	规模型	大盘型	2012-05-07
	150084	广发深证100分级B	B份额	指数型	规模型	大盘型	2012-05-07
3	121099	国投瑞福深圳100分级	母基金	指数型	规模型	大盘型	2012-07-17
	150001	国投瑞银瑞福进取	B份额	指数型	规模型	大盘型	2012-07-17
	121007	国投瑞银瑞福优先	A份额	指数型	规模型	大盘型	2012-07-17
4	160809	长盛深100等权分级	母基金	指数型	规模型	大盘型	2012-09-13
	150108	长盛深100等权分级A	A份额	指数型	规模型	大盘型	2012-09-13
	150109	长盛深100等权分级B	B份额	指数型	规模型	大盘型	2012-09-13
5	164811	工银深证100分级	母基金	指数型	规模型	大盘型	2012-10-25
	150112	工银深证100分级A	A份额	指数型	规模型	大盘型	2012-10-25
	150113	工银深证100分级B	B份额	指数型	规模型	大盘型	2012-10-25

表6-6　　　　大盘规模指数型分级：沪深300方向

序号	代码	名称	类型	风格	大类	细类	成立日期
1	161207	国投沪深300分级	母基金	指数型	规模型	大盘型	2009-10-14
	150008	国投瑞和小康	A份额	指数型	规模型	大盘型	2009-10-14
	150009	国投瑞和远见	B份额	指数型	规模型	大盘型	2009-10-14
2	165515	信诚沪深300分级	母基金	指数型	规模型	大盘型	2012-02-01
	150051	信诚沪深300分级A	A份额	指数型	规模型	大盘型	2012-02-01
	150052	信诚沪深300分级B	B份额	指数型	规模型	大盘型	2012-02-01
3	166802	浙商沪深300分级	母基金	指数型	规模型	大盘型	2012-05-07

续表

序号	代码	名称	类型	风格	大类	细类	成立日期
	150077	浙商沪深300进取	B份额	指数型	规模型	大盘型	2012-05-07
	150076	浙商沪深300稳健	A份额	指数型	规模型	大盘型	2012-05-07
4	160417	华安沪深300分级	母基金	指数型	规模型	大盘型	2012-06-25
	150104	华安沪深300分级A	A份额	指数型	规模型	大盘型	2012-06-25
	150105	华安沪深300分级B	B份额	指数型	规模型	大盘型	2012-06-25
5	167601	国金沪深300分级	母基金	指数型	规模型	大盘型	2013-07-26
	150140	国金沪深300分级A	A份额	指数型	规模型	大盘型	2013-07-26
	150141	国金沪深300分级B	B份额	指数型	规模型	大盘型	2013-07-26

表6-7　　大盘规模指数型分级：非深100与沪深300方向

序号	基金代码	基金名称	分级类型	管理风格	指数大类	指数细类	成立日期
1	162509	国联安中证100分级	母基金	指数型	规模型	大盘型	2010-04-16
	150012	国联安中证100分级A	A份额	指数型	规模型	大盘型	2010-04-16
	150013	国联安中证100分级B	B份额	指数型	规模型	大盘型	2010-04-16
2	163109	申万深证成指分级	母基金	指数型	规模型	大盘型	2010-10-22
	150023	申万深成指分级进取	B份额	指数型	规模型	大盘型	2010-10-22
	150022	申万深成指分级收益	A份额	指数型	规模型	大盘型	2010-10-22
3	161816	银华中证90指数分级	母基金	指数型	规模型	大盘型	2011-03-17
	150030	银华中证90金利分级	A份额	指数型	规模型	大盘型	2011-03-17
	150031	银华中证90鑫利分级	B份额	指数型	规模型	大盘型	2011-03-17
4	160808	长盛同瑞中证200分级	母基金	指数型	规模型	大盘型	2011-12-06
	150064	长盛同瑞A	A份额	指数型	规模型	大盘型	2011-12-06
	150065	长盛同瑞B	B份额	指数型	规模型	大盘型	2011-12-06
5	502048	易方达上证50分级	母基金	指数型	规模型	大盘型	2015-04-15
		易方达上证50分级A	A份额	指数型	规模型	大盘型	2015-04-15
		易方达上证50分级B	B份额	指数型	规模型	大盘型	2015-04-15

（2）中小盘规模指数

跟踪中小盘指数的基金，主流的为中证500，其次为中小板指数，还有一些创业板，深300等，一共合计11只。

表6－8　　　　中小盘规模指数型分级：中证500方向

序号	代码	名称	类型	风格	大类	细类	成立日期
1	165511	信诚中证500指数分级	母基金	指数型	规模型	中小盘型	2011－02－11
	150028	信诚中证500指数分级A	A份额	指数型	规模型	中小盘型	2011－02－11
	150029	信诚中证500指数分级B	B份额	指数型	规模型	中小盘型	2011－02－11
2	162216	泰达宏利中证500分级	母基金	指数型	规模型	中小盘型	2011－12－01
	150054	泰达进取	B份额	指数型	规模型	中小盘型	2011－12－01
	150053	泰达稳健	A份额	指数型	规模型	中小盘型	2011－12－01
3	164809	工银中证500指数分级	母基金	指数型	规模型	中小盘型	2012－01－31
	150055	工银瑞信睿智A	A份额	指数型	规模型	中小盘型	2012－01－31
	150056	工银瑞信睿智B	B份额	指数型	规模型	中小盘型	2012－01－31
4	162107	金鹰中证500指数分级	母基金	指数型	规模型	中小盘型	2012－06－05
	150088	金鹰中证500指数分级A	A份额	指数型	规模型	中小盘型	2012－06－05
	150089	金鹰中证500指数分级B	B份额	指数型	规模型	中小盘型	2012－06－05
5	166301	华商中证500指数分级	母基金	指数型	规模型	中小盘型	2012－09－06
	150110	华商中证500指数分级A	A份额	指数型	规模型	中小盘型	2012－09－06
	150111	华商中证500指数分级B	B份额	指数型	规模型	中小盘型	2012－09－06
6	502000	西部利得中证500分级	母基金	指数型	规模型	中小盘型	2015－04－15
	502001	西部利得中证500分级A	A份额	指数型	规模型	中小盘型	2015－04－15
	502002	西部利得中证500分级B	B份额	指数型	规模型	中小盘型	2015－04－15

表6－9　　　　中小盘规模指数型分级：其他方向

序号	代码	名称	类型	管理风格	大类	细类	成立日期
1	162010	长城中小板300分级	母基金	指数型	规模型	中小盘型	2012－01－30
	150058	长城久兆积极	B份额	指数型	规模型	中小盘型	2012－01－30
	150057	长城久兆稳健	A份额	指数型	规模型	中小盘型	2012－01－30
2	162510	国联安中小板分级	母基金	指数型	规模型	中小盘型	2012－03－23
	150069	国联安中小板综指A	A份额	指数型	规模型	中小盘型	2012－03－23
	150070	国联安中小板综指B	B份额	指数型	规模型	中小盘型	2012－03－23
3	163111	申万中小板指数分级	母基金	指数型	规模型	中小盘型	2012－05－08

续表

序号	代码	名称	类型	管理风格	大类	细类	成立日期
	150085	申万中小板指数A	A份额	指数型	规模型	中小盘型	2012-05-08
	150086	申万中小板指数B	B份额	指数型	规模型	中小盘型	2012-05-08
4	165707	诺德深证300指数分级	母基金	指数型	规模型	中小盘型	2012-09-10
	150092	诺德深证300指数A	A份额	指数型	规模型	中小盘型	2012-09-10
	150093	诺德深证300指数B	B份额	指数型	规模型	中小盘型	2012-09-10
5	161118	易方达中小板分级	母基金	指数型	规模型	中小盘型	2012-09-20
	150107	易方达中小板进取	B份额	指数型	规模型	中小盘型	2012-09-20
	150106	易方达中小板稳健	A份额	指数型	规模型	中小盘型	2012-09-20
6	161022	富国创业板指数分级	母基金	指数型	规模型	中小盘型	2013-09-12
	150152	富国创业板指数A	A份额	指数型	规模型	中小盘型	2013-09-12
	150153	富国创业板指数B	B份额	指数型	规模型	中小盘型	2013-09-12

（3）大中小盘规模指数

大中小盘指数，主要以中证800为主流，因为它是沪深300与中证500指数的叠加，所以全市场的规模指数都囊括在里面了。

表6-10　　　　大中小盘规模指数型分级

序号	代码	名称	分级类型	管理风格	指数大类	指数细类	成立日期
1	160806	长盛中证800分级	母基金	指数型	规模型	大中小盘型	2012-05-12
	150098	长盛中证800A	A份额	指数型	规模型	大中小盘型	2012-05-12
	150099	长盛同庆中证800B	B份额	指数型	规模型	大中小盘型	2012-05-12
2	161825	银华中证800分级	母基金	指数型	规模型	大中小盘型	2013-11-05
	150138	银华中证800分级A	A份额	指数型	规模型	大中小盘型	2013-11-05
	150139	银华中证800分级B	B份额	指数型	规模型	大中小盘型	2013-11-05

3. 指数分级：行业指数

行业指数是最热门的指数，而分级中金融行业（分为非银金融，银行业）、国防军工，当属最热。

表 6-11　　行业指数基金：金融方向

序号	代码	名称	分级类型	管理风格	指数大类	指数细类	成立日期
1	165521	信诚中证 800 金融分级	母基金	指数型	行业型	金融行业	2013-12-20
	150157	信诚中证 800 金融 A	A 份额	指数型	行业型	金融行业	2013-12-20
	150158	信诚中证 800 金融 B	B 份额	指数型	行业型	金融行业	2013-12-20
2	163113	申万菱信申万证券	母基金	指数型	行业型	金融行业	2014-03-13
	150171	申万菱信申万证券 A	A 份额	指数型	行业型	金融行业	2014-03-13
	150172	申万菱信申万证券 B	B 份额	指数型	行业型	金融行业	2014-03-13
3	160625	鹏华中证 800 非银分级	母基金	指数型	行业型	金融行业	2014-04-30
	150177	鹏华中证 800 非银 A	A 份额	指数型	行业型	金融行业	2014-04-30
	150178	鹏华中证 800 非银行 B	B 份额	指数型	行业型	金融行业	2014-04-30
4	161720	招商中证全指分级	母基金	指数型	行业型	金融行业	2014-11-13
	150200	招商中证全指分级 A	A 份额	指数型	行业型	金融行业	2014-11-13
	150201	招商中证全指分级 B	B 份额	指数型	行业型	金融行业	2014-11-13
5	161027	富国中证全指分级	母基金	指数型	行业型	金融行业	2015-03-27
	150223	富国中证全指分级 A	A 份额	指数型	行业型	金融行业	2015-03-27
	150224	富国中证全指分级 B	B 份额	指数型	行业型	金融行业	2015-03-27
6	160631	鹏华中证银行分级	母基金	指数型	行业型	金融行业	2015-04-17
	150227	鹏华中证银行分级 A	A 份额	指数型	行业型	金融行业	2015-04-17
	150228	鹏华中证银行分级 B	B 份额	指数型	行业型	金融行业	2015-04-17

表 6-12　　行业指数基金：军工方向

序号	代码	名称	分级类型	管理风格	指数大类	指数细类	成立日期
1	161024	富国中证军工指数分级	母基金	指数型	行业型	国防军工	2014-04-04
	150181	富国中证军工指数 A	A 份额	指数型	行业型	国防军工	2014-04-04
	150182	富国中证军工指数 B	B 份额	指数型	行业型	国防军工	2014-04-04
2	163115	申万菱信中证军工	母基金	指数型	行业型	国防军工	2014-07-24
	150186	申万菱信中证军工 A	A 份额	指数型	行业型	国防军工	2014-07-24
	150187	申万菱信中证军工 B	B 份额	指数型	行业型	国防军工	2014-07-24
3	160630	鹏华中证国防分级	母基金	指数型	行业型	国防军工	2014-11-13
	150205	鹏华中证国防分级 A	A 份额	指数型	行业型	国防军工	2014-11-13
	150206	鹏华中证国防分级 B	B 份额	指数型	行业型	国防军工	2014-11-13
4	164402	前海开源中证军工	母基金	指数型	行业型	国防军工	2015-03-30
	150221	前海开源中证军工 A	A 份额	指数型	行业型	国防军工	2015-03-30
	150222	前海开源中证军工 B	B 份额	指数型	行业型	国防军工	2015-03-30

表 6-13　　行业指数基金：地产方向

序号	代码	名称	分级类型	管理风格	指数大类	指数细类	成立日期
1	160218	国泰国证房地产分级	母基金	指数型	行业型	地产行业	2013-02-06
	150117	国泰国证房地产行业 A	A 份额	指数型	行业型	地产行业	2013-02-06
	150118	国泰国证房地产行业 B	B 份额	指数型	行业型	地产行业	2013-02-06
2	160628	鹏华中证 800 地产分级	母基金	指数型	行业型	地产行业	2014-09-12
	150192	鹏华中证 800 地产 A	A 份额	指数型	行业型	地产行业	2014-09-12
	150193	鹏华中证 800 地产 B	B 份额	指数型	行业型	地产行业	2014-09-12
3	161721	招商沪深 300 地产分级	母基金	指数型	行业型	地产行业	2014-11-27
	150207	招商沪深 300 地产 A	A 份额	指数型	行业型	地产行业	2014-11-27
	150208	招商沪深 300 地产 B	B 份额	指数型	行业型	地产行业	2014-11-27

表 6-14　　行业指数基金：TMT 方向

序号	代码	名称	分级类型	管理风格	指数大类	指数细类	成立日期
1	160629	鹏华中证传媒分级	母基金	指数型	行业型	TMT	—
	150203	鹏华中证传媒分级 A	A 份额	指数型	行业型	TMT	—
	150204	鹏华中证传媒分级 B	B 份额	指数型	行业型	TMT	—
2	160626	鹏华中证信息技术分级	母基金	指数型	行业型	TMT	2014-04-30
	150179	鹏华中证信息技术 A	A 份额	指数型	行业型	TMT	2014-04-30
	150180	鹏华中证信息技术 B	B 份额	指数型	行业型	TMT	2014-04-30
3	161025	富国互联网分级	母基金	指数型	行业型	TMT	2014-09-02
	150194	富国互联网分级 A	A 份额	指数型	行业型	TMT	2014-09-02
	150195	富国互联网分级 B	B 份额	指数型	行业型	TMT	2014-09-02
4	165522	信诚中证 TMT 分级	母基金	指数型	行业型	TMT	2014-11-28
	150173	信诚中证 TMT 分级 A	A 份额	指数型	行业型	TMT	2014-11-28
	150174	信诚中证 TMT 分级 B	B 份额	指数型	行业型	TMT	2014-11-28

表 6-15 行业指数基金：环保方向

序号	代码	名称	分级类型	管理风格	指数大类	指数细类	成立日期
1	163114	申万中证环保产业	母基金	指数型	行业型	环保行业	2014-05-28
	150184	申万中证环保产业 A	A 份额	指数型	行业型	环保行业	2014-05-30
	150185	申万中证环保产业 B	B 份额	指数型	行业型	环保行业	2014-05-30
2	164304	新华中证环保产业	母基金	指数型	行业型	环保行业	2014-09-11
	150190	新华中证环保产业 A	A 份额	指数型	行业型	环保行业	2014-09-11
	150191	新华中证环保产业 B	B 份额	指数型	行业型	环保行业	2014-09-11

表 6-16 行业指数基金：医疗食品方向

序号	代码	名称	分级类型	管理风格	指数大类	指数细类	成立日期
1	165519	信诚中证 800 医药分级	母基金	指数型	行业型	医疗行业	2013-08-16
	150148	信诚中证 800 医药 A	A 份额	指数型	行业型	医疗行业	2013-08-16
	150149	信诚中证 800 医药 B	B 份额	指数型	行业型	医疗行业	2013-08-16
2	160219	国泰国证医药卫生	母基金	指数型	行业型	医疗行业	2013-08-29
	150130	国泰国证医药卫生 A	A 份额	指数型	行业型	医疗行业	2013-08-29
	150131	国泰国证医药卫生 B	B 份额	指数型	行业型	医疗行业	2013-08-29
3	160222	国泰国证食品饮料分级	母基金	指数型	行业型	食品行业	2014-10-23
	150198	国泰国证食品饮料 A	A 份额	指数型	行业型	食品行业	2014-10-23
	150199	国泰国证食品饮料 B	B 份额	指数型	行业型	食品行业	2014-10-23
4	164401	前海开源健康产业分级	母基金	指数型	行业型	食品行业	2015-04-16
	150219	前海开源健康 A	A 份额	指数型	行业型	食品行业	2015-04-16
	150220	前海开源健康 B	B 份额	指数型	行业型	食品行业	2015-04-16

表 6-17 行业指数基金：资源方向

序号	代码	名称	分级类型	管理风格	指数大类	指数细类	成立日期
1	161819	银华中证内地资源分级	母基金	指数型	行业型	资源行业	2011-12-08
	150059	银华金瑞	A 份额	指数型	行业型	资源行业	2011-12-08
	150060	银华鑫瑞	B 份额	指数型	行业型	资源行业	2011-12-08
2	161715	招商中证大宗商品分级	母基金	指数型	行业型	资源行业	2012-06-28
	150096	招商中证大宗商品 A	A 份额	指数型	行业型	资源行业	2012-06-28

续表

序号	代码	名称	分级类型	管理风格	指数大类	指数细类	成立日期
	150097	招商中证大宗商品 B	B 份额	指数型	行业型	资源行业	2012－06－28
3	160620	鹏华资源分级	母基金	指数型	行业型	资源行业	2012－09－27
	150100	鹏华资源分级 A	A 份额	指数型	行业型	资源行业	2012－09－27
	150101	鹏华资源分级 B	B 份额	指数型	行业型	资源行业	2012－09－27
4	165520	信诚中证 800 有色分级	母基金	指数型	行业型	资源行业	2013－08－30
	150150	信诚中证 800 有色 A	A 份额	指数型	行业型	资源行业	2013－08－30
	150151	信诚中证 800 有色 B	B 份额	指数型	行业型	资源行业	2013－08－30
5	160221	国泰国政有色分级	母基金	指数型	行业型	资源行业	2015－03－30
	150196	国泰国政有色 A	A 份额	指数型	行业型	资源行业	2015－03－30
	150197	国泰国政有色 B	B 份额	指数型	行业型	资源行业	2015－03－30

4. 指数分级：主题指数

主题指数基金大体可以分为策略型、成长型与价值型。值得一提的是，成长型与价值型，分别与中小盘规模型，大盘规模型相似。不过，这里还是将它们作了区别，其中成长型突出成长的特点，而价值型突出基本面的特点。策略型的主题，目前还不多，目前沪深高贝塔属于一只。而国策导向型，作为后起之秀，其实只要设计得当，完全也可以成为热点，比如国企改革就是很大的热点。

表 6－18　　主题指数基金：策略方向

序号	代码	名称	分级类型	管理风格	指数大类	指数细类	成立日期
1	161718	招商沪深 300 高贝塔分级	母基金	指数型	主题型	策略型	2013－08－01
	150145	招商沪深 300 高贝塔 A	A 份额	指数型	主题型	策略型	2013－08－01
	150146	招商沪深 300 高贝塔 B	B 份额	指数型	主题型	策略型	2013－08－01

表 6 – 19　　主题指数基金：国策方向

序号	代码	名称	分级类型	管理风格	指数大类	指数细类	成立日期
1	161026	富国国企改革分级	母基金	指数型	主题型	国策导向	2014 – 12 – 17
	150209	富国国企改革分级 A	A 份额	指数型	主题型	国策导向	2014 – 12 – 17
	150210	富国国企改革分级 B	B 份额	指数型	主题型	国策导向	2014 – 12 – 17
2	164905	交银国证新能源分级	母基金	指数型	主题型	国策导向	2015 – 03 – 26
	150217	交银国证新能源分级 A	A 份额	指数型	主题型	国策导向	2015 – 03 – 26
	150218	交银国证新能源分级 B	B 份额	指数型	主题型	国策导向	2015 – 03 – 26
3	161028	富国新能源汽车分级	母基金	指数型	主题型	国策导向	2015 – 03 – 30
	150211	富国新能源汽车分级 A	A 份额	指数型	主题型	国策导向	2015 – 03 – 30
	150212	富国新能源汽车分级 B	B 份额	指数型	主题型	国策导向	2015 – 03 – 30

表 6 – 20　　主题指数基金：成长方向

序号	代码	名称	分级类型	管理风格	指数大类	指数细类	成立日期
1	163209	诺安中证创业成长分级	母基金	指数型	主题型	成长型	2012 – 03 – 29
	150075	诺安中证创业成长进取	B 份额	指数型	主题型	成长型	2012 – 03 – 29
	150073	诺安中证创业成长稳健	A 份额	指数型	主题型	成长型	2012 – 03 – 29
2	161910	万家中证创业成长分级	母基金	指数型	主题型	成长型	2012 – 08 – 02
	150090	万家中证创业成长分级 A	A 份额	指数型	主题型	成长型	2012 – 08 – 02
	150091	万家中证创业成长分级 B	B 份额	指数型	主题型	成长型	2012 – 08 – 02
3	161507	银河沪深 300 成长分级	母基金	指数型	主题型	成长型	2013 – 03 – 29
	150122	银河沪深 300 成长进取	B 份额	指数型	主题型	成长型	2013 – 03 – 29
	150121	银河沪深 300 成长优先	A 份额	指数型	主题型	成长型	2013 – 03 – 29

表 6 – 21　　主题指数基金：价值方向

序号	代码	名称	分级类型	管理风格	指数大类	指数细类	成立日期
1	162907	泰信基本面 400 指数分级	母基金	指数型	主题型	价值型	2012 – 09 – 07
	150094	泰信基本面 400 分级 A	A 份额	指数型	主题型	价值型	2012 – 09 – 07
	150095	泰信基本面 400 分级 B	B 份额	指数型	主题型	价值型	2012 – 09 – 07
2	165312	建信央视财经 50 分级	母基金	指数型	主题型	价值型	2013 – 03 – 28
	150123	建信央视财经 50 分级 A	A 份额	指数型	主题型	价值型	2013 – 03 – 28
	150124	建信央视财经 50 分级 B	B 份额	指数型	主题型	价值型	2013 – 03 – 28

三、股票型分级基金的三类杠杆

具有杠杆，是分级基金区别于非创新型基金的主要特征。分级基金的杠杆，具有初始杠杆（也叫份额杠杆），净值杠杆以及价格杠杆三类，下面分别详述。

1. 初始杠杆

初始杠杆在前面已经介绍过，它的实际意义是，B 份额所能放大自身净资产的倍数。但是需要注意的是，B 份额所能动用的总的净资产，不是母基金所有的净资产，而是被拆分的母基金的净资产。也就是说，由于 B 份额是借了被拆分的 A 份额的净资产，所以 B 份额实际上能动用的资产就为 B 份额本身的净资产与 A 份额的净资产之和。这里，总净值即为总净资产。由于一开始，A 份额与 B 份额的净值都为 1，所以：

初始杠杆 =（A 类份额总净值 + B 类份额总净值）/B 类份额总净值

=（A 的份额 ×1 + B 的份额 ×1）/（B 的份额 ×1）

=（A 的份额 + B 的份额）/B 的份额

常见的初始杠杆一般是 1.67 倍、2 倍、3.33 倍、5 倍，根据 2011 年 12 月的《分级基金产品审核指引》，债券型分级基金的杠杆不超过 10/3 倍，股票型分级基金不超过 2 倍。

2. 净值杠杆

净值杠杆的意义是，B 份额的净值变化率的绝对值与基础份额的净值变化率之比。由于净值变化率是微分的概念，而实际当中只在收盘后公布净值，因此可以用一级市场中 B 份额的涨幅与基础份额的涨幅之比，去计算净值杠杆。例如，当杠杆为 3 倍，则母基金涨（跌）了 1%，则 B 份额将涨（跌）3%。

当然，除了按定义理解净值杠杆外，还可以按初始杠杆的公式那样理解，即 B 份额所能放大自身净资产的倍数，从而当总的净资产变动 1%，则 B 份额能变动相应的倍数，也就是说，B 类份额净值随母基金净值变化的倍数。就像期货保证金一样，例如 10 万元的保证金可以操作 100 万元的总资产，则杠杆就为 10 倍，从而当总资产变动 10%，则保证金的变动就为 100%。

下面，我们不妨按两种方式进行推导，但结果是一致的。

首先，按定义来推导净值杠杆。

假设 A 份额与 B 份额的比例为 a:b；基础份额、A 份额与 B 份额的净值在当日收盘的净值分别为 C2、A2 与 B2；基础份额、A 份额与 B 份额的净值在当日收盘的净值分别为 C1、A1 与 B1，因此有：

$$C_2 = \frac{a}{a+b}A_2 + \frac{b}{a+b}B_2 \qquad (1)$$

$$C_1 = \frac{a}{a+b}A_1 + \frac{b}{a+b}B_1 \qquad (2)$$

由于 B 份额每日支付给 A 的利息率很低，往往要累积 4 到 5 天之后，其净值才会有一些变动，所以，在大多时候，A 的净值变动可以看成为 0，即

$$A_2 - A_1 \approx 0 \qquad (3)$$

根据公式（1），公式（2），公式（3），可以得到：

$$C_2 - C_1 = \frac{a}{a+b}(A_2 - A_1) + \frac{a}{a+b}(B_2 - B_1) \approx \frac{a}{a+b}(B_2 - B_1)$$

所以：$\frac{B_2 - B_1}{C_2 - C_1} = \frac{a+b}{a}$

假设净值杠杆为 G，则：

$$G = \frac{(B_2 - B_1)/B_1}{(C_2 - C_1)/C_1} = \frac{a+b}{a}\frac{C_1}{B_1}$$

$$= 初始杠杆 \times (母基金昨日净值 / B 份额的昨日净值)$$

其次，按第二种方式推导。

相对于第一种，第二种要容易推导得多，但是需要注意的是，B 份额所能动用的总的净资产，不是母基金所有的净资产，而是被拆分的母基金的净资产。若设被拆分的母基金的份额数量为 X 份，净值为 C，A 份额与 B 份额的净值分别为 A，B，则有：

$$\begin{aligned}净值杠杆 &= 被拆分的母基金的总净值/B类份额总净值\\ &= (C \times X)/\left(\frac{b \times X}{a+b} \times B\right) = \frac{C}{B} \times \frac{a+b}{a}\\ &= (母基金净值/B份额净值) \times 初始杠杆\end{aligned}$$

注意，上式中的 C 与 B 的值，都是指“昨日”一级市场的净值，即当日的净值杠杆只能根据昨日的净值算出。由于 B 份额净值具有杠杆效应，所以当同时往下跌时，B 的净值下跌的更快，而上涨时，B 的净值上涨得更快。例如上证从 2012 年 5 月 4 日开始出现了大幅下跌，使得银华鑫利（代码 150031，后名称改为银华中证 90 分级 B）的净值迅速上升，

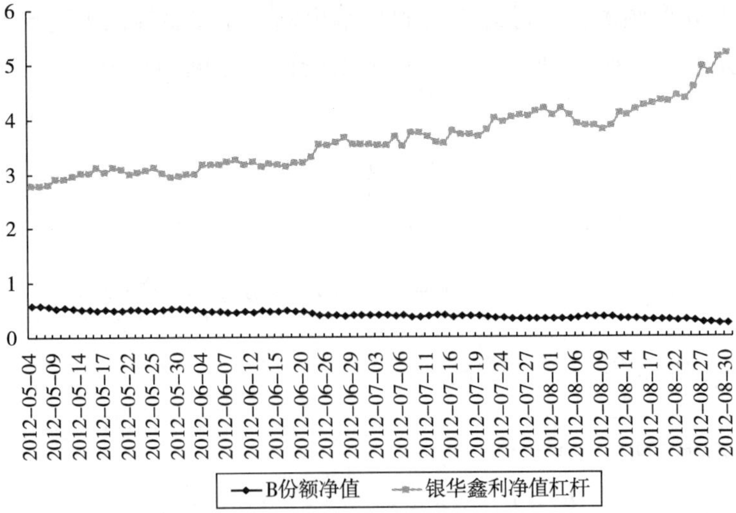

图 6-2　银华鑫利（150031）净值杠杆随着 B 净值的下跌而迅速上升

在其触及向下折算条款时，达到了5倍以上，而5月4日左右，则为3倍左右。

3. 价格杠杆

价格杠杆，是在净值杠杆上延伸出来的杠杆，它更贴近投资者实际。由于净值杠杆，是根据一级市场的基础与B份额的净值算出的，而在实际上当中，投资者是不能在一级市场买到B份额的，而是通过二级市场买到B份额，因此投资者投入到B份额的成本，就是B份额的总市值。由此，可以定义价格杠杆，它是指B类份额二级市场价格，随母基金净值变化的倍数，类似于净值杠杆的第二种理解。设B类二级市场价格为P，再根据净值杠杆所给出的假设，则有：

价格杠杆 = 被拆分的母基金的总净值/B类份额总市值

$$= (C \times X) / \left(\frac{b \times X}{a + b} \times P\right) = \frac{C}{P} \times \frac{a + b}{a}$$

= (母基金净值/B份额的价格) × 初始杠杆

= {母基金净值/[B份额净值 × (1 + 溢价率)]} × 初始杠杆

= 净值杠杆/(1 + 溢价率)

注意，母基金净值与B份额的价格，都是“昨日”的。由于二级市场中，B份额通常对一级市场B的净值有很大的溢价，因此价格杠杆要小于净值杠杆。从图6－3可以看到，由于银华鑫利在二级市场的高溢价，从而使得价格杠杆一直小于净值杠杆，而随着向下触及折算条款，使得价格杠杆与净值杠杆马上接近。由于价格杠杆将溢价率考虑进取，所以可以看成更为有效的杠杆，对于投资者来说，若要博取较大的收益，也应该选取价格杠杆大的分级基金。

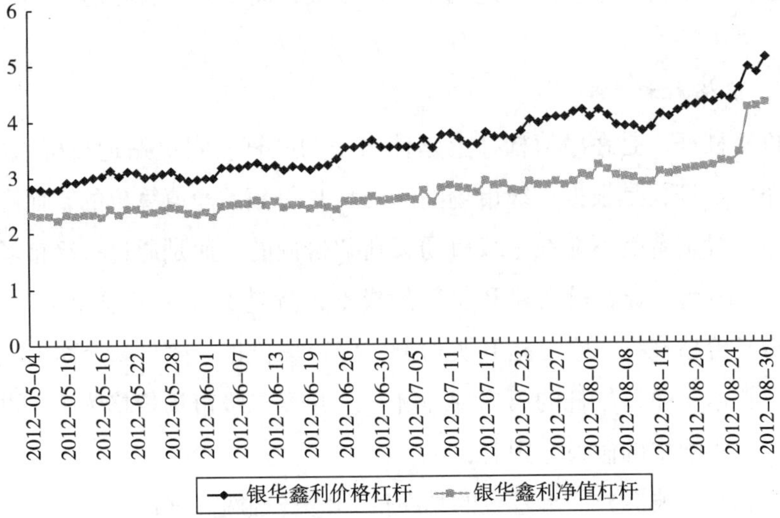

图 6－3　银华鑫利在触及折算前的价格杠杆与净值杠杆

四、股票型分级基金的两类折算

分级基金具有两类折算，一种是定期折算，另一种是不定期折算，其中不定期折算又分为向上折算与向下折算。下面分别阐述。

1. 定期折算

证监会《分级基金产品审核指引》第 8 款对定期折算从时间上做了规定。其中，分开募集的分级基金定期折算的间隔时间应在 3 个月（含）以上；合并募集的分级基金定期折算的间隔时间应在 1 年（含）以上。关于合并募集的基金，大多指股票型（含指数型）基金，它们的折算方式与分开募集的基金相比，要复杂些。

合并募集的分级基金，一般是每个运作周年折算一次，其折算条款，主要是为了兑现 A 份额的在招募书上所标明的约定收益。该约定收益部分将分配给母基金持有人以及 A 份额持有人，但不分配给 B 份额持有人，其中每份母基金持有人，将获得 a/ (a+b) 份新增的基础份额（这里 A 与 B 份额的比例为 a:b），而 A 份额持有者将新增由约定收益转成的基础份额。因此，合并募集的基金，若有折算条款，则折算的对象是优先份额与基础份额，即 A 类份额与母基金，而 B 份额不参与折算，折算前后净值与份额都不变。

折算规则如下：对于 A 份额而言，折算时，A 的份额折算前后不变（因为要保持与 B 份额一致的比例），折算后 A 的净值将重新变为 1 元，而 A 份额的约定收益的部分，将新增为母基金的份额给与 A 份额的持有人；对于母基金而言，母基金折算前后的净值将发生改变——折算后的净值，就是去掉 A 分红后的净值，而母基金持有人获得的 A 份额的分红部分，将新增为母基金份额。

表 6-22　合并募集的基金的折算前后净值与份额的变动

基金持有人	净值	份额
母基金份额持有人	折算前：C 元 折算后：C 元 - [a/ (a+b)] ×约定收益	折算前：Y 份母基金份额 折算后：Y 份母基金份额 + 新增基础份额（其值为：[a/ (a+b)] ×约定收益/母基金折算后净值）
A 类份额持有人	折算前 A 净值：1 元 + 约定收益 折算后：1 元	折算前：X 份 A 份额 折算后：X 份 A 份额 + 新增基础份额（其值为：A 的总约定收益/母基金折算后净值）
B 类份额持有人	折算前后不变（即 bX/a）	折算前后不变（即 bX/a）

注：也可以这么算出母基金折算后净值，即 = [a/ (a+b)] ×1 + [a/ (a+b)] ×折算前 B 净值。

★案例：以浙商沪深 300 分级基金为例（初始 A 与 B 份额比例为 1:1）

假设折算前有：

浙商沪深300折算前净值=1.356元，

浙商稳健折算前净值=1.058元，

浙商进取折算前净值=1.654元，

甲投资者持有浙商沪深300场内份额100 000份，

乙投资者持有浙商稳健份额60 000份，

丙投资者持有浙商进取份额80 000份。

从而，折算后有：

（1）净值计算

浙商沪深300折算后净值=1.356－0.5×（1.058－1.000）=1.327元，

浙商稳健折算后净值=1.000元；

浙商进取折算后净值=1.654元。

实际上，在已知浙商进取与稳健折算后净值的情况下，也可以求得浙商沪深300的折算后净值：0.5×1+0.5×1.654=1.327元。

（2）份额计算

甲投资者新增“场内”的浙商沪深300份额数=［0.5×100 000×(1.058－1.000)］/1.327=2 185份；

乙投资者新增的“场内”浙商沪深300份额数=［60 000×(1.058－1.000)］/1.327=2 622份；

丙投资者持有浙商进取份额80 000份。

即份额折算后，投资人甲共持有浙商沪深300份额的场内份额102 185份，投资人乙共持有浙商稳健份额60 000份及浙商沪深300份额的场内份额2 622份，投资人丙仍持有浙商进取份额80 000份。

分开募集的基金的折算要容易得多，折算的对象只有A类份额，折算之日就在定期开放之日。这类折算方式，针对的是定期开放的A类份额，以一级债基为主。该类折算方式就像货币基金一样，无非就是把已经获得约定收益的部分，转增成 A 类份额。

例如以一级债基银华通利分级为例，其 A 类份额银华通利 A 每 6 个月开放一次。假如开放日期银华通利 A 的净值为 1.025 元，并且具有 1 亿份，则折算后，通利 A 的净值变为 1 元，份额变为 1.025 亿份。

2. 不定期折算

不定期折算之所以被称为不定期，是因为母基金净值或进取份额净值达到某一净值时的时间点不确定。不定期折算分为向上折算与向下折算，折算的对象一般是基础份额、优先份额与进取份额。向上折算的目的是为了兑现 A 的收益，然后维持初始杠杆，否则若不折算，则杠杆会随着母基金的净值越高而变得越小，这就降低了分级基金具备杠杆的特征。而向下折算是为了防止 A 类资产遭受亏损，因为一旦 B 净值达到 0.25 元时，且届时杠杆在 4 倍左右，那就意味着继续下跌暴跌就可以引起 B 的资产不足以偿付 A 类收益，从而 A 不仅收益不能保障，且本金都在极端情况下有危险，若参与的母基金不设置涨跌停限制（如香港市场）。

向上折算条款，是指母基金净值上涨达到一定净值时（通常取 1.5 元），而触发的条款；向下折算条款，是指进取份额下跌达到一定净值时（通常为 0.25 元或 0.27 元），而触及的条款。在主流的基金折算中，除了折算对象都一样外，在折算后，三类份额的净值也全部归为 1 元。下面分别详述。

首先讲向上折算条款，该条款比较简单，无非就是把三类份额净值超出 1 元的部分，全部新增为净值为 1 元的母基金份额，从而兑现了三类份额的收益。当然，有些分级基金如申万证券分级，不对 A 进行折算，所以届时母基金与 B 类基金的折算后净值将全部变为 A 基金的净值。但主流的做法都是净值归 1 元。

还是以浙商沪深 300 分级为例，假设当母基金份额净值达到 2 元时，触发向上折算；若在触发折算日，浙商沪深 300 净值为 2.02 元，浙商稳健为1.03元，浙商进取为3.01元，三类份额分别都具有10 000份，则折算后，三者净值都为1元，而浙商沪深新增了（2.02－1）×10 000，即10 200份母基金，浙商稳健新增了（1.03－1）×10 000，即300份母基金，浙商进取新增了（3.01－1）×10 000，即20 100份母基金，具体如表6－23所示。

表6－23　浙商沪深300的向上折算前后净值与份额的变动

基金份额	净值		份额	
	折算前	折算后	折算前	折算后
浙商沪深300	2.02元	1元	10 000份	10 000份浙商沪深300＋新增的10 200份浙商沪深300
浙商稳健	1.03元	1元	10 000份	10 000份浙商稳健＋新增的300份场内浙商沪深300
浙商进取	3.01元	1元	10 000份	10 000份浙商进取＋新增的20 100份场内浙商沪深300

向下折算条款，要复杂得多，该条款设计的初衷是为了防止B类份额净值归0，从而使得A类份额本金亏损；因为进取份额在1元以内，净值越往下跌，则净值杠杆就会越大，当杠杆达到很大时，很容易使B份额出现净值归0的风险。由于当母基金净值低于1元时，杠杆都会大于2，因此母基金在0.65元左右的时候，可能就会触发B类跌破0.25元。例如，2012年8月30日，作为历史上首只触及不定期向下折算的银华中证90指数分级B（150031）基金，在净值达到0.25元触及向下折算时，母基金的净值为0.648元，而不是0.5元。有时候，母基金净值在市场反复震荡中，即使在某个区间不下跌，但B类份额累计的结果可能是处于下跌的，这主要在于下跌的时间可能更长的缘故，就像2012年震荡中，即使指数不跌，但“急涨缓跌”带来的结果是B份额的下跌。

表 6－24　　银华中证 90 指数分级 B（150031）基金触及向下折算时的母基金净值

日期	B 类净值	B 基金日涨幅	母基金净值	母基金日涨幅
2012－08－30	0.2500	－1.5748%	0.6480	－0.3077%
2012－08－29	0.2540	－6.6176%	0.6500	－1.3658%
2012－08－28	0.2720	2.6415%	0.6590	0.6108%
2012－08－27	0.2650	－9.5563%	0.6550	－2.0927%
2012－08－24	0.2930	－5.7878%	0.6690	－1.3274%
2012－08－23	0.3110	1.6340%	0.6780	0.4444%
2012－08－22	0.3060	－3.1646%	0.6750	－0.7352%
2012－08－21	0.3160	0.6369%	0.6800	0.1473%
2012－08－20	0.3140	－1.5674%	0.6790	－0.2936%
2012－08－17	0.3190	－0.6231%	0.6810	－0.1467%
2012－08－16	0.3210	－2.4316%	0.6820	－0.5830%
2012－08－15	0.3290	－3.5191%	0.6860	－0.8671%
2012－08－14	0.3410	1.1869%	0.6920	0.2898%

在实践中，还需要特别一提的是，即使在牛市的深度调整中，也有可能出现向下折算的情况。因为前面已经讲过，当母基金净值可能在 0.6 元到 0.7 元左右时，可能就会使得 B 触及向下折算的阈值。这就说明，只要牛市中存在 30% 以上的回调（这在 1997 年的亚洲金融风暴是存在过的），就可能使 B 类触及向下折算阈值。就如 2015 年 6 月初到 7 月初导致的大幅杀跌，导致了上证 30% 以上的跌幅，最初导致了鹏华高铁 B，长盛中证申万一带一路 B（502015），之后尤其是 7 月 8 日有色 B，改革 B 等 13 只触及向下折算。下面具体以鹏华高铁 B 在急过程中的下折过程。

鹏华高铁 B 的母基金，为跟踪中证高铁产业指数的鹏华高铁分级基金。由于中国中车合并之后（中车由中国南车与中国北车合并而来，并于 2015 年 6 月 8 日复牌）占了 37% 的权重，在中国中车 2015 年 6 月 9 日几乎跌停后，该基金的母基金也跌破 1 元，而 B 类份额则在 1 元以内，随着中国中车的持续暴跌，杠杆放大。雪上加霜的是，在6月19日虽然中车跌幅不大，但在证监会打击场外配资，导致主板暴跌的前提下，B类大跌超过20%，而6月26日，更是暴跌26%。当然，在6月27日（周六）下午央行公布了降息与降准组合拳，不过6月29日（周一）大盘继续大跌3.34%，而中车下跌8.6%，在当晚收盘时，高铁B下跌近24%，一级市场净值为0.263元，与0.25元的向下折算按阈值只差丝毫。之后过了几个交易日后，终究在7月2日达到0.225元，触发下折阈值。

表6－25　鹏华高铁B基金在牛市回调演变成股灾时的跌幅

日期	母基金净值	母基金日涨幅	B类净值	B类日涨幅
2015－07－02	0.615	－3%	0.225	－14.45%
2015－06－29	0.634	－6.0741%	0.263	－23.9884%
2015－06－26	0.6750	－8.2880%	0.3460	－26.0684%
2015－06－25	0.7360	－3.9164%	0.4680	－11.3636%
2015－06－24	0.7660	1.8617%	0.5280	5.6000%
2015－06－23	0.7520	2.5921%	0.5000	7.9914%
2015－06－19	0.7330	－7.4495%	0.4630	－20.3098%
2015－06－18	0.7920	－6.3830%	0.5810	－15.6749%
2015－06－17	0.8460	3.0451%	0.6890	7.8247%
2015－06－16	0.8210	－6.9161%	0.6390	－16.0315%
2015－06－15	0.8820	－2.0000%	0.7610	－4.6366%
2015－06－12	0.9000	－1.5317%	0.7980	－3.3898%
2015－06－11	0.9140	－0.8677%	0.8260	－1.9002%
2015－06－10	0.9220	－3.4555%	0.8420	－7.2687%
2015－06－09	0.9550	－8.6124%	0.9080	－16.5441%
2015－06－08	1.0450	－2.1536%	1.0880	－4.1410%
2015－06－05	1.0680	3.8911%	1.1350	7.5829%
2015－06－04	1.0280	2.8000%	1.0550	5.6056%
2015－06－03	1.0000	0.0000%	0.9990	0.0000%
2015－06－02	1.0000	0.0000%	0.9990	0.0000%
2015－06－01	1.0000	0.0000%	0.9990	－0.1000%
2015－05－29	1.0000	0.0000%	1.0000	0.0000%
2015－05－27	1.0000	—	1.0000	—

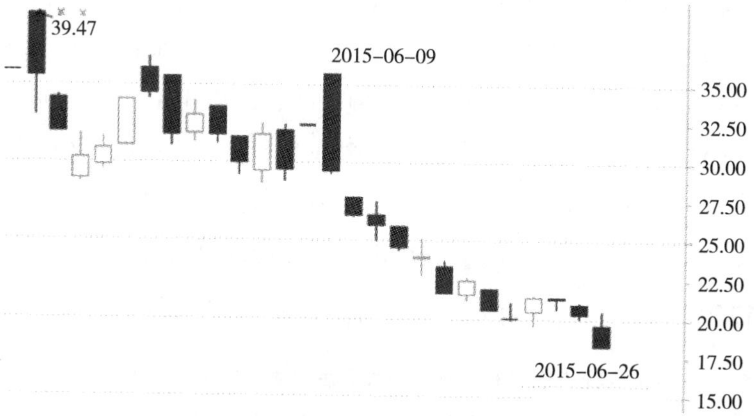

图 6-4 中国中车的南北车合并前后的日线走势图

所以，向下折算条款对于 B 而言具有相当大的风险，但这是对于二级市场的 B 份额来说的，而对于 A 类份额也有较大的机会存在。B 份额的巨大风险，主要在于 B 份额的二级市场价格相对于一级市场存在很大的溢价，而一旦折算之后，这些溢价将归零。不过，若没有折算，那么 B 可能面临净值归 0 的风险，此时的风险则是更大的。当然，相反地，对于 A 份额来说，就是很大的机会，因为 A 份额在二级市场通常有一个折价，而折算之后，将部分兑现折价收益，这也是套利的机会之一，具体在套利部分讲解。

由于 B 类份额净值触发向下折算条款时，其净值差不多为 0.25 元，所以当净值归为 1 元的 B 类份额时，B 类份额的数量显然要减少很多；而 A 类份额净值，为了使其份额比例与 B 类份额一致，所以份额比例会相应的缩小，而超出的资产将转为 1 元的母基金，该部分可以赎回从而兑现收益；母基金在折算后也将转为净值为 1 元的母基金份额。

为保持与向上折算的例子一致，依然是以浙商沪深 300 分级为例。假设当进取份额净值达到 0.27 元时，触发向上折算；若在触发折算日，浙商沪深 300 净值为 0.614 元，浙商稳健为 1.03 元，浙商进取为 0.198 元，三类份额分别都具有 10 000 份。在折算后，我们首先可以得到 10 000 份净值为 0.198 元的进取份额，转变为净值为 1 元，份额数量为 1 980 份的进取份额；A 类份额的比例与 B 类份额一致，所以也将变成 1 980 份，而超出的资产（1.03 - 1）×10 000 - 1 980 ×1，即 8 320 元，将转成净值为 1 元，份额数为 8 320 份的浙商沪深 300 的场内份额；浙商沪深 300 母基金，则由 0.614 元净值，份额 10 000 份，变成净值为 1 元，份额为6 140 份的浙商沪深 300。折算前后净值与份额如表 6 - 26 所示。

表 6 - 26　　浙商沪深 300 的向下折算前后净值与份额的变动

基金份额	净值		份额	
	折算前	折算后	折算前	折算后
浙商沪深 300	0.614 元	1 元	10 000 份	6 140 份浙商沪深 300
浙商稳健	1.03 元	1 元	10 000 份	1 980 份浙商稳健 + 新增的 8 320 份场内浙商沪深 300
浙商进取	0.198 元	1 元	10 000 份	1 980 份浙商进取

但是，话又说回来，B 即使向下发生了折算，但有那么恐怖吗？答案，也未必。因为虽然亏损已经巨大，但由于几乎没有归零的可能，则等到牛市的时候，依然可以东山再起。以首只向下折算的银华鑫利（现在改为银行中证 90B）为例，2012 年 8 月 30 日首次触及 0.25 元，银华鑫利（目前改为银华中证 90B）在 2012 年 9 月 4 日缩股 0.243 倍，后来市场继续下跌，直到 2012 年 12 月 4 日才短暂见底，但真正见底是 2014 年 6 月 19 日，期间若以后复权净值（即从成立之日起初值不变，分红继续投资）去看，最低在该日跌到 0.164 元，若不复权的话，相当于从 1 元向下折算后，又跌到了 0.674 元。但随着 2014 年下半年，A 股进入牛市，该基金迅速飙升，并且在 2015 年 5 月 28 日发生了向上折算，扩大了 3.18 倍（当然其中的 2.18 倍是以母基金的形式），从后复权看，在 6 月 8 日达到了 0.937 元。所以，万一二级市场的投资者即使真的遇到向下折算，只要

在下面随意加仓，一旦到牛市，就很快会翻身。当然，从理性投资者角度看，最初逼近向下折算的时候，溢价往往也越大，所以那时不大建议直接在二级市场买入，去博取反转。从理性角度来说，应该申购母基金，然后卖出 B，保留 A 或者买入 A，因为那时 A 往往会上涨。

图 6－5　银华中证 90B（150031）的月线走势

3. 关于分级 B 类向下折算的细节问答

由于对于 B 类份额来说，分级基金向下折算的风险极大，因此，有必要对各种细节都有清晰认识。这里，我们重点以 2015 年 7 月 9 日为例，在那天很多投资者在跌停价追进了多只分级 B 类基金，如有色 B、改革 B 等。但事后追悔莫及，因为这些基金都已是确定向下折算（简称下折）的分级 B，因此等 1 个交易日复牌（7 月 10 日停牌，7 月 13 日复牌）后，将直接面临着 20% 到 50% 的亏损。

那么，为何要向下折算？向下折算为何如此恐怖，B 类巨亏的钱被谁赚走了？是否有挽救空间？A 类的套利空间如何？我们针对众多投资者的一些困惑，以举例问答的形式，对分级基金向下折算的各种细节，下面给予通俗解释。

问：分级 B 类基金何时向下折算?

答：向下折算是与向上折算相对应的，两者都属于不定期折算，分别发生在熊市或股指短期暴跌，以及牛市或短期股指暴涨时。对于股票型分级基金来说，招募说明书都明确了 B 类向下折算的净值，通常是 0.25 元（含 0.25 元）。这个净值是一级市场的净值（也就是分级 B 的实际真实价格），而不是股票市场交易的价格。

问：分级 B 类基金为何要向下折算?

答：众所周知，分级 B 类基金是带杠杆的基金，初始杠杆一般是 2 倍，不过，一旦小于 1 元，则杠杆越来越大，尤其当 B 类接近 0.25 元的向下折算时，则会达到 3 倍到 5 倍杠杆，从而加速下跌。所以，为了防止 B 类跌的所剩无几，甚至清零，从而给 A 类份额带来偿付风险，所以，在 B 类跌到一定程度时（一般是 0.25 元），就会向下折算，此时 B 类的净值又变成 1 元，杠杆恢复为 2 倍。

问：分级 B 类在“T－1 日”触发向下折算阈值（设为 0.25 元）后，T 日净值又回到 0.25 元以上，还要折算吗?

答：举例，2015 年 7 月 8 日收盘后，有色 B（150197）一级市场净值为0.248元，触发了向下折算，但是当天晚上是不会折算的。而真实的折算基准日是7月9日，也就是只要当天买入或原先就持有有色B的投资者，都将参与折算，若在该日卖出了，则不参与。即使，7月9日的净值，又达到了0.25元以上，例如有色B的7月9日收盘净值是0.3048元，还是要参与折算。

问：触发向下折算后，具体的折算对象，折算日期，折算净值是怎么样的?

答：依然以有色B（150197）为例。基金公司在7月8日晚间发布公告，有色B达到了0.248元，所以该日收盘，即T－1日，触发了向下折算。然后，T日，即7月9日，继续交易。但是，7月9日A，B类，母基金晚间公布的净值，就是三者的折算价格，不管B类是0.25以内，还是0.25以上。7月10日，则全天停牌，晚间看到折算结果。7月13日（下周一），则停牌1小时后复牌，恢复往常的交易。具体见表6－27。

表6－27　　　　关于有色B的触发向下折算的说明

日期	基金公司的公告	说明
7月8日	T－1日	7月8日晚间可以看到净值为0.248元，从而必须折算
7月9日 （周四）	T日（折算基准日）	1. 早上停牌1小时后，A与B继续在股票市场交易，但母基金暂停申购，赎回，合并与分拆，转托管 2. 折算对象为：原先持有A与B，且当日在股票市场买入A与B，都要参与折算；若原来持有，但9日卖出，则不参与折算

续表

日期	基金公司的公告	说明
7月10日（周五）	T+1日（该日晚间看到折算结果）	1. 全天停牌，7月9日手中持有的A，B，母基金都要折算 2. A，B与母基金的折算净值为7月9日晚间公布的净值 3. A，B，C折算后的净值都为1元 4. B的份额相应缩小为原来的X倍（若7月9日晚间B类净值是X） 5. A的份额变为X，净值为1元，多出的部分变成1元的母基金 6. 母基金份额缩减为原来的Y倍（若7月9日晚间母基金的净值为Y元）
7月13日（下周一）	T+2日	1. 早上停牌1小时后，A与B复牌交易 2. 母基金恢复申购，赎回，合并与分拆，转托管 3. 13日看到的A与B的前收盘价格，即折算后10日的净值

问：B 类向下折算，具体怎么折算的，为何原先持有 B 类的投资者会巨亏？

答：以有色 B（150197）为例，若小明最初 1 元买入 B 类 10 万份，那么在 7 月 8 日晚间净值达到 0.248 元时，则宣告必须折算，而 9 日的净值为 0.3048 元，所以以 0.3048 元为折算价格，但在 9 日晚间可以看到净值为 1 元，份额为 30 480 份的 B 类，亏损为 69 520 元，即亏损 69.52%。当然，10 日股票市场暴涨，而有色 B 在 10 日收盘的价格为 1.0908 元，该价格作为 13 日的前一交易日的收盘价。若 13 日早上 1 小时市场依然暴涨，那么估计在 1.0908 元的基础上，上涨 10%，那么价格就变为 1.2 元。这样，13 日的市值就为 36 572 元（即 1.2 × 30 480），亏损幅度变为 63.42%。当日若 14 日继续涨停，则市值为 40 230 元，亏损率为 60%。

那么，对于原先持有的投资者该怎么办？最好趁着 7 月 9 日（折算日）跌停卖出，假设能卖出。实际上在该日，不仅跌停打开，还一度上涨 5% 以上。那么，假如投资者在该日 0.55 元卖出 10 万份，则还有 5.5 万元，亏损率为 45%。若以 0.496 元跌停卖出，则获得 4.96 万元，亏损率 50.4%，总体来说都好于停牌暴涨，且开盘来两个涨停。

问：通俗解释下，折算前后母基金，A 类、B 类的份额与净值？

答：以国泰有色，有色 A，有色 B 为例。首先，有色 B 的 7 月 9 日晚间的净值为 0.3048 元，则折算后：原先的 B 类份额，若初始份额有 1 万份，净值为0.3048元，就变为了1元，3 048份。

对于有色A来说，7月9日晚间净值为1.0182元，初始份额与B类一样，都为1万份，则折算后，份额依然与B一样，所以为3 048份。那么多出的7 134元资金（即10 182 – 3 048），就变为了1元的母基金，获得7 134份。所以1万份，净值1.0182元的A类，变成了3 048份，净值为1元的A类，且还有7 134份，1元的母基金。

对于国泰有色母基金来说，7月9日晚间为0.6615元，若原来有3万份（含场外），则折算后，变成了19 845份（3万份×0.6615），1元的母基金。

问：具体解释下，为何2015年7月9日买入有色B、改革B等的投资者，会面临巨亏风险？

答：以有色B（150197）为例，该日成交10.2亿元，创出巨量，但该日买入的投资者却面临着巨亏，当然卖出的投资者，则损失大大较少（在上个问题中已经回答），下面举例说明。

我们假设投资者以0.496元的跌停价买入10万份，则花费49 600元（若不算手续费）。不过买入后，10日是不能卖出的，且要参与折算，折算的价格为9日晚间的价格，即0.3048元，所以7月9日买入的投资者，在10日晚间会看到股票账户中有30 480份，1.0908元的B类份额，相当于有33 247.58元，所以亏损率为32.96%（即33 247.58/49600 – 1）。

当然，13日复牌，及14日后，若来2个涨停（B类股票市场价格为1.32元），则33 247.58元就变为40 229.5718元，亏损率为18.89%（即40229.5718/49600 – 1）。若来3个涨停，则亏损率还为10.78%。假如连续4个涨停，则亏损率为1.86%。也就是说，除非13日复牌后，连续拉出 4 个涨停，才能基本不亏。鉴于当前市场相对稳定，我们认为 2 个涨停可能是合理的，所以预计亏损 20% 左右。

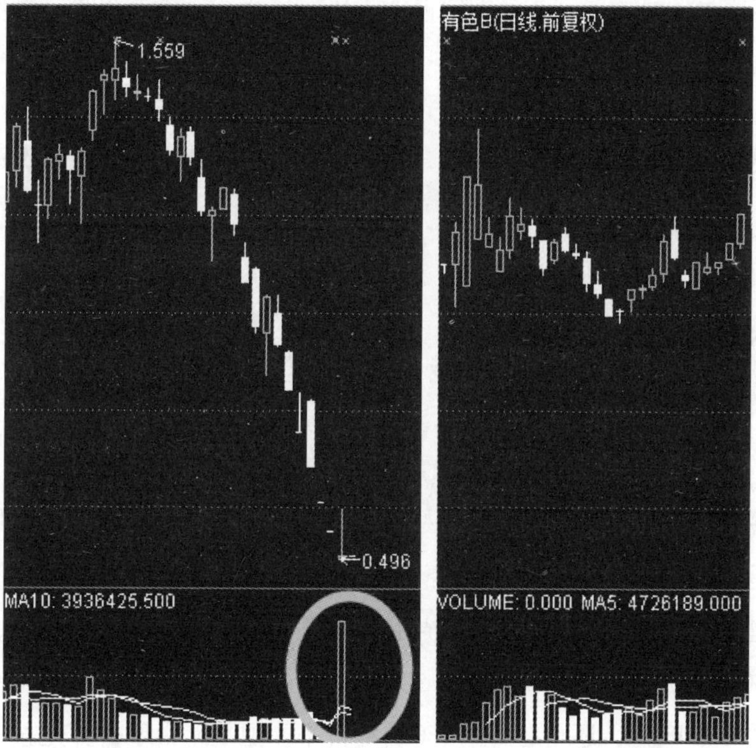

问：既然会面临巨亏风险，为何 2015 年 7 月 9 日，还有那么多人买入有色 B、改革 B？

答：在市场中，不假思索地买入跌停股，都可能面临巨大风险。因为若没有重大利空，为何别人跌停卖出？相对而言，买入跌停股，亏损的概率会高于追入涨停股。

我们认为7月9日买入有色B等，可能有四个原因。第一，在9日买入的投资者，可能不知道有色B要参与向下折算。第二，很多投资者可能看了公告后，认为只要9日的净值大于0.25，就不会参与折算，从而失误买入。第三，在7月9日暴涨时，几乎所有股票都涨停，而B类还在跌停板上，那么很多投资者可能认为抢进跌停板就是成功，而且看到跌停打开后，更会觉得买入就对了。第四，很多投资者根本就不知道向下折算这个概念，跟风买入。

问：B类亏损的钱，到哪里去了？

答：B类的一级市场的净值是B的真实的实际价值，而二级市场的价格则是建立在一级市场净值大幅上涨（一般10%以上）的预期基础上，并不是折算的实际价格。所以，越接近向下折算，B类的溢价越高，常常有50%以上，例如即使7月9日二级市场的跌停为0.496元，相对于7月9日的0.3048元，还是有62.72%的溢价率。但是，由于折算是按一级市场价格，而非股票市场（二级市场）的价格，所以这个溢价率会在折算后瞬间归零，因此二级市场买入的投资者面临巨大亏损。

那么，亏损的钱，被谁赚走了？其实，B类的股票市场价格，类似于击鼓传花，当小于0.25元时，则该游戏停止，那么接到最后一棒的人就承担了这部分亏损。但是，并不是说，这部分钱就被基金公司赚走了。实际上，要说被赚走的人，就是持有A类的投资者，因为届时他们可以将有69.52%的份额以母基金没有折价赎回（以有色B为例），而在7月9日开盘价买入A的投资者，将获得10%到20%的收益，具体见下一个问题。

问：若7月9日以0.861元买入有色A，那么可以获得多少套利收益呢？

答：前面已经说过，对于有色A来说，7月9日晚间净值为1.0182元，初始份额与B类一样，假设都为1万份，则折算后，份额依然与B一样，所以为3 048份。那么多出的7 134元资金（即10 182－3 048），就变为了1元的母基金，获得7 134份。所以1万份，净值1.0182元的A类，变成了3 048份，净值为1元的A类，且还有7 134份，1元的母基金。

我们假设0.861元买入1万份有色A，那么花去8 610元（不考虑手续费），而这1万份，实际上在折算后，在7月9日晚间，将变为净值为1元的A类，且还有7 134份，1元的母基金。而在7月10日，变为3 048份，1.002元的A类，且还有7 134份，1.0455元的母基金，当然在该日是不能赎回的，而要到复牌后才能赎回。

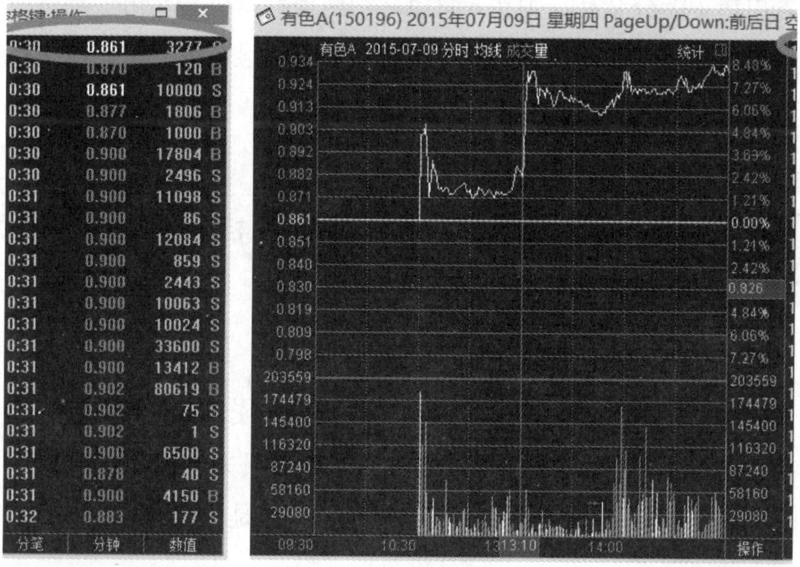

那么，假设7月13日（下周一）复牌后，母基金不涨不跌，而A类跌停能以0.9元卖出，则市值为：3 048 ×0.9 + 7 134 × 1.0455 = 10 201.797元，相对于8 610的本金，收益率为18.48%。若假设A两个跌停，且母基金还下跌4.35%，即为1元，则市值为3 048 ×0.81 + 7 134 ×1 =9 602.88元，即11.53%。因此，A类的套利空间在10%到20%之间。

问：既然7月8日晚间已经确定向下折算，为何2015年7月9日还要让A类与B类交易？

答：我们认为，有两个原因。第一，设置这个交易条款，是为了给7月8日买入的人以公平的交易机会。因为8日买入的人，可能认为还是不会向下折算。所以，8日很多人为了博取收益而介入，9日之所以交易，是给8日买入的人以公平的卖出机会。第二，7月6日申购该基金的投资者，若申请了拆分套利，则在8日也必须给他们以机会卖出。当然，作为特殊情况的交易，的确应该在基金名称前面标注显眼的字眼，就类似要退市的股票会有ST的标志。

问：当预测B类很可能要向下折算，能有挽救方法吗？

答：在市场暴跌时，面对二级市场B类分级卖不出，又可能面临下折时，可以选择买入A，然后合并卖出，以减少损失。但是，值得一提的是，这需要买入相应份额的A类基金，这又将是一笔本金投入。其实，假如资金量充足的话，可以买入 3 倍左右的 A 份额来对冲 B 的风险：一部分合并，另一部分套利。下面具体讲下合并。

以有色 B 为例，假设 7 月 7 日有 1 万份 B 类，成本为 1 元，然后在 0.612 元的跌停价又卖不出，此时可以买入 1 万份 A 类，假设以 0.94 元买入。那么，第二个交易日（当日不可以），即 7 月 8 日，可以与 B 合并，获得 2 万份母基金，母基金成本为 0.97 元（即 1 + 0.94，后除以 2），总体损失为：（0.612 × 10 000 + 0.94 × 10 000）/（0.97 × 20 000 =）－1 = 15 220/19 400 － 1 = 21.54%，亏损金额为 4 180 元。当然，这里是假设合并成母基金后能当天赎回，而实际上对于深交所交易的母基金来说，是不能够的，而需要 T + 2 才可以赎回母基金，因此这里就有波动误差。

若不买入，任由 B 类折算，则 1 万份 B 将变成 3 048 份，即便在 7 月 13 日，14 日涨停，届时 B 类股票市场价格为 1.32 元，那么获得 4 023.36 元市值，相对原来本金 1 万元，亏损金额为 5 976 元，相当于亏损 59.76%。因此，总体来说，最好在基金面临折算时，买入 A，然后次日合并成母基金。而且，最晚的买入 A 的时间为触发向下折算的前一天，例如有色 B 在 7 月 7 日买入 A 就来得及，但 7 月 8 日买入就来不及了，因为 9 日就不能合并了。从该例也可以看出，除了 A 的套利空间外，其实买入合并 B，也增加了对 A 的需求。所以，A 类不仅可以作为长期投资，也可以作为 B 类向下折算时的不时之需。

问：当日买入的 A，能与之前的 B 合并吗？

答：假如是“1”开头的则是深圳的基金，它不能当日合并，一定要等到T+1才能合并。若是“5”开头的，是上海的，目前是可以T+0合并的，例如易方达上证50指数分级（502048）的A与B。

问：合并A类与B类，何时才能赎回母基金，手续费怎么算？

答：T日在场内按比例买入A类与B类子基金，费率大概是0.1%，T+1日进行基金合并操作确认后合并母基金，T+2日后可赎回母基金。所以总共是T+2工作日，赎回费一般为0.5%。当然，上海的A类与B类T+0合并后，可以当日赎回。

问：关于A类与B类的合并，有具体的操作实例讲解下吗？

答：这里以T+1日的合并为例。投资者在T日买入2.5万股工业4A与4B。那么，T+1日，以广发证券交易系统为例，点击“基金合并与分拆”，然后输入“母基金基金代码”，然后合并份额，为A+B的总额，即5万份，点击确认宣告合并成立。之后，可以在LOF当日成交查询中，找到确认的单子。

证券代码	▽证券名称	证券数量	可卖数量	成本价	当前价	最新市值
150316	工业4B	25000.00	0	0	0.601	15025.00
150315	工业4A	25000.00	0	0	0.752	18800.00

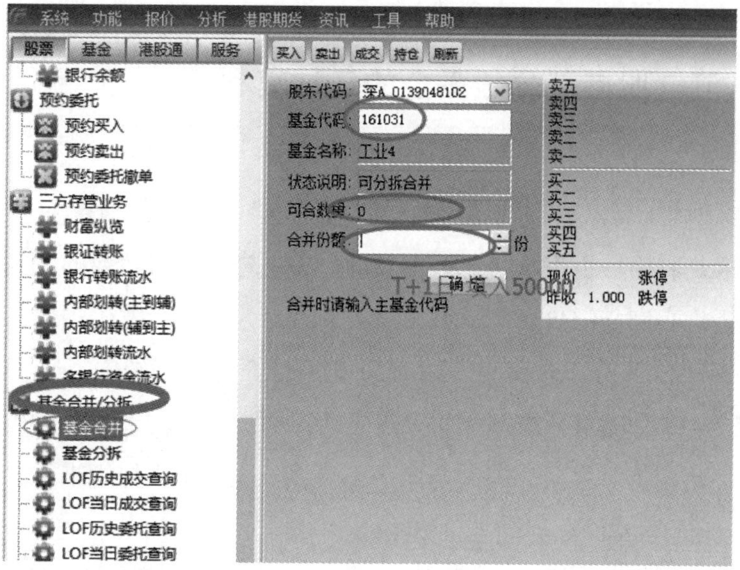
系统 功能 报价 分析 港股期货 资讯 工具 帮助
股票 基金 港股通 服务
买入 卖出 成交 持仓 刷新
银行余额
预约委托
预约买入
预约卖出
预约委托撤单
三方存管业务
财富纵览
银证转账
银行转账流水
内部划转(主到辅)
内部划转(辅到主)
内部划转流水
多银行资金流水
基金合并/分拆
基金合并
基金分拆
LOF历史成交查询
LOF当日成交查询
LOF历史委托查询
LOF当日委托查询
股东代码: 深A 0139048102
基金代码: 161031
基金名称: 工业4
状态说明: 可分拆合并
可合数量: 0
合并份额:
份
确 定
T+1日买入50000
合并时请输入主基金代码
卖五
卖四
卖三
卖二
卖一
买一
买二
买三
买四
买五
现价
涨停
昨收 1.000
跌停

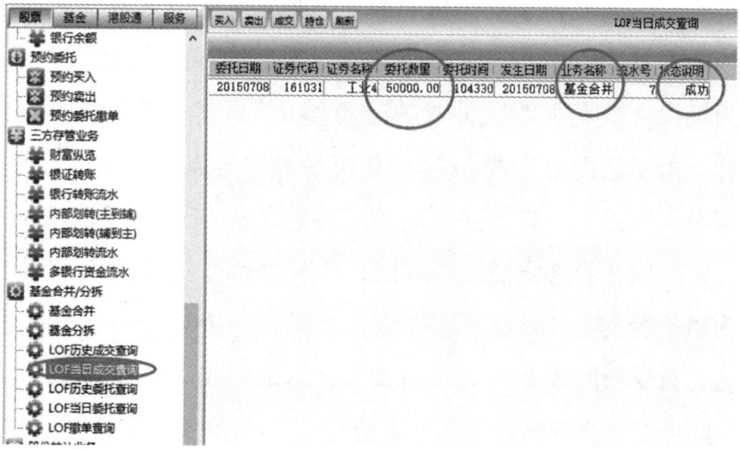
股票 基金 港股通 服务
买入 卖出 成交 持仓 刷新
LOF当日成交查询
银行余额
预约委托
预约买入
预约卖出
预约委托撤单
三方存管业务
财富纵览
银证转账
银行转账流水
内部划转(主到辅)
内部划转(辅到主)
内部划转流水
多银行资金流水
基金合并/分拆
基金合并
基金分拆
LOF历史成交查询
LOF当日成交查询
LOF历史委托查询
LOF当日委托查询
LOF撤单查询
委托日期 证券代码 证券名称 委托数量 委托时间 发生日期 业务名称 流水号 状态说明
20150708 161031 工业4 50000.00 104330 20150708 基金合并 7 成功

五、股票型分级基金的三种套利

本文所指的套利，可以分为三类。第一类与第二类是配对转换的套利，一般是利用一级市场与二级市场的价差，进行配对转换的套利，它可以分为折价套利与溢价套利。而第三类，则是当母基金发生强烈向下折算预期时，针对A份额的套利。相对而言，溢价套利已经深入人心，尤其在2014年12月随着分级基金的火爆之后。而折算套利，可以发生在定期折算与不定期折算之时，向上与向下都可以发生。下面详细进行分析。

1. 折价与溢价套利的基本原理

由于场内母基金可以拆分为A类份额与B类份额在场内市场卖出，所以，一旦拆分后，若不考虑手续费，溢价卖出B类份额而获得的收益，能弥补折价卖出A类份额而出现的亏损，则这种拆分就有套利空间存在；我们将场内母基金拆分成子基金卖出后，还能获利的操作，称为溢价套利，因为场内A类与B类合并成的母基金市值，高于场内母基金净值。

同样，由于场内的A类份额与B类份额，可以按一定的比例合并成场内母基金，所以，一旦合并而成的母基金成本，比场内募集基金的净值更小时，则可以在合并之后选择赎回，此时也具有套利空间，我们将这种套利称为折价套利。

总之，只要场内A类与B类份额合并起来的成本，高于场内母基金份额净值，则可以选择将场内母基金拆分成A类与B类份额卖出，进行溢价套利；只要场内A类与B类份额合并起来的成本，低于场内母基金份额净值，则可以选择在场内买入A类与B类份额，然后合并成场内母基金赎回，进行折价套利。

不妨以银华深100分级为例，其稳健份额为银华稳进，进取份额为银华锐进，按 1:1 比例分配。如不考虑手续费，则套利空间就是“银华稳进与银华锐进合并成本”与银华深 100 分级份额净值的差值。若在差值存在时，运用股指期货等工具，基本可以做到无风险套利。

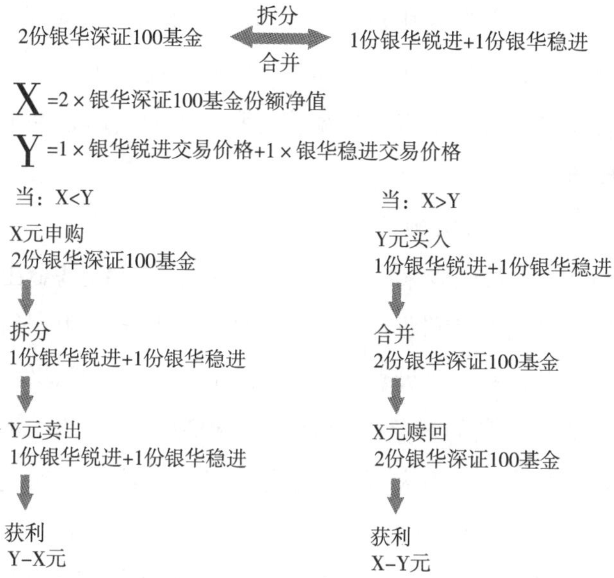

图 6－6 银华深 100 分级与“银华锐进与银华稳进”的套利

在实际过程套利过程中，还要考虑合并与拆分的时间，以及手续费问题。像场外母基金，场外的母基金若要参与溢价套利，则还要进行场内转托管，这期间就要花费 4 天时间，而二级市场中进取份额波动的不确定性就很大。所以，在实战中，套利都选择在场内的母基金，与场内的 A 类与 B 类份额之间进行。目前套利的时间与手续费，可以参考下面。

（1）折价套利：当母基金份额净值 > A 类与 B 类份额合并成本，即可在 T 日在场内按比例买入 A 类与 B 类类子基金，费率大概是 0.1%，T +1 日进行基金合并操作确认后合并母基金，T +2 日后可赎回母基金。所以总共是 T +2 工作日，赎回费一般为 0.5%。

（2）溢价套利：当母基金份额净值 < A 与 B 份额合并成本，先场内申购母基金，然后 T +2 日可进行分拆，在 T +3 日方可在场内卖出 AB 份

额。所以总共是 T+3 工作日。母基金申购费如下：主动管理的股票型申购费为1.5%，指数型1.2%，债券型0.8%。

一般来说，折价套利在熊市中发生，而溢价套利在牛市中发生。但是，折价套利从灵活性来说相对欠缺，因为在弱市中一般才会发生折价，而弱市中，合并后的母基金在后市面临下跌的可能性也较大。所以，在实践中，大多数人选择的是牛市中的溢价套利，下面具体以一个实例，介绍具体操作与技巧。

2. 溢价套利的一个实例

随着2014年11月底以来股市的飙升，股票型分级基金出现了壮观的溢价现象，甚至出现了套利收益好于股票收益的情况。由于行情配合使得溢价持续，笔者也有幸在4天获得了33%的收益，日期是发生在2014年12月3日的这周，套利的对象是券商B（150201）。当然，类似的暴利机会随着套利知识的普及，不大可能存在了。不过，只要对市场预判得当且掌握一定的技巧，牛市中溢价套利的机会依然很多。下面，根据本人实践，给大家展示如何套利——本文展示的是溢价套利，以及套利的原理与技巧。关于折价套利日后在实践中再呈现。

（1）4步溢价套利完整演示

第一步，T日，即12月3日上午，场内申购母基金招商中证全指（代码161720）7万元，注意，一定要场内申购，若场外申购还是要转托管到场内，且至少是5万元。

第二步，T+1日，即12月4日晚上，看到T日申购的母基金到账。

第三步，T+2日，即12月5日上午，拆分母基金67 880份（剩下1份不能拆分），当日晚上就可以看到拆分的A类与B类份额，也能看到在当日的浮盈情况。当然，华泰与广发等证券公司，可以在T+1日没到账时，通过自己计算份额，然后申请拆分，即“盲拆”，这样就能在T+2日卖出，获利的同时也降低了风险。

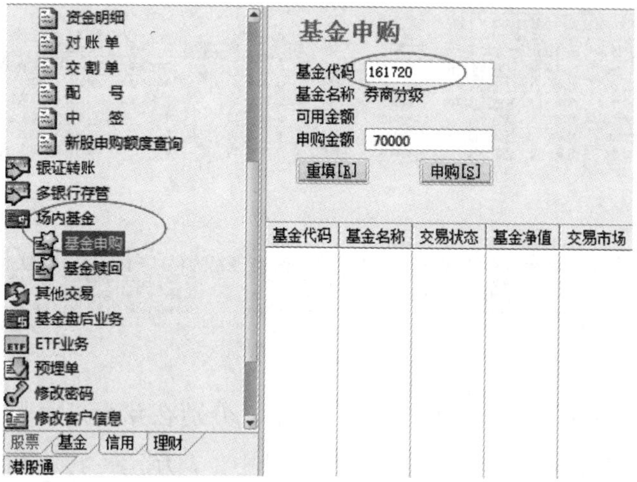

查询日期 2014/12/ 3 至 2014/12/ 9 确定

成交时间	证券代码	证券名称	操作	成交数量	成交均价	成交金额	合同编号	成交编号	成交日期	业务名称	交易市场
11:29:23	161720	券商分级	交收资金冻结	0	0.000	0.000	0	27560059	20141203	交收资金冻结	深圳A股
17:00:00	161720	券商分级	交收资金冻结	0	1.021	0.000	0	1980487246	20141204	交收资金冻结取消	深圳A股
17:00:00	161720	券商分级	开放基金申购	67881	1.021	69306.500	0	1980487246	20141204	开放基金申购	深圳A股

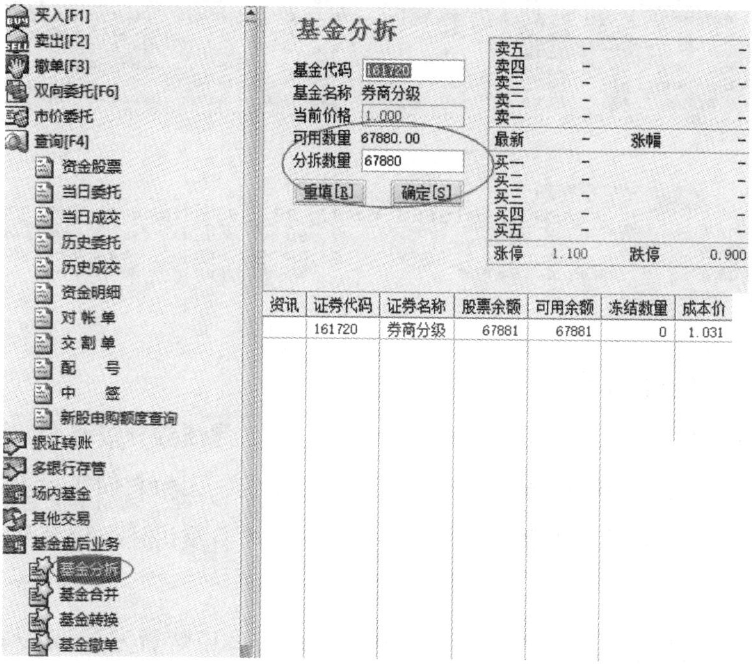

查询日期 2014/12/ 3 至 2014/12/ 9 确定

成交时间	证券代码	证券名称	操作	成交数量	成交均价	成交金额	合同编号	成交编号	成交日期	业务名称
11:29:23	161720	券商分级	交收资金冻结	0	0.000	0.000	0	27560059	20141203	交收资金冻结
17:00:00	161720	券商分级	交收资金冻结	0	1.021	0.000	0	1980487246	20141204	交收资金冻结取消
17:00:00	161720	券商分级	开放基金申购	67881	1.021	69306.500	0	1980487246	20141204	开放基金申购
17:00:01	150200	券商A	基金分拆	33940	0.000	0.000	10	20	20141205	基金分拆
17:00:01	150201	券商B	基金分拆	33940	0.000	0.000	10	21	20141205	基金分拆
17:00:02	161720	券商分级	基金分拆	-67880	0.000	0.000	10	19	20141205	基金分拆

刷新　人民币　更新时间 2014-12-05 [illegible]

		证券代码	证券名称	股票余额	可用余额	盈亏	成本价	▼盈亏比例(%)	市价	市值	交易市场	股东帐户
可用金额	163.70	150201	券商B	33940	33940	25544.780	1.021	73.751	1.774	60209.560	深圳A股	0157465266
冻结金额	0.00	150200	券商A	33940	33940	-3943.180	1.021	-11.361	0.905	30715.700	深圳A股	0157465266
股票市值	90926.31	161720	券商分级	1	1	-698.040	694.090	-99.849	1.048	1.048	深圳A股	0157465266
总资产	91090.01											

第四步，T+3 日，即 12 月 8 日上午，分别在 0.852 元与 1.9 元，卖出券商 A 与券商 B。至此，在 4 个交易日中，7 万元一共获利 2.34 万元，收益率为 33.4%。

查询日期 2014/12/ 3 至 2014/12/ 9 确定

成交时间	证券代码	证券名称	操作	成交数量	成交均价	成交金额	合同编号	成交编号	成交日期	业务名称
11:29:23	161720	券商分级	交收资金冻结	0	0.000	0.000	0	27560059	20141203	交收资金冻结
17:00:00	161720	券商分级	交收资金冻结	0	1.021	0.000	0	1980487246	20141204	交收资金冻结取消
17:00:00	161720	券商分级	开放基金申购	67881	1.021	69306.500	0	1980487246	20141204	开放基金申购
17:00:01	150200	券商A	基金分拆	33940	0.000	0.000	10	20	20141205	基金分拆
17:00:01	150201	券商B	基金分拆	33940	0.000	0.000	10	21	20141205	基金分拆
17:00:02	161720	券商分级	基金分拆	-67880	0.000	0.000	10	19	20141205	基金分拆
09:40:02	150200	券商A	证券卖出	-33940	0.852	28924.880	57126	4466201	20141208	证券卖出
09:48:55	150201	券商B	证券卖出	-33940	1.900	64486.000	79730	7225756	20141208	证券卖出

刷新　人民币　更新时间 2014-12-08 09:53:49

		证券代码	证券名称	股票余额	可用余额	盈亏	成本价	▼盈亏比例(%)	市价	市值
可用金额	93555.50	150201	券商B	0	0	29820.160	1.021	90.597	1.946	0.000
冻结金额	93391.80	150200	券商A	0	0	-5733.840	1.021	-16.454	0.853	0.000
股票市值	1.07	161720	券商分级	1	1	-698.020	694.090	-99.846	1.066	1.066
总资产	93556.57									

（2）溢价套利收益率的收益率计算

上述的套利，只是针对股票型分级基金的，像债券分级基金，除了二级债基外，其他的纯债分级是不可以配对转换的，因为它们实际上根本就没有母基金。这里，把原理给大家解释下。下面着重讲述溢价套利的运算过程。

假设你在 T 日场内申购 M 元（M≥5 万元），申购费为 X，母基金（C

类份额）T 日母基金收盘价为 PC（t+0）元，那么，T 日，你买到是母基金份额 Ft=M/［（1+X）×PC（t+0）］。

然后，选择在 T+2 日拆分，T+3 日卖出，假设 A 与 B 份额比例是 1∶1，X=1%，T+3 日价格分别是 PA（t+3），PB（t+3），那么，T+3 日：

收益率=｛［PA（t+3）+PB（t+3）］×0.5×｛M/［（1+X）×PC（t+0）］｝｝/M−1

=0.495［PA（t+3）+PB（t+3）］/PC（t+0）−1

若把卖出 A 与 B 的万 3 的手续费也算上去，那么：

收益率=0.4948［PA（t+3）+PB（t+3）］/PC（t+0）−1

一般化的公式是：设 A 与 B 的比例是 a 与 b，申购费为 X，卖出手续费为 Y，则：

收益率=｛［a×PA（t+3）+b×PB（t+3）］×（1−Y））｝/｛（1+X）×PC（t+0）×（a+b）｝−1

由于 A 类与 B 类的份额比例一般是 1∶1，且场内申购费为 1%，若忽略卖出 A 与 B 的手续费，那么，可以很快心算得到：当日二级市场的 A 加 B，然后除以 2，再打 99 折，接着再除以当日 C 的申购价，最后减去 1，这就是当日的溢价率了。假如你选择了拆分，那么母基金赚多赚少，都与你无关，而不是你在网上看到的还要承担母基金的亏损或获得母基金的收益。在实践中，你最好预测下三日后的溢价会有多少，若溢价很低，那么最好放弃套利。

对于基金公司来说，显然溢价套利是好事。因为套利盘申购母基金，那么基金的规模就会扩大。当然，这也会增大溢价的发生，因为由于有新的资金，那么基金经理会将这些钱，重新买入股票，从而推高了股票价格。就像这次，券商股暴涨，导致了券商 B 的疯狂，从而导致溢价增大，这样会吸引新的申购基金，而基金经理又将这些资金继续买入券商股，从而实现了自我加强。当然，这总是有个平衡的，当二级市场的情绪不高涨时，套利盘的汹涌，会让套利在 B 类的连续跌停中，逐渐停止。

（3）溢价套利的十大技巧

从上述溢价率的公式，可以知道，套利成功要把握十大技巧。

第一，套利时，溢价率越高越好，最好当日溢价率能在 15% 以上。尽管 A 与 B 的合计，与 C 只要有不相等，就能套利，但是，由于这不像 ETF 或股指期货那样，可以瞬间套利，而是正常还需要经受 3 天的波动，所以，这个溢价率一定要高。何为高？最好是能抵挡 A 份额 6% 的下跌，且能抵挡 B 三个跌停才能卖出。这样的溢价率要 25% 才够——可以反向算出。例如，你 1 元申购到当日母基金，那么当日，若 A 是 1 元，B 是 1.5 元，那才是安全的，因为 T+3 日，可能 A 就是 0.94 元（跌 6%），而 B 是 1.094 元（3 个跌停）。不过，行情只要不太差，一般能抵挡 2 个跌停就可以了，那么溢价率在 15% 以上即可。总之，较为安全的情况是 15% 以上——该实例中在 12 月 3 日套利券商 B 时，预测了下溢价率在 15% 左右，实际情况是 14.8%，当然后来 3 个交易日券商 B 还连续涨停，反而造成了溢价率走高现象，这才成就了 33% 的高套利收益。

第二，溢价套利的对象，不单要溢价率高，而且还要流动性高很大的品种。为何溢价高不一定可以，因为若套利盘假如很大的话，你在二级市场内卖出 B 时，很可能没有接盘的对象，这样 3 个跌停可能都难以卖出去。

第三，套利的基金，最好是有前景的行业指数基金。目前来看，若牛市成立的话，那么证券行业无疑是最有前景的，那么一旦行情来的时候，你完全可以卖出 A，而保留 B。实际上，当行情来时，向上折算概率也大大增加，就像证券 B 的母基金，短短 10 个交易日，就又达到 1.5 元而向上折算。这样，B 类其实可以看成是期权，完全可以持有到 2 元以上再卖也不迟——母基金到 1.5 元，一般 B 就在 2 元以上了。

第四，行情高涨时，没必要开盘就低价卖出 B 类份额，但一定要开盘就卖出 A 类份额。行情高涨，溢价率也高，一般 B 类份额都是低开高走的。因为对于大资金来说，为的是安全，因此集合竞价打的很低，甚至跌停价也说不定。但是，由于市场买盘多，跌停也会马上打开，因而散户没必要这么快卖出，有时跌停到涨停也是很正常的，就像 12 月 2 日以来的地产 B，经常如此。

第五，溢价率高时要及时卖出 A，而溢价率低时，不妨等等。一般而言，溢价率越高，越存在套利盘，反之相反。当你 T+3 日套利卖出时，若套利盘汹涌，那么可以 A 类需要及时卖出；因为尽管 A 类有隐含收益率，但短期还是难以抵挡套利盘的抛售。当然，当 A 类在 0.8 元以内，且溢价在 10% 以内时，可能此时套利盘就很少了，这时 A 类可能会回升，这样你也可以不用马上抛掉，完全可以放两日卖出。就像券商 A 类在 12 月 11 日止跌一样。

第六，行情到来时，新成立还没有建仓的母基金，可能是很好的套利对象。由于有 3 个月的建仓期，有时基金没有及时建仓，但行情已经到来，此时 B 类已经开始疯狂，就像这次券商 B 一样。那么，申购母基金，就代表溢价率公式中的分母很小，而分子很大。

第七，行情可能只有三四天时间，但若预判行情“先跌后涨”时，也是较好的套利埋伏期。由于套利要 3 天时间，而行情有时又难以持续，所以一旦预测可能会有两三天的爆发，那么你可以趁该母基金下跌时买入，然后及时拆分。

第八，预判行情能持续一周以上，也要积极埋伏好，参与套利。比如券商股，如短期还有第二波行情，那么你完全可以马上申购母基金，即便当前只有很低的溢价率。因为，由于溢价率低时，没有套利的抛售盘，届时 B 类份额会出现连续涨停现象，从而快速出现溢价率走高的现象，此时你事先埋伏母基金，就能先人一步。

第九，有前景的 B 类份额，当连续跌停到低溢价时，可以将套利转为投机行为。有时，B 类连续三个跌停也卖不出，但一般第四个跌停时，就可以卖出了，但此时卖出就已经亏损了。这时，一旦溢价率很低，比如 5%，那么未来几日的套利盘可能也很少。那么，积极的投资者可以等待将 A 类逢反弹卖出后，直接将此部分资金买入 B 类份额。当然，这就把套利当成投机了，因此前提是 B 类是有前途的，且当前溢价低，比如券商 B 第四个跌停时，可以卖出券商 A 后，然后参与投机券商 B。

第十，最后认购主题特征很有前景或基金经理很牛的分级母基金，可以获得低风险套利机会。比如富国基金发行的富国国企改革分级就是国策导向主题。由于国企改革是 2015 年核心投资主线之一，因此机会非常大，所以在刚发行时，就可以预计 1 个月打开后，届时国企 B 出来后会有 2 到 5 个涨停（1.2 到 1.5 之间），若国企 A 第一个跌停卖出（0.9 元），那么不到两个月时间，整体收益率预计在 3.95% 到 18.8% 期间。当然，有时行情很差时，也可能发生一些意外，就像 NCF 环保 B 在最初反而下跌。不过，只要主题好，完全大可放心持有到有行情时再卖。而像主动管理的分级基金，若基金经理很牛，那么也是很好的机会，可惜目前只有中欧盛世的魏博与兴全和润分级的谢治宇还过得去。

3. 折算套利

一般来说，折算套利是针对 A 类份额而言（当然需要做净值归 1 折算）的，因为无论不定期折算的向上还是向下折算，抑或是定期折算，都将对 A 类进行折算。它的基本原理是，当对 A 类折算时，是按一级市场价格进行的，因此 A 的折价将暂时消除，而折算获得的母基金相当于对 A 做了分红。通常，做 A 类折算套利，都是一些资金较大的投资者或机构。不过，从原理上来说，向上折算时，B 类的溢价尽管暂时消除，但在折算后会溢价，所以理论上也存在套利可能，不过更多的是风险。这里，我们主要探讨的是 A 类的套利。值得一提的是，运用股指期货对冲的套利，以规避母基金的波动风险，在这里不做讨论，因为对大多数投资者没有实践的可能。下面，通过几个例子来探讨下折算套利。

（1）牛市中向上折算时买入 A 类的套利

具体在实践中，折算前后的时间细节，对投资者也是非常重要的，例如在博取 B 类折算后的收益，或获得 A 类的套利收益。这里，以 2015 年 4 月发生的国泰国证医药卫生（160319）为例来讲解细节。

在 4 月 13 日这天收盘后，国泰医药卫生基金的净值为 1.5458 元。所以，下一个交易日，即 4 月 14 日为折算基准日。值得注意的是，在 4 月 14 日晚间，基金管理人才能计算当日基金份额净值及份额折算比例，而不是一早上就开始折算了（在该日晚间公布的三类份额的净值都为 1 元）；此外，该基金在该日暂停办理申购（含定期定额投资）、赎回、转换、转托管、配对转换业务；子基金医药 A 和医药 B 正常交易。而 4 月 15 日全天，医药 A 与医药 B 都不进行交易，母基金也暂停交易。4 月 16 日，母基金恢复申赎等交易，而 A 与 B 停牌一个小时后交易。

根据 4 月 14 日的净值，则对于二级市场的投资者来说，假如场内登记了 1 万份母基金，然后 A 与 B 场内也有 1 万份，则折算后，净值都变为 1 元，而后新增了场内的份额，具体如下面两张表所示。第二张表则是国泰基金给出的场内与场外的情况。这里的拆分比例，相当于多出 1 元的部分参与折算，由于母基金也为 1 元，所以相当于基金的拆分，拆分比例分别为 1.5561，1.0183，2.0939，当然这只是理论上的，因为你新增加的是母基金份额，对于 A 类与 B 类来说，不能迅速换算成 1 元的 A 类与 B 类份额。

表 6－28　国泰医药卫生场内份额向上折算前后净值与份额的变动

基金份额	净值		份额	
	折算前（4月14日晚间净值）	折算后（4月14日晚间）	折算前（假设1万份）	折算后
国泰医药卫生（160319）	1.5561 元	1 元	10 000 份	10 000 份国泰医药＋新增的5 561份国泰医药（净值为1元）
国泰医药卫生 A（150130）	1.0183 元	1 元	10 000 份	10 000 份医药 A＋新增的 183 份场内国泰医药（净值为1元）
国泰医药卫生 B（150131）	2.0939 元	1 元	10 000 份	10 000 份医药 A＋新增的 10 939 份场内国泰医药（净值为1元）

表 6－29　国泰医药卫生场内外份额向上折算前后净值与份额的变动

基金份额	折算前		新增份额折算比例	折算后	
	份额	净值		份额	净值
国泰医药场外份额	1 039 201 679.20	1.5561	0.5561	1 617 101 733.71	1
国泰医药场内份额	162 556 540.00	1.5561	0.5561	3 328 041 139.00	1
医药 A 份额	2 764 868 647.00	1.0183	0.0183	2 764 868 647.00	1
医药 B 份额	2 764 868 647.00	2.0939	1.0939	2 764 868 647.00	1

由于折算后B类份额开盘往往涨停，所以很多投资者在折算前都会介入，不过由于B类溢价太高，所以这里我们分析下B类的风险以及A类套利策略。

一般来说，母基金在1.4元左右时就可能存在向上折算，此时基金公司也会提示风险，例如4月3日基金公司开始提示，此时若B类溢价不大的话买入则问题较小。我们假设投资者在4月13日以2.144元的最高价买入B类份额1万份，由于当日收盘B类一级市场净值为2.0939元，所以只溢价 2.39%，说明市场相对还算理性，但之后还是面临 15 日停牌一天的风险。

在拆分后，B 类新增了 10 939 份母基金。此后，你会有两种交易策略。第一，保留 B，然后马上赎回母基金。即在 16 日开盘时，你以 B 的二级市场的涨停价 1.014 元卖出 B，然后赎回 10 939 份母基金（该日收盘净值为 0.9768），则该日你获得的市值为：$1.014 \times 10\,000 + 0.9768 \times 10\,939 = 20\,825.2152$ 元。假设没有交易费用，那么你在 4 月 13 日共花了 21 440元，相当于亏了 614 元，亏损率为 2.87%。第二，第二天逢高卖出 B，第一天马上赎回母基金。假设你在折算后的开盘第二天，以 1.054 元的价格卖出，则市值为 $1.054 \times 10\,000 + 0.9768 \times 10\,939 = 20\,825.2152$，你的市值多增加了 400 元，但总体还是亏损 214 元。

那么，对于 A 类投资者会怎么样呢？倘若是折价比较大买入的话，赚钱概率偏大，另外，若折算开盘后能不折价卖出赚钱概率就又增加了。比如 4 月 13 日以 1.011 元买入 A 份额 1 万份（一级市场价格为 1.0181 元），4 月 16 日以 1 元卖出，同时赎回母基金。那么市值为：$1.014 \times 10\,000 + 0.9768 \times 183 = 10\,318.7544$ 元，获得 2.06% 的收益率，当然前提是没有考虑手续费。

像国泰医药还不是非常热门，否则的话 A 类的折价与 B 类的溢价会很高。一般而言，为了保险起见，我们都是建议买入 B 时候的溢价率不要太高，而 A 类的折价则是越大越安全。另外，对于母基金是否要立马赎回可以具体看市场情况。像医药类的基金，整体趋势往上，所以不妨等等；对于热门的基金，则可以将母基金进行拆分，然后择机卖出 A 与 B。

（2）逼近向下折算阈值的 A 类套利

向下折算的基本原理是，在向下折算可能性很大时，买入二级市场折价的 A 类份额，而一旦 B 类向下折算，则折价的 A 将变成折价的 A 与无折价的母基金，这样，只要折价的A与无折价的母基金之和，高于二级市场买入的A，就算套利成功。

具体来说，当向下折算时，B类份额会缩小份额到0.25倍以内，为保持AB份额比例不变，A类同时缩小，而多出的部分则折算成1元的母基金。例如，若B触发向下折算的那天一级市场价格是0.198元，而A类价格是1.03元。那么，最初若场内各有A与B类1万份，则折算后，由于母基金，A类，B类将净值归1，所以B类就是1 980份，A类相应的也为1 980份，而多出的市值为1.03元×1万份-1元×1 980份为8 320元，它将折算为1元的母基金。那么，我们对A的套利，无非就是在因为8 320份的母基金可以无折价以1元赎回，当然1 980份的A类还是必须在二级市场折价卖出，一般要打8折。这样，无折价的母基金加上折价的A，若相加之和高于二级市场买入的A价格，那么套利就成功。

表6-30　　　　向下折算前后净值与份额的变动

基金份额	净值		份额	
	折算前	折算后	折算前	折算后
母基金	0.614元	1元	10 000份	6 140份母基金
A类	1.03元	1元	10 000份	1 980份A类+新增的8 320份场内母基金
B类	0.198元	1元	10 000份	1 980份B类

我们举国内第一只向下折算的银华鑫利为例（现为银华中证90B），该基金在2012年8月30日净值达到0.25元，从而触发向下折算。根据基金公司公告：2012年8月31日，银华90份额的场外份额经折算后的份额数按截位法保留到小数点后两位，舍去部分计入基金财产；银华90份额的场内份额、银华金利份额、银华鑫利份额经折算后的份额数取整计算（最小单位为1份），舍去部分计入基金财产。份额折算比例按截位法精确到小数点后第9位，如表6-31所示：

表 6－31　　三类基金向下折算时的情况

<table>
<tr><th>基金份额名称</th><th>折算前份额</th><th>折算比例</th><th>折算后份额</th><th>折算后份额净值</th></tr>
<tr><td>银华 90 场外份额</td><td>1 123 914 711. 04</td><td>0. 644801458</td><td>724 701 844. 34</td><td>1 元</td></tr>
<tr><td>银华 90 场内份额</td><td>723 971 075. 00</td><td>0. 644801458</td><td>466 817 604. 00</td><td>1 元</td></tr>
<tr><td rowspan="2">银华金利份额</td><td rowspan="2">7 129 183 051. 00</td><td>0. 243464416</td><td>1 735 702 388. 00</td><td>1 元</td></tr>
<tr><td>0. 802674083</td><td>5 722 410 468. 00（注）</td><td>1 元</td></tr>
<tr><td>银华鑫利份额</td><td>7 129 183 051. 00</td><td>0. 243464416</td><td>1 735 702 388. 00</td><td>1 元</td></tr>
</table>

注：该折算后份额为银华金利份额经折算后产生的新增银华 90 场内份额。

在表中，银华鑫利的折算比例 0. 243464416，实际上就是 2012 年 8 月 31 日，银华鑫利的二级市场价格，之后原来的 7 129 183 051. 00 份，缩股变成 1 735 702 388. 00 份，而银华金利（A 类）也变成 1 735 702 388. 00 份，而它的折算前净值为 1. 046138499 元，所以折算前市值为 7 458 112 856. 069380449 元，因此减掉 1 元的 A 类市值，多出了 5 722 410 468. 069380449 元，它将变成 1 元的 5 722 410 468. 069380449 份的银华 90。

作为投资者，若在 2012 年 8 月 27 日，银华鑫利大概率发生向下折算时，以 0. 95 元的价格买入银华金利 10 万份（手续费忽略），成本为 95 000 元，然后一直持有到折算后卖出。显然，在 2012 年 9 月 4 日折算后的第一个交易日，即使跌停也是卖不出的，但该日可以赎回母基金（9 月 4 日母基金价格为 1 元），所以第二个交易日，假如再以 0. 86 元的开盘价卖出，那么套利收益为多少呢？

根据下表，银华金利折算后的 A 以 0. 86 卖出，母基金以 1 元赎回，合计资产为 20 937. 939776 + 80 267. 4083，即 101 205. 348076 元（手续费忽略）。那么，收益率为 101 205. 348076/95 000 － 1，即 6. 53%。这就是套利收益率，获得套利为 6 250 元。当然，这个过程中买入 A 与卖出 A 都将有千分之一的手续费，赎回母基金也有 0. 5% 的手续费，所以实际套利收益率没有 6. 53%。不过，像有的投资者在 0. 8 元介入，且持有到下折，那收益率就能达到26%了。

表6－32　　　　　　　A类基金向下折算时的情况

基金名称	折算前份额（份）	折算比例	折算后		银华金利卖出资产
			份额	净值	
银华金利	100 000（一级市场市	0.243464416	24 346.4416	1	20 937.939776②
	值为104 613.8499 元	0.802674083	80 267.4083①	1	80 267.4083
银华鑫利	100 000	0.243464416	24 346.4416	1	

注①：104 613.8499 的一级市值减去折算后 24 346.4416 元的 A 类；

注②：24 346.4416 * 0.86 = 20 937.939776。

从上述下折的例子可以看到，在熊市中，或者牛市中大幅回调时，B类都有望折算，此时A类的年化收益率还是很可观的。从市场角度看，在向下折算强烈时，A与B的走势会有很强的相反走势，例如2015年6月9日之后的高铁A与高铁B，走势完全相反，此时直接参与A的投机也是可取的。

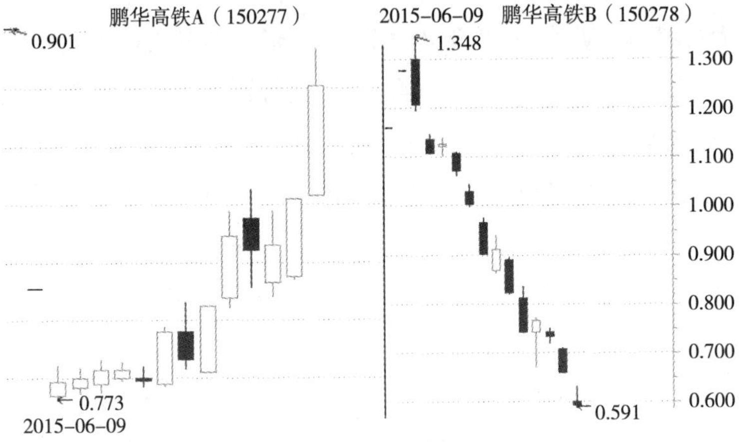

图6－7　市场走弱时分级A与分级B的跷跷板关系

（3）弱市中定期折算的A类套利

其实，弱市中，A类反而会有所上涨，例如2015年6月26日，市场大跌，而 A 类普遍大涨。对于 A 类而言，可以看成永续债的概念。具体投资中会涉及“隐含收益率”的概念，其实它无非就是债券的到期收益率。关于隐含收益率的公式有三种，关于详细的推导，可以参考集思录：http：//www. jisilu. cn/question/27039。这三种公式误差不大，但第三种的情况是，假定利率都不变（央行后续没有降息与加息）。隐含收益率是一个适用于评价所有 A 份额的综合指标。一般来说，隐含收益率越大，则 A 类的机会越大，这三种公式为：

第一种：隐含收益率 = 约定利率/（交易价格— A 类净值 + 1）；

第二种：隐含收益率 = A 类净值 / A 类交易价 ×（本期利率 × 本期剩余天数 + 下期利率 ×（365 − 本期剩余天数））/ 365。

第三种：隐含收益率 = 约定利率/（ A 类交易价/A 类净值）。

对于第三种要好理解得多，比如 100 元的债券，约定利率为 6%，则 1 年后就有 6 元利息，所以 6% 就是到期收益率。考虑到一级市场与二级市场的折价，所以实际上，相当于“约定利率/A 的折价率”。其实，当隐含收益率较大时，可以看成是广义的套利，它发生在每年的定期折算中。

举例来说，一个 A 类，约定收益率为 6%，那么 1 年后，一般在下一年度的 1 月 4 日。在折算前，投资者若在 0. 8 元买入 A 类，并持有到定折后，则 0. 06 元的红利将以母基金的形式给投资者，而 1 元的 A 类，将在 0. 901 元的跌停卖出，或者最多 2 个跌停卖出，即 0. 8109 元卖出。那么，若忽略手续费，则收益率在（0. 06 + 0. 8109）/0. 8 − 1 与（0. 06 + 0. 901）/0. 8 − 1 之间，即 8. 86% 到 20. 13% 之间。

当然，母基金由于要停牌 2 日，所以若赎回当日面临 2% 的损失，而且将赎回 0. 5% 的手续费也考虑进去，则 0. 06 元的母基金先打个 9. 8 折，然后再打 9. 5 折”，从而收益率在（0. 06 × 0. 98 × 0. 95 + 0. 8109）/0. 8 − 1 与（0. 05586 + 0. 901）/0. 8 − 1 之间，即 8. 35% 到 19. 6% 之间。显然，若在 0.86 元以上买入的话，那么就可能面临亏损。

另外，还有几个不利的因素也考虑进去。第一，考虑到央行一直降息，则未来约定收益率可能会在 5% 以内；第二，又将股市的牛市预期考虑进去，则定期这算后两个跌停卖出。然后，又将母基金赎回损失 2%，手续费 0.5% 也考虑进去，则盈亏平衡点为：$0.05 \times 0.98 \times 0.95 + 0.8109 = 0.8575$ 元。那么，若要实现 5% 的收益，则需要在 0.816 元买入。

第七章　债券型基金实战

本章主要讲的是债券型基金，因为投资的对象不是股票，而是债券，所以在很多方面，都不同于前面所讲的权益类基金。由于多数投资者对债券缺乏认识，因此本章先介绍债券的基础，然后再介绍债基相关的投资。

一、中国债券市场的发展历史

债券与股票一样，都属于融资手段。所谓债券，是政府、金融机构与工商企业等机构依法向投资者发行的，并约定在一定期限内还本付息的债权债务凭证。它与股票的区别在于，债券是需要还本付息的，否则就构成违约，而股票若不通过股票的买卖价差获利，则只能通过分红获得，但企业是否分红却没有强制规定。

1. 债券发行的历史

中国的债券发行历史较早，早在 1950 年 1 月就发行了新中国成立后的第一笔公债“人民胜利折实公债”，但并无债券市场的诞生。而从 20 世纪 50 年代后期到改革开放前，由于历史原因，中国经历了既无外债，也无内债的历史，债券发行处于停滞阶段。改革开放后，政府债券、企业债券与金融债券，重新进入正轨。

首先，就政府债券而言，在 1979 年与 1980 年，在政府财政赤字时，政府采用了向银行透支的办法，但这引起了物价上涨，所以，国务院决定于 1981 年 1 月起恢复发行国库券。至今为止，国债的发展经历了三个阶段。第一阶段（1981—1987 年），恢复国债发行市场阶段；第二阶段（1987—1996 年），国债市场逐步发展阶段；第三阶段（1996 年至今）：国债市场迅速发展。

其次，就企业债券而言，从 1984 年起，社会出现了企业自发向社会或内部发行债券的集资活动。为了规范管理，1987 年 3 月，国务院颁发了《企业债券管理暂行条例》，至此，企业债券开始步入正轨，总体分为三个阶段。第一阶段（1984—1992 年）：初步发展阶段。第二阶段（1993—1994 年）：整顿阶段，在该阶段由于乱集资、乱拆借等违规行为愈演愈烈，导致了国债发行不畅。第三阶段（1995 年至今）：复苏发展阶段。这一阶段中，2004 年的短期融资券，为企业开辟了一条新的融资渠道。

最后，就金融债券而言，概括地讲，可以分为三个阶段。第一阶段（1982—1993 年）：初步发展阶段。在 1982 年，中国国际信托投资公司在日本东京交易所发行了外国金融债券，这是我国首次而且是在国际市场上发行外国金融债券。1985 年，中国工商银行、中国农业银行开始在国内发行人民币金融债券。第二阶段（1994—2002 年）：发展政策性金融债券阶段。1994 年，随着我国三大政策性银行的成立，政策性金融债相应产生。第三阶段（2002 年至今）：全面发展阶段。在该阶段，为实现金融调控目标，中国人民银行开始运用金融债券进行公开市场操作，具体于 2002 年 9 月将 2002 年 6 月到 9 月的未到期正回购债券全部转为相应的央行票据。

2. 债券市场的历史

虽然债券发行在改革开放后已经发展多年，不过，直到 1988 年才真正形成了全国交易的债券市场。债券市场是发行和买卖债券的场所，是金融市场的一个重要组成部分。其中，债券的一级市场（也称初级市场），指的是发行市场，是政府与企业将债券销售给最初购买者的金融市场。而债券的二级市场，便是交易市场了，包括了场内与场外交易市场。就债券的交易市场来说，场内与场外的产生并不同步。

首先是银行柜台的场外交易市场的诞生。具体事件为，1988 年财政部在全国 61 个城市进行国债流通转让的试点工作，开辟了银行柜台的场外交易市场，成为中国国债二级市场的正式开端。其次是证券交易所的场内交易市场。具体事件为，1990 年 12 月，上海证券交易所成立，采用了在实物券托管基础上的记账式债券交易形式，从而开辟了证券交易所的场内交易市场。至此，形成了场内市场（也称交易所市场）与场外市场（也称银行间市场）并存的局面。概括地讲，从 1988 年开始，中国债券市场发展模式大致经历了三个阶段。

第一阶段（1988—1993 年），场外债券市场为主导。第二阶段（1994—1996 年），场内债券市场为主导。除了上海开辟的场内市场外，1994 年深圳交易所开通了债券交易市场，从而形成了两大场内债券市场。第三阶段（1997 年至今），场外债券市场为主导。1997 年中国人民银行要求商业银行全部退出股票交易所市场，并在 6 月成立了全国银行间债券市场，规定各商业银行可使用国债、央票与政策性金融债在银行间进行回购与现券买卖，并将债券集中托管在中央国债登记结算公司。随着政府债券，金融债券的发行数量不断上升，央行主导的银行间债券市场成为中国债券市场的绝对主体，实际上在 2006 年底，银行间债券市场存量已经占全国债券总量的 95%，在日均交易结算上，也远远超过交易所债券市场。其实，从表 7 - 1 的区别可以看出，由于商业银行退出场内市场，以及央票与金融债在场外的交易，银行间市场成为主题也就成为必然了。

表7-1　　场外市场与场内市场的主要区别

	银行间市场（场外市场）	交易所市场（场内市场）
交易品种	国债、央行票据、政策性金融债、金融类企业债、非金融类企业债、短期融资券、信托资产证券化、外国债	国债、非金融类企业债、上市公司债、可分离交易转债、企业资产证券化
投资群体	商业银行、农信社、证券公司、保险公司、基金、财务公司、企业	证券公司、保险公司、基金、财务公司、企业、QFII、个人
交易机制	一对一报价驱动撮合交易	电子化指令驱动撮合交易为主、大宗交易为辅
交易类型	现券、回购、元气、互换、借贷	现券、回购
监管部门	中国人民银行	证监会、交易所
债券托管机构	中央国债登记结算公司	中国证券登记结算公司

二、中国债券市场的投资品种

中国债券市场的投资品种，可以分为利率债券、信用债、可转债三大类。利率债由于包括了国债与政策性金融债，因此占比遥遥领先，例如在2012年的债市中，利率债在70%以上，信用债占25%左右，可转债占0.52%。利率债，一般是政府主体发行的债券，主要包括国债、地方债、政策性金融债、央行票据。而信用债，则是非政府主体发行的债券，包括企业债、公司债、短期融资券、中期票据等。可转债，则是在一定条件下可以转换成股票，兼具股性与债性的债券，或者俗称保本的股票。具体从信用等级看，利率债是最高信用，为AAA级，而信用债则从AAA级到BBB级以下不等，一般大型央企都是AAA级，而民企等级会下降。

表 7－2 债券的三大分类与说明

类别	组成和说明	信用等级	交易场所
利率债	主要由国债、地方政府债、政策银行金融债、央行票据组成	政府信用，信用等级最高	主要在银行间市场
信用债	政府之外的主体发行的、约定了确定的本息偿付现金流的债券，包括企业债、公司债、短期融资券、中期票据、资产支持证券、次级债等品种	非政府信用，信用等级从 AAA 级到 BBB 级以下不等	主要在银行间、交易所
可转债	狭义上指普通的可转债，广义上包括了可分离交易可转债；在一定条件下可以转换成股票，兼具股性与债性	非政府信用	仅在交易所

从市场表现看，受利率影响，市场上通常是利率债首先启动，其次是信用债，最终是可转债。因为利率债流动性较好，一旦市场因资金面紧张，很可能会被抛售砸盘。不过，信用债流动性虽然较差，但收益率更高；而且资质较好、兑付风险较小的信用债，通常都是抢手货。

从债券余额的券种分布上看，国债占比最高，信贷资产支持证券增幅最大。具体上看，2014 年上半年，债券余额占比居前四位的分别是国债、国开行金融债、政策性银行债和中期票据，市场占比分别为 27. 6%、20. 7%、11. 5%和 10. 1%。债券余额同比增幅居前四位的分别是信贷资产支持证券、非公开债务融资定向工具、资产支持票据和地方政府债，同比分别增长 336. 3%、91. 7%、43. 1%和 42. 7%。那么，这些债券的具体概念是怎么样的？我们将在下面做介绍。

1. 利率债

前面已讲过，利率债包括了国债、地方债、央行票据、政策性金融债，它们都是由政府信用担保的，下面分别介绍。

就国债来说，它是由国家发行的债券，是中央政府为筹集财政资金而

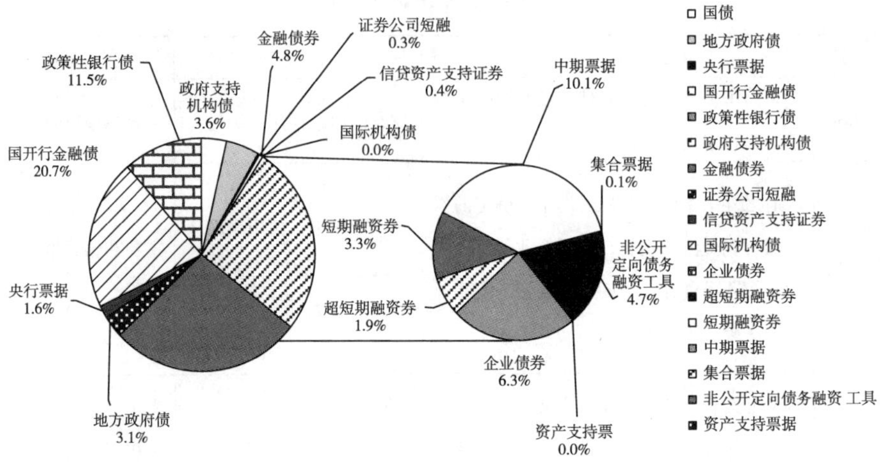

数据来源：中央结算公司、上海清算所，截至2014年6月末。

图7－1　2014年6月末银行间债券市场各券种余额市场占比

发行的一种政府债券。目前我国国债的种类分为凭证式国债、记账式国债和储蓄式国债（也称电子式国债）三类。其中，凭证式国债是政府为筹集国家建设资金而面向社会公众发行的一种中央政府债券，其前身是国库券，企业和个人投资者均可认购；储蓄式国债是面向个人销售的电子式国债，与凭证式的特点基本相同；而记账式国债是在实名托管账户中记账反映债权的债券，投资者可以在交易日进行买卖，赚取价差收益，还能获得持有期间的票面利息。在付息等获利方面，电子式与凭证式基本一致，无非就是付息不同，前者是一年或半年一付，而后者一次性，显然凭证式利息要高一点。记账式，在证券公司购买，可以二级市场赚差价。国债在编码上，通常都有国债两个字，例如国债0213（债券代码：100213），全称为2002年记账式（十三期）国债。具体每个国债都有票面利率、期限、起息与到期日期、兑付方式等。

地方债是地方公债的简称，是作为地方政府筹措财政收入的一种形式而发行的，其收入列入地方政府预算，由地方政府安排调度。20世纪80

年代末至90年代初，许多地方政府为了筹集资金修路建桥，都曾经发行过地方债券。有的甚至是无息的，以支援国家建设的名义摊派给各单位，更有甚者就直接充当部分工资。但到了1993年，这一行为被国务院制止了，原因乃是对地方政府承付的兑现能力有所怀疑，此后颁布的《中华人民共和国预算法》第二十八条，明确规定“除法律和国务院另有规定外，地方政府不得发行地方政府债券”。2011年10月20日，当日财政部公布，经国务院批准，2011年上海市、浙江省、广东省、深圳市开展地方政府自行发债试点。值得一提的是，城投债则属于企业债范畴，后面将会讲到。地方债在名称上，通常前面都有省份，例如浙江1202（债券代码：109092），全称为2012年浙江省政府债券（二期）。具体每个地方债债都有票面利率、期限、起息与到期日期、兑付方式等。

中央银行票据（Central Bank Bill）简称央票，是中央银行为调节商业银行超额准备金而向商业银行发行的短期债务凭证，其实质是中央银行债券，之所以叫中央银行票据，是为了突出其短期性特点（从已发行的央行票据来看，期限最短的3个月，最长的也只有3年）。在中国，一般用于公开市场操作；引入中央银行票据后，央行可以利用票据或回购及其组合，进行余额控制、双向操作，对中央银行票据进行滚动操作，增加了公开市场操作的灵活性和针对性，增强了执行货币政策的效果。

政策性银行金融债又称政策性银行债——商业银行发行的债券归属于信用债范畴，是我国政策性银行（国家开发银行、中国农业发展银行、中国进出口银行）为筹集信贷资金，经国务院批准由中国人民银行用计划派购的方式，向邮政储蓄银行、国有商业银行、区域性商业银行、城市商业银行（城市合作银行）、农村信用社等金融机构发行的金融债券，其推出的券种按期限分有3个月、6个月、1年期、2年期、3年期、5年期、7年期、10年期、20期、30年期。

2. 信用债

信用债是指非政府主体发行的、约定了确定的本息偿付现金流的债券，包括金融债券（不含政策性金融债）、次级债券、企业债券、公司债券、中期票据、短期融资券、可分离交易债券的纯债、资产支持证券等除国债和中央银行票据之外的、非国家信用的固定收益类债券。此类债券是依靠企业本身信誉发行的债券，通常实力雄厚、信誉较高的企业有能力发行这类债券。信用债一般蕴含一定的风险溢价，其收益率一般高于国债收益水平。

在信用债基金的招募说明书中，一般也会界定信用债的范畴，例如《富国信用债招募说明书》中就明确指出，本基金所界定的信用债券是指短期融资券，中期票据，企业债，公司债，金融债（不含政策性金融债），地方政府债，次级债，中小企业私募债，可转换债券的纯债部分，资产支持证券等除国债、央行票据及政策性金融债之外的、非国家信用的固定收益类金融工具，以及法律法规或中国证监会允许基金投资的其他信用类金融工具。

在2014年的信用债市场中，中期票据（2008年才发行）占40.6%，企业债占30.5%，短期融资券占20%，公司债占7.4%，分离交易债的纯债占1.5%。下面，对这些重要的信用债逐个介绍，另外考虑到基金，还给出了城投债、实业债与产业债等概念。

先介绍企业债与公司债。在国外，公司债也叫企业债，但在中国两者是有区别的。从概念来说，公司债券，是由股份有限公司或有限责任公司发行的债券，非公司制企业不得发行。而企业债券，则由央企、国企或国企控股企业发行，限制较少。总之，可以简单地认为国企发行企业债，因此信用等级很高，等同于政府信用，而公司债的等级则有很多。另外，企业债有担保，而公司债没有强制担保的条款。其他的区别，体现在四个方面。一是发行主体不同。公司债券一般由上市的股份有限公司发行，但其实不上市也可以发行，只要股份制即可，例如，14财通债（代码：122372），即财通证券股份有限公司2014年公司债券就在上交所发行，不过财通证券并未上市。二是募集资金用途不同。企业债券的募集资金一般用于基础设施建设、固定资产投资、重大技术改造、公益事业投资等方面；而公司债券可根据公司自身的具体经营需要提出发行需求。三是监管机构不同。公司债券的发行实行核准制，中国证监会审核发债公司的材料是否符合法律制度规定。而发行企业债则由国家发改委审批。四是对信息披露要求的差异：企业债券的发行人没有严格的信息披露义务；公司债券发行人的信息披露较为严格。

企业债在名称上，通常前面都有年份以及企业名称，例如 04 南网（1）（债券代码：120489），04 南网（2）（债券代码：120490）分别代表 2004 年中国南方电网建设债券（15 年），2004 年中国南方电网建设债券（10 年），具体是中国南方电网在 2004 年募集 30 亿元，其中分为 15 年期与 10 年期。在企业债的代码上，上交所一般是 120 开头，而深交所上市的则为 111 开头。在公司债上，名称上也如此。例如，11 柳工 01（债券代码：112032），全称为 2011 年广西柳工机械股份有限公司公司债券（第一期）（品种一），11 柳工 02（债券代码：112033），则为 2011 年广西柳工机械股份有限公司公司债券（第一期）（品种二）。而在公司债的代码上，上交所一般是 122 开头，而深交所上市的则为 112 开头。

次级债券，是指偿还次序优于公司股本权益、但低于公司一般债务的一种债务形式。就中国而言，次级债券的发行主体主要是各大商业银行，发行资金用于补充资本充足率。次级债里的次级，与银行贷款五级分类法（正常、关注、次级、可疑、损失）里的次级贷款中的次级是完全不同的概念。次级债券里的“次级”仅指其求偿权“次级”。在偿权上，各种证券的求偿权优先顺序为：一般债务 ＞次级债务＞ 优先股 ＞ 普通股，求偿权优先级越高的证券，风险越低，期望收益也越低，反之亦然。

中期票据（Medium－term Notes，MTN），顾名思义，就是在发行期限为中期的票据，用以填补商业票据与长期贷款之间的空间，国际上通常在

5 年至 10 年（最早由美林于 1981 年发行），不过中国国内一般是 3 年到 5 年。在 2005 年推出短期融资券之后，央行于 2008 年推出了中期票据，以扩大中期贷款直接融资工具。目前国内债券市场中短期融资券期限在 1 年以内，公司债期限在 5 年至 10 年，企业债期限多在 5 年至 20 年，中期票据常见期限多在 3 年至 5 年，因此中期票据的推出弥补了我国债券市场 3 年至 5 年期限信用产品短缺的状况。中期票据有六大特点：中期票据期限 3 年至 5 年，发行方式更加灵活，约定投资者保护机制，投资者可逆向询价，提高企业直接融资比例，发行主体均为大型央企。在中票名称上有“MTN”字母，即中票首字母的英文，例如 12 中石油 MTN2（债券代码：1282254），指的是 2012 年中国石油的第二期中票，若是 MTN1，则是第一期。

短期融资券（Commercial Paper，CP），是国内的称法，在国外称为商业票据，它是指具有法人资格的非金融企业在银行间债券市场发行的，约定在 1 年内还本付息的债务融资工具，是一种无担保短期本票，它对应于前面的中期票据。在中国，短期融资券是企业筹措短期（1 年以内）资金的直接融资方式。在短期融资券名称上有“CP”的字母，即短期融资券的首字母英文，例如，14 东吴证券 CP002（债券代码：071440002）代表的是东吴证券 2014 年第二期短期融资券，14 华谊兄弟 CP002（债券代码：041462038）是华谊兄弟 2014 年第二期短期融资券。

超短期融资券（Super & Short－term Commercial Paper，SCP），是指具有法人资格、信用评级较高（一般为中央 AAA 级企业）的非金融企业在银行间债券市场发行的，期限在 270 天（9 个月）以内的短期融资券。SCP 期限最短为 7 天，也可依此类推为 14 天、21 天，最长期限不超过 9 个月。这意味着 SCP 不同于一般的企业债券产品，发行规模将不受净资产 40% 的红线约束。这将进一步丰富市场的利率期限结构、风险结构以及流动性结构，有利于形成短、中、长期兼备的市场化收益率曲线。在债券名称上，会有 SCP 字眼，如“13 五矿股 SCP010”为中国五矿股份有限公司 2013 年度第十期短期融资券。

城投债，又称准市政债，是地方投融资平台作为发行主体，公开发行企业债和中期票据，其主业多为地方基础设施建设或公益性项目。在中国，要有城投债，必须有城投公司。所谓城投公司指的是地方负责城市建设的投融资平台公司。地方政府建立城投公司，以城投公司名义城投公司到银行贷款，用于支持地方政府的建设，因此城投债也就是城投公司发行的债券。所以，城投债属于信用债范畴，而地方债则是利率债范畴。据中央债券登记结算有限公司的统计数据显示，2009 年 1 月至 11 月，全国共发行地方企业债券共计 1 971.33 亿元，而这其中绝大部分是被称为“准市政债”的城投债，它已和 2009 年国家代发的 2 000 亿元地方公债相当。城投债，一般在简称上有“城投”两字，如 12 苏州城投债（债券代码：1280357），即 2012 苏州城市建设投资发展有限责任公司债券。

产业债，是指去掉了城投债部分的信用债。也就是说，信用债由城投债与产业债组成。相较于城投债而言，具有自主经营能力强，盈利能力及现金流产生能力强，对政府及政策依赖性较弱的特点，受货币政策以及宏观经济环境的影响相对较弱，有更好的风险收益比，也可回避地方政府债务等敏感问题。就区别来说，城投债是用于城市基础设施建设的，而产业债是用于产业项目的。当然，两者都包括短融与中票。

实业债，在公募基金中也存在此类说法，它是指非金融的实体企业发行的债券。例如，鹏华实业债（000053）在招募书中指出，本基金所指实业债是指实体经济领域的企业发行的债券，包括这类企业所发行的公司债、企业债、中期票据、短期融资券等。而汇添富实业债 A（000122）指出，实业债是指以生产制造和基础设施为主业的企业所发行的债券，包括公司债、企业债（含城投债）、可转换债券、可分离债券、短期融资券（不含金融企业短期融资券）、中期票据和中小企业私募债券。

金融债券，是由银行和非银行金融机构发行的债券，它排除了属于利率债范畴的政策性金融债。金融债券的资信通常高于其他非金融机构债券，违约风险相对较小，具有较高的安全性。所以，金融债券的利率通常低于一般的企业债券，但高于风险更小的国债和银行储蓄存款利率（而且发行金融债券不用缴纳存款准备金）。

分离交易可转债的纯债，是从分离交易可转债中分离出来的纯债部分。因为，分离交易可转债是一种附认股权证的公司债，可分离为纯债和认股权证两部分，相当于赋予了上市公司一次发行两次融资的机会。分离交易可转债是债券和股票的混合融资品种，它与普通可转债的本质区别在于债券与期权可分离交易。2006 年末出台的《上市公司证券发行管理办法》首次将分离交易可转债列为上市公司再融资品种，并对其发行条件、发行程序、条款设定等方面作出较为具体的规定。

3. 可转债

（1）基本概念

我们通常说的可转换债券（以下简称可转债），是一种可以转换为债券发行公司的股票的债券，不过具有较低的票面利率。可转债，将债权与股权统一在一起，是不可分割的，而像分离交易可转债，是债券和股票的混合融资品种，它与普通可转债的本质区别在于债券与期权可分离交易。在 2006 年到 2007 年的一轮牛市中，存在着债券 + 权证的可分离交易可转债。

从本质上讲，可转换债券是在发行公司债券的基础上，附加了一份期权，并允许购买人在规定的时间范围内将其购买的债券转换成指定公司的股票。所以，可转换债券具有双重选择权的特征。一方面，投资者可自行选择是否转股，并为此承担转债利率较低的机会成本；另一方面，转债发行人拥有是否实施赎回条款的选择权，并为此要支付比没有赎回条款的转债更高的利率。双重选择权是可转换公司债券最主要的金融特征，它的存在使投资者和发行人的风险、收益限定在一定的范围以内，并可以利用这一特点对股票进行套期保值，获得更加确定的收益。由于可转债有回售条款，最终上市公司都会回收，所以通俗来讲可转债是保本的股票。在 2015 年上半年牛市后，大多可转债因为达到赎回条款，如工行转债，中行转债等，被转换成对应的股票（即正股）了，否则将被强制赎回，所以，导致可转债的数量严重不足。

（2）可转债的基本要素

由于可转债相对专业，所以有必要对可转债的基本要素，下面进行详细介绍。

①票面利率

与普通债券一样，可转换公司债券也设有票面利率。在其他条件相同的情况下，较高的票面利率对投资者的吸引力较大，因而有利于发行，但较高的票面利率会对可转换公司债券的转股形成压力，发行公司也将为此支付更高的利息。可见，票面利率的大小对发行者和投资者的收益和风险都有重要的影响。

②面值

我国可转换公司债券面值是 100 元，最小交易单位是 1 000 元。

③发行规模

可转换公司债券的发行规模不仅影响企业的偿债能力，而且要影响未来企业的股本结构，因此发行规模是可转换公司债券很重要的因素，根据暂行办法，可转换公司债券的发行额不少于 1 亿元，发行后资产负债率不高于 70%。

④期限

a. 债券期限

可转换公司债券发行公司通常根据自己的偿债计划、偿债能力以及股权扩张的步伐来制定可转换公司债券的期限，国际市场上可转换公司债券期限通常较长，一般在5～10年，但我国发行的可转换公司债券的期限规定为3～5年，发行公司调整余地不大。

b. 转换期

转换期是指可转换公司债券转换为股份的起始日至截至日的期间。根据不同的情况，转换期通常有以下四种：

发行一段时间后的某日至到期日前的某日；

发行一段时间后的某日至到期日；

发行后日至到期日前的某日；

发行后日至到期日。

⑤转股价格

转股价格是指可转换公司债券转换为每股股票所支付的价格。与转股价格紧密相联的两个概念是转换比率与转换溢价率。转换比率是指一个单位的债券转换成股票的数量，即

转换比率＝单位可转换公司债券的面值/转股价格

转换溢价是指转股价格超过可转换公司债券的转换价值（可转换公司债券按标的股票时价转换的价值）的部分；转换溢价率则指转换溢价与转换价值的比率，即

转换溢价率＝（转股价格－股票价格）/股票价格

需要特别指出的是，我们这里所说的转股价格和转换溢价率是就可转换公司债券发行时而言的，它不同于可转换公司债券交易时的市场转股价格和市场转换溢价率。

市场转股价格＝可转换公司债券的市价/转换比率

⑥转股价格调整条款

a. 除权调整

一般来说，现金红利不纳入转股价调整范围，但是目前国内许多企业为了吸引投资者也将股票红利作为调整转股价格的一个因素。

b. 特别向下调整

可转换公司债券的特别向下调整条款有时也称为向下修正条款。当股票价格表现不佳时，一般是股票价格连续低于转股价一定水平，该条款允许发行公司在约定的时间内将转股价格向下修正为原转股价格的70%～80%。

转换调整条件是可转换公司债券设计中一个非常重要的保护投资者利益的条款。

⑦赎回条款

赎回是指在一定条件下公司按事先约定的价格买回未转股的可转换公司债券。发行公司设立赎回条款的主要目的是降低发行公司的发行成本，避免因市场利率下降而给自己造成利率损失，同时也处于加速转股过程、减轻财务压力的考虑。通常该条款可以起到保护发行公司和原有股东的权益的作用。

赎回条款一般包括以下几个要素：

赎回保护期；

赎回时间；

赎回条件；

赎回价格。

⑧回售条款

回售条款是为投资者提供的一项安全性保障，当可转换公司债券的转换价值远低于债券面值时，持有人必定不会执行转换权利，此时投资人依据一定的条件可以要求发行公司以面额加计利息补偿金的价格收回可转换公司债券。为了降低投资风险吸引更多的投资者，发行公司通常设置该条款。它在一定程度上保护了投资者的利益，是投资者向发行公司转移风险的一种方式。回售实质上是一种卖权，是赋予投资者的一种权利，投资者可以根据市场的变化而选择是否行使这种权利。

回售条款一般包括以下几个要素：

回售条件；

回售时间；

回售价格。

⑨重设条款

当可转债转换的股票价格低于一定价格后，发行公司有权调低转股价格，从而采用新的转股比例来计算转股股数，这项条款叫做重设条款。重设条款的设置可以保障投资人转股收益不会因为股票价格的降低而缩水，而发行转债的企业也不会面临投资人要求回售的难题，因为在股票价格下降的过程中，转债发行的企业会先设定一道门槛，就是重设价格，当股票价格低于这个价格时，企业就调低转股的价格，从而提高转换比例，因此投资人获得的转股收益不会缩水太多，同时也不会触发回售条款，让企业面临提前偿清债务的问题。

三、债券投资的分析基础

在分析债券基金时，仅仅知道一些概念是不够的，还需要知道一些债券投资的分析基础。

1. 债券的基本要素与投资风险

每只债券，都有基本的构成要素，它主要由以下几个方面构成：票面价值，到期期限，票面利率，债券发行者名称，下面将详细介绍。

（1）债券的票面价值包括币种和票面金额。债券的票面价值是债券票面标明的货币价值，是债券发行人承诺在债券到期日偿还给债券持有人的金额。债券的票面价值要标明币种，要确定票面的金额。票面金额大小不同，可以适应不同的投资对象，同时也会产生不同的发行成本。票面金额定得较小，有利于小额投资者，购买持有者分布面广；票面金额定得较大，有利于少数大额投资者认购，但使小额投资者无法参与。因此，债券票面金额的确定也要根据债券的发行对象、市场资金供给情况及债券发行费用等因素综合考虑。

（2）债券的到期期限是指债券从发行之日起至偿清本息之日止的时间，也是债券发行人承诺履行合同义务的全部时间。决定偿还期限的主要因素：资金使用方向、市场利率变化、债券变现能力。一般来说，当未来市场利率趋于下降时，应发行期限较短的债券；而当未来市场利率趋于上升时，应发行期限较长的债券，这样有利于降低筹资者的利息负担。按偿还期限长短可划分为：长期债券、中期债券、短期债券。一般说来，偿还期在 10 年以上的为长期债券；偿还期限在 1 年以下的为短期债券；期限在 1 年或 1 年以上、10 年以下（包括 10 年）的为中期债券。我国国债的期限划分与上述标准相同。但我国企业债券的期限划分与上述标准有所不同。我国短期企业债券的偿还期限在 1 年以内，偿还期限在 1 年以上 5 年以下的为中期企业债券，偿还期限在 5 年以上的为长期企业债券。

（3）债券的票面利率也称名义利率，债券年利息与债券票面价值的比值，用百分数表示。形式有单利、复利和贴现利率。影响票面利率的因素：第一，借贷资金市场利率水平。第二，筹资者的资信。第三，债券期限长短。一般来说，期限较长的债券流动性差，风险相对较大，票面利率应该定得高一些；而期限较短的债券流动性强，风险相对较小，票面利率就可以定得低一些。

（4）债券发行者名称明确了债券的债务主体，为债权人到期追回本金和利息提供依据。按发行主体不同可划分为国债、地方政府债券、金融债券、企业债券。

值得一提的是，以上 4 个要素虽然是债券票面的基本要素，但它们并非一定在债券票面上印制出来。在许多情况下，债券发行者是以公布条例或公告形式向社会公开宣布某债券的期限与利率。此外，债券票面上有时还包含一些其他要素，如还本付息方式，附有赎回选择权、附有出售选择权、附有可转换条款、附有交换条款、附有新股认购条款等等。

最后，就债券的投资风险来说，有5大风险。①信用及偿还风险。它是指发行人不能履行支付债权本金及特定利息的可能性。②市场风险。由于债券价格与利率往往呈反向变动，所以当市场利率上行，对于提前出售债券的投资者而言，将蒙受资本损失。③流动性风险。当债券交易不活跃时，投资者不得不以较低价格出售债券。④通货膨胀风险。在通货膨胀上升的情况下，债券现金流实际购买力下降。⑤再投资风险。从证券投资中收到的现金流，通常被用来再投资，如果市场利率下降，债券在投资的报酬也会因此减少。

2. 债券价格、债券收益率及市场利率的关系

（1）债券价格

债券价格是指债券发行时的价格。理论上，债券的面值就是债券发行价格，这个价格是不变的，也是计息的标准。当然，我们实际看到的价格，是指债券的交易价格，它具体指债券原始投资者购入债券时应支付的市场价格，它与债券的面值可能一致也可能不一致。理论上，债券发行价格是债券的面值和要支付的年利息，按发行当时的市场利率折现所得到的现值，具体可以有如下公式：

$$P = \frac{C_1}{(1+r)^1} + \frac{C_2}{(1+r)^2} + \cdots + \frac{C_n}{(1+r)^n} + \frac{M}{(1+r)^n}$$

上式中，M为债券的票面面值，即到期的本金，C = M × 票面利率，即每年的利息，r为折现率，一般是市场利率或投资的必要报酬率，n为付息次数。

根据上式，如果一种债券的市场价格等于它的面值，它的到期收益率就等于息票利率；如果市场价格高于（低于）面值，则到期收益率就会低于（高于）息票利率。据此，可以导出债券定价的两个基本特点：第

一，如果债券价格上涨，则收益率必然下降，反之，如果债券价格下降，则收益率必然上升；第二，债券收益率的下降会引起债券价格的上升，且上升的幅度要超过债券收益率以同样比率上升引起的债券价格下降幅度。

（2）债券收益率

债券收益率（bond yield），是衡量债券投资收益通常使用的一个指标，是债券收益与其投入本金的比率，通常用年利率表示。但是，债券的投资收益不同于债券利息，因为债券利息仅指债券票面利率与债券面值的乘积，它只是债券投资收益的一个组成部分。债券的投资收益，除了债券利息外，还包括价差和利息再投资所得的利息收入，其中价差可能为负值。所以，一般债券收益率是“到期收益率”的概念，具体指以特定价格购买债券，并持有至到期日所能获得的收益率。由此，可以知道决定债券收益率的主要因素：票面利率、期限、面值、持有时间、购买价格和出售价格。

需要做区别的是，还有当期收益率（current yield）的概念，它是债券的年息除以债券当前的市场价格所计算出的收益率。它并没有考虑债券投资所获得的资本利得或是损失，只在衡量债券某一期间所获得的现金收入相较于债券价格的比率。例如，投资者买了 95 元的债券，每年有 6 元的利息，则当期收益率为 6.32%（即 6/95）。而我们提到的债券收益率，除非特指，一般都是指的是到期收益率概念。所以，债券价格越接近债券面值，期限越长，则其当期收益率就越接近到期收益率。

（3）债券价格与收益率及市场利率的关系

由前面的债券价格公式知道，债券价格与收益率成反向关系。而这里包含了两个意思，一个是债券价格与债券的到期收益率（简称为债券收益率）是反向的，另一个是债券价格与市场利率也是反向的。

可以用更简单的例子来说明这个关系，首先要知道债券收益率计算公式是：（卖出收益 - 买入成本）/买入成本 ×100%。第一，为何说债券价格下降，导致债券收益率上涨。若债券面值100元，票面的利率5%，到期利息则为5元，则到期收益率为5%；若债券价格降低到90元，到期利息不变还是5元，那利率却上升到（100－90＋5）/90＝16.6%，因为最终债券到期时按100元的价格回购的。第二，为何债券价格上升，导致债券收益率下降。若债券面值100元，票面的利率5%，到期利息则为5元，则到期收益率为5%；若债券价格上涨到101元，到期利息不变还是5元，不过利率却上升到（100－101＋5）/101＝3.96%。那么，之所以说债券价格与市场利率也是反向的，是因为市场利率与债券的到期是正相关的，比如加息则会导致债券收益率上升，而降息则会导致债券收益率下降。

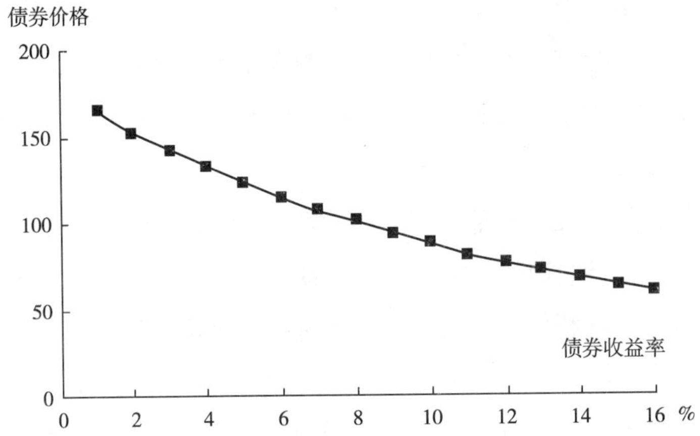

图7－2　债券价格与债券收率的反向关系

但是，就债券市场来说，我们先听到的是债券收益率的飙升或下降，而非债券价格的下跌或上涨。比如，我们经常在财经媒体看到债券收益率飙升的字眼，其实代表的就是债券价格下降，也就是债券不被看好，被抛售了。那么，债券为何不被看好呢？很可能是因为加息了或预期要加息了，那么原来的债券的收益率就没有吸引力了，因此只有降价卖出，才能提高收益率。就这个角度来说，先有债券利率的上涨，后才有债券价格的下跌，所以，我们才会一直只听到债券收益率的情况，而没有听到债券价

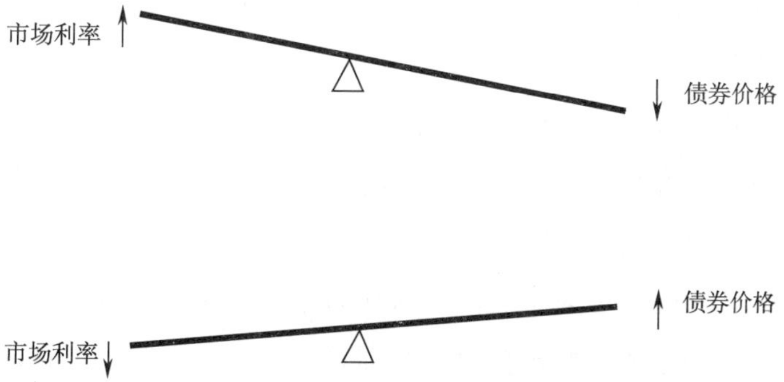

图7-3 债券价格与市场利率的关系

格的变动。另外一种就是风险偏好的增加，比如股市更有吸引力了，那么投资者也会卖出债券。因为一般来说，股市与债市是跷跷板关系。总之，听到债券收益率飙升，对于债券市场来说是不利的，最明显的例子是通胀（会因此加息）会导致债券市场步入熊市，也就是说，债券收益率的上升与债券的熊市是对应的。

当然，我们也会听到“债券收益率大幅下降”，那就是意味着债券被看好，价格重新上涨。那么，导致这种结果的发生，一般也有两种原因。一是降息或预期降息，因为降息之后，市场利率降低了，那么原来相对高的债券收益率就会吸引场外投资者入场。二是经济发生了危机，导致大家避险情绪的增加。总之，听到债券收益率下降，对于债券市场来说是有利的，最明显的例子就是降息通道会成就债券的牛市，也就是说，债券收益率的下降与债券的牛市是对应的。

综上所述，我们所听到关于债券收益率的变动，似乎听上去会有些别扭。这只不过是因为这里用利率的变动来说明市场的变动而已，但可以说债券的分析都是围绕利率展开的。其实，市场利率对股票市场也产生重要影响，两者本身也是反向的，所以我们会在 2014 年下半年牛市启动时，听到无风险利率的下降导致了牛市的观点。

3. 债券的久期与凸性

(1) 久期

久期（Duration），是1938年由麦考利（F. R . M a c a u l a y）提出的。他在研究债券与利率之间的关系时发现，到期期限（或剩余期限）并不是影响利率风险的唯一因素，事实上票面利率、利息支付方式、市场利率等因素都会影响利率风险。基于这样的考虑，麦考利提出了一个综合以上四个因素的利率风险衡量指标，并称其为久期。所以，久期是考虑了债券产生的所有现金流的现值因素后计算的债券实际期限，是完全收回利息和本金的加权平均年数。对于一个普通的附息债券，如果债券的票面利率和其当前的收益率相当的话，该债券的久期就等于其剩余年限当一个债券是贴现发行的无票面利率债券，那么该债券的剩余年限就是其久期。

从数学角度来说，麦考利久期是使用加权平均数的形式，计算债券的平均到期时间。具体来说，它是债券在未来产生现金流的时间的加权平均，其权重是各期现金值在债券价格中所占的比重。详细的计算是，将每次债券现金流的现值，除以债券价格得到每一期现金支付的权重，并将每一次现金流的时间同对应的权重相乘，最终合计出整个债券的久期。

$$d = \left[1\frac{C_1}{(1+k)^1} + 2\frac{C_2}{(1+k)^2} + 3\frac{C_3}{(1+k)^3} + \ldots + t\frac{(C_n+F)}{(1+k)^t}\right]/P$$

上式是用现金流现值对现金流所发生的时间加权。现金流入包括利息C和赎回本金F，并且时间加权数是从1到t。最后，现金流对时间加权后求和，再除以债券价格P（债券估值公式中的P），k是票面利率。例如，对于票面利率为10%的息票债券，则根据公式，息票债券C的久期为2.7年，小于期限3年。

$$d = \left[1\frac{100}{(1.10)} + 2\frac{100}{(1.21)} + 3\frac{1\ 100}{(1.331)}\right]/1\ 000 = 2.7$$

久期是价格对利率敏感性最简单、直观的测量方法。在债券投资里，久期被用来衡量债券或者债券组合的利率风险，一般来说，久期和债券的到期收益率成反比，和债券的剩余年限及票面利率成正比。债券久期越大，利率的变化对该债券价格的影响也越大，因此风险也越大。在降息时，久期大的债券上升幅度较大；在升息时，久期大的债券下跌的幅度也较大。因此，投资者在预期未来升息时，可选择久期小的债券。

在债券分析中，久期已经超越了时间的概念，投资者更多地把它用来衡量债券价格变动对利率变化的敏感度。为了更精确地描述债券价格对于到期收益率变动的灵敏性，又引入了修正久期模型（Modified Duration Model）。对于给定的到期收益率的微小变动，债券价格的相对变动与其麦考利久期为正向关系。当然，这种正变关系只是一种近似的比例关系，它的成立是以债券的到期收益率很小为前提的。修正久期越大，债券价格对收益率的变动就越敏感，收益率上升所引起的债券价格下降幅度就越大，而收益率下降所引起的债券价格上升幅度也越大。当修正久期大，则抵抗利率上升风险弱，抵抗利率下降风险能力强；久期小，则抵抗利率上升风险能力强，抵抗利率下降风险能力弱。所以，当我们判断当前的利率水平存在上升可能，就可以集中投资于短期品种、缩短债券久期；而当我们判断当前的利率水平有可能下降，则拉长债券久期、加大长期债券的投资，这就可以帮助我们在债市的上涨中获得更高的溢价。

（2）凸性

久期本身也会随着利率的变化而变化，所以它不能完全描述债券价格对利率变动的敏感性，也就是说，债券的价格变化与到期收益率变化之间的关系，不是线性的，而是一种凸性（Convexity）关系，它在 1984 年由 Stanley Diller 引进。具体而言，当到期收益率降低某一数值时，债券价格的增加值，要大于收益率上升同一数值时债券价格的降低值，这种特性被称为凸性。

从数学角度来说，债券久期可以看作是债券价格对到期收益率小幅波动敏感性的一阶估计，而债券凸性则是对债券价格利率敏感性的二阶估计，或是对债券久期利率敏感性的测度，它可以对债券久期估计的误差进行有效地校正。例如，下式中的 CV 为凸性，则有：

$$\frac{\Delta P}{P} = -d\left(\frac{\Delta k}{1+k}\right) + cv\left(\frac{\Delta k}{1+k}\right)^2$$

公式中的第一项与久期有关，其表现了直线的斜率，并给出了利率变化的一阶影响。余项与凸性有关，是一个二次项，表现了线的曲度并反映了利率变化的二阶影响。久期的公式前面已有定义，因此凸性的定义公式如下：

$$cv = \left(\frac{1}{2}\right)\frac{\sum_{t=1}^{T}\frac{t(t+1)C_t}{(1+k)^t}}{P_0}$$

一般来讲，凸性对投资者是有利的。当到期收益率发生较大变化时，利用债券久期所推算的债券价格并不等于债券实际价格，利率变化引起债券实际价格的上升幅度比久期的线性估计要高，而下降的幅度要相对较小，两者近似的精确度取决于债券价格/到期收益率曲线的凸性。

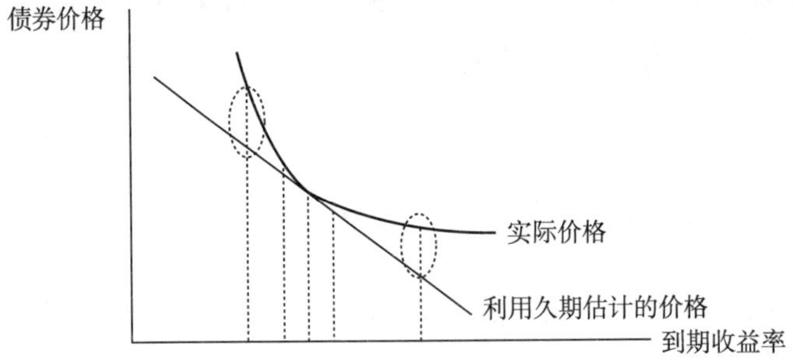

图 7－4　凸性的直观表示

就凸性分析而言，通常运用在期限投资组合上，债券经理习惯上采用三种方法：①期限集中法；②梯形法；③杠铃法。

期限集中投资组合，即子弹型组合。当债券基金经理对利率有确定的看法时，使用期限集中投资组合，就是集中投资中等期限的债券，由于中间突出，所以叫子弹型。

梯形投资法，又称等期投资法，就是将全部投资资金，平均投放在各种期限的证券上的一种组合方式。具体的做法是买入市场上各种期限的证券，每种期限购买数量相等，当期限最短的证券到期后，用所兑现的资金再购买新发的证券，如此循环往复，投资者始终持有各种到期日证券，并且各种到期日的数量都是相等的。这样，投资者在以后的每段时间都可以稳定地获得一笔本息收入。这种情况反映在图形上，形似间距相等的阶梯，故称梯形投资法。这种方法的特点是计算简单，收益稳定，便于管理，但不便于根据市场利率变动转换证券。

杠铃投资法，基于市场利率的变化，而改变长期与短期债券的比例。具体操作方法是：当长期利率看跌引起长期证券价格看涨时，则卖出部分短期证券，买进长期证券；而当长期利率看涨引起长期证券看跌时，则将长期证券卖出，购回短期证券。同理，短期市场利率的升降也可决定长短期证券的进出。这种方法的关键在于对市场长、短期利率变化的准确预测。所以，当债券投资经理预期利率将下降时，则将集中长期限的债券，因为这种债券价格上涨最多。相反，当预期利率上升时，则将集中短期限债券以防止债券价格下降。

4. 债券的收益率曲线

在债券收益率基础上，可以刻画出债券收益率曲线，它是描述在某一时点上一组可交易债券的收益率与其剩余到期期限之间数量关系的一条曲线，即在直角坐标系中，以债券剩余到期期限为横坐标、债券收益率为纵坐标而绘制的曲线。当然，债券收益率曲线是静态的，随着时点的变化，债券收益率曲线也各有不同。但是，通过对债券交易历史数据的分析，找出债券收益率与到期期限之间的数量关系，形成合理有效的债券收益率曲线，就可以用来分析和预测当前不同期限的收益率水平。

债券收益率曲线通常表现为四种情况：一是正向收益率曲线，它意味

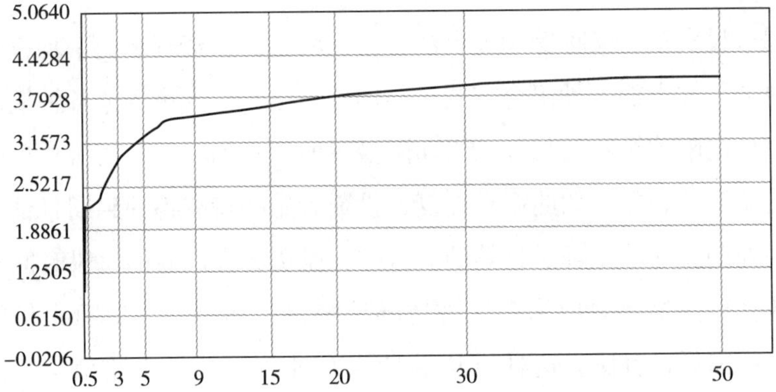

数据来源：中央国债登记结算有限责任公司，横坐标为期限，数字为月份，纵坐标为收益率，2015－08－11。

图7－5　银行间固定利率国债收益率曲线

着在某一时点上，债券的投资期限越长，收益率越高，也就是说社会经济正处于增长期阶段；二是反向收益率曲线，它表明在某一时点上，债券的投资期限越长，收益率越低，也就意味着社会经济进入衰退期（比如20世纪90年代的日本）；三是水平收益率曲线，表明收益率的高低与投资期限的长短无关，也就意味着社会经济出现极不正常情况（这种情况在当前的我国债券市场上正在出现）；四是波动收益率曲线，这表明债券收益率随投资期限不同，呈现出波浪变动，也就意味着社会经济未来有可能出现波动。

在正常情况下，债券收益率曲线通常是有一定角度的正向曲线，即长期利率的位置要高于短期利率。这是因为，由于期限短的债券流动性要好于期限长的债券，作为流动性较差的一种补偿，期限长的债券收益率也就要高于期限短的收益率。当然，当资金紧俏导致供需不平衡时，也可能出现“短高长低”的反向收益率曲线。

一般来说，债券收益率曲线的形状反映了长短期利率水平之间的关系，它是市场对当前经济状况的判断，及对未来经济走势预期（包括经

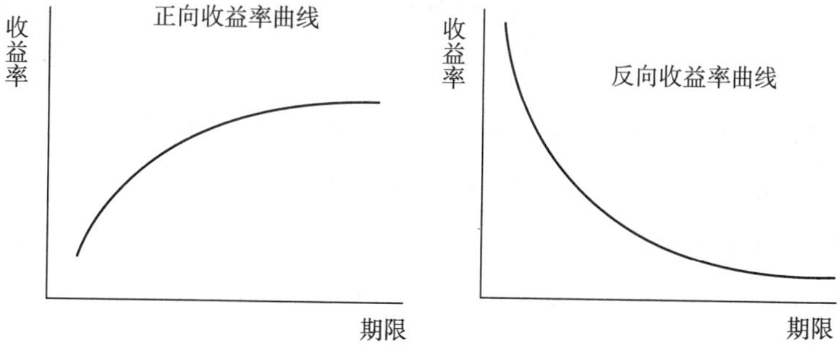

图 7－6 收益率曲线

济增长、通货膨胀、资本回报率等）的结果。在收益率曲线的运用上，投资者可以根据收益率曲线不同的预期变化趋势，采取相应的投资策略的管理方法。例如，当预期收益率曲线基本维持不变，而且目前收益率曲线是向上倾斜的，则可以买入期限较长的债券；如果预期收益率曲线变陡，则可以买入短期债券，卖出长期债券；如果预期收益率曲线变得较为平坦时，则可以买入长期债券，卖出短期债券。

5. 利率债分析：利率投资时钟

利率债作为债券基金投资的第一大品种，与之相关的投资理论相对专业。影响利率债收益率的因素较多，例如宏观经济、货币政策、流动性、供给需求、风险偏好和通货膨胀等，其中，货币政策是影响利率债走势的直接因素。例如，央行开始加息时，基准利率上调，债券投资者需要更高的收益补偿，推动债券收益率上行；央行开始降息时，债券收益率下行，债券步入牛市。

不过，对于不同期限的利率债，影响因素有所偏重。按照发行期限长短，利率债可以分为短端利率债、中端利率债和长端利率债，国内通常将 1 年内的利率债称为短端债券，1 年至 10 年期的利率债称为中端债券，10 年及以上的国债称为长端利率债。其中，流动性是影响短端利率债最重要的因素，基准利率、存款准备金率、央票回购和外汇占款等都是流动性的直接体现，可以短期银行拆放利率（SHIBOR）作为参照；通货膨胀水平（一般用CPI衡量）是影响中长端利率债的最重要因素——从过去十年数据来看，CPI同比与中长端利率债收益率走势密切相关，相关系数接近70%。

具体在分析中，上述影响因素是与经济周期密切相关的，所以利率债的投资具有典型的周期特征，它与美林投资时钟一样，也呈现投资时钟性。实际上，美林投资时钟也对各种大类资产做了相关的配置建议。不过，在债券方面，美林投资时钟只给出了相对笼统的债券配置，而且与利率债的配置也会差别，例如经济复苏期，美林投资时钟中债券还是处于第二位置，但由于经济预期为加息，此时对于安全性很高的长期国债来说，是没有吸引力的，也就是说长期国债的熊市。所以，我们在下面对利率债进行了更细致的分析。

表7-3　美林投资时钟的资产轮动情况

经济周期	GDP增速	CPI增速	投资的顺序	利率变动
复苏	GDP↑	CPI↓	股票>债券>现金>大宗商品	先降后升
繁荣	GDP↑	CPI↑	大宗商品>股票>现金/债券	加息
滞胀	GDP↓	CPI↑	现金>大宗商品/债券>股票	先升后降
衰退	GDP↓	CPI↓	债券>现金>股票>大宗商品	降息

利率债与经济周期紧密相联，与经济周期的“复苏→繁荣→滞胀→衰退→复苏”相对应，利率债的收益率曲线变化依次为“熊陡→熊平→牛平→牛陡→熊陡”。所谓的“牛”即指债券收益率下行，“熊”指收益率上行；而所谓的“陡”指短长端债券之间的期限利差扩大，“平”指期限利差缩小。这里，期限利差是指不同期限的国债收益率之间的差额，即期限利差=长期国债利率-短期国债利率。市场上对期现利差的理解主要基于流动性偏好理论，即投资者对短期流动性偏好的原因，对长期收益率要求更高的溢价，即长期限国债的收益率会比短期限的收益率高，从而导致了期现利差的存在。从公式可以看出，期限利差原来就是存在的，但长

期国债利率与短期国债利率，随着经济形势的变化，上涨或下降的速度是不一样的。

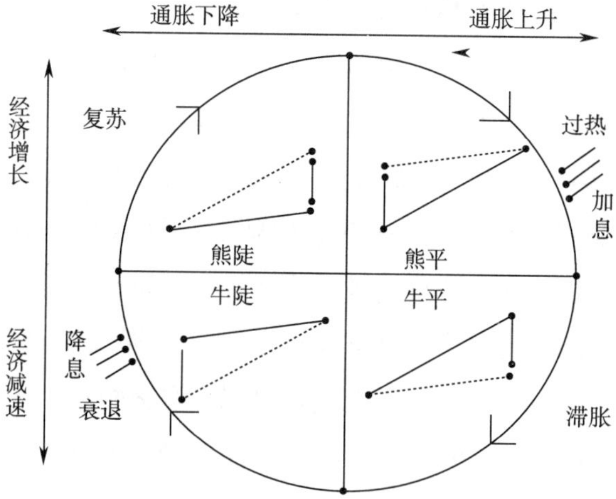

图 7－7 利率债的投资时钟

比如，当债券利率下降时（一般是预期降息），即步入牛市时，若短期国债利率下降得快，那么会使期限利差扩大得更大，而若长期国债利率下降得更快，那么期限利差就会变小。同样，当债券利率上行时（一般是预期加息），即步入熊市时，若短期国债利率上涨得快，那么会使得期限利差变小，而若长期国债利率上涨得更快，那么原来就存在的期限利差就会更大。实际上，在经济处于过热的情况下，长期限国债收益率甚至比短期限的低，即所谓的收益率倒挂现象。由于当期限利差增大的时候，曲线会变陡，所以，市场一般用曲线变陡来指代期限利差扩大。而当期限利差减小的时候，曲线会变平，因此市场一般会用曲线变平来指代期限利差缩小。下面，详细解释经济周期的变动如何导致收益率曲线变动。

首先，看高增长、低通货膨胀的复苏期为何导致了收益率曲线的熊市变陡。当经济复苏时，因为要刺激经济增长，而通货膨胀还没有到来，所以短期低利率维持不变。但是，因为市场看好未来经济复苏，所以实体对资金需求增长导致利率上涨；只不过短期货币政策维持宽松，于是导致了长期利率上升，且长期利率比短期利率涨得更多，从而导致了原本就存在的短期与长期国债的期限利差进一步扩大，也就是使得收益率曲线变陡。此时，长期国债等被抛弃，长期国债价格下跌。而由于预期将加息，因此债券收益率上行，也即为债券熊市，综合起来便是熊市变陡。

其次，看高增长、高通货膨胀的繁荣期为何导致了熊市变平。经济的繁荣，通货膨胀的上升，最直接的表现就是投资意愿很强，资金需求高涨，利率维持高位。为了防止经济过热，货币政策会收紧，加息与提高存款准备金将成常态。但整个经济体里面的大多数人，依旧看涨投资机会，借债意愿强烈，商业银行和社会上更是出现了资金短缺，在民间借贷市场的短期利率大幅超出官方利率，收益率曲线进一步拉平甚至出现倒挂（即短期国债收益率高于长期国债收益率）。所以，在这个阶段，短期债券和长期债券价格都是下跌的，只有做空债券才能获利，而且短期利率上涨比长期得快，从而使原本就存在的短期与长期国债的期限利差缩小，也就是使得收益率曲线变平。而由于央行已经加息，且加息预期一直存在，所以债券收益率持续上行，也即债券熊市延续了经济复苏时的状态，综合起来便是熊市变平。

再次，看看低增长、高通胀的滞涨期为何导致了牛市变平。在经济过热之后，企业随着资金成本的增加，利润出现下滑，但商品价格依然高企，从而导致消费需求不足，这就进一步导致了企业利润的下滑，这将降低企业对资金的需求，而资金需求的下降，引导了利率下降，但由于通货膨胀继续存在，所以货币政策维持偏紧状态。在利率变动上，就表现为长期利率的下降比短期更快，从而使原本就存在的短期与长期国债的期限利差缩小，也就是使得收益率曲线变平。而此时由于预期了经济将下滑，所以在加息难以维持的情况下，市场就预期央行会降息，从而导致了债券收益率下降的情况，债券开始由熊市步入牛市，综合起来便是牛市变平。

最后，看低增长、低通货膨胀的经济衰退期为何导致了“牛市变陡”。在经济滑入衰退阶段，市场基本已经确认经济下滑，股市已经跌去很多，商品期货也已经下降许多，官方CPI回落，货币紧缩慢慢退出，而救市、提振经济的货币宽松政策，慢慢推出，此时短期利率下降得较快，从而使原本就存在的短期与长期国债的期限利差缩小，也就是使收益率曲线变平。而此时由于确认经济已经下滑，所以市场就预期央行会进一步降息，从而导致了债券收益率下降的情况，债券开始由熊市步入牛市，综合起来便是牛市变陡。例如，2008年年中后，我国经济连续四个季度下行，同时CPI连续多月快速下降，国民经济各项指标均不理想，市场对降息预期十分强烈，几个月后央行连续四次降息，资金面突然宽裕，债券市场迎来牛市，1年国债收益率和10年国债收益率从2008年10月15日的2.85%和3.11%，下跌到12月31日的1.1%和2.75%，期限利差明显扩大，

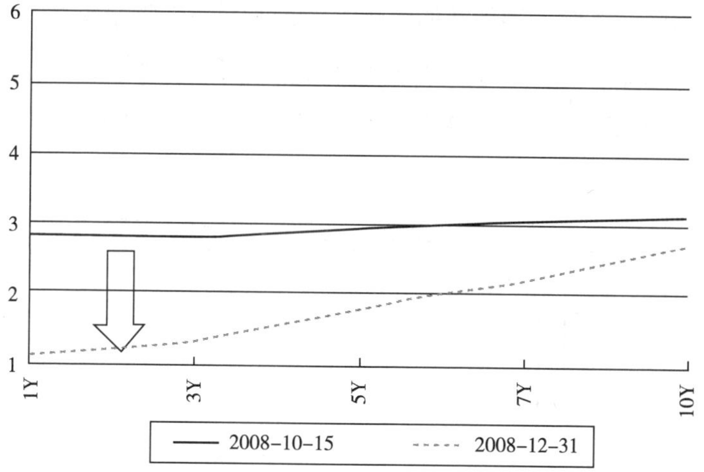

资料来源于：http：//blog. sina. com. cn/s/blog_ 65406a370102ead5. html，下同。

图7-8　牛市变陡的实例：2008年第四季度

综上所述，在经济转好时（如复苏与繁荣），市场就会预期央行加

息，从而导致债券收益率的上行（对应着债券价格的下跌），即债券熊市的出现，而在经济转坏时（如滞胀与衰退），市场就会预期央行降息，从而导致债券收益率的下行（对应着债券价格的上涨），即债券牛市的出现；而至于收益率是变陡，还是变平，只要根据期限利差公式，比较短期收益率与长期收益率变动得快慢即可。

当然，在现实经济中，经济周期并非按着复苏、繁荣、滞胀与衰退这么有序的演变的，所以利率债券投资时钟也不会那么有序运行。因为滞胀的经济情况毕竟不多见，所以在利率债周期中，熊市变平可以不经过牛市变平，而直接过渡到牛市变陡。实际上，从大的周期看，利率债的收益率曲线大体上在熊平与牛陡之间互相切换。例如，在2011年上半年，CPI不断超出预期，由于强烈的通货膨胀预期笼罩在整个经济之上，抑制通货膨胀就成为了中国经济工作的首要任务，基准利率和存款准备金率持续上调，银行间拆放利率（SHIBOR）一路飙升，远超过2008年的最高位，流动性异常紧张，这对短端债券的影响最大，所以短端收益率上涨的幅度过大，期限利差非常小，债券市场呈现出了熊市变平。但是，在2011年熊市变平时，中短端利率债收益率上行的幅度过大，估值过低，属于超调，

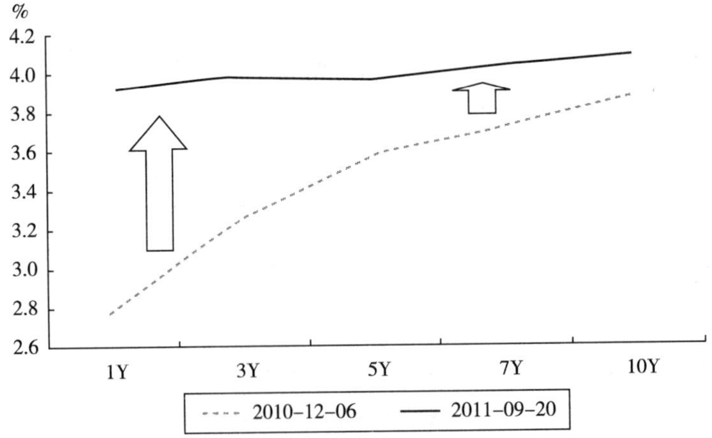

图7-9 熊市变平的实例

而长端利率债收益率上行的幅度较小。因此，在2011年第四季度牛市行情启动中，中短端利率债收益率下降的幅度大于中长端，期限利差扩大，最终使熊市变平直接过渡到牛市变陡中。

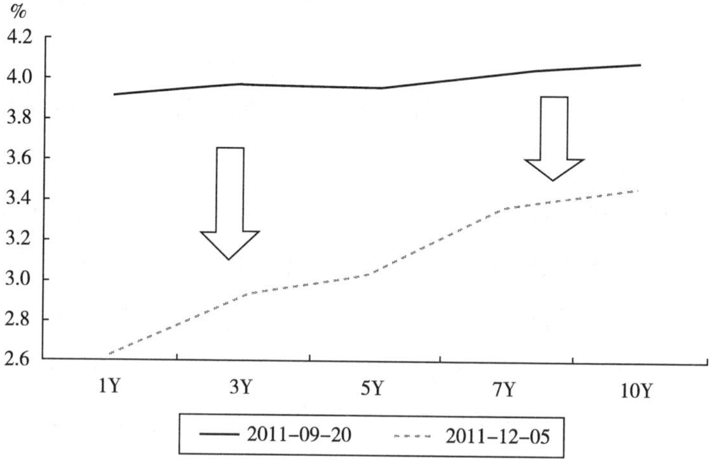

图7-10 牛市变陡的实例

6. 信用债分析：信用利差

自2008年开启中期票据发行以来，我国信用债券市场经历了6年的高速成长期，截至2015年2月，信用债托管余额从当时的8 000多亿元迅速上升至目前的10万亿元。与此同时，信用债券的品种越来越丰富，信用债发行人的信用资质也伴随市场的扩容有所下沉，中低评级债券占比不断放大。如何实现信用债的精准定价、发现信用利差的内在变动规律也成为市场越来越关注的命题。

信用利差是指，信用债收益率与市场无风险收益率之间的利差，简单地可以理解为对投资者承担的违约风险的补偿。信用利差研究最早可以追溯到Fisher（1959）对信用风险升水决定因素的开创性研究成果。之后Beaver对信用风险进行了定量研究，于1966年首次验证了公司财务数据中包含着丰富的违约信息。但是，早期的研究把信用利差单纯地解释为信用债违约风险的补偿，并通过信用利差的变化推断企业违约概率的大小。然而后来的研究发现，公司债的信用利差要比预期违约损失包含的价差大很多，这种现象被称为信用利差之谜。针对美国公司债的研究中，Amato和Renolona（2003）指出，公司债券的期限越长，信用评级越低，两者之间的差距就越大。Jing－zhiHuang 和 MingHuang（2003）发现，信用风险只解释了信用利差的很小一部分，对于期限更短的企业债的解释比例更小，而对于垃圾债，解释比例则大为提高。

国外对信用利差的一般计算方法是，用信用债收益率减去相同期限的国债收益率。也就是说，信用利差＝同期限的信用债收益率－同期限的国债收益率，所以，信用利差与国债收益率之间有着很强的逻辑关系。在美国这样的成熟市场，信用利差是与国债收益率是负相关的。其逻辑在于，当国债收益率下行（通常是经济下滑），意味着投资者买入国债用于避险（国债价格上涨，对应国债利率下行），而减少信用风险高的品种（买的人少或卖的人多，价格则下降，信用债利率上升），信用债收益率升、国债收益率降使信用利差自然扩大，从而是负相关的；而当国债收益率上行（通常是经济扩张），意味着投资者卖出国债（收益率上升），而增加了信用债的投入（收益率下降），信用债收益率降、国债收益率升，则信用利差减少，从而也是负相关。

不过，根据中信证券的研究，对于中国来说，AA＋级以上（即高等级信用债）与国债收益率之间的信用利差，与国债收益率的关系并非负相关。当然AA级，AA－级更低，即中等级及低等级信用债的信用利差则在下行时期是负相关的。而在2014年及其他时间，无论是各类等级的信用利差都是正相关的，这就意味着投资者对信用债的配置需求高于利率债。对此的解释是，美国债券流动性强，能反映市场变化，而中国中低等级信用债流动性差，难以有效反映市场。所以，中国的信用利差不单是由信用风险决定，还由债券的流动性风险决定，其中，前者导致的信用利差是国债收益率负相关，而后者则是正相关。其实在我们看来，主要的原因还是中国的评级不完善，例如 AA + 级以上都是高等级债券，类似于国债接近于无风险，所以国债收益率下行时，这些信用债下行得更快（同样具备较好的流动性且从没有违约发生），从而使信用利差下行。

表 7 – 4　　信用利差与国债收益率的关系

	经济下滑时期			其他时期
	2008 年	2011—2012 年	2014 年	
AA + 级更高	相同（除 2008 年 10 ~ 12 月）			
AA 级	相反		相同	
AA – 级更低	相反		信用利差不变	相同

资料来源：中信证券研究部整理。

就中国的信用债市场而言，在还没有出现真正的债券违约前，与国际市场相比较，中国的低评级信用利差明显偏低。不过，在 2014 年超日债发生违约后，高低等级信用债之间的信用利差将会易扩张难收缩，低评级信用债将呈现出高风险高收益的特征，也即信用评级较低的债券面临着比过往更大的压力。回顾债券市场的发展历程，高低评级间利差急剧扩大，一般预示着危机的发生，例如在 2008 年次贷危机爆发时以及 2011 年底城投债危机发生时，信用利差就快速扩大。总体来说，未来对中低等级信用债的筛选，需要做越来越多的调查与研究。

四、非转债类债基的运作与筛选

关于债券基金的分类，可以见第一章，这里不再赘述。本节将集中介绍债券基金的运作。

1. 影响债券基金运作的因素

债券基金的运作，并不是简单地到期收收利息那么简单。实际上，由于债券常受到资金流动性、市场利率与信用风险的影响，而且在中国也还有相对多的监管风险，因此债券基金的运作并不是一帆风顺。

第一，就流动性风险来说，最典型的有两次。第一次是发生在2011年中，此前央行连续5次加息，12次提准，流动性紧张导致债市在2010年8月见顶，从而导致2011年股债双杀的局面。而第二次有过之而无不及，那就是2013年6月的“钱荒”。当时流动性超前紧张，其最主要原因是银行资产负债结构错配严重、信贷增长过快、理财等表外产品的集中到期和银行自身流动性风险管理能力不足，另外，当时还受到在外汇市场变化、节日现金投放、补缴准备金、税收清缴、一些监管政策放大资金需求等多种因素叠加影响。在发生历史罕见的“钱荒”后，债券利率飙升，资金面极度紧张，而债券基金因为赎回，只能折价抛售债券，如95折，甚至9折，从而使基金净值大幅下跌。当然，实际上当年的12月还继续遭受一次“钱荒”，所以2013年是债券基金的“滑铁卢”。

第二，就利率来说，一般是降息通道中，债券基金走强，而加息通道走弱。其实，更广义地说，当货币政策宽松时，债券吸引力增加，从而债券基金走强，反之则反，而降息只不过是货币政策宽松的一部分。如从2014年1月21日开始，一扫2013年6月与12月“钱荒”阴霾，债市全面走强，而且之后走出长达10个月的慢牛行情，其最主要的原因是央行偏松的货币政策。具体从上半年看，2014年1月21日央行展开3 750亿元逆回购，4月25日又展开了定向降准，而且6月9日又继续定向降准。

第三，就信用风险来说，在2008年4万亿元投资后，经济的走弱逐渐显现。第一个就是刚性兑付的打破，该事件的始作俑者是在2014年1月发生了中诚信托“诚至金开1号”30亿元的兑付危机。该事件的始末是：（1）2014年1月15日，中诚信托发布报告称，信托计划涉及的白家峁煤矿的整合方案尚未获得批复，信托财产在1月31日前变现存在不确定性。（2）在2014年1月27日发布公告称，已与“诚至金开1号”信托计划的意向投资者达成一致，即投资者将面临两种选择，一是立刻签字拿到本金，但未获得足额预期收益。二是继续持有，收益及本金需视项目未来情况而定。（3）在1月31日兑付这天，大部分投资者放弃了尚未兑付的第三次利息，选择了本金落袋为安，并拿到了期待已久的本金。因此，该事件最终落定为本金安全、利息损失的结局，也一定程度上打破了信托公司刚性兑付的神话。2014年3月4日的超日债违约，更是成为国内首例债券违约事件。具体经过是：＊ST超日在2014年3月4日晚间公告称，“11超日债”本期利息将无法于原定付息日2014年3月7日按期全额支付，仅能够按期支付共计人民币400万元，至此，“11超日债”正式宣告违约。此后，又有了2014年3月28日因未按时付息的“13中森债”私募债违约。

第四，就监管而言，最近几年越来越频繁，越来越有针对性，包括对交易行为与法律法规的修改，它业已成为影响债券市场的重要因素之一。当然监管有有利的，也有不利的，并不能一概而论，不过总体都朝着有利的方向。

就有利的监管来说，例如对“代持养券”的监管，就显得很有必要。众所周知，杠杆是债券投资常用的工具，合规的做法是通过抵押所持有债券，在银行间或交易所市场进行融资，放大其资金头寸。代持的“灰色”之处在于，把债券过户给第三方账户，再与对方私下约定时间与价格进行回购。在此过程中，原债券的所有权发生了转移，债券损益也迁移至表外。通俗地说，就是一个50亿元的资金池，通过其他人的名义在外部养了一个超出其资金头寸很多的债券池，当面临债市上涨，原有资本金能够赚取更大收益，当然也面临更大风险。为了对这一黑幕进行监管，在2013年4月17日，万家基金的固定收益部总监及基金经理邹昱被公安部门调查，这是国内首次出现债券基金经理被警方调查的案例。2012年邹昱管理的万家添利债券基金收益为16.5%，位列全部债券基金第一名，但邹昱其实正利用了代持养券，就是“表外化”进行了放大杠杆的债券交易。

不过，也有不利的监管。例如“央行8号文”。2013年7月2日公布的中国人民银行公告〔2013〕第8号（业内简称为“央行8号文”）在第一条规定了：市场参与者之间的债券交易应当通过全国银行间同业拆借中心（以下简称同业拆借中心）交易系统达成，债券交易一旦达成，不可撤销和变更；债券登记托管结算机构不得为未通过同业拆借中心交易系统达成的债券交易办理结算。该规定中的不可撤单规定，将降低资金的使用效率，因为基金在参与银行间市场时，有最高比例限制，每次下单都会占用额度。

但有时不利的监管会被规避，从而引发更大的监管，例如“银监会8号文”与“央行127号文”。先谈被规避的“银监会8号文”。2013年3月25日，银监会下发了《中国银监会关于规范商业银行理财业务投资运作有关问题的通知》，业内俗称“银监会8号文”，旨在监管的是不在表内的无法有效监管的银行理财资金，而该理财资金投资于非标准化债权资产，这里，非标准化债权资产，是指未在银行间市场及证券交易所市场交易的债权性资产。在“银监会8号文”中，严格规范商业银行通过理财资金直接或间接投资非标准化债券资产的比例，设定了理财产品余额为35%的上限，或不得超过银行上年度总资产的4%。因此“银监会8号文”，本意是监管表外的影子银行体系。

但银行并没有通过扩大持有债券的比例来降低非标占比，而是在“银监会8号文”之后，用买入返售项的同业资产（属表内）配置了大量非标资产。所谓买入返售金融资产，是指公司按返售协议约定先买入再按固定价格返售的证券等金融资产所融出的资金。实际上，在2011年之前，买入返售业务主要投向于债券等标准化资产，而随着信托、理财等非标准化债权产品的快速发展，买入返售资产越来越倾向于配置非标资产以博取更高收益。因此，“银监会8号文”本来是利好于债券市场的，但最终正面影响微乎其微。所以，在“银监会8号文”限制理财资金购买非标资产后，非标资产的需求方开始从银行表外资金转变为表内资金，原先主要配置利率债的表内资金也开始追求高收益的非标资产，这导致国债等低风险资产受到抛压，收益率中枢不断上行。

为了打击表内非标（当然央行在书面上发文称为规范同业），2014年5月16日，央行联合银监会等5部委发布了《关于规范金融机构同业业务的通知》（业内称为“央行127号文”）。该文使表内非标——买入返售非标资产直接遭禁止，因此直接导致了银行需要新增债券等标准化工具的投资来填补非标减少的部分。当然，尽管买入返售项的非标受控，但投资项下非标会增加，从而挤占债券配置。不过，根据规定，虽然非标可以在投资项下做，但这类非标占用100%的风险权重，这样意味着比如新增5 000亿元非标就必须消耗5 000亿元的资本金，这将使非标收益大打折扣，所以投资项的非标难以替代债券配置。

2. 债券基金的杠杆

在2014年12月之前，债券基金的收益率相对来说，还是高于银行理财的。高收益的来源，一方面由于在2014年前从没有发生过债券违约，另一方面在于杠杆放的很高，例如在2013年5月之前，大多数债券基金的杠杆都超过了1.4倍，而像代持养券便是更大的放杠杆。不过，2014年12月8日晚间的一项通知，改变了债券投资的粗放时代。在该日晚间：中证登发布《关于加强企业债券回购风险管理相关措施的通知》（以下简称《通知》），《通知》调整了企业债质押回购。具体来说，在地方政府性债务甄别清理完成后，对于纳入地方政府一般债务与专项债务预算范围的企业债，中证登继续维持现行的回购准入标准；而对于未纳入地方政府一般债务与专项债务预算范围的企业债，中证登则仅接纳债项评级为AAA级、主体评级为AA级以上的企业债券进入回购质押库。

对债市而言，这就意味着过去低等级放杠杆套息的模式一去不复返，券商与基金的行为都将重新调整，尤其是对于高杠杆的基金，只能被迫整体去杠杆。《通知》的影响是迅速的，因为在 2014 年 12 月 9 日我们看到债券市场收益率大幅飙升，其中 10 年期、5 年期的国开债收益率分别在 4.7%、4.6%的高位，这相当于一次 MLF，一次降息的累计盈利全部回吐。由于基金等机构还面临着赎回压力，因此可以说去杠杆的连锁反应，不亚于 2013 年 6 月的“钱荒”。

实际上，监管层早在 2013 年 4 月底就意识到债券基金高杠杆风险了，所以在当年的 4 月 27 日，证监会出台《公开募集证券投资基金运作管理办法（征求意见稿）》，诸多修订之中，就有一个要点是：债券基金总资产不得超过其净资产的 140%，换言之，杠杆倍数不得超过 1.4。而我们看到，该意见稿已经在 2014 年 8 月 8 日实施的《公开募集证券投资基金运作管理办法》（以下简称《办法》）落实：《办法》中第四章的第三十二条规定，基金总资产不得超过基金净资产的百分之一百四十。

这里，基金资产净值是指在某一基金估值时点上，按照公允价格计算的基金资产的总市值扣除负债后的余额，该余额是基金份额持有人的权益，所以也就是基金的净资产。而基金的总资产是指基金拥有的所有资产（包括股票、债券、银行存款和其他有价证券等）按照公允价格计算的资产总额，它是基金资产净值与基金总负债之和。根据每只债券基金的季报或年报，我们可以看到基金总资产与基金资产净值。

我们以 2015 年第二季度中的工银瑞信纯债（000402）的二季报为例，根据第一节中的财务指标，可以计算出基金资产净值 1 198 403 156.74 元，即 A 类净值 352 628 988.43 与 B 类净值 845 774 168.31 之和。而在投资组合这节中，直接给出了总资产为 2 000 108 975.58 元。所以基金的杠杆为 1.67，即 2 000 108 975.58/1 198 403 156.74。由于超过了 1.4 倍杠杆，所以从规定来说，该基金是不合规的。值得一提的是，后面还给出了债券投资组合，在最后一行中有债券公允价值占债券资产净值的比例为155.35%，而这个并不是债券基金的杠杆。但我们由此可以得出基金资产净值为1 198 403 156.74元，即1 861 705 191.99/155.35%。之后，根据总资产/基金资产净值来算出债券基金杠杆。

表7－5　2015年第二季度中的工银瑞信纯债（000402）的主要财务指标

主要财务指标	报告期（2015年4月1日—2015年6月30日）	
	工银纯债债券A	工银纯债债券B
1. 本期已实现收益	6 720 176.11	17 092 478.96
2. 本期利润	4 040 638.72	16 741 092.31
3. 加权平均基金份额本期利润	0.0161	0.0236
4. 期末基金资产净值	352 628 988.43	845 774 168.31
5. 期末基金份额净值	1.159	1.154

表7－6　2015年第二季度中的工银瑞信纯债（000402）的投资组合

序号	项目	金额（元）	占基金总资产的比例（%）
1	权益投资	—	—
	其中：股票	—	—
2	固定收益投资	1 861 705 191.99	93.08
	其中：债券	1 861 705 191.99	93.08
	资产支持证券	—	—
3	贵金属投资	—	—
4	金融衍生品投资	—	—
5	买入返售金融资产	—	—
	其中：买断式回购的买入返售金融资产	—	—
6	银行存款和结算备付金合计	58 414 217.90	2.92
7	其他资产	79 989 565.69	4.00
8	合计	2 000 108 975.58	100.00

表 7-7　2015 年第二季度中的工银瑞信纯债（000402）的债券投资组合

序号	债券品种	公允价值（元）	占基金总资产的比例（%）
1	国家债券	60 453 000.00	5.04
2	央行票据	—	—
3	金融债券	800 800 000.00	66.82
	其中：政策性金融债	800 800 000.00	66.82
4	企业债券	929 611 191.99	77.57
5	企业短期融资券	10 070 000.00	0.84
6	中期票据	60 771 000.00	5.07
7	可转债	—	—
8	其他	—	—
9	合计	1 861 705 191.99	155.35

债券基金的杠杆是一把双刃剑，一般在债券牛市时，表现出正面作用，但是像 2011 年股债双杀与 2013 年的“钱荒”期间，高杠杆的债券基金，就带来了显著的负面作用。当然，债券基金的杠杆到底多少是合适的，并没有定论，因为这还是要依据债券市场，以及债券基金配置债券的情况去判断。不过，我们并不建议申购那种一直高杆杠的债券基金。值得一提的是，对于封闭式债券基金来说，由于不受到申购与赎回的影响，高杠杆倒是可取的。

3. 非转债债基的筛选

这里所给出筛选规则，并不适用于可转债基金，因为后者更多的是与股市相关，关于可转债基，我们将在后面单独讨论投资策略。关于非可转债类债基，我们认为可以从如下角度进行筛选。

第一，基于交易费用角度考量。在较早之前，债券基金会有 A、B、C 之分。如最早成立于 2002 年 10 月的华夏债券基金，就有华夏债券 A/B（001001）与华夏债券 C 类。当同时存在 ABC 时，通常 A 为前端收费（即认购与申购时就收费），B 为后端收费（即认购与申购时先不收费，但赎回收费，且持有时间越长，收费越低），C 类为收销售服务费而不收申购费。后来的债券基金，一般只有A类与C类，或A类与B类，此时C类与B类就是一个概念了，即都为收销售服务费而不收申购费。这三类收费模式对持有时间而言的，对于长期投资来说，B类的后端收费是最适合的，其次是A类，而对于C类，因为长期下来，销售服务费的累积下来已经达到申购费了，所以，C是适合短期的。

第二，基于基金经理角度考量。债券型的基金经理，相对于股票行来说，其实稳定性会更强。所以，管理经验越丰富（如基金管理得越多），时限越长，过往业绩管理的越好的基金经理，就更有说服力。有一个经验技巧是，一般每个基金公司的固定收益投资总监与副总监，都会是较好的选择，例如，工银瑞信基金的杜海涛，中银基金的奚鹏州，建信基金的钟敬棣等，他们管理的债基，整体上都好于同公司的或同类型的。

第三，基于银行系与大公司角度考量。就债券来说，因为好的债券常被抢购，此时有银行背景的债券基金，可能机会就更大，因为银行系统，尤其是大行，会掌握更多更好的券种。所以，银行系会出相对好的债券基金，如工行系统的工银瑞信添颐基金，建行系的建信双息红利，中银系的中银稳健双利。而就大公司来说，总体倒不是体现在券源上，而是投研上，比如易方达基金，在固定收益方面就有优势。

第四，基于基金经理的分工角度考量。对于像可以投资一级市场（如定增与打新股）的一级债基，以及可以二级市场交易的二级债基来说，除了有一个基金经理管理债券基金以外，还可以将部分资金分配给另外一个管理股票的能手。而最佳的组合，一般是固定收益总监，然后股票明星基金经理或绩优基金经理。例如，工银瑞信添福（000184）基金，债券部分由固定收益投资总监杜海涛担任，而股票部分由2014年股票型第一的工银金融股地产的鄢耀担任，所以之后的业绩一直不错。

第五，基于年化收益率角度考量。债券基金不像股票型基金那么注重相对收益，更多的是在乎绝对收益，也就是说，绝对收益放第一位，而相对收益的排名放在其次。对于多数债券基金来说，由于年限的不一致，所以若要统一比较的话，可以用年化收益率。这里的年化收益率，按照自然天数来折算，具体公式为年化收益率 = （1 + 累计收益率）^（365/累计自然天数）。例如一个基金管理的自然天数有 183 天，累计收益率是 3%，则年化就是 6%。不过，年化收益率，最好是同类型做对比，因为像二级债基在股市大涨的时候，年化可以达到 100% 以上，而且最好是成立时间较为一致的，或者经历的阶段、市场环境是相似的。

第六，基于基金的回撤幅度考量。虽然债券基金的回撤幅度较小，但在债券熊市时，也可以达到 10% 的回撤，例如 2013 年 6 月的“钱荒”时，而对于二级债基，在股市大幅下挫时，也会有很大的回撤，例如 2015 年 6 月中下旬的股灾。关于回撤多少，并没有特定的评价方法，所以回撤最好与年化收益率高的基金相结合，比如年化收益率差不多的基金，但一只回撤明显，则最好被排除。

总体来说，投资一只非转债类的债基，最好不要单看一个指标，而最好从绝对收益、基金经理、基金公司出身及交易费用等多个角度去综合考虑。

五、可转债基的运作

1. 可转债基的全市场分类

投资者大多知道若股市走强，那么投资股票的二级债基，以及参与增发与打新（当然现在新股中签率低）的一级债基，会有比较好的收益。但是二级债基投资股票不超过 20%，因此很难做到像股票基金那么牛。

幸好市场还存在一种债基，能像股基那样迅速大涨，如 2014 年长信可转债 A 收益率就达到了 90% 以上，它其实就是股市走牛时，异军突起的可转债基——纯粹的可转债基一般投资比例不低于 80% 。而像 B 类转债分级因为有 3 倍杠杆，因此收益率更是远超股基，如 2014 年银华可转债分级 B 收益达到 165% （当然只能通过划分或二级市场买入才能实现）。

由于可转债与其所对应的股票（即正股）正相关，所以在 2014 年降息后，由于大盘股大涨，因而对应的可转债也跟随上涨，比如国金转债、中行转债、国电转债等。我们可以看到，2014 年 11 月到 2015 年 6 月，中证转债指数跑赢了多数市场指数。但需要特别提示的是，可转债基仅在牛市中才有机会，在熊市中风险很大。

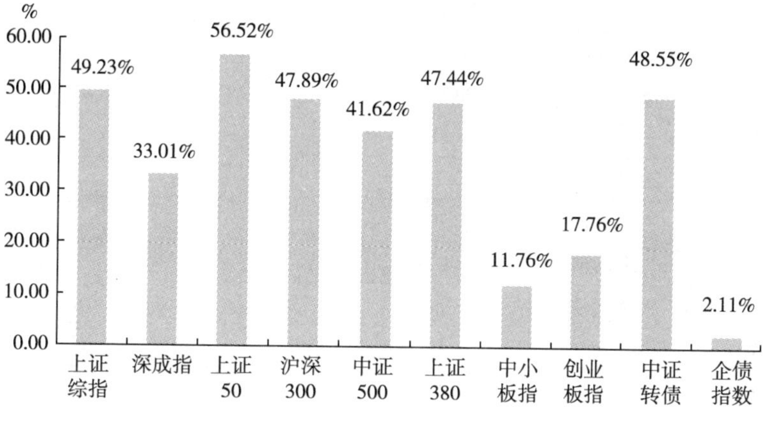

图 7－11　2014 年各类市场重要指数涨幅（截止到 2014 年 12 月 26 日）

不过，在 2015 年 5 月之后，沪深两市的可转债多数因为牛市而提前赎回了，实际上是大多数转换成正股了。但在 2015 年 1 月 8 日前，还是有较多的可转债的。从未来而言，可转债作为一种融资方式，一定会长久存在下去，所以本文有必要继续介绍该类品种以及相应的可转债基金。下面为大家总结了两类可转债基金，一类是纯粹的可转债基，另一类是双债基金，即可转债与信用债共同配置的债基。

表 7－8　　沪深两市可转债（截止到 2015－01－08）

上交所可转债			深交所可转债		
代码	名称	现价	代码	名称	现价
110009	双良转债	93.82	125089	深机转债	135.3
110011	歌华转债	144.53	126729	燕京转债	135.898
110012	海运转债	137.55	127002	徐工转债	168.69
110015	石化转债	145.57	128002	东华转债	169.99
110017	中海转债	149.27	128005	齐翔转债	146
110018	国电转债	196.72	128006	长青转债	143.5
110019	恒丰转债	136.17	128007	通鼎转债	142.8
110020	南山转债	155.29	128008	齐峰转债	141.8
110022	同仁转债	155.5	128009	歌尔转债	140.002
110023	民生转债	135.84			
110025	国金转债	194.97			
110027	东方转债	200			
110028	冠城转债	149.81			
110029	浙能转债	150.2			
113001	中行转债	164.78			
113002	工行转债	148			
113005	平安转债	171.79			
113006	深燃转债	134.97			
113007	吉视转债	140.01			
113501	洛钼转债	145.96			

下面统计的可转债基，截止时间为 2014 年 12 月 26 日。这里，有五点值得注意。

第一，表 7－9 中的分级 A 与分级 B 只能在场内交易，而不能申购与赎回，且分级 A 是固定收益，并不能分享牛市收益，这里将其写上去只为了完整，不过，表中的东吴、招商与银华的分级，都能配对转换，也就是说可以套利（A 与 B 一般是 7∶3，初始杠杆为 3.33 倍），显然三个母基金是可以场内外申购与赎回的。

第二，表 7 – 10 中的招商双债分级母基金并不存在，也就是说投资者并不能申购，而 A 与 B 只能场内像股票一样买卖，当然 2 年后将转型为 LOF 债基，届时可以申购与赎回。

第三，表 7 – 9 与表 7 – 10 中的 A 类债基与 C 类的区别是，前者有申购与赎回费，而后者没有，但收取销售服务费（每日计提），因此短线投资者可以买 C 类，而中长线的可以买 A（收益率一般是 A 高）。

第四，由于可转债基与正股正相关系数非常高，因此波动也剧烈，对于一般的投资者，也可以采取定投的方式平滑风险。

第五，表 7 – 9 与表 7 – 10 中的指数型纯债基，纯债基金只能买可转债及债券，而不能与股票沾边，而一级债基可以参与一级市场的增发与打新股，二级债基则可以全部参与，但股票不能超过 20%。一般是纯债风险最低，二级的最高。但就可转债基的风险来说，并不能绝对，因为毕竟可转债在牛市中类似于股票。

表 7 – 9　　纯粹的可转债基（截止到 2014 年 12 月 26 日）

代码	名称	债基类型	成立日期	成立以来涨幅
050019	博时转债增强 A	二级债基	2010 – 11 – 24	51.60%
050119	博时转债增强 C	二级债基	2010 – 11 – 24	50.20%
100051	富国可转债	二级债基	2010 – 12 – 08	38.10%
240018	华宝兴业可转债	一级债基	2011 – 04 – 27	51.55%
470059	汇添富可转债 C	二级债基	2011 – 06 – 17	70.75%
470058	汇添富可转债 A	二级债基	2011 – 06 – 17	73.05%
040023	华安可转债 B	二级债基	2011 – 06 – 22	51.80%
040022	华安可转债 A	二级债基	2011 – 06 – 22	53.90%
163817	中银转债增强 B	二级债基	2011 – 06 – 29	81.00%
163816	中银转债增强 A	二级债基	2011 – 06 – 29	83.50%
090017	大成可转债增强	二级债基	2011 – 11 – 30	66.04%
310518	申万菱信可转债	二级债基	2011 – 12 – 09	81.05%

续表

代码	名称	债基类型	成立日期	成立以来涨幅
519976	长信可转债 C	二级债基	2012－03－30	96.52%
519977	长信可转债 A	二级债基	2012－03－30	101.38%
530020	建信转债增强 A	二级债基	2012－05－29	91.20%
531020	建信转债增强 C	二级债基	2012－05－29	89.40%
000004	中海可转债 C	二级债基	2013－03－20	40.40%
000003	中海可转债 A	二级债基	2013－03－20	40.30%
161625	融通标普中国可转债 C	指数型	2013－03－26	42.20%
161624	融通标普中国可转债 A	指数型	2013－03－26	43.00%
000068	民生加银转债优选 C	二级债基	2013－04－18	41.00%
000067	民生加银转债优选 A	二级债基	2013－04－18	41.90%
000080	天治可转债增强 A	纯债基	2013－06－04	24.40%
000081	天治可转债增强 C	纯债基	2013－06－04	23.60%
150144	银华中证转债增强分级 B	指数型	2013－08－15	196.33%
161826	银华中证转债增强分级	指数型	2013－08－15	43.90%
150143	银华中证转债增强分级 A	指数型	2013－08－15	8.28%
000536	前海开源可转债	二级债基	2014－03－25	44.60%
165809	东吴中证可转换债券分级	纯债基	2014－05－07	41.72%
150164	东吴中证可转换债券分级 A	纯债基	2014－05－07	3.81%
150165	东吴中证可转换债券分级 B	纯债基	2014－05－07	127.10%
150189	招商可转债分级 B	一级债基	2014－07－31	247.51%
161719	招商可转债分级	一级债基	2014－07－31	60.69%
150188	招商可转债分级 A	一级债基	2014－07－31	2.31%

表 7－10　双债方向的可转债基（截止到 2014 年 12 月 26 日）

代码	名称	债基类型	成立日期	成立以来涨幅
161216	国投瑞银双债增利 A	一级债基	2011－03－29	43.55%
110036	易方达双债增强 C	一级债基	2011－12－01	25.03%
110035	易方达双债增强 A	一级债基	2011－12－01	27.22%
270045	广发双债添利 C	纯债基	2012－09－20	5.20%

续表

代码	名称	债基类型	成立日期	成立以来涨幅
270044	广发双债添利 A	纯债基	2012－09－20	6.10%
150127	招商双债增强分级 B	一级债基	2013－03－01	8.70%
161716	招商双债增强分级	一级债基	2013－03－01	7.90%
161717	招商双债增强分级 A	一级债基	2013－03－01	8.08%
000054	鹏华双债增利	二级债基	2013－03－13	10.10%
000048	华夏双债增强 C	一级债基	2013－03－14	18.90%
000047	华夏双债增强 A	一级债基	2013－03－14	19.50%
000143	鹏华双债加利	二级债基	2013－05－27	13.25%
000149	华安双债添利债券 A	纯债基	2013－06－14	22.40%
000150	华安双债添利债券 C	纯债基	2013－06－14	22.50%
000208	建信双债增强债券 C	一级债基	2013－07－25	14.02%
000207	建信双债增强债券 A	一级债基	2013－07－25	14.62%
000281	博时双债增强 C	纯债基	2013－09－13	10.41%
000280	博时双债增强 A	纯债基	2013－09－13	10.81%
000338	鹏华双债保利债券	二级债基	2013－09－18	9.72%
164814	工银瑞信双债增强	二级债基	2013－09－25	21.36%
000378	上投摩根双债增利债券 C	二级债基	2013－12－11	19.61%
000377	上投摩根双债增利债券 A	二级债基	2013－12－11	20.05%
000481	华商双债丰利债券 C	二级债基	2014－01－28	24.11%
000463	华商双债丰利债券 A	二级债基	2014－01－28	25.22%
161221	国投瑞银双债增利 C	一级债基	2014－03－28	24.95%
400029	东方双债添利 C	二级债基	2014－09－24	25.38%
400027	东方双债添利 A	二级债基	2014－09－24	25.40%

2. 可转债基的操作策略

下面我们针对可转债基，给出了五大操作策略，以供参考。

策略（1）积极的投资者，可以申购净值占比大的可转债基。

很多投资者不知道为何同样投资可转债的基金，会有收益上的差距，这里有两个原因，第一是可转债是否选对了，比如2014年早期大量配置国金转债的基金，就更受益于国金转债的基金。第二个，也是更重要的原因是，可转债占净值的比例是否放大。一般来说，可转债占比都不低于80%，但是，由于债券可以质押回购的缘故，所以可转债也可以放大资金杠杆，这样就类似于融资融券的交易，收益也就放大了。例如，根据2014年第三季度季报，我们列出了可转债占净值比例最大的16只基金。通过最近半年以来的业绩，我们发现这些基金，普遍跑在前面。

表7－11　　杠杆最大的可转债基（基于2014年第三季度季报）

代码	名称	债基类型	成立日期	第三季度季报可转债占比
050019	博时转债增强 A	二级债基	2010－11－24	164.47%
050119	博时转债增强 C	二级债基	2010－11－24	164.47%
240018	华宝兴业可转债	一级债基	2011－04－27	125.57%
040023	华安可转债 B	二级债基	2011－06－22	138.64%
040022	华安可转债 A	二级债基	2011－06－22	138.64%
163817	中银转债增强 B	二级债基	2011－06－29	119.28%
163816	中银转债增强 A	二级债基	2011－06－29	119.28%
090017	大成可转债增强	二级债基	2011－11－30	134.03%
310518	申万菱信可转债	二级债基	2011－12－09	123.25%
519976	长信可转债 C	二级债基	2012－03－30	156.28%
519977	长信可转债 A	二级债基	2012－03－30	156.28%
530020	建信转债增强 A	二级债基	2012－05－29	126.85%
531020	建信转债增强 C	二级债基	2012－05－29	126.85%
000068	民生加银转债优选 C	二级债基	2013－04－18	189.81%
000067	民生加银转债优选 A	二级债基	2013－04－18	189.81%
165809	东吴中证可转换债券分级	纯债基	2014－05－07	104.8%

策略（2）稳健的投资者，可以套利可转债分级基金。

市场中可以套利的分级基金，截止到2014年12月26日，共有3只：银华中证转债增强分级、东吴中证可转换债券分级、招商可转债分级。由于折价套利一般在熊市中，所以这里，一般指的是溢价套利，即当二级市场（场内）A 与 B 合并的价格大于母基金时，且溢价率能在 10% 以上时，可以申购母基金套利，然后拆分成 A 与 B，并卖出。当然，最激进的操作方法是，你可以不断拆分，然后只保留 B。这里，值得特别注意的是，可转债基金 A 与 B 的比例通常是 7:3，而不像股票指数分级那样是 1:1。

表 7－12　市场仅有的可套利的可转债基（截止到 2014 年 12 月 26 日）

代码	名称	债基类型	成立日期	成立以来涨幅
150144	银华中证转债增强分级 B	指数型	2013－08－15	196.33%
161826	银华中证转债增强分级	指数型	2013－08－15	43.90%
150143	银华中证转债增强分级 A	指数型	2013－08－15	8.28%
165809	东吴中证可转换债券分级	纯债基	2014－05－07	41.72%
150164	东吴中证可转换债券分级 A	纯债基	2014－05－07	3.81%
150165	东吴中证可转换债券分级 B	纯债基	2014－05－07	127.10%
150189	招商可转债分级 B	一级债基	2014－07－31	247.51%
161719	招商可转债分级	一级债基	2014－07－31	60.69%
150188	招商可转债分级 A	一级债基	2014－07－31	2.31%

策略（3）保守的投资者，可以采取“定投分级＋溢价套利”的策略。

保守的投资者，一般希望本金尽量少亏，但同时又希望超越纯债基金的收益率。此时，可以选择可转债基定投来减少亏损。我们从可转债基分类的两个表可以看到，可转债基自成立以来，没有一只发生亏损。即使有股票性质，成立最早的兴全可转债去看，最大回撤率也相对较小，所以很容易通过定投赚钱。

不过，我们又希望能尽量获得超额收益，所以最好结合溢价套利进行，即定投到市场转好时，可以将母基金拆分成 A 与 B，然后保留 B，卖出 A。然后继续定投，这样的好处是，可以充分分享牛市的收益，同时也能平滑风险。

策略（4）牛市建议买入纯粹的可转债基，震荡市或熊市可以买入双债基金。

一般而言，牛市的时候，可转债就表现出股性，类似股票，所以一定要选择加杠杆的可转债。而熊市时，由于可以配置信用债，所以双债基金表现相对优势。那么，如何选择双债基金呢？第一，要选择基金经理，尤其是择债能力强的，例如国投瑞银的陈翔凯就较好。第二，最好选择银行系背景。第三，最好选择收益率平稳的，且年化收益率靠前的。

策略（5）短线操作可以选择 C 类份额，中长线可以选择 A 类。

可转债基一般都有 A 类与 C 类（或者 A 类与 B 类），前者是有申购与赎回费的，后者则没有，但有每日计提的销售服务费。所以，一般每日看到的净值都是 A 类较高。对于短线操作而言，比如 1 个月，则可以选择 C 类，因为每日计提的费用小于你的申购费。但对于中长期投资者来说，则可以选择 A 类。

六、分级债基的运作

纯债基、一级债基与二级债基还包括了一类相对特殊的基金，它是分级债基，由于运作特殊，所以做特别分析。分级债基，其实与分级股票型基金类似，无非就是提供了收益分配的不同方式，只不过债券分级基金的初始杠杆比例，通常比股票型与指数型分级都高，不过一般不会超过 10/3 倍。相对于股票型的分级基金，债券分级基金的 A 份额大概率能够获得确定的收益率（大概年化 4.5% 左右），所以比较为投资者所欢迎，例如在银行渠道中，分级 A 份额常被抢购。下面，我们针对 3 类分级债基的基本运作，给出一个基本概况。由于纯债分级与一级分级运作类似，所以统一介绍。

1. 纯债基与一级债基的分级运作

纯债与一级分级债基，在分级方式上是一致的，要说区别，无非就是纯债基与一级债基的区别。下面，我们给出了这两类分级债基的基本运作方式。

（1）基金份额

从招募说明书的基金份额的分级条款中，可以看到所有的分级纯债基，都没有母基金份额（基础份额），而只有 A 份额与 B 份额。另外，在基金的年报与季报中，也会明确的给出 A 份额与 B 份额的具体份数，显然报告中不会有基础份额的份数。而 A 份额与 B 份额的比例，常见的为7:3。

（2）募集方式

从招募说明书的基金的募集，可以看到 A 类与 B 类份额，都是分开或独立募集。也就是说，投资者可以单独持有 A 类份额或 B 类份额。这里，A 类份额，都是场外募集（通常在银行与基金直销渠道中），登记在注册登记系统，B 类份额，可以场外与场内募集，其中场外登记在注册登记系统，而场内份额，登记在证券登记结算系统。当然，募集完毕后，资产合并运作。

（3）约定收益

A 类份额都有约定收益率，由于有 B 类份额做担保，所以几乎百分之百的情况下能兑现，因为只有在 B 类资产归零时才可能不兑现，这几乎是不可能的。其中，约定收益率，有些是 1.35 倍 1 年期间银行定存，有些是 1.4 +1 年期定存收益，有的是 4.25%。一般来说，约定收益率控制在 4.5%左右。

（4）开放与封闭方式（交易方式）

根据招募说明书，A 类份额一般都要定期打开申购赎回，但不在二级市场上市交易；而 B 类份额则封闭运作，并且大多数也可以在场内上市交易，所以一般情况下，申购与赎回只是针对 A 份额而言，而在场外持有 B 类份额的，则只能转托管到场内二级市场中卖出，而不能赎回。但也有个别 B 不上市交易的，例如海富通双利分级 B（519053），就不是上市交易的，而是每一运作周年到期才开放。这里，A 类份额，定期开放的时间一般每隔 6 个月，届时将几个交易日将打开申购与赎回。而 B 类份额，一般在 3 年内封闭运作，此时 B 份额不变。值得一提的是，A 份额若申购踊跃，则将出现 A 份额过多的情形，而由于原则上比例不能超过 7:3，所以将按比例配售。从交易来说，有些 B 类是不上市交易的，但实际上，也可以让投资者不用操心二级市场的波动，只不过从流动性来说，的确还是上市交易更适合点。

（5）折算方式

折算只是针对 A 类份额而言的，B 类份额不参与。对于 A 类份额而言，每当开放申购与赎回时，将要进行定期折算。折算时，A 类份额净值为 1 元，而份额相应增加。比如 A 类份额折算时，净值为 1. 03 元，份额是 1 亿份，则折算后，净值为 1 元，份额为 1. 03 亿份。

（6）期满后的运作

纯债与一级分级债基，多数都有一定的运作期限。合同生效后一定时间，通常是 3 年后，也有 18 个月，24 个月，5 年的（如天弘添利分级），则 A 类与 B 类份额将不存在，此时 A 与 B 合并成母基金，作为债券型 LOF 基金上市交易。当然，也有像富国汇利基金转型为可以可配对转换的富国汇利回报分级债基金，而原先是不可配对转换的。

2. 二级债基的分级运作

按照 2011 年 12 月 18 日《分级基金产品审核指引》，债券型分级基金已经不再允许投资股票市场，因此，分级二级债基金已经不能再发行。不过，2013 年 3 月成立的工银瑞信增利分级基金，则可以投资，所以属于二级债基。之后，还有海富通双福分级（519059），中海惠详分级（000674），天弘瑞利分级（000774），也是二级债基，因此有时候证监会的指引并不严格。

分级的二级债基，相对于纯债基与一级基与纯债基而言，收益与风险都显著增加。一般来说，若发行的时机较好，并且基金经理债券管理经验丰富，则二级债基的母基金将有很高的收益率。而通常A的约定收益率为三年期定存+0.7%，差不多年化收益率4.5%左右，因此分级B份额收益会非常高，例如海富通稳健增利B成立不到2年，已经达到了63.8%的收益率。不过像嘉实多利分级由于成立时间点较差，则使得B份额至今亏损。

分级的二级债基，其运作方式要复杂得多，有的类似于纯债基与一级债基那样运作，有的像股票型基金那样运作。由于数目较少，可以对5个典型的分级二级债基，逐一进行点评。

（1）大成景丰分级

份额方面：有A份额与B份额，没有基础份额，按7:3比例配比；A份额的约定收益率为3年期定存+0.7%。

募集方式：合并募集，场内、场外的份额募集后将全部拆分为A份额与B份额。

交易方式：有3年的封闭期，在这期间A份额与B份额都不开放申购与赎回。不过，A份额与B都可以上市交易，场外的A份额与B份额也可以转托管到二级市场交易。因此，若在银行持有A份额或B份额的，若要卖出，则只能转托管到场内，然后在二级市场卖出。

折算方式：3年封闭期之间，不进行折算；3年封闭期结束后，将合并成基础份额。

期满后：将转成大成景丰债券型证券投资基金（LOF）。

（2）嘉实多利分级

份额方面：有A份额与B份额，也有基础份额，按8:2比例配比；A的约定年化收益率为5%。

募集方式：合并募集，其中，场外的份额默认为基础份额，而场内份额募集后将全部拆分为场内的 A 份额与 B 份额。

份额配对转换（套利）：该基金可以类似于股票分级那样配对转换，方法具体见“第二部分”。

交易方式：开放式，但申购与赎回只能针对基础份额，而 A 份额与 B 份额不提供申购与赎回。A 份额与 B 份额，都可以上市交易。另外，场外份额可以进行转托管，然后在场内进行合并、拆分，进行相应的套利。

折算方式：该基金也有定期与不定期折算，其中定期为 1 年（在净值大于 1 或小于时，有不同的折算方法），而不定期的触发目标为进取份额跌破 0.4 元时。

期满后：期限永续，除非股东大会转型。

（3）中欧鼎立分级

份额方面：有 A 份额与 B 份额，也有基础份额，按 7∶3 比例配比；A 的约定年化收益率为 1 年定存 +1%。

募集方式：合并募集，其中，场外的份额默认为基础份额，而场内份额募集后将全部拆分为场内的 A 份额与 B 份额。

份额配对转换（套利）：1 年期满后，由于基础份额可以申购与赎回，所以该基金可以类似于股票分级那样配对转换，方法具体见“第二部分”。

交易方式：1 年内，基础份额封闭运作，不接受申购与赎回，而 A 份额与 B 份额上市交，1 年后，基础份额可以申购与赎回，但 A 份额与 B 份额不可。另外，场外份额可以进行转托管，然后在场内进行合并、拆分，进行相应的套利。

折算方式：该基金也有定期与不定期折算。其中，合同生效满 3 年内，若 B 份额（鼎立 B）净值高于 0.3 元，则 3 年期满的最后一个交易日为折算日。实际上，也就是说，只要 B 份额净值一直高于 0.3 元，则 3 年折算一次。在合同生效满 3 年内，若 B 份额（鼎立 B）净值≤0.3 元，则某天低于0.3元的时间点，就为不定期折算点。不过，无论是定期还是不定期折算，折算方法都一致。具体为：先将基础份额、A份额与B份额折算后的净值都定为1元（A份额与B份额只在场内有），然后基础份额按折算比例进行扩大或缩减（比如若基础份额为1.13元，则份额扩大1.13倍），而场内A份额与B份额都换成1元的场内基础份额，最后将场内基础份额按比例拆分场内的A与B。值得一提的是，这种折算方式，不同于上面所说的折算方式，但是与之最类似的为不定期折算中的向上不定期折算。

期满后：期限永续，除非股东大会通过转型。

（4）海富通稳健增利分级

该基金与大成景丰分级一致，封闭3年，没有基础份额，不能配对转换，3年后转成LOF。3年封闭期，A类份额的约定收益率为3年定存+0.5%，所以年化收益率大概4.3%。详情可以参见大成景丰分级。

（5）工银瑞信增利分级

该基金尽管为二级债基，但运作方式与分级的一级债基一致。具体为：该基金封闭3年，没有基础份额，不能配对转换，3年后A份额与B份额转换成基础份额的LOF基金；A类份额每6个月开放一次申购与赎回，但不上市交易；B份额3年内只在场内交易，场外的B份额要转托管后才能卖出。3年封闭期内，A类份额的每年约定收益率为1年定存+1.4%。

至于海富通双福分级（519059），中海惠详分级（000674），天弘瑞利分级（000774），它们都是不能配对转换的。实际上，能否配对转换，只要看A类是否上市交易即可。具体关于这3只债基的情况，可以参考基金招募说明书。

第八章　QDII 型基金实战

一、QDII 基金概述

所谓 QDII 基金，就是投资于中国内地市场之外的基金。从投资市场或区域来看，QDII 基金可以投资单一的市场，例如中国香港市场、美国市场、新兴市场、亚太区域等，也可以综合投资全球市场。从投资品种来看，可以投资全球的股票、基金、债券、大宗商品、贵金属、不动产等。之所以要发行 QDII 基金，主要原因有两个。第一是平衡国内的资产。由于国内 A 股市场成熟度不足，所以可以通过投资诸如美国等成熟市场，来对冲国内的系统性风险。第二是扩大国内投资者对海外投资品种的需求。例如大宗商品、美国标普 500 指数、房地产信托基金、黄金概念基金都是国内投资者所关注的，QDII 基金的发行正好满足了投资者的需求。

当然，由于是投资海外市场，所以投资主动管理的 QDII 基金，投资者就面临两大风险。第一是基民难以明白投资品种，即使基金季报上显示有股票、债券等的配置，国内的投资者也看不明白。第二是面临汇率波动风险，例如华安国际配置，尽管封闭运行了 3 年，结果还是亏损告终，尽管华安基金自掏腰包 2 000 万元人民币以实现保本，但投资者还是面临 18.9% 的汇兑损失。

国内发行最早的 QDII 基金为华安国际配置（已经退市），其于 2006

年 11 月 2 日成立。但 QDII 基金为投资者所熟识，则出现在 2007 年牛市最高阶段（5 000 点上方）。在 2007 年 9 月到 10 月期间，国内较大的公募基金公司发行了南方全球精选、华夏全球精选、嘉实海外中国、上投摩根亚太优势 4 只基金。不过，当时的发行时点，正好处于 2008 年次贷危机前期，且国外股市正处于牛市高位，因此这 4 只基金，在成立 8 年多的时间里，还普遍亏损。

二、QDII 基金的大类划分

截止到 2015 年 5 月 30 日，共有 119 只 QDII 基金（包含美元结汇的基金）。按投资区域可分为：全球、美国、亚太区域、中国香港、海外中国。按投资品种可以分为：大宗商品、贵金属、不动产、消费品、股票、债券、海外指数基金。

由于当前没有关于 QDII 基金的分类，我们认为综合投资区域与投资品种，可以将 QDII 基金分为 4 大类：大中华及亚太类，美国及新兴市场类，环球股票与债券类，商品资源类。之所以将大中华与亚太区域归为一类，是因为其中的 QDII 基金，都将涉及海外中国概念股票。而将美国及新兴市场作为一类，是因为美国是成熟发达的经济体，而新兴市场则是发展中的经济体，两者归为一类，能更好比较。环球股票与债券类，则是将全球的股票与债券市场都作为一类进行配置。而商品资源类则包括了贵金属、房地产与大宗商品，三者都具有商品属性。

当然，这里面可能会有重叠，例如鹏华美国房地产，归属于美国市场，为了处理这类情况，我们将与该基金最接近的大类，作为该基金的大类归属。相应地根据 4 大类划分，还可以分为 11 个细类。这样，所有 QDII 基金都可以在此范围内。以后，若有创新的 QDII 基金，则可以很容易在现有分类的基础上添加新的大类。

表 8－1　　所有 QDII 基金的大类与细类划分

大类归纳	细分大类	代表性 QDII 基金
大中华及亚太类	海外中国	嘉实海外中国，海富通大中华精选，景顺长城大中华
	中国香港市场	富国中国中小盘
	亚太市场	上投摩根亚太优势
美国及新兴市场类	美国指数	大成标普 500
	新兴市场	南方金砖四国
环球股票及债券类	全球配置	南方全球精选
	海外债券	华夏海外收益 C
	高端消费品	易方达标普全球高端消费品
	行业类	广发全球医疗保健
商品资源类	大宗商品	华宝兴业标普油气上游
	房地产	鹏华美国房地产
	贵金属	诺安全球黄金

上述的大类及细类上的划分，能把市场上的所有的 QDII 都整理清楚了。不过，具体在基金的投资策略方面，有两类风格值得投资者关注，它们分别是 FOF（fund of fund，俗称基金中的基金）与指数投资风格。当然，它们依然在大类与细类的规则之下。

首先讲 FOF 投资风格。FOF 与一般性基金的最大区别是，FOF 投资的对象为基金，而其他基金投资的是股票与债券。在 QDII 中，就有一类这样的基金，它们投资于有国外的基金。值得一提的是，此类 QDII，并不是将资产完全投资于基金，它们可以将部分比例的资产投资于股票与债券，所以并不是严格意义上的 FOF，而可以看成是类 FOF 产品。截止到 2013 年 8 月，这类 QDII 基金占比在 25% 左右。QDII 基金中，投资风格为 FOF 的，有一些还将 60% 左右的资产投资于 ETF 基金，例如房地产信托凭证指数基金（REIT ETF）、黄金 ETF 等，因此可以看成是半指数型基金。从表 8－2 可以看出，除了招商标普金砖四国基金是指数型 QDII 外，其他的都不是，所以在一定程度上，可以看成是增强指数型的 QDII。相对于其他非指数型的 QDII 产品，FOF 的 QDII 所受国内基金经理主观影响较小。不过，由于投资品种大多与股票关联，因此即使是 FOF 产品，其风险还是属于偏高的，例如银华与博时抗通胀主题 QDII，由于投资的是目前并不景气的大宗商品，因而成立以来，出现了 20% 以上的亏损。

表 8－2　　　　QDII 中的“类 FOF”产品

代码	名称	大类归纳	细分大类	投资风格	成立日期
161714	招商标普金砖四国（指数型）	美国及新兴市场类	新兴市场	FOF	2011－02－11
165510	信诚金砖四国配置	美国及新兴市场类	新兴市场	FOF	2010－12－17
161620	融通丰利四分法	环球股票及债券类	全球配置	FOF	2013－02－05
202801	南方全球精选	环球股票及债券类	全球配置	FOF	2007－09－19
206006	鹏华环球发现	环球股票及债券类	全球配置	FOF	2010－10－12
229001	泰达宏利全球新格局	环球股票及债券类	全球配置	FOF	2011－07－20
183001	银华全球核心优选	环球股票及债券类	全球配置	FOF	2008－05－26
163813	中银全球策略	环球股票及债券类	全球配置	FOF	2011－03－03
241002	华宝兴业成熟市场动量优选	环球股票及债券类	全球配置	FOF	2011－03－15
100050	富国全球债券	环球股票及债券类	海外债券	FOF	2010－10－20
519709	交银全球自然资源	商品资源类	大宗商品	FOF	2012－05－22
165513	信诚全球商品主题	商品资源类	大宗商品	FOF	2011－12－20
160216	国泰大宗商品配置	商品资源类	大宗商品	FOF	2012－05－03
050020	博时抗通胀增强回报	商品资源类	大宗商品	FOF	2011－04－25
161815	银华抗通胀主题	商品资源类	大宗商品	FOF	2010－12－06
160719	嘉实黄金	商品资源类	贵金属	FOF	2011－08－04
320013	诺安全球黄金	商品资源类	贵金属	FOF	2011－01－13
161116	易方达黄金主题	商品资源类	贵金属	FOF	2011－05－06
164701	汇添富黄金及贵金属	商品资源类	贵金属	FOF	2011－08－31

注：截止到 2013 年 8 月。

其次，讲指数投资风格。若国内投资者，不想因基金经理的主观性而导致错误决定，或者单纯只是看好某一指数，那么选择指数型的 QDII 基金，就比较适合了。从这20只指数型基金去看，跟踪美国市场中标普与纳斯达克指数的基金最好，而投资于新兴市场的指数最差。这在于过去2年来，美国市场指数屡创新高，而新兴市场则差强人意。另外一个原因是，基金成立的时间点并不好。不过，目前的指数基金，能够持续向上、一帆风顺的很少，例如投资原油方面的指数基金，也要跟随原油强势震荡。由于大多数投资者难以把握指数的趋势，所以为了获得收益，一个简单的建议是尽可能采取在创新低时分批主动买套的策略，而不要在创新高时追涨介入。

表8－3　QDII中的指数型基金

代码	名称	大类归纳	细分大类	投资风格	成立日期
164705	汇添富恒生指数分级	大中华及亚太类	香港市场	指数型	2014－03－06
150175	银华恒生国企指数	大中华及亚太类	香港市场	指数型	2014－04－09
000948	华夏恒生沪港通ETF连接	大中华及亚太类	香港市场	指数型	2015－01－13
000075	华夏恒生ETF连接（美元）	大中华及亚太类	香港市场	指数型	2012－08－21
000071	华夏恒生ETF连接	大中华及亚太类	香港市场	指数型	2012－08－21
159920	华夏恒生ETF	大中华及亚太类	香港市场	指数型	2012－08－09
110033	易方达恒生中国企业ETF连接（美元现钞）	大中华及亚太类	香港市场	指数型	2012－08－21
110032	易方达恒生中国企业ETF连接（美元现汇）	大中华及亚太类	香港市场	指数型	2012－08－21
110031	易方达恒生中国企业ETF连接	大中华及亚太类	香港市场	指数型	2012－08－21
510900	易方达恒生中国企业ETF	大中华及亚太类	香港市场	指数型	2012－08－09
160125	南方中国中小盘	大中华及亚太类	香港市场	指数型	2011－09－26
160717	嘉实恒生中国企业	大中华及亚太类	香港市场	指数型	2010－09－30
096001	大成标普500	美国及新兴市场类	美国指数	指数型	2011－03－23
040046	华安纳斯达克100	美国及新兴市场类	美国指数	指数型	2013－08－02
050025	博时标普500	美国及新兴市场类	美国指数	指数型	2012－06－14
519981	长信标普100	美国及新兴市场类	美国指数	指数型	2011－03－30

续表

代码	名称	大类归纳	细分大类	投资风格	成立日期
270042	广发纳斯达克 100	美国及新兴市场类	美国指数	指数型	2012-08-15
160213	国泰纳斯达克 100	美国及新兴市场类	美国指数	指数型	2010-04-29
160121	南方金砖四国	美国及新兴市场类	新兴市场	指数型	2010-12-09
161714	招商标普金砖四国	美国及新兴市场类	新兴市场	指数型	2011-02-11
118002	易方达标普全球高端消费品	环球股票及债券类	高端消费品	指数型	2012-06-04
000370	广发全球医疗	环球股票及债券类	行业类	指数型	2013-12-10
000885	广发全球农业	环球股票及债券类	行业类	指数型	2015-01-19
160416	华安标普石油	商品资源类	大宗商品	指数型	2012-03-29
270027	广发标普全球农业指数	商品资源类	大宗商品	指数型	2011-06-28
000049	中银标普全球资源等权重	商品资源类	大宗商品	指数型	2013-03-19
000179	广发美国房地产指数	商品资源类	大宗商品	指数型	2013-08-09

注：截止到 2015 年 1 月。

三、QDII 基金投资的注意事项

QDII 基金由于涉及的资本市场多、投资品种广，所以国内投资者很难像对国内的公募基金那样了解。这里，在选择 QDII 基金时，我们认为应该把握 3 个投资要点。

第一，选择自身相对熟悉的投资品种。例如有许多投资者本身也在国内做纸黄金、黄金 T+D，那么对相应的黄金主题的 QDII 会较为了解。尽管对投资品种的熟悉，并不代表就能取得收益，不过，若对投资品种一片空白，则就显得非常被动与盲目。例如，若对美国房地产根本不了解，那么就没必要投资鹏华美国房地产。

第二，若对基金经理不放心的，则可以选择指数型 QDII 基金。例如，在 2007 年最高点阶段发行的 3 只主动管理的且都是投资于全球市场的

QDII 基金（华夏、嘉实、南方），成立以来亏损幅度最小的为 20% 左右，最大的为 40%。出现这种大相径庭的结果，显然是基金经理投资水平不同造成的。由于国内投资者很难了解 QDII 基金经理的水平如何，所以此时避重就轻，选择指数型基金较好。

第三，应该择优选择单一市场与单一品种的 QDII。全球配置的 QDII，由于涉及多个国家、多种品种，因此基金经理很难深入研究，可能还将涉及多种货币间的汇兑风险。比如说，富兰克林国海亚洲机会这只 QDII 基金，根据招募说明书，投资的区域就包括了中国香港、韩国、印度、中国台湾、新加坡、印度尼西亚、泰国、马来西亚和菲律宾等国家。显然，深入研究多个国家的上市公司也不是容易之事，而若将资金分散到多个交易所，例如纽约证券交易所、伦敦证券交易所、德国证券交易所等，将造成多个国家货币的汇兑风险（当然，也可能通过存托凭证而在一个交易所中就买到需要投资的个股）。

比如，富兰克林国海亚洲机会在 2012 年第四季度的前 10 大重仓股，就涉及中国台湾、韩国、中国香港、新加坡、纳斯达克以及泰国等多个证券交易所。关于汇兑风险，可以举一个浅显的例子，例如 2012 年日本股市在安倍推动的量化宽松下，一度在 6 个月内大幅上涨 40%，不过日元兑换人民币贬值了 25%，这样使得 QDII 在整体上只盈利 5%。而单一市场或单一品种的 QDII 基金，基金经理也更有可能展开深入调研。

表 8－4　　富兰克林国海亚洲机会 2012 年第四季度前 10 大重仓股及交易场所

序号	股票	交易所
1	台积电	台湾证券交易所
2	三星电子	韩国证券交易所
3	恒安国际	香港联合交易所
4	中国建设银行	香港联合交易所
5	Dairy Farm	新加坡证券交易所

续表

序号	股票	交易所
6	中国神华	香港联合交易所
7	百度	纳斯达克
8	CNOOC Ltd	香港联合交易所
9	SATS Ltd	新加坡证券交易所
10	PTT PCL	泰国证券交易所

表 8－5 中，我们给出了各大类中 QDII 基金的配置特点，投资者可以从配置特点对不同的 QDII 做出直观的了解。至于具体的投资策略，我们认为要结合市场走势，动态的制定。

表 8－5　　各大类 QDII 的配置特点

大类划分	大类细分	基金配置特点
大中华及亚太类	海外中国	主要投资于在海外上市的中国公司，或大中华区域的中国概念公司
	中国香港市场	主要投资于香港恒生指数，国企指数，或者港股
	亚太市场	主要投资于亚太区域（一般剔除日本），如中国香港、印度、韩国、中国台湾、新加坡、印度尼西亚等具有增长潜力的公司
美国及新兴市场类	美国指数	主要投资于跟踪标普 500，标普 100，纳斯达克 00 的指数
	新兴市场	主要投资于金砖四国（海外中国、印度、俄罗斯与巴西），新兴市场（金砖四国、基础四国、金钻 11 国）具有成长潜力的个股
环球股票及债券类	全球配置	通过全球大类资产与国家配置，选取景气行业、高分红以及具有潜在成长性的个股
	海外债券	主要配置全球债券、货币市场工具
	高端消费品	主要在全球多个证券交易所中，配置国际顶级的奢侈消费品个股
商品资源类	大宗商品	主要投资于能源产品、农产品、矿产等大宗商品，以及贵金属等
	房地产	主要投资于全球范围内的房地产信托基金（REIT ETF）
	贵金属	主要投资于黄金、铂金等贵金属 ETF

四、沪港通基金专题：港股基金投资指引

1. 港股基金概述

伴随着A股的火爆，港股基金投资热也将出现——之前在2015年3月29日就出现过。例如，嘉实恒生H股（160717）基金场内已经拉出4个涨停，当然催生了ETF高溢价。由于沪港通之后还有深港通，所以此类基金，将从长久上存有机会，为此我们对港股基金做了梳理。

前轮港股投资热的原因起于2015年3月27日，该日证监会发布《公开募集证券投资基金参与沪港通交易指引》（以下简称《指引》），按照《指引》规定，新基金只需在基金合同中说明，即可借由沪港通机制配置港股，无须具备QDII资格。受此影响恒生指数大幅大涨，也全面带动港股。

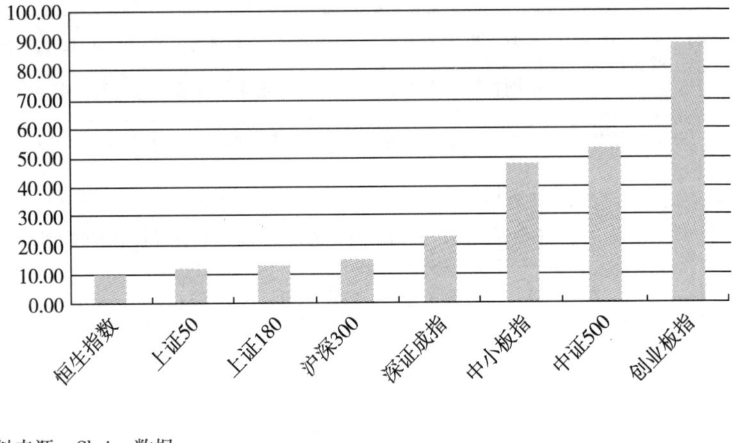

资料来源：Choice数据。

图8-1　恒生指数与A股指数的2015年4月3日的估值对比

从估值本身看，恒生指数2015年4月3日估值只有10.17倍，完全低于A股的大盘指数，而港股中小盘也还不到15倍PE，远低于内地创业板90倍的PE。因此，港股可谓是价值洼地，另外，港股本身也并没有追

随 A 股市场大幅上涨，所以，相信在资金南下的背景下，会掀起一波较为持久的行情。不出意外的话，恒生指数将率先突破 3.2 万点，率先上证指数创历史新高，由此去看潜在收益还有近 20%。当然，中国中小盘指数有 120 只成分股与港股通标的重合，占比达到 67%，因此除了恒生指数的基金外，中小盘方面的基金也是一个方面，下面具体展开。

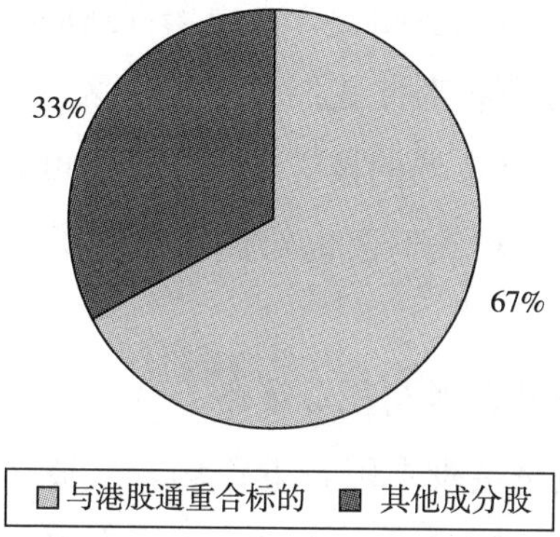

图 8－2　中国中小盘指数与港股通重合比例

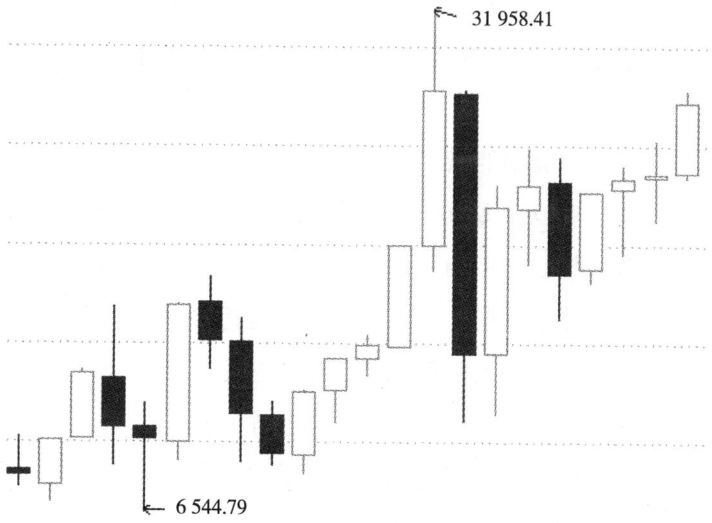

图 8－3　恒生指数的年线走势图

2. 港股基金的投资指引

虽然以后公募基金都可以参与沪港通，但从当前来说，主题还是在港股 QDII 基金上。我们将投资港股的基金分成了三大类，第一类是中国香港为主，第二类是亚太与大中华区域，第三类是全球市场。

从目前来说，第一类是首先，不过第二类其实大多也投资香港，所以也是重点。而第三类，可能会随着香港市场催热而转移标的。当然，每种分类都有主动与被动投资，对此我们也进行了区分，所以理论上可以有 8 个细类。另外，对于二级市场的投资者来说，还可能会关注场内机会，它们是 LOF 与 ETF 基金，对此下面也对此做个归类，显然，它们会与前面的 8 个细类有重叠。

（1）中国香港 QDII 归类与投资策略

该部分的 QDII 就是主投中国香港市场。从被动管理看，有三个跟踪指数、恒生指数、恒生国企指数，沪港通恒生指数。而由于南方中国中小盘指数基金，在 2015 年 5 月 13 日转型为了主动管理型的南方香港优选，所以这里不再提及。值得一提的是，景顺长城沪港深（000979）在当时是一只新发的基金，既可以投资内地股票，还可以投资港股的沪港通标的。

从策略上来说，被动的指数基金，存在三个策略。其中，套利策略最为普遍，它涉及华夏恒生 ETF，华夏沪港通 ETF，南方中国中小盘，南方恒生 ETF，汇添富与银华的分级基金，不过由于基金公司受制于外汇额度，因此套利可能并不顺畅。第二个策略就是趋势交易策略，投资者可以直接场内买入溢价很小的场内基金，这可以避免基金申购不到的情况，如华夏港股通，南方与华夏的恒生 ETF。第三个策略是，对于分级 A 基金，由于套利的存在，可能会出现打压，届时长线投资者可以介入，因为此类基金在 B 类份额不再具备大幅上涨机会时，还有机会走到 0.9 元以上，甚至 1 元以上。

下面给大家梳理下常见的三个港股指数：恒生指数，国企指数，红筹指数。恒生指数：最能反映港股市场的指数，其成分股具有广泛的市场代表性，总市值约占香港联合交易所市场资本额总和的 70%。国企指数：该指数的成分股为国企股。国企股又称 H 股，指注册地在内地、上市地在香港的外资股。国企股具有很高的投资价值，主要原因在于一家国企，两地上市，但由于资金的流通量不同，H 股价格通常要远低于 A 股价格。红筹指数：什么是红筹股？大家都知道中国的国旗是红色，中华人民共和国在国际上有时被称为红色中国。因此，中国香港和国际投资者把在境外注册、在中国香港上市的那些带有中国大陆概念的股票称为红筹股。而红筹股指数就是选取 32 只符合一定条件的红筹股编成的指数。

表 8－6　　　　　　　　香港 QDII 指数基金

代码	名称	投资类型	跟踪指数
159920	华夏恒生 ETF	QDII	恒生指数
000071	华夏恒生 ETF 连接	QDII	恒生指数
000075	华夏恒生 ETF 连接（美元）	QDII	恒生指数
513660	华夏沪港通恒生 ETF	QDII	沪港通恒生指数
000948	华夏沪港通恒生 ETF 连接	QDII	沪港通恒生指数
164705	汇添富恒生指数分级	QDII	恒生指数
150169	汇添富恒生分级 A	注意：分级 A 类份额	
150170	汇添富恒生分级 B	注意：分级 B 类份额	
160717	嘉实恒生中国企业	QDII	恒生中国企业指数
160125	南方中国中小盘	QDII	5 月 13 日将转型为南方香港优选股票
513600	南方恒生 ETF	QDII	恒生指数
110031	易方达恒生 H 股连接	QDII	恒生中国企业指数
110033	易方达恒生 H 股连接（现钞）	QDII	恒生中国企业指数
110032	易方达恒生 H 股连接（现汇）	QDII	恒生中国企业指数
510900	易方达恒生中国企业 ETF	QDII	恒生中国企业指数
161831	银华恒生国企指数分级	QDII	恒生中国企业指数
150175	银华恒生国企指数分级 A	注意：分级 A 类份额	
150176	银华恒生国企指数分级 B	注意：分级 B 类份额	

对于主动管理的香港 QDII 来说，目前仅有新发的景顺可以认购，其他的都暂停申购了。从业绩与管理水平看，富国中国中小盘投资能力目前最强，届时投资者可以参与。

表 8－7　　香港 QDII 主动管理基金

代码	名称	投资类型
100061	富国中国中小盘	QDII
040018	华安香港精选	QDII
470888	汇添富香港优势精选	QDII
160125	南方中国中小盘（5 月 13 日改为南方香港优选）	QDII
000979	景顺长城沪港深	跨境主动股票型（可投内地 A 股＋沪港通标的）

（2）亚太与大中华市场 QDII 归类与投资策略

该部分包括了亚太与大中华区域，包含大中华与亚洲精选的 QDII 基金，但都是主动管理的。该部分的基金很多都没有限制申购，但从清明节后的走势看，很多都大幅上涨，所以投资者也可以将目标转移到该类。总体在基金投资策略上，依然是要综合基金经理与业绩运作情况去分析。经我们分析，景顺长城大中华运行的最好，基金经理为谢天翎女士，也是新发行的景顺长城沪港深的基金经理。

表 8－8　　亚太与大中华市场的 QDII 基金

代码	名称	投资类型	投资区域
000934	国富大中华精选	QDII	大中华
070012	嘉实海外中国	QDII	大中华
519601	海富通中国海外精选	QDII	大中华
519602	海富通大中华精选	QDII	大中华
000927	博时大中华亚太精选现汇	QDII	大中华
050015	博时大中华亚太精选	QDII	大中华
241001	华宝兴业海外中国	QDII	大中华

续表

代码	名称	投资类型	投资区域
040021	华安大中华升级	QDII	大中华
262001	景顺长城大中华	QDII	大中华
118001	易方达亚洲精选	QDII	亚太区域
457001	富兰克林国海亚洲机会	QDII	亚太区域
460010	华泰柏瑞亚洲领导企业	QDII	亚太区域
377016	上投摩根亚太优势	QDII	亚太区域

（3）全球与新兴市场 QDII 归类与投资策略

该部分以全球与新兴市场为布局，自然包含了中国香港，随着中国香港机会的到来，此类基金也可以扩大港股的投资比例，例如信诚金砖四国似有这个迹象。此类基金也全部是主动管理的，不过业绩表现一般。从投资策略上，我们依然注重基金经理与过往基金业绩走势，广发全球精选与交银全球精选表现较好。

表 8－9　　全球与新兴市场 QDII

代码	名称	投资类型	投资区域
486002	工银全球精选	QDII	全球市场
486001	工银全球配置	QDII	全球市场
270023	广发全球精选	QDII	全球市场
000906	广发全球精选美元	QDII	全球市场
241002	华宝兴业成熟市场	QDII	全球市场
000041	华夏全球精选	QDII	全球市场
539001	建信全球机遇	QDII	全球市场
519696	交银环球精选	QDII	全球市场
519709	交银全球自然资源（注：考虑到其港股配置多）	QDII	全球市场
202801	南方全球精选	QDII	全球市场
206006	鹏华环球发现	QDII	全球市场
229001	泰达宏利全球新格局	QDII	全球市场
183001	银华全球核心优选	QDII	全球市场

续表

代码	名称	投资类型	投资区域
080006	长盛环球景气行业	QDII	全球市场
163813	中银全球策略	QDII	全球市场
165510	信诚金砖四国配置	QDII	新兴市场
161210	国投瑞银新兴市场	QDII	新兴市场
539002	建信新兴市场优选	QDII	新兴市场
378006	上投摩根全球新兴市场	QDII	新兴市场

（4）三大类中场内交易的 QDII 及投资策略

场内的分级基金，其实在（1）中详细介绍了三大策略。这里，对套利策略再做强调。当前“申购母基金→盲拆成 A 级 + B 级→T + 2 抛售”已成了套利者的常见技能。但是，像日内套利，却还不普及。例如，华夏恒生 ETF（159920）的 3 月 30 日，日内走势出现了很大的溢价，最大时甚至超过 4%。加之恒生 ETF 可以实现 T + 0，那么套利的机会就显得不一般了。这主要的原因是深交所在 2015 年 1 月 8 日发布了一份名为《ETF 现金申购采用 RTGS 业务券商技术系统变更指南》，目前只有跨市场 ETF 和跨境 ETF 现金申购实行 RTGS，华夏恒生 ETF 就可以当日申购，当日卖出，实现 T + 0 套利目标，不过最小申购为 200 万份。当然，套利要注意申购限制因素的发生，因为中国毕竟有外汇限制。

表 8－10　　场内交易的港股相关 QDII 指数基金

代码	名称	投资类型	备注
159920	华夏恒生 ETF	跟踪恒生指数	
513660	华夏沪港通恒生 ETF	跟踪沪港通恒生指数	
164705	汇添富恒生分级	4 月 13 日交易 T + 0	
150169	汇添富恒生分级 A	注意：分级 A 类份额	
150170	汇添富恒生分级 B	注意：分级 B 类份额	
160717	嘉实恒生中国企业	跟踪恒生中国企业指数	

续表

代码	名称	投资类型	备注
160125	南方中国中小盘	5 月 13 日将转型为南方香港优选股票	
513600	南方恒生 ETF	恒生指数	
510900	易方达恒生中国企业 ETF	跟踪恒生中国企业指数	
161831	银华恒生国企指数分级	4 月 13 日交易 T+0	
150175	银华恒生国企指数分级 A	注意：分级 A 类份额	
150176	银华恒生国企指数分级 B	注意：分级 B 类份额	
165510	信诚金砖四国配置	LOF	
161210	国投瑞银新兴市场	LOF	

表 8－11　　　　场内基金套利时间表

品类型	产品代码	份额可用
深交所 QDII ETF	华夏恒生 ETF（159920）	实时
沪港通 ETF	南方恒生 ETF（513600） 华夏沪港通恒生 ETF（513660）	T+1
上交所 QDII ETF	易方达恒生国企 ETF（510900）	T+2
QDII 分级	银华恒生国企 ETF（161831） 汇添富恒生 ETF（164705）	盲拆 T+2，非盲拆 T+3
QDII LOF	南方中国中下盘（160125） 嘉实恒生中国企业（160717）	T+3

第九章　货币型与保本型基金实战

在本章，我们将货币基金与保本基金放在一起，因为这两类基金相对来说，并不复杂，从风险上，也属于低风险产品。当然，保本基金中途可能亏损，而持有完整保本周期则保本。当然，货币基金，在理论上是存在亏损的可能的。但也只不过一两日亏损很小的金额而已，而不会持续亏损。

一、货币基金简介与筛选

货币基金诞生于20世纪70年代，当时是世界上最大养老基金——教师年金保险公司现金管理部的信用分析师班特，在1970年创立了一个命名为储蓄基金公司的共同基金，在1972年10月，储蓄基金公司购买了30万美元的高利率定期储蓄，同时以1 000美元为投资单位出售给小额投资者。就这样小额投资者享有了大企业才能获得的投资回报率，同时拥有了更高的现金流动性，由此历史上第一只货币基金成立。所以，通俗的说，货币基金就是将小钱聚集成大钱，然后用大钱获取更高的利息回报。

从概念来说，货币基金是聚集社会闲散资金，由基金管理人运作，基金托管人保管资金的一种开放式基金，不过没有申购与赎回费，但有很小的每日计提的销售服务费、管理费与托管费（该费用银行收取）。从投资对象上，货币基金资产不可以投资股票市场、中长期债券，而专门投向风险小的货币市场工具，主要是流动性与安全性非常强的短期货币工具（一般期限在一年以内，平均期限120天），如国债、央行票据、商业票据、银行定期存单、政府短期债券、企业债券（信用等级较高）、同业存款等短期有价证券。所以，货币基金区别于其他类型的开放式基金，具有高安全性、高流动性、稳定收益性，具有准储蓄的特征。而由于申购与赎回没有手续费，实际上货币基金相当于随取随存，但收益率更高的活期存款。

值得一提的是，虽然货币基金安全性几乎100%安全，但在中国货基历史上有单日亏损的案例，如2006年6月8日泰达宏利货币亏损，还有2013年“钱荒”时期，但还没有连续多日亏损的实例，更没有1年亏损的可能。不过，就国外历史而言，美国储备货币基金曾在2008年9月16日雷曼兄弟倒闭的次日，因大量赎回，跌破1美元，于0.97美元清盘。总体来说，货币基金的风险最低，近乎100%保本，它可以作为日常现金替代工具。

从类型看，过去货币基金分为A类与B类，其中A类是1 000元起步，而B类是500万元以上的，现在A类是1元起步，甚至1分钱；有时会看到E类的，比如华夏现金增利货币E（003003），它是属于针对特殊渠道发行的基金，一般就是互联网货币基金；还有一种H类的，如南方理财金交易H（511810），它是指场内交易的货币基金，不过易方达货币E（511800）也是场内货币交易基金。一般而言，后面只要非A或B，都是特殊渠道发行的，但本质都是货币基金。总之，后面随着创新的延续，短期理财基金，如7天、14天、30天，季度理财都相继出来，而余额宝的诞生催生了互联网货币基金，另外，针对券商证券账户中的沉淀保证金开发的场内货币基金也相继诞生，具体这些将在第二节介绍。

那么，针对数百只货币基金该如何筛选呢？我们提供三个思路。第一，最好选择规模大的。因为规模大的货币基金，在协议存款上有更大的余地，而且能更好地应对大额赎回。第二，选择7日化收益率一直比较稳定的，而不要大起大落的。第三，选择运作时间长的货币基金。一般长期运作的货币基金，在规模上更稳定，且收益控制方面更有技巧。综合来说，有如下传统的货币基金可以重点关注：工银货币（482002），华夏现金增利货币A（003003），南方现金增利货币A（202301）。至于互联网基金，余额宝与微信理财通的，随意选择即可。总之，货币基金只不过是活期理财工具，最好与最坏的货币基金，1年下来的收益每万元可能也就差20元，所以，对于小额投资者来说，不必太计较，若实在期限长的，可以选择短期理财，另外，对于500万元以上的只要选择上述基金的B类即可。

二、互联网货币、场内货币与短期理财

互联网货币基金，是近几年移动互联网蓬勃之后的创新产品，它属于普惠金融的一部分。之所以前面带了互联网三个字，体现的就是良好的用户体验，因为传统的货币基金，一般赎回是T+1的，操作还用电脑完成，而互联网基金，则是T+0快速赎回，且用手机APP就能快速操作，甚至只要是零钱可以自动转为货币基金，例如支付宝目前就支持余额自动转为余额宝的操作。

从时间来说，互联网货币基金最早是从2013年6月13日上线的阿里巴巴的余额宝开始的，它们有一个共同特点就是挂钩货币基金，然后是T+0，24小时快速取现。众所周知的余额宝就是挂钩天弘增利宝货币（000198），腾讯的微信理财通则挂钩多家基金公司的货币，如华夏财富货币（000343），广发天天红货币（000389）等，所以客户将资金转入余额宝之后，实际上是余额宝将你的资金买入了天弘增利宝基金，

所以才会让你的资产增值。目前，包括银行（如中行的活期宝）、基金公司本身，第三方基金销售机构，甚至是大的电商（如京东，苏宁）都有所谓的“宝宝”类产品，它们其实都与货币基金是对接的。实际上，只要能产生现金流的企业，都能推出此类产品，比如移动电信，中石化，中国平安等，都可以推出这样的产品，实际上中国电信就有添益宝——对接的是汇添富现金宝货币（000330）。值得一提的是，上述互联网货币基金，只是提供了快捷的闲钱理财，就收益来说，其实倒是放在其次的。

表 9－1　　　　代表性的互联网货币基金

序号	“宝宝”类产品	挂钩的代表性货币基金
1	阿里巴巴余额宝	天弘增利宝（000198）
2	腾讯微信理财通	华夏财富货币（000343）
3	百度百赚	华夏现金增利货币 A/E（003003）
4	百度利滚利	嘉实活期宝（000464）
5	京东小金库	嘉实活期宝（000464）
6	苏宁易购零钱包	广发天天红货币（000389）
7	新浪微财富存钱罐	汇添富现金宝（000330）
8	网易理财现金宝	汇添富现金宝（000330）
9	同花顺收益宝	博时现金收益货币 A（050003）
10	和讯活期宝	广发货币 A（270004）
11	众禄基金现金宝	海富通货币 A（519505）
12	金融界盈利宝	鹏华货币 A（160606）
13	好买基金储蓄罐	工银货币（482002）
14	中国平安壹钱包活钱宝	平安大华日增利货币（000379）
15	中国电信添益宝	汇添富现金宝（000330）
16	天天基金网活期宝	易方达货币 A（110006）
17	天天基金网定期宝	南方理财 14 天（202303）

资料来源：Choice 数据。

场内货币基金，是专门针对券商保证金的理财基金，所谓场内可以简单的理解为股票市场。场内货币基金当初设立的初衷是针对2012年底7 000亿元的证券保证金市场；当时股票市场不景气，投资者证券账户资金闲置量居高不下，场内货币基金目的是为股民创造一个不用频繁在银行与券商之间转移资金，就可以享受比活期利率高得多的收益的投资工具。通俗地说，一个股民股票账户若没有买股票，那就处于资金闲置状态，此时他只要买入场内货币基金，当日就可以获得收益，从而让资金不在闲置。虽然，对于一个散户来说，这部分闲钱所获收益跟股票盈利比起来，微乎其微。但对于整个证券市场的保证金市场来说，就是庞大的。不过，由于只要15点之前场内买入，就可以当日获得收益，所以收益率一般也比普通的货币基金收益要低，当然有收益总比没有收益好，只不过不必计较场内货币基金高低。

从交易方式来说，场内货币基金有两类。一种是非交易型的场内货币基金（计息规则是算头不算尾，即申购当日算收益而赎回当日不算收益），投资者是通过上证基金通平台对申购、赎回申请进行实时确认实现了T+0交易，如汇添富收益快线（519888）。当然，一般分为A类与B类，B类为300万元以上。另一种是能够在场内交易的货币基金，这类货币基金不但可以申购与赎回（计息规则是算尾不算头，即申购当日不算收益而赎回当日算收益），还可直接在二级市场上交易，就像买卖股票一样，如华宝兴业现金添益ETF。但场内交易型货币基金也存在一定缺陷，若遇到集中打新或行情井喷时，场内交易型货币将出现大量卖盘，买盘稀缺或导致成交难以达成，或卖出价格不甚理想，极端情况下的价格波动甚至可能使得投资场内交易型货币的收益为负。目前，所有的场内货币都是100元为单位，上下浮动交易，具体可以在股票账户像股票那样操作，只不过是T+0，但波动相当小。

表 9－2　　场内交易的货币基金

序号	代码	场内基金名称	基金公司
1	511880	银华日利	银华基金
2	511860	博时货币	博时基金
3	159005	添富快线	汇添富基金
4	159003	招商快线	招商基金
5	511810	理财金 H	南方基金
6	159001	保证金	易方达基金
7	511990	华宝添益	华宝兴业基金
8	511890	景顺货币	景顺长城基金
9	511830	华泰货币	华泰柏瑞基金
10	511800	易货币	易方达基金

资料来源：Choice 数据，截止到 2015 年 9 月 1 日，下同。

表 9－3　　场内非交易型货币基金交易

场内基金名称	代码	基金种类	计息规则
添富快线	519888	A 类	算头不算尾
	519889	B 类	算头不算尾
广发现金宝	519858	A 类	算头不算尾
	519859	B 类	算头不算尾
大成现金宝	519898	A 类	算头不算尾
	519899	B 类	算头不算尾
嘉实保证金	519808	A 类	算头不算尾
	519809	B 类	算头不算尾
华夏保证金	519800	A 类	算头不算尾
	519801	B 类	算头不算尾
工银安心增利	519886	A 类	算头不算尾
	519887	B 类	算头不算尾
易方达保证金	159001	A 类	算头不算尾
	159002	B 类	算头不算尾
招商保证金	159003	A 类	算头不算尾
	159004	B 类	算头不算尾

短期理财基金，本质上是定期开放赎回的货币基金，而不是短期债券基金。它是2012年兴起的一种创新基金产品，它的推出时对银行短期理财的补充，如30天以内的短期理财，而T+0的货币基金可以看成是对活期存款的替代。短期理财基金推出的背景是，2011年银监会正式叫停30天以内的银行短期理财产品，庞大的短期理财需求没有产品对接，此时基金公司瞅准了机会，以汇添富和华安为先锋，率先挺进短期理财市场。短期理财基金有如下几个特点。

就购买时间上，众所周知，银行理财产品是一期一期的，买卖时间有限制。但是，短期理财基金的买卖会相对灵活，具体有两种模式。一种是汇添富模式，只要基金打开申购了，在任意一个交易日都可以购买；另一种是华安模式，类似银行理财产品，定期开放申购和赎回。

就门槛来说，银行理财产品购买一般有5万元的申购限额，低于5万元一般购买不到。而短期理财基金则是1 000元就可以购买。这一点是吸引小金额的普通投资者的一个较为重要的因素。

就结算方式上，短期理财基金采取了日结转的方式。一般短期理财基金采用的是和货币基金类似的摊余成本法来估值，所以其单位净值和货币基金类似，始终为1元，其收益每日计算，按期结转。

就到期后的衔接方式上，短期理财基金是不会留空白的，而能自动转存。短期理财基金都有一个期限。与银行理财产品到期就赎回的方式比较，短期理财基金如果到期不赎回，用户的本息会自动变成短期理财基金份额，滚动到下一期进行投资，所以不会有类似银行理财产品的收益空白期。另外短期理财基金主投货币市场，节假日也是有收益的。

三、货币基金的收益率计算

货币基金在净值与收益方面的公布方式，与其他基金类型的不同。就净值来说，传统类型的货币净值保持 1 元不变，而场内货币基金的净值则会围绕 100 元波动。就货币基金的收益来说，有万份收益与 7 日年化收益率之分，它是高于净值 1 元的部分。比较直观的是，从基金公司角度，或者从宣传角度来说，更多的都用 7 日年化收益率作为货币基金的收益率衡量。例如，当基金公司宣传 7 日年化收益率为 7% 的时候，很容易对活期存款客户起到吸引。

不过，关于货币基金的 7 日年化收益率，其实大多数人所认为的计算方法，都是错误的。因为我们习以为常的认为，它无非就是最近 7 天的万份每日收益算术平均的年化收益率，用公式表达就是：

7 日年化收益率的错误计算公式 = ［（A1 + A2 + … + A7）/7）］ × 365/10 000

这里，A1 到 A7 是每万元每日的收益。但是，实际上并不是这么算的。在上述公式中，将 7 天收益的平均值作为每日的收益值，并没有错，其错误之处在于采取了单利公式。而基金公司采取的是复利计算，也就是每日万份的收益还可以继续利滚利。所以，准确的计算方法如下：

7 日年化收益率准确的计算公式 1 = ［1 + （A1 + A2 + … + A7）/ 7）/1 000］^365 − 1

我们以广发货币（000748）基金为例，可以根据 EXCEL 表格计算 7 日年化收益率准确的计算公式 1 = ［1 + sum（e3：e9）/7/1 000］^365 − 1。

这个准确的公式是好理解的，因为它是将每日的万份收益率进行了复利计算。当然，也有人认为，可以把最近 7 天的复利收益率看成一个整体，所以有如下公式：

7 日年化收益率准确的计算公式 2 = （1 + R1）（1 + R2）… × （1 + R7）^（365/7） − 1

同样以广发货币（000748）基金为例，我们可以根据 EXCEL 表格计算 7 日年化收益率准确的计算公式 2 =（1 + F3）（1 + F2）⋯ ×（1 + F7）^（365/7）- 1。

表 9 - 4　　运用 EXCEL 计算 7 日年化收益率示意

	A	B	C	D	E	F
1		广发活期宝（000748）示意				
2				2015 年	1 万元的每日收益	1 万元每日收益率
3				4 月 15 日	7.1587	0.00071587
4				4 月 14 日	0.953	0.0000953
5				4 月 13 日	0.9517	0.00009517
6				4 月 12 日	1.9133	0.00019133
7				4 月 11 日	0	0
8				4 月 10 日	0.9557	0.00009557
9				4 月 9 日	0.9416	0.00009416
10				4 月 8 日	0.9376	0.00009376
11				4 月 7 日	0.9345	0.00009345
12				4 月 6 日	2.811	0.0002811
13				4 月 5 日	0	0
14				4 月 4 日	0	0
15				4 月 3 日	0.9366	0.00009366
16				4 月 2 日	0.9218	0.00009218
17				4 月 1 日	0.9351	0.00009351
18				3 月 31 日	0.9256	0.00009256

上述两种方法都是有道理的，但在小数点第 3 位存有部分误差，具体见红色处。不过根据“准确的计算公式 1”计算的结果，与基金公司给出的是一模一样的，所以在这里我们统一采取此公式，而实际上该公式也相对好理解得多。

值得一提的是，对于日期来说，都是连续的，而不能因为假日就断掉。比如 4 月 11 日，4 日与 5 日，由于是假日，基金公司也没有给出具体值，那么统一就将值设定为零元。

表 9-5 广发货币的 7 日年化计算示意

2015 年	1 万元的每日收益	1 万元每日收益率	1 + 每日收益率	计算公式 2	计算公式 1	基金公司的值
4 月 15 日	7.1587	0.00071587	1.000715870	6.942%	6.943%	6.942%
4 月 14 日	0.953	0.0000953	1.000095300	3.530%	3.530%	3.530%
4 月 13 日	0.9517	0.00009517	1.000095170	3.520%	3.520%	3.520%
4 月 12 日	1.9133	0.00019133	1.000191330	4.528%	4.528%	3.512% (*)
4 月 11 日	0	0	1.000000000	3.490%	3.491%	
4 月 10 日	0.9557	0.00009557	1.000095570	3.490%	3.491%	3.491%
4 月 9 日	0.9416	0.00009416	1.000094160	3.480%	3.480%	3.480%
4 月 8 日	0.9376	0.00009376	1.000093760	3.469%	3.470%	3.470%
4 月 7 日	0.9345	0.00009345	1.000093450	3.468%	3.468%	3.468%
4 月 6 日	2.811	0.0002811	1.000281100	3.463%	3.463%	3.463%

注：在 * 处，我们认为基金公司给出的值有误。

四、保本基金的运作回顾及投资策略

1. 保本基金的收益回顾与筛选

保本基金，是指在保本周期（一般在 18 个月到 3 年）之内，为最初认购并持有到期的投资者，提供本金保障的基金。这里的保本金额，是指投资者认购并持有到期的基金份额的净认购金额、认购费用及募集期间的利息收入之和。显然，只有初始认购并持有到期，基金公司才提供保本承诺（实际是第三方承保），而若在非认购期买入保本基金，即申购保本基金，除非基金公司明确说明，否则都是不保本的。当然，除非特别定制的保本基金，例如为阿里巴巴特别定制的新华阿里一号保本（0001610）封闭 18 个月，传统意义上的保本基金，在完成建仓期之后便可随时赎回，只是为了鼓励投资人持有到期，在保本周期未到期前赎回的投资人，需要承担比普通股票基金更高的赎回费用，例如持有1年以内赎回，赎回费需2%，当然一般是时间越长赎回费越低。所以，若投资者比如在第一年就赚到了15%的收益率，那么完全可以提前赎回。

就中国的公募基金来说，自第一只保本基金南方避险增值于2003年6月成立以来，已经有10多年了，但从数量与规模上，都远落后于其他基金，其实主要的原因还在于收益率并不是那么理想，这从已经运作完成的基金可以看出。截止到2015年8月31日，就已经运作结束的33只保本基金的运作看，主要有如下几个明显的特点。

第一，就期限来说，除了国泰金鹿保本的1期到4期外，其他的都是3年，不过，就2年期保本的基金来说，年化收益率不如3年期的。当然，目前也有18个月的保本基金，但这是封闭运作的，例如新华阿里一号保本。第二，就基金的收益率来说，所有已经运作结束的基金，没有一个发生亏损，这显示出基金公司采取的保本策略是有效的。第三，虽然都是保本的，但是我们从年化收益上看，保本基金的运作受到市场环境的影响非常大。从33只基金上看，除非成立于牛市初期，或者成立之后经历过一波牛市，否则复合年化收益率（即2年或3年复利）很难达到7%，实际上从2007年8月到2011年8月期间成立的基金，年化收益率没有一只超过7%。这里之所以要求7%的收益率，而不是与3年定期存款做对比，一来有较高的认购手续费，二来3年期以上的定投年化收益率，或者债券收益率，也多数可以达到。总体来说，保本基金在收益率上还有待加强，这样才能壮大自身的规模。

表9-6　　33只已经运作结束的保本基金的收益率

基金名称	基金代码	保本期初	保本期末	期间涨幅	保本期限	复合年化收益率
南方避险一期	202202	2003-06-27	2006-06-27	50.38%	3年	14.57%
银华保本一期	180002	2004-03-02	2007-03-02	23.61%	3年	7.32%
万家保本（已转型）	161902	2004-09-28	2007-09-28	43.78%	3年	12.87%

续表

基金名称	基金代码	保本期初	保本期末	期间涨幅	保本期限	复合年化收益率
国泰金象保本（退市）	020006	2004-11-10	2007-11-10	97.14%	3年	25.39%
嘉实浦安保本（退市）	070007	2004-12-01	2007-12-01	93.51%	3年	24.61%
国泰金鹿保本一期	020008	2006-04-28	2008-04-28	51.99%	2年	23.28%
南方避险二期	202202	2006-06-27	2009-06-27	119.23%	3年	29.91%
银华保本二期	180002	2007-03-02	2010-03-02	41.8%	3年	12.35%
金元宝石动力(已转型）	620001	2007-08-15	2010-08-16	3.44%	3年	1.13%
国泰金鹿保本二期	020018	2008-06-12	2010-06-12	7.56%	2年	3.71%
南方恒元保本一期	202211	2008-11-12	2011-11-12	19.33%	3年	6.07%
南方避险三期	202202	2009-06-27	2012-06-27	11.9%	3年	3.82%
银华保本三期	180002	2010-03-02	2013-03-02	3.89%	3年	1.28%
国泰金鹿保本三期	020018	2010-07-02	2012-07-02	1.5%	2年	0.75%
国泰保本	020022	2011-04-19	2014-04-19	11.6%	3年	3.73%
东方保本	400013	2011-04-14	2014-04-14	10.8%	3年	3.48%
诺安保本	320015	2011-05-13	2014-05-13	21.6%	3年	6.74%
金鹰保本	210006	2011-05-17	2014-05-17	12.9%	3年	4.13%
银华永祥保本	180028	2011-06-28	2014-06-28	15%	3年	4.77%
南方保本	202212	2011-06-21	2014-06-21	11.57%	3年	3.72%
兴全保本	163411	2011-08-03	2014-08-03	15.93%	3年	5.05%
金元顺安保本A	620007	2011-08-16	2014-08-16	12.35%	3年	3.96%
招商安达保本	217020	2011-09-01	2014-09-01	29.3%	3年	8.94%
南方恒元保本二期	202211	2011-12-15	2014-12-15	15.17%	3年	4.82%
国投瑞银瑞源	121010	2011-12-20	2014-12-20	25.85%	3年	7.97%
工银保本	487016	2011-12-27	2014-12-27	20.1%	3年	6.30%
诺安汇鑫保本	320020	2012-05-28	2015-05-28	44.1%	3年	12.95%
鹏华金刚保本	206013	2012-06-13	2015-06-13	43.3%	3年	12.74%
大成景恒保本	090019	2012-06-15	2015-06-15	33.7%	3年	10.17%
南方避险四期	202202	2012-06-27	2015-06-27	35.13%	3年	10.56%
国泰金鹿保本四期	020018	2012-07-28	2014-07-28	11.76%	2年	5.72%
长城保本	200016	2012-08-02	2015-08-02	51.6%	3年	14.88%
招商安盈保本	217024	2012-08-20	2015-08-20	36.5%	3年	10.93%

注：运作结束日期截止到2015-08-30。

就保本基金的筛选来说，我们提供三个方法。第一，择优选择市场估值相对合理时发行的保本基金，因为这样回撤才比较好控制，也更容易获得牛市机会。比如2014年4月，新华阿里一号保本的发行时机就非常好。第二，选择过往运作优秀的保本基金，例如招商安达保本（217020）第一期运作结束后，年化收益率达到8.94%，好于同期发行的基金，那么就可以继续认购。第三，若是一个基金经理运作的，可以选择固定收益出身的，且过往业绩好的，而对于两个基金经理运作的，可以选择固定收益与股票相互结合的。总体来说，保本基金的发行时机是最重要的，其次是考虑基金经理。

那么，保本基金是采取什么策略来实现保本的呢？国内一般采用的是恒定比例组合保险策略（Constant Proportion Portfolio Insurance，CPPI）和时间不变性投资组合保险策略（Time Invariant Portfolio Protection，TIPP）来实现保本和增值的目标。而国际上还有基于期权的投资组合策略（OBPI），不过当前国内的期权市场尚无法支持这种策略执行。

CPPI和TIPP主要是通过数量分析，根据市场的波动来调整、修正收益资产的风险乘数，以确保投资组合在一段时间以后的价值不低于事先设定的某一目标价值，从而达到对投资组合保值增值的目的。安全垫是风险投资可承受的最高损失限额。如果安全垫较小，基金将很难通过操作提高基金的收益，而较高的安全垫，则会提高基金运作的灵活性，同时也增强基金到期保本的安全性。下面详细讲解。

2. CPPI投资策略

CPPI投资策略最早由Black and Jones（1987）所提出，它具体将投资组合分为两部分，一部分是债券资产，另一部分股票资产。它的运作原理简单来说就是，首先立足于从低风险资产中获取基础收益，建立安全垫，再将安全垫乘以一定倍数投资于股票等风险资产，参与可能出现的上涨行情，以低风险资产的预期收益能够弥补风险资产的预期损失。但是，并不是执行该策略就能一帆风顺，因为安全垫的建立需要时间，而实际上，可能在安全垫尚未完全建立之时，市场就出现巨大跌幅，例如像 2015 年 6 月中旬之后的股灾，就有可能使基金出现短期的净值折损，当然随着安全垫的逐步积累，净值有望呈现稳步爬升的态势。

CPPI 投资策略大致可分为三步。第一步，根据投资组合期末最低目标价值和合理的折现率设定当前应持有的保本资产的数量，即投资组合的价值底线。第二步，计算投资组合现时净值超过价值底线的数额，该数值等于安全垫；通俗地说，安全垫是风险资产投资可承受的最高损失限额，它以债券利息收益与股票红利等作为支撑。最后，将相当于安全垫“特定倍数”的资金规模投资于收益资产（如股票）以创造高于最低目标价值的收益，其余资产投资于保本资产以在期末实现最低目标价值。安全垫的放大，将同时带来股票投资可能的收益增加和股票投资可能的风险加大两个结果。因此，在 CPPI 中，随着安全垫放大倍数的变化，必须在股票投资风险加大和收益增加这两者间寻找适当的平衡点，也就是确定适当的安全垫放大倍数，以力求既能保证基金本金的安全，又能尽量为投资者创造更多的收益。

根据上述步骤，CPPI 策略的基本公式可表述为：

$E = M \times (A - F)$

其中，$A - F$ 是安全垫（Cushion），E 为可投资于风险资产（主要指股票）的上限；M 为风险乘数，即安全垫的放大倍数，$M \geq 1$；A 为投资组合（包括固定收益资产与风险资产）的资产总值；F 为最低保证额度（国内的保本基金为 100%）的折现值。

由此可见，CPPI 策略的应用首先必须确定两个值：M 和 F。

M 主要根据保证周期内证券市场的风险特征来确定。实际上，1/M 就是风险资产的最大回撤（最大亏损）。因为，$E \times (1/M) = (A - F)$，左边为股票资产乘以最大亏损，代表风险资产的最大损失，而右边为安全

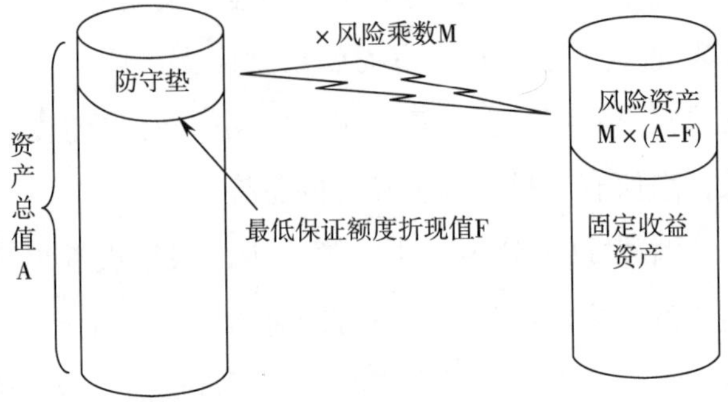

资料来源：新华阿里一号保本（000610）基金招募说明书。

图 9－1　CPPI 机制图示

垫，正是风险资产所能承受的最大损失。理解这点，我们只要将最大历史回撤作为 M 值的参考。以历史模拟为例，如上证综指的月数据在 3 年期间的最大下跌幅度为 －58.73%（1993 年 2 月至 1996 年 2 月），则历史模拟得出的风险乘数为 1.7（＝1/58.73%）。但是，历史趋势不能用来预测未来。因此，在实际操作中，基金管理人主要依据对未来保证周期内证券市场的风险特征，与担保机构协商一致后，确定适当的风险乘数。在每一个保证周期内，除非有重大意外事件，导致证券市场的风险特征发生改变，否则风险乘数不可调整。

F 主要根据保证周期内固定收益工具的收益率水平和距离保证周期的剩余期限来确定。如在保证周期初（距离保证期到期日尚有 3 年），市场上剩余期限为 3 年的国债收益率为 3%，则 $F = 100\% / 1.03^3 = 91.5\%$。在保证周期内，随着距离保证周期的剩余期限的缩小，F 值逐步向上调整，直至达到 100%。

从 CPPI 公式来看，M 越大，F 越小，基金可承担的风险和收益潜力就越高；反之，M 越小，F 越大，基金可承担的风险和收益潜力也就越低。因此，基金管理人需细致分析证券市场的风险特征和固定收益工具的收益率水平，确定合理的 M 值和 F 值，以兼顾基金的保本目标和增值目标。

此外，公式中的 A 是指基金实际投资组合的资产价值，由固定收益组合和股票组合的估值相加而得。由此可见，CPPI 的操作策略就是以前期基金收益（包括债券投资的潜在收益和股票投资的股息红利、已实现资本利得）作为后期风险投资的损失上限（又称安全垫），乘以一个放大倍数后，作为股票投资的上限。按 CPPI 策略进行操作时，手法类似于买高卖低，即在股票组合价值上涨（即 A↑）时，进一步加大股票投资以增加收益，同时相应地减少债券投资；而在股票组合价值下跌时（即 A↓），减少股票投资以实现止损，同时相应地增加债券投资。

为了更清楚地知道基金的运作过程，这里援引国投瑞银进保保本基金（001704）招募说明书的例子，来说明 CPPI 策略。

假设期初投资 10 亿元于股票和债券，投资期限为 2 年，放大倍数 M 选为 3；债券两年预期收益率为 10%，那么，根据股票资产投资金额计算公式：

（1 -1/M）×股票资产 +（总资产 - 股票资产）×（1 + 债券预期收益率）=10 亿元

上面这个公式代表的意义是：最小的股票剩余资产 + 债券资产 + 债券预期收益 = 保本金额 10 亿元（该值在公式中恒定不变）。从而，可计算得出期初投资于股票资产的金额为：2.308 亿元（保留至小数点后3位）。

因此，投资于债券资产的金额为：10 - 2.308 = 7.692 亿元。从这个例子可以看出，保本基金最初的运作是以债券投资为主，类似于债券基金。实际上，一般股票资产的比例上限也只不过到40%而已。

情形1：运作一段时间后，在 T1 时刻，假设股票资产上涨 10%，而债券资产在此期间的投资收益为 1%，预期至保本期到期时的收益率为 9%，则：

T1 时刻基金总资产为：2.308 ×（1 +10%）+7.692 ×（1 +1%）=

10.30 亿元。

根据股票资产计算公式，可计算得出 T1 时刻可投资于股票资产的金额为：2.919 亿元。

可投资于债券资产的金额为：10.308 − 2.919 = 7.389 亿元。

故在 T1 时刻将 2.919 亿元投资于股票，将 7.389 亿元投资于债券，由于此时基金拥有的债券市值为 7.769 亿元［7.692 ×（1 + 1%）= 7.769］，故基金管理人卖出 0.380 亿元债券（7.769 − 7.389 = 0.380），同时买入 0.380 亿元股票。

情形 2：继续运作一段时间后，在 T2 时刻，假设股票资产下跌 5%，而债券资产在此期间的投资收益为 1%，预期至保本期到期时的收益率为 8%，则：

此时基金总资产为：2.919 ×（1 − 5%）+ 7.389 ×（1 + 1%）= 10.236 亿元。

根据股票资产计算公式，可计算得出 T2 时刻可投资于股票资产的金额为：2.552 亿元。

可投资于债券资产的金额为：10.236 − 2.552 = 7.684 亿元。

故在 T2 时刻将 2.552 亿元投资于股票，将 7.684 亿元投资于债券，由于此时基金拥有的股票市值为 2.773 亿元［2.919 ×（1 − 5%）= 2.773］，故基金管理人卖出 0.221 亿元股票（2.773 − 2.552 = 0.221），同时买入 0.221 亿元债券。

因此，如果股票上涨，那么投资组合净值上涨，安全垫增大，更多的资金从债券转到股票；如果股票下跌，那么投资组合净值下跌，安全垫缩小，更多的资金从股票转到债券；但投资组合净值最多下跌至价值底线，即安全垫最多缩小为零，这时投资组合全部转换为债券，投资组合沿着价值底线增值，到期增至本金 10 亿元，从而实现保本的目的。

3. TIPP 投资策略

当股价上升时，投资者大多关心当前资产价值的保障，希望能够保存住浮动的盈利，而非仅仅考虑投资本金。因此，Estep 和 Kritzman（1988）对 CPPI 策略做了一些修正，提出了 TIPP 策略。TIPP 策略是指，基金设置的价值底线（保本资产的最低配置），随着投资组合收益的变动而调整的投资策略。

TIPP 投资策略的实施，具体有三个步骤。第一，确定保本资产的最低配置比例。根据保本周期末投资组合最低目标价值和合理的贴现率，设定期初应持有的保本资产的最低配置比例，即设定基金期初价值底线。第二，确定收益资产的最高配置比例。根据组合中收益资产的风险特性，决定安全垫（即基金净资产超过基金价值底线的数额）的放大倍数，然后根据安全垫和放大倍数乘数计算期初可持有的收益资产的最高配置比例。第三，当基金净值上涨超过一定幅度后，本基金将择机提高价值底线，以及时锁定已实现的收益。

同样，这里援引国投瑞银进保保本基金（001704）招募说明书的例子，来说明 TPPI 策略：

一只保本基金成立时，基金资产价值为 10 亿元（A0），要保比例为 90%（f），风险倍数为 2（m），则：

收益资产投资金额 = m（A0 − F0） = 2 ×（10 − 9） = 2 亿元

保本资产投资金额 = A0 − E0 = 10 − 2 = 8 亿元

情形（1）：如果收益资产价值从 2 亿元降为 1.5 亿元，导致基金资产的价值从期初的 10 亿元减少到 9.5 亿元，其他因素不变，则：

收益资产投资金额 = m（A1 − F1） = 2 ×（9.5 − 9） = 1 亿元

保本资产投资金额 = A1 − E1 = 9.5 − 1 = 8.5 亿元

需要注意的是，此时卖出 0.5 亿元收益资产，但买入 0.5 亿元的保本资产。

情形（2）：如果收益资产价值从 2 亿元上升为 4 亿元，导致基金资产的价值从期初的 10 亿元增加到 12 亿元，其他因素不变，锁高比例为

90%，则：

收益资产投资金额 = m（A2 - F2）= 2 ×（12 - 12 × 90% × 90%）= 4.56 亿元

保本资产投资金额 = A2 - E2 = 12 - 4.56 = 7.44 亿元

需要注意的是，此时买入 0.56 亿元收益资产，但卖出 0.56 亿元的保本资产。

当然，保本基金还可以根据各类资产的预期风险与收益情况，动态调整保本资产和收益资产比例以及相应的放大倍数。TIPP 策略相对 CPPI 策略而言，由于在净值上升过程中提高了价值底线，从而锁定了已实现收益，因此整体风险要小于 CPPI 策略。

第十章　基金定投实战

一、基金定投概述

基金定投是基金定期定额投资的简称，具体操作是在固定的时间（如每月 15 日），以固定的金额（如 500 元）投资到指定的开放式基金中，相当于银行的零存整取方式。由于每次获得的定投份额为［定投资金/（1 + 申购费率）］/申购净值，所以定投当日的净值越低，则买入的份额也越多，成本也会相应降低。

基金定投，是相对于一次性买入而言，具体在优势上主要体现在震荡或熊市中。例如，在熊市中，有 10 万元，在 2007 年 10 月的 6000 点一次性买入，那么就会巨亏，但是，若每个月买 1 万元，则在暴跌过程中，只需要在 2800 点左右就可以回本。当然，若在牛市过程中，由于价格越来越高，定投的效果不如一次性买入。但是，像 A 股市场，长期具备牛短熊长的特征，因此在震荡市或熊市中，坚持定投，而在市场重新进入牛市中收割，效果要明显优于一次性买入。由于长期定投下来，能积少成多，平摊投资成本，降低整体风险，可能获得高于理财的收益，所以也相当于长期储蓄。例如，与上证指数相关程度接近的沪深 300 指数基金嘉实沪深 300（160706），从若 2007 年 10 月开始定投到 2015 年 8 月，总体在收益率上比一次性买入要好很多，在 2015 年 6 月 1 日达到了 87%，也就是说，

7.6年的定投累计下来，复合年化收益率达到了8.5%，不仅跑赢银行理财，也跑赢通胀。

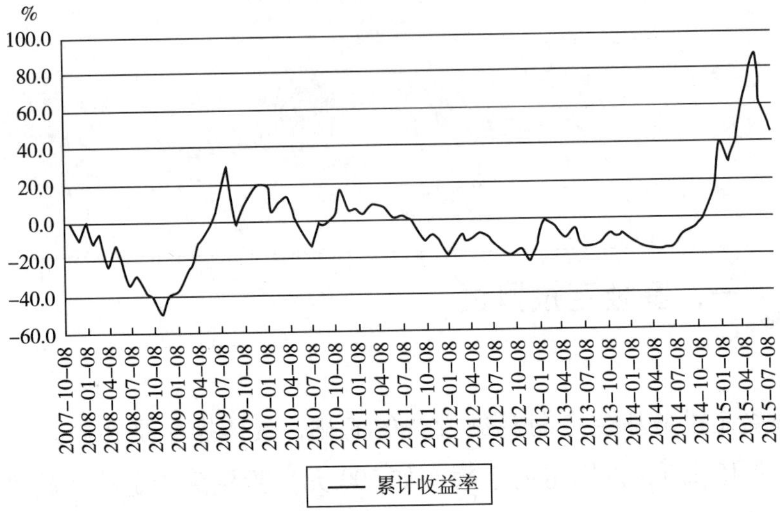

图10-1　嘉实沪深300ETF连接（160706）熊市初期定投至今的累计收益率

当然，并不是说定投就不会亏，不过当延长定投的时间后，亏损的概率会大大降低。例如，有人曾模拟美国标准普尔1928—2009年这82年的数据。在这82年中，如果投资者任意做1年期的定投，亏损的概率为33.4%；任意定投5年，亏损的概率为18.8%；任意定投10年，亏损的概率为9.2%；任意定投15年，亏损的概率为3.0%；任意定投20年，亏损的概率几乎为零。这说明两点：第一，定投存在亏损的风险，第二，随着定投期限的延长，投资者亏损的概率越来越小。实际上，国内由于基金投资起步晚、长期投资意识弱，基金定投份额仅占总基金份额0.5%，与美国相比有很大的差距——在美国市场，定投份额达到了基金份额的39%。

不过，从我们对基金投资者的长期接触来看，能坚持定投的毕竟是少数。主要的原因是，我们发现，很多投资者选择的定投时间点，都在相对的高点，例如，从2010年11月的3100点开始定投。这样，若一直坚持2年定投到2012年的12月的2000点，还是亏损。此时，就会给投资者带来巨大的心理阴影。因为在这两年时间，股指在月K线上几乎一路单边下跌，对于股票型基金来说，除非选到非常好的，几乎没有定投盈利的可能，而且还亏损15%以上。而一般定投两年还亏损的话，很多投资者就会没有耐心了，所以对于他们来说，定投是时间的玫瑰，但更是罂粟。一个极端的例子是日本市场，在1990年到2000年，若投资于拟合日经225指数的基金，即使用定期定额投资的方法分散时点、摊低成本，结局仅仅是没有亏损，并没有赚到大钱。其实，除了高点定投且股指单边下跌，致使亏损外，还有其他的原因。下面，我们将着重阐述10大全新的定投理念，以尽量让投资者减少或规避定投亏损的风险。

二、定投的10大新理念

定投国内的基金时，务必重视中国A股市场的实际，而不要照搬美国等成熟市场的定投理念。因为美国的股市，具备"牛长熊短"特征，所以大多数主动管理的基金，不能长久的跑赢标普500，于是定投标普500是很靠谱的，但中国市场正好相反，其根本的走势是"牛短熊长"，与美国正好相反，因此若定投沪深300等指数，那就完全错误了（沪深300的权重结构以银行独大，且周期股为主，而标普500则包含很多消费股与科技股）。

实际上，自2001年9月有开放式基金以来，九成以上的基金，除了2006年、2007年、2009年这样的牛市之年，其他年份起码八成的基金，跑赢指数。若从始至终，则九成以上的基金跑赢指数。所以有定投理念1：定投的基金，应该首选主动管理的股票型或混合型，而不是指数型。

当然，若要保证不亏的客户，则只能定投货币基金了，这样定投的技术含量很小，无非就是选择一个好的货币基金，如南方现金增利A。

由于定投通常是按月定投，而中国市场下跌的月份数，多于上涨的月份，这样会使很多基金，在跌下来之后就反弹不回去了。事实上，能够超过2007年10月高点的基金，并不多。因此，站在安全性角度，就有定投理念2：定投的基金，应该优选“抗跌的”，而不是选择“跌得深”的。

我们做定投，除了要安全外，还希望有较好的收益率，因此基金的助涨性也就要重点考虑了，当然这对于仓位较低的混合型基金而言具有较大难度。所以，就有定投理念3：定投的基金只能选择这两类：既助涨又抗跌与抗跌但不助涨，而不能选择助涨但不抗跌，不助涨也不抗跌。

不过，相对于市场既助涨又抗跌的基金，收益未必在同类基金名列前茅，所以需要附加一个前提，即基金经理管理的整个阶段要至少处于同类前1/3的基金，而最好要处于前1/4，甚至前1/10。所以，就有定投理念4：定投的基金，应该选择过往业绩排名常处于前1/3的，即有超额收益的。

图10－2　上证指数月线运行图

我们还注意到，中国的基金业现在有一个不好的现象，那就是基金经理经常变动，并且新任的基金经理经验常常不足，很多基金经理运作期没有经历过3年以上的熊市。而在中国股市中，经历过熊市，比经历过牛市要重要得多。这里，经历过熊市的标准是，基金经理最好在2010年11月之前任职的。所以，就有定投理念5：定投的基金，应该选择较少更换基金经理的。定投理念6：定投的基金，其现任的基金经理最好经历过3年以上的熊市考验（最好是2010年11月之前上任的），且过往所有主动管理的基金的业绩都突出。

然后，很多基民比较关心定投的扣款问题。常见的扣款，一般有月初、月中、月末三个时间。在2013年之前的定投统计中，这三个时间的收益率基本一致。不过，在2013年6月与12月"钱荒"之后，"钱荒"将在较长的时间内成为常态（至少要等到银行杠杆去掉一定程度，其标志是央行开始释放流动性）。于是，每个月的月末，A股市场常常下跌。当然，每月的第三个周五是股指期货交割日，也时不时会发生下跌。所以，就有定投理念7：选择定投扣款的时间，可以选择在每月最后一周，这里选择26日（由于考虑到交易日问题，银行并非一个月30天都能定投，通常是截止到26日），也可以选择在每个月的第三个周五——时间不定。但是，根据我们的统计，若定投在3年以上，月初、月末与月中收益率的差距不会很大，一般在2%以内，所以也不要纠结于扣款日，一般按照工资日的发放就可以。

另外，除了扣款时间外，投资者还非常关心从市场的哪一个阶段开始定投，然后何时结束？也就是何时定投与何时止盈的问题。关于何时定投，投资者一定要清楚的记住，最难的定投，并不是从泡沫的最高点破灭时定投，而是在泡沫破灭前的中度泡沫时（一般市盈率在40倍上方）。比如就A股而言，并不是2007年10月定投最有难度，而是从2007年5月的4000点开始定投。

我们可以通过下面的图来解释，最难的时候并不是从EFG三个时期的定投，因为经过后面的倒V形，还能有盈利，但是若从D开始定投，那么 DEFG 能否盈利就不确定了。因此，我们认为定投的起始点，至少也处于市场估值合理区。在我们看来，最好的起点是处于熊市估值合理区域，因此就有定投理念 8：定投的起点，最好选择在熊市中估值合理或低估区域。那么何时卖呢？

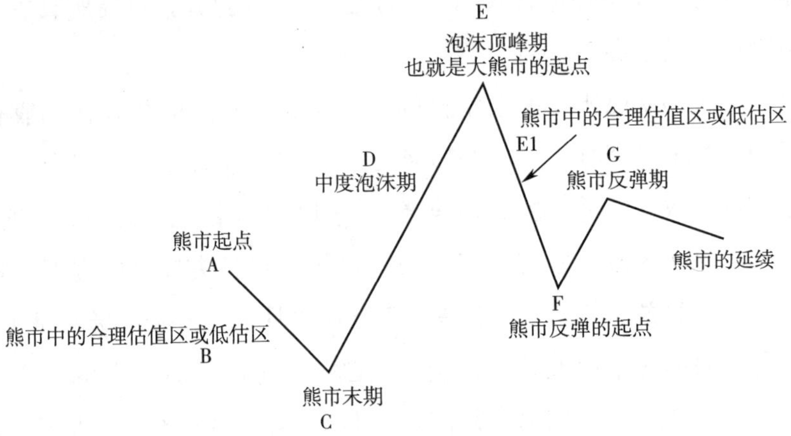

图 10－3　基金定投示意图

显然，这个问题的隐含意义是，定投并非是持续不断的过程，像中国这样的市场，也并不能一味的长期定投，但是若要做到不亏损，需要做好定投 3 年以上的准备，这将在后面的基金定投组合中阐述。还是如下图所示，我们认为最好是在牛市处于中度泡沫区域时，开始落袋为安。当然，由于牛市的顶峰谁也不知道，所以在泡沫破灭前，最好是分批减仓。于是，就有定投理念 9：定投的止盈点，最好在市场出现中度泡沫时，分次执行。当然，这是定性，更具体的规则，我们将在后面详细讨论。

根据图 10－3，最好从 B 点开始定投，然后当市场处于 D 点时开始分批卖出。这里，有个实际的问题需要面对，即什么是熊市还是牛市？这里可以有一个基本的定义，即当所有指数都出现上涨，无论大盘还是中小盘，那么就是牛市；若是中小板涨，而大盘股跌，那么就是震荡市（这里以每 1 年为时间区间）；假如全部一起下跌，则为熊市。另外，假如从图中 E1 开始买入，那么假如 G 点还没有进入中度泡沫区，则根据上述理念，还将继续定投下去。当然，为了保险起见，有时你也可以根据在达到预期的 10% 的收益率后，先止盈，然后再定投。不过，若是定投基金经理优秀的，则基金创出 E1 点的新高是很正常的。

最后，顺便说下指数基金的定投。尽管不是首选推荐，但若真要定投指数，那么有如下结论：行业类的指数基金（首选医疗指数基金），要好于跨行业的指数的，且非周期行业的要好于周期性行业的；指数基金的等权设计，在风险与收益率方面，也要优于非等权的；新兴产业的要好于传统的；中小盘的也好于大盘的。总结起来就是定投理念 10：定投的指数基金，最好是非周期的、单一行业的、等权设计的、中小盘指数、新兴产业的。

三、定投的止盈分析

1. 关于止盈问题的提出

关于基金定投，若按照上述 10 个理念，我们就不主张止损。因为即使像日本这样的市场，假设不在市场处于泡沫时（例如整体市盈率 40 倍以上）开始定投，也不会出现长期亏损的情况。而根据下节我们提供的基金定投组合的分析，即使在定投非常难的时间阶段（如 2010 年 11 月到 2012 年 12 月），虽然存在亏损，但在每个月的定投日都没有出现亏损 20% 的情况。实际上，对于定投来说，最大的难点是如何止盈的问题。很多投资者，往往定投是有过赚钱的，只不过没有卖出而已。

关于定投止盈，有一个很经典的故事。一位名叫张梦翔的台湾基民，从 1996 年开始定投了一只投资日本股市的 QDII 基金，11 年的年均收益率达 19% 。而同期，日本股市是全球 20 年来表现最差的股市之一，在 1989

年 12 月创下 38957 点的历史最高纪录之后，日经指数一路走熊，一直在 8000点到 20000 点震荡。那么，他是如何做到的呢？除了充分发挥定投的优势外（愈跌愈买，摊低成本，待行情反弹，才可能倍数获利），张梦翔还为自己设定一个止盈线。他采取的做法是，每个月不间断的定投，当资产翻了 1 倍，也就是复合收益率达到 100% 以后，把所有的基金赎回来，然后在下一个月重新开始定投。根据这个故事，我们知道，可以从理财角度去设定止盈。

就理财角度来说，参考中国的通胀或理财收益率水平，只要 1 年以上的年化收益率达到 8% 以上，就可以止盈。例如定投 1 年，若有 8% 的净收率则可以止盈，若定投两年，有 16.64%（即复合收益率为 8%），也可以止盈。不过，这里会带来一个问题。就是若在相对的高点介入后，后面的定投的收益率始终没有达到设定的目标，那么随着时间的积累，会增加实现的难度。比如第 1 年与第 2 年没有实现，那么第 3 年就要达到 26%，这对于熊市来说是很困难的。在过去是存在这种情况的，比如 2010 年 11 月 1 日开始，若定投上证指数或沪深 300 指数（例如嘉实沪深 300ETF 连接），则在定投 3 年后依然达不到 26% 的收益率。

为了更清晰地制定止盈规则，我们以最接近上证指数的嘉实沪深 300ETF 连接基金（160706）为例，去探究到底该如何设定止盈。

在这里，我们对嘉实沪深 300ETF 连接，采取了两个起始点作为定投，一个是牛市的初始区间，我们选择了 2016 年的 1 月 4 日（第一个交易日，上证收盘在 1180 点）作为起点，而另一个是 2007 年 10 月 8 日（上证收盘在 5692 点），即牛市的终点或熊市的起点作为定投的初始点；之后每月第一个交易日都是定投起点。接下去，我们可以从收益率（包括了累计收益率与复合年化收益率）、最大回撤、定投时间等几个角度去分析。这里，为方便分析，只取每个月的第一交易日作为计算结果，而没有涉及每个交易日。从上证指数可以看到，A 股市场跌宕起伏，并不像美国那样向上波动，所以适当的时间止盈是有必要的。

图 10－4　上证指数的月线运行图

2. 牛市初期定投的止盈探究

就收益率来说，可以分为累计收益率与年化收益率两个角度。从图可以看到，累计收益率在最初的向上牛市期间，一路向上，最高在 2007 年 10 月 8 日达到了 159%，但是后面随着 2008 年次贷危机的到来，原先累

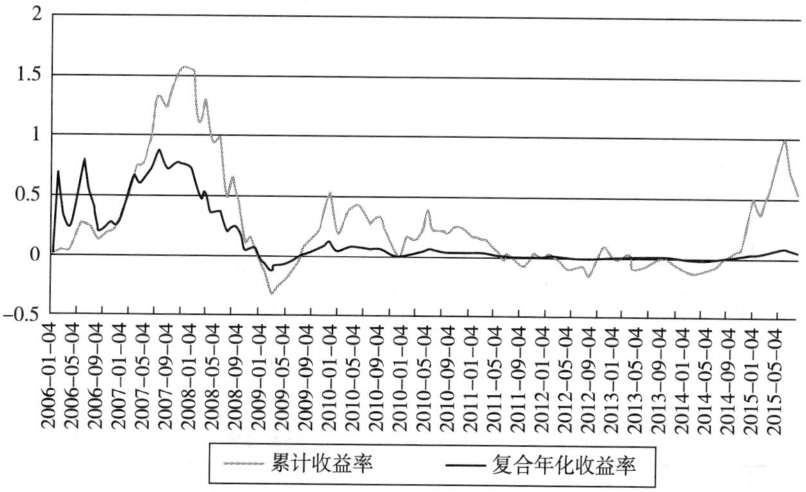

图 10－5　牛市起点开始定投至 2015 年 8 月 3 日的收益率

积的收益率快速回撤，甚至出现在 2008 年 11 月 3 日让本金亏损了 12.38%，之后在 2009 年 8 月获得较好的收益率后，就一直持续回撤，直到 2014 年 7 月之后才扭转格局。

不过，就投资来说，我们不单看收益率，还要考虑时间因素，这就涉及复合年化收益率。这里，复合年化收益率（也就是年化的复利）的计算方法是（1 + 累计收益率）^［12/（定投期数 - 1）］ - 1。其中，“^”代表乘方的意思，比如2^3 等于8，而之所以将定投期数减去1，是因为第一期没有收益率。当然，有时为了直观起见，可以将 7% 的年化收益率折算成累计收益率，那么按 7% 折算的累计收益率 = （1 + 7%）^［（n - 1）/12］ - 1。若从复合收益率去看，除了头两年因为牛市，复合收益率达到 50% 以上，但熊市到来之后，就急转直下，从定投年数 3 年以上去看，10% 的年化收益率都达不到，到了第 8 年甚至还出现了亏损。

表 10 - 1　　定投的时间与收益率

定投年数	定投期数	定投日期	累计收益率	复合年化收益率
0	1	2006 - 01 - 04	0	0.00%
1	13	2007 - 01 - 04	58.71%	58.71%
2	25	2008 - 01 - 02	130.03%	51.67%
3	37	2009 - 01 - 05	-20.06%	-7.19%
4	49	2010 - 01 - 04	40.86%	8.94%
5	61	2011 - 01 - 04	23.79%	4.36%
6	73	2012 - 01 - 04	-9.84%	-1.71%
7	85	2013 - 01 - 04	0.74%	0.11%
8	97	2014 - 01 - 02	-4.63%	-0.59%
9	109	2015 - 01 - 05	49%	4.53%
9.42	114	2015 - 06 - 01	100.33%	7.66%
9.58	115	2015 - 07 - 01	69.16%	5.69%
9.67	116	2015 - 08 - 03	53.76%	4.59%

但是，基金投资者都清楚，1 年以内的定投，因为定投期数不多，本

金投入少，这样即使累计收益率高，收益也未必高，除非在大牛市中，因此参考1以上的复合年化收益率，是相对合理的。若从1年以上去看，单看每月月初的收益率，那么超过7%的机会有27次。但是，若从目前互联网金融去看，7%以上的1年收益率都比较普遍，例如在2015年8月，阿里巴巴招财宝上的万能险在7%以上，中国平安旗下陆金所每月定期付本息的也能有8.4%。所以，时间1年以上，超过8%以上的复合收益率也并不能说不合理。当然，这里只给出了月初的情况，实际上只要基金收盘净值高于月初的情况，那么机会就会更多。

不过，我们注意到时间越长，后面受到时间的负面影响越大。例如，8%以上的年化收益率，都在5年以内，而即使到2015年6月1日，上证指数重新回到4800点，也依然达不到8%的收益率，而后面几个交易日到了5000点，才勉强使收益率达到8%。当然，这是针对嘉实沪深300推演的结果，对于主动管理能力强的基金，收益率会相应提高，但在设置过程中，也不易提高太高，大体达到10%即可。鉴于上述分析，我们认为，若从牛市初期开始定投，合理的情形是：定投时间设置为1年到5年，年化收益率设置为7%到10%，而最好1年期间定投达到目标后，就开始止盈。比如，在2007年1月之后，就可以先止盈，然后继续定投。

表10-2　　定投1年以上且年化收益率超过7%的情形

定投年数	定投期数	日期	累计收益率	累计净值	复合年化收益率
1.00	13	2007-01-04	58.71%	1.5871	58.71%
1.08	14	2007-02-01	74.63%	1.7463	67.30%
1.17	15	2007-03-01	73.42%	1.7342	60.30%
1.25	16	2007-04-02	91.09%	1.9109	67.88%
1.33	17	2007-05-08	133.30%	2.333	88.77%
1.42	18	2007-06-01	132.17%	2.3217	81.22%
1.50	19	2007-07-02	123.14%	2.2314	70.76%
1.58	20	2007-08-01	146.33%	2.4633	76.72%

续表

定投年数	定投期数	日期	累计收益率	累计净值	复合年化收益率
1.67	21	2007-09-03	156.16%	2.5616	75.84%
1.75	22	2007-10-08	159.25%	2.5925	72.35%
1.83	23	2007-11-01	150.38%	2.5038	64.97%
1.92	24	2007-12-03	110.62%	2.1062	47.50%
2.00	25	2008-01-02	130.03%	2.3003	51.67%
2.08	26	2008-02-01	93.27%	1.9327	37.20%
2.17	27	2008-03-03	98.10%	1.981	37.10%
2.25	28	2008-04-01	48.76%	1.4876	19.31%
2.33	29	2008-05-05	65.25%	1.6525	24.02%
2.42	30	2008-06-02	47.01%	1.4701	17.29%
3.50	43	2009-07-01	34.17%	1.3417	8.76%
3.58	44	2009-08-03	54.50%	1.545	12.91%
3.75	46	2009-10-09	29.25%	1.2925	7.08%
3.83	47	2009-11-02	37.38%	1.3738	8.64%
3.92	48	2009-12-01	42.98%	1.4298	9.56%
4.00	49	2010-01-04	40.86%	1.4086	8.94%
4.25	52	2010-04-01	33.38%	1.3338	7.01%
9.33	113	2015-05-04	90.21%	1.9021	7.13%
9.42	114	2015-06-01	100.33%	2.0033	7.66%

最好在1年期间目标达到后就定投，是为了防止进入熊市。例如2008年11月3日开始的定投，到了2009年11月就已经达到了目标，此时可以止盈。虽然若不止盈的话，后面到2010年11月依然有机会，但错过这次机会，则要等到2015年4月才有机会了，也就是若2年内都不做止盈，那么要达到7%以上的复合收益率，需要在6.4年之后了。

表 10－3　2008 年 11 月 3 日开始的超过 7% 的 1 年期以上定投情况

定投年数	定投期数	日期	累计收益率	复合年化收益率
1	13	2009－11－02	36.42%	36.42%
1.08	14	2009－12－01	39.83%	36.27%
1.17	15	2010－01－04	36.02%	30.17%
1.25	16	2010－02－01	20.56%	16.13%
1.33	17	2010－03－01	25.13%	18.31%
1.42	18	2010－04－01	26%	17.72%
1.5	19	2010－05－04	12.13%	7.93%
2	25	2010－11－01	26.49%	12.47%
6.42	78	2015－04－01	60.42%	7.64%
6.5	79	2015－05－04	83.96%	9.83%
6.58	80	2015－06－01	93.43%	10.54%
6.67	81	2015－07－01	63.13%	7.62%

另外一种设置止盈的方法是，根据回撤的角度。很多投资者，可能只看到了定投分散风险的作用，但没看到定投从高位回撤下来，也是相当的厉害。根据期初与期末累计收益率，可以分别加上 1，作为累计净值，从而可以计算出回撤：（1＋期末累计收益率）／（1＋期初累计收益率）－1。我们注意到 2008 年的次贷危机，使得回撤达到了 73.48%，而在 2007－10－08 到 2008－11－03 期间，上证指数跌幅为 69.79%。那么，是什么原因导致了定投的回撤是如此之大？主要的原因在于除了 2006 年 9 月之前的 9 期获利之外，而上面的定投点位都是在 1700 点以上，这样导致后面的定投到了 2008 年 11 月 3 日（在 1719 点）都是亏损的。而后面的几次累计收益率的回撤也是超过 30% 以上，2015 年股灾也接近 25%。这就告诉我们，若定投一开始收益率如向上抛物线那样，那么不可以掉以轻心，此时将盈利赎回反而可以控制回撤。不过，这个规则没有普遍性，因为投资者很难确定到底后面能涨多少高，但是，我们认为一旦很高的收益率开始回撤 15%，就可以执行止盈了。

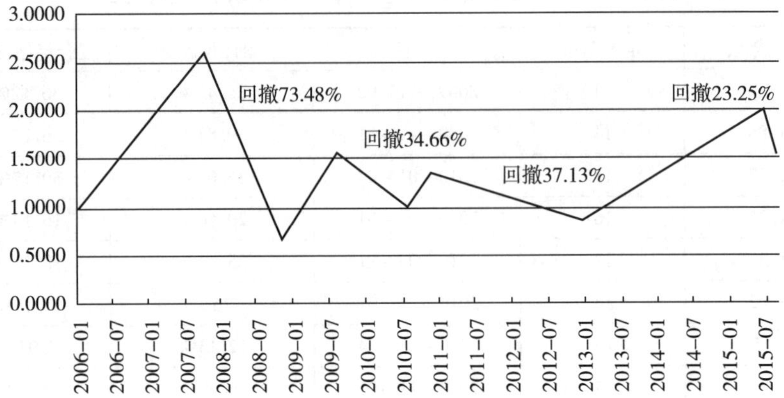

图 10－6　定投的累计收益率回撤

例如，从2006－06－01 的累计净值1. 2786 ，下探到2006－08－01 的1. 1214 元，回撤没有达到 15% ，那么就不用管，即在 A 处的回撤没有达到止盈条件。但后面到了 2007－10－08 年，从2. 5925 元下探到 2007－12－03 的 2. 1062 元，也就是 B 处，使得回撤超过 15% ，那么就可以执行止盈了。这里，存在一个细节问题，比如说在 A 处达到止盈条件时，但此时复合年化收益率没有达到 7% 以上，那么该怎么办？我们认为，可以不用止盈，因为后面即使发生熊市，那么也是可以应对的。不过，若在 A 处

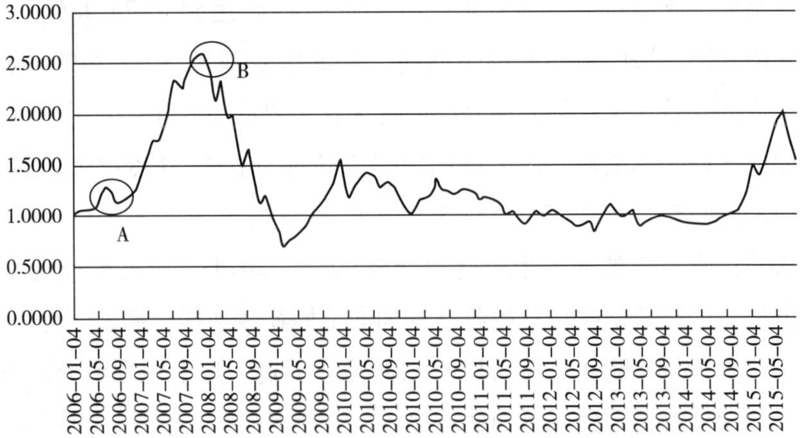

图 10－7　牛市定投的累计收益率回撤（以累计净值换算）

达到7%以上，然后回撤幅度又达到15%，那么还是建议止盈，不过若亏损的话，就没必要止损了。

综合年化收益率与回撤两个角度，我们认为，止盈最好在1年（即定投13期）以后再考虑，但时间最好不要超过5年，而止盈的目标可以设定为7%到10%，而且最好是第一时间就止盈，不过若是5年以内，都没有机会止盈，那依然需要继续坚持定投；若没有第一时间，则一旦累计收益率从高位回撤15%，那么就必须执行止盈。总之，止盈时，务必记住1年到5年，7%到10%，高位回撤15%这几个关键数字。那么，接下来投资者可能会问，止盈之后又该如何操作的问题。我们认为，可以将盈利部分一次性买入年化收益率在7%以上的理财产品，而其他的按原来的继续定投。

3. 熊市初期定投的止盈探究

倘若是熊市初期定投的话，那么止盈相对不容易些。具体依然以嘉实沪深300ETF连接基金为例。类似前面的分析，我们看到若从2007年10月8日开始定投，单边累计收益率下跌近50%，之后只有在2009年

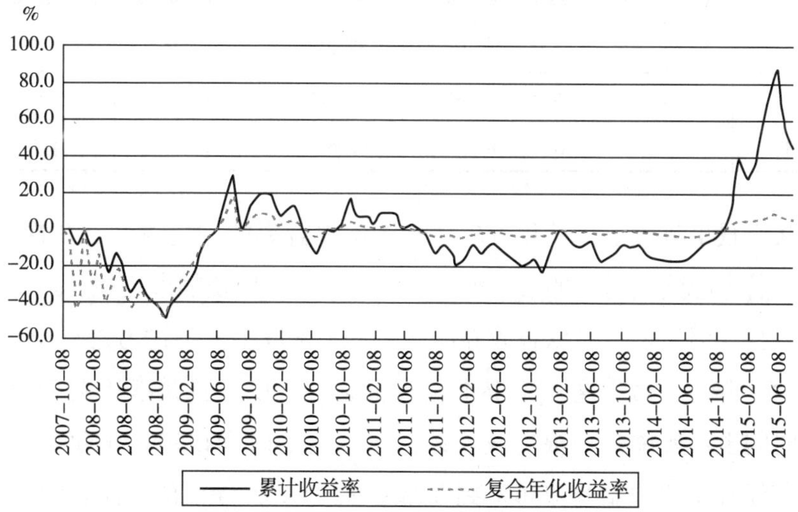

图10－8　从2007年10月开始定投的收益率

8 月才有机会接近 30% 的收益率。之后，好不容易到 2015 年的牛市中，才获得 87% 的累计收益率。而从历年年化收益率上看，更不乐观，在第 4 年到第 7 年，都还存在亏损的情况。那么，具体获得较高年化收益率的是什么时候呢？为此，我们统计了年化在 6% 以上，时间在 1 年以上的定投情况。当然，为了方便起见，这里仅统计月初第一个交易日定投的情况。

表 10－4　　　　定投时间与收益率

定投年数	定投期数	日期	累计收益率	累计净值	复合年化收益率
0	1	2007－10－08	0	1	0.00%
1	13	2008－10－06	－40.37%	0.5963	－40.37%
2	25	2009－10－09	8.39%	1.0839	4.11%
3	37	2010－10－08	3.12%	1.0312	1.03%
4	49	2011－10－10	－12.67%	0.8733	－3.33%
5	61	2012－10－08	－17.87%	0.8213	－3.86%
6	73	2013－10－08	－7.95%	0.9205	－1.37%
7	85	2014－10－08	－2.52%	0.9748	－0.36%
7.66	93	2015－06－01	87.08%	1.8708	8.51%
7.75	94	2015－07－01	57.90%	1.579	6.07%
7.83	95	2015－08－03	43.50%	1.435	4.72%

从定投 1 年以上，获得 6% 复合年化收益率的情况看，有 9 次机会。当然，若考虑到交易日的话，那就更多。所以，即使熊市定投，虽然机会相对较少，但是依然可以将收益率设置在 6% 以上。不过考虑到第 3、第 4、第 5、第 6、第 7 这几年根本没有机会。所以一旦是熊市初期定投的话，时间上需要缩短。根据我们的总结，就是时间设定在 1 年到 2 年之内，若复合年化收益率在 6% 到 10%，就可以执行止盈。而止盈后的资金，可以将本息分为 12 等分，继续定投。

表 10－5　　　　定投 1 年以上超过 6% 的复合收益

定投年数	定投期数	日期	累计收益率	累计净值	复合年化收益率
1.75	22	2009－07－01	12.07%	1.1207	6.73%
1.83	23	2009－08－03	28.80%	1.288	14.80%
2.08	26	2009－11－02	15.28%	1.1528	7.06%
2.17	27	2009－12－01	19.97%	1.1997	8.77%
2.25	28	2010－01－04	18.24%	1.1824	7.73%
7.5	91	2015－04－01	54.84%	1.5484	6.00%
7.58	92	2015－05－04	77.74%	1.7774	7.88%
7.67	93	2015－06－01	87.08%	1.8708	8.51%
7.75	94	2015－07－01	57.90%	1.579	6.07%

另外，我们也可以通过回撤去探讨止盈问题。不同于牛市初期的定投，对于熊市初期的定投来说，实际上高位回撤的幅度反而小于牛市初期的，当然亏损幅度显然是更大的。但是，正如累计收益率显示的，熊市中的定投因为累计收益率不高，几乎无法承担回撤幅度。所以，熊市初期的定投不考虑回撤幅度的止盈条件。

综上所述，我们认为熊市只要达到第一个止盈条件，就可以迅速执行。也就是说，一旦事后定投了 1 年之后（1 年到 2 年），你发现自己的定投是在熊市初期，例如在 2008 年 11 月后，你会发现你在熊市初期定投，那么之后的选择便是第一时间在达到 6% 以上的复合年化收益率时，就执行止盈。例如，在 2009 年 7 月 1 日，第 22 期达到 6.73% 的年化收益率时，就执行止盈。当然，若在 1 年到 2 年间没有达到目标，依然需要坚持定投，一般在 5 年以内还是有望达到目标，例如 2010 年 11 月熊市初期开始定投的话，到了 2015 年 1 月，也就是第 4.17 年，还是可以获得 9.46% 的年化收益率。

4. 止盈总结：137 定投止盈法

综合前面的分析，虽然牛市初期与熊市初期定投的止盈规则有所不

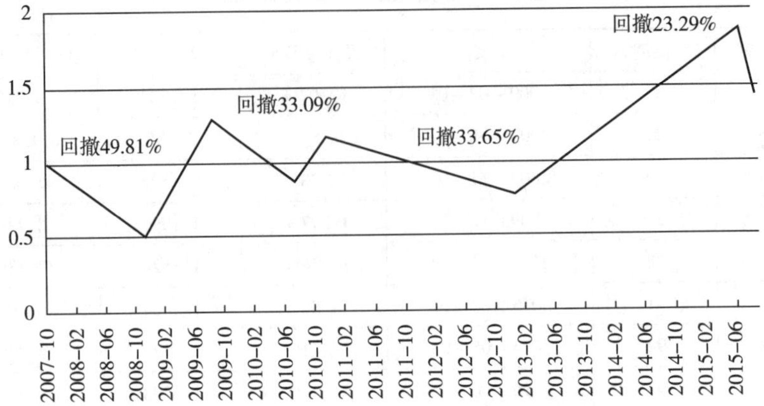

图 10 -9　熊市初期的定投的回撤

同，但若将回撤不用考虑进去，还是殊途同归，那就是设定时间与年化收益率即可。为此，我们可以将上述规则进行统一，无论是在牛市或熊市初期定投中，甚至任何时候，因为像 A 股这类市场，牛熊交替也频繁，所以只要满 13 期，年化收益率（此时相当于累计收益率）达到 7% 以上，就赎回，然后将这些本金循环定投，而获得的盈利则买入 7% 以上的年化收益率理财。当然为了追求复利效果，也可以将本息重新平均分配给 13 期以上（以不增加财务负担为主），加大定投。例如，定投 61 期，每期定投 1 000 元，之后复利达到 7% 以上，本金与收益合计为 12 万元，那么接下去，你可以每期定投 5 000 元，或者 3 000 元，当然，若你能承受每个月 1 万元的定投也是的可以的，但这里的问题是万一到了第 14 期，你拿不出 1 万元定投，那就会使得定额的效果打折扣，所以加大定投也要量力而行，最好准备 24 期的资金量，至于没有用到的资金，可以买入理财产品。

对于之所以需要 7% 的复合年化收益率，是因为它一方面可以跑过通胀或一般的理财收益；另一方面，在止盈上，设置 7% 对 A 股这样牛短熊长的市场，也大概率可以在 6 年之内实现，但若设置在 8% 以上，就不容易实现。所以，我们将上述方法称为137定投止盈法，即定投13期之后，有7%以上复合年化收益率就止盈。当然，若达不到这个目标，则必须坚持定投下去，直到复合年化收益率重新符合7%以上为止——一般不会超过6年。

实际上，最坏的情形下，7年之内都概率有机会实现，而一般情况下5年之内就有机会。因为全球金融危机大体是7年一次，例如1973年的原油危机与股市崩盘，1980年的美国衰退，1987年的美国股市崩盘，1994年的墨西哥金融危机，2001年“9·11”恐怖袭击事件，2008年次贷危机，当然，中间还有1997年的亚洲金融风暴，2010年的欧债危机等，所以，通过定投的话，因为危机带来了较低的价格，所以只要中间稍有反弹，就有机会实现。下面举三个例子，分别是熊市起点，牛市起点以及牛市中后期，对象都是嘉实沪深300连接基金，都采取第一个交易日，且是分红再投资的方式；为了方便起见，定投的计算工具，可以采取广发基金官网的“组合定投计算器”，只不过只选用一个基金定投即可。之所以考虑牛市中期或后期，是因为它还没来得及止盈，就遭遇到了熊市。

首先，看熊市止盈。若在熊市起点止盈，那么第一次花了1.83年，即在2009年8月3日，首次在月初超过7%的复合年化收益率——实际是14.8%。当然在实践中，因为赎回是收盘价，所以其实在2009年7月31日就可以进行预估了。之后，在止盈后的下个月，将前面的本息分成12等分，从2009年9月开始定投，那么花了5.58年，即2015年4月才达到止盈条件，实际复合年化收益率为8.36%。而若将两个阶段的累计收益率合并起来计算，则可以达到101.66%，7.5年的复合年化收益率达到9.8%。但是，若从一开始就不设置止盈，则到2015年4月1日，7.5年的复合年化收益率才6%。值得一提的是，我们若选择在2010年11月开始定投的话，到了2015年1月5日，也就是定投4.17年后，可以第一次执行止盈，此时复合年化收益率为9.46%。

对于这两次定投止盈之后，虽然错过了2015年5月与6月的高点卖出，但也不要因此而后悔，因为之后，我们就可以看到7月、8月市场出现了股灾，那么，之前若不执行止盈的筹码，将因这两次亏损而前功尽弃。所以，通过定投止盈，只要达到目标，就要有执行的纪律，而不要有因为暴涨而影响心态，因为当时投资者也根本不知道后面会继续涨，也没有一个模型能预测到后面会暴涨。综上所述，定投止盈是给了投资者一个稳定的预期，让其投资计划不受市场环境与自身心态而发生剧烈变动，实际上137定投止盈方法，一方面可以获得比理财相对高的年化收益率，另一方面还可以很好地控制系统性风险。

表10－6　　熊市起点的两次止盈与不止盈的复合收益率对比

止盈与否	定投起点	执行止盈	定投年数	定投期数	累计收益率	复合年化收益率
第一次止盈	2007－10－08	2009－08－03	1.83	23	28.80%	14.80%
第二次止盈	2009－09－01	2015－04－01	5.58	68	56.57%	8.36%
两次止盈合并	2007－10－08	2015－04－01	7.5	91	101.66%	9.8%
若不止盈	2007－10－08	2015－04－01	7.5	91	54.84%	6%

注：合并收益率的计算，需要假设第一次止盈的利润再投资后，也达到第二次止盈的复合收益率，下同。

其次，看牛市止盈。若在牛市起点止盈，那么第一次花了1年，即在2009年11月2日，首次在月初超过7%的复合年化收益率——实际是36.42%。当然在实践中，因为赎回是收盘价，所以其实在2009年10月31日就可以进行预估了。之后，在止盈后的下个月，将前面的本息分成12等分，从2009年12月开始定投，那么花了5.08年，即在2015年1月才达到止盈条件，实际复合年化收益率为7.18%。而若将两个阶段的累计收益率合并起来计算，则可以达到114.66%，6.17年的复合年化收益率达到9.8%。但是，若从一开始就不设置止盈，则到2015年1月5日，

6.17 年的复合年化收益率才 6.19%。所以，与熊市一样，通过止盈，一方面可以控制风险，很可能在收益率上也要好很多。

表 10-7　　牛市起点的两次止盈与不止盈的复合收益率对比

止盈与否	定投起点	执行止盈	定投年数	定投期数	累计收益率	复合年化收益率
第一次止盈	2008-11-03	2009-11-02	1	13	36.42%	36.42%
第二次止盈	2009-12-01	2015-01-05	5.08	62	57.35%	7.18%
两次止盈合并	2008-11-03	2015-01-05	6.17	75	114.66%	13.17%
若不止盈	2008-11-03	2015-01-05	6.17	75	44.8%	6.19%

最后，看牛市中期或后期的定投止盈。通过测试，我们发现 2007 年 3 月初到 10 月初开始的定投，到 2009 年 8 月 3 日，都能执行止盈，当然从 3 月初的定投是最困难的。若从 2007 年 2 月初之前，则在 2008 年 2 月 1 日达到止盈目标，之后就类似于熊市定投了。那么，我们看下 2007 年 3 月 1 日，即上证指数在 2 797 点定投的情况。

若在牛市中期开始定投，则第一次花了 1 年，即在 2009 年 8 月 3 日，首次在月初超过 7% 的复合年化收益率——实际是 7.98%。当然在实践中，因为赎回是收盘价，所以其实在 2009 年 7 月 31 日就可以进行预估了。值得一提的是，在第 13 期，即 2008 年 3 月 3 日的年化收益率为 5.74%，没有达到 7% 的目标，所以只能延后到 2009 年 8 月 3 日才止盈。之后，在止盈后的下个月，将前面的本息分成 12 等分，从 2009 年 12 月开始定投，那么花了 5.58 年，即在 2015 年 4 月才达到止盈条件，实际复合年化收益率为 8.36%。而若将两个阶段的累计收益率合并起来计算，则可以达到 88.48%，8.08 年的复合年化收益率达到 8.16%。但是，若从一开始就不设置止盈，则到 2015 年 4 月 1 日，8.08 年的复合年化收益率才 5.27%。所以，与牛市或熊市一样，通过止盈，可以控制风险，很可能在收益率上也要好很多。

表 10－8　牛市中期作为起点的两次止盈与不止盈的复合收益率对比

止盈与否	定投起点	执行止盈	定投年数	定投期数	累计收益率	复合年化收益率
第一次止盈	2007－03－01	2009－08－03	2.42	30	20.38%	7.98%
第二次止盈	2009－09－01	2015－04－01	5.58	68	56.57%	8.36%
两次止盈合并	2007－10－08	2015－04－01	8.08	98	88.48%	8.16%
若不止盈	2007－03－01	2015－04－01	8.08	98	51.48%	5.27%

注：在第 13 期，即 2008 年 3 月 3 日的年化收益率为 5.74%，没有达到 7% 的目标。

总体来说，根据 137 定投止盈是符合规则的，而且在 7 年之内一般都有 2 次机会。在实践中，我们定投的基金一般都比沪深 300 要好，例如，一个中证 500 或上证 380 指数基金，一个医疗类的基金，或基金经理好些的基金，都可以轻易跑过沪深 300 的指数基金。

四、基金的定投组合分析

多数的投资者，都不会选择一个基金作为定投，而通常会选择 3 个及以上。这样的组合，可以跨市场、跨行业。不过，从实践的角度来说，基金经理依然是核心。为此，本文在精选基金经理的前提下，构建了积极型与稳健型的定投组合，作为案例进行分析。

1. 定投组合与入选基金的说明

所谓积极的组合，要求所选择的基金，都将助涨摆在第一位，回撤放在第二位，体现的是牛市助涨的特征。而稳健的组合，则将抗跌放在第一，而助涨放在次位，追求的是回撤可控的前提下，趋势向上的收益。值得一提的是，目前权益类的基金多数为混合型基金，但并不表示混合型就保守。因为基金的激进与否，除了仓位，还受到重仓股、换手率、基金经理出身的影响。

实际上，很多基金经理的风格总体就决定了其管理的基金是积极的，例如任泽松是 TMT 出身，那么风格本身就是积极的。

根据上述前提条件，我们在积极组合中选择了梁永强管理的华商主题（630011），朱少醒的富国天惠（161005），朱晓亮管理的汇添富民营活力（470009）。当然，像刘晓龙管理的广发行业领先也可以入选，田明圣的华商领先企业（630001）也可以，而华商价值精选由于时间成立相对晚，没入选。而在稳健型选择了于江勇的富国天成红利（100029），陈晓翔的汇添富价值精选（519069），杨云的兴全可转债（340001）。这些基金的入选遵循两个原则：第一，基金经理尽量不变；第二，若基金经理变化，则接任的基金经理要么风格与前任一致，要么基金的产品设计保持了一贯性，总之就是要求风格不变，这里主要涉及汇添富民营。当然，像新华优选分红其实也可以入选为稳健型的基金。

2. 定投组合的算法

若是定投组合的话，一般只考虑 3 只基金，当然也可以扩展到 N 只基金。

若是每只基金每期定投及赎回时间都一致，那么若有 N 只基金，假如每次定投占每次投入本金的权重比例为 a1，a2，…，an，最终定投结束的收益率分别为 r1，r2，…，rn。则整个组合的收益率：

R =（收益 1 + 收益 2 + … + 收益 n）/总本金 =（本金 1 × r1 + 本金 2 × r2 + … + 本金 n × rn）/总本金 = a1 × r1 + a2 × r2 + … + an × rn

因此，组合收益率有两种算法，但结果一致：

方法 1：R = 总收益/总投入 =（收益 1 + 收益 2 + … + 收益 n）/总本金

方法 2：R = 每只基金的加权收益率之和，其中权重为每个基金投入占总投入的比重。

当然，在实际过程中，会出现一类情况，主要是扣款日不同带来的。

由于每只基金开始定投的时间不一定一致，例如基金 1 是每月 10 日定投，而基金 2 是每月 20 日定投，然后最终赎回的日期为某月的 15 日，这样的话，则基金 2 就有 1 期没有定投，因此这个加权收益率就会有误。另外，一个基金停牌，或暂停定投申购，也会带来同样的问题。

不过，在实际过程中，上述组合收益率的公式还是具有普遍的意义。只是，上述的权重分配不是每期投入本金的权重，而是总本金的权重，比如有 2 只基金，基金 1 定投了 15 期，每期 600 元，基金 2 定投了 10 期，每期 1 000 元，则总的本金就为 1.8 万元，所以基金 1 的权重就为 8/18，而基金 2 的权重就为 10/18。这样，基金组合的收益率就等于 8/18 × r1 + 10/18 × r2。

因此，对于定投组合，则可以分为三步进行，一是先单独计算出每个基金的收益率（注意，若为现金分红时，则要把累计分红也算为收益），然后计算每个基金占总本金的权重，最后，这个组合收益率就是加权收益率了。当然，也可以分两步，第一步单独算出每个基金的收益，然后 R =（收益 1 + 收益 2 + … + 收益 n）/总本金。

将组合中的每个基金单独拿出来计算的好处在于，可以使得每个基金的定投日期，采取的分红方式，赎回日期都可以不同，当然赎回日期最好相隔没几天，否则有时间成本。而若将每个基金采取合并运算，即便是分红方式，都有 2 的 n 次方选择（每个基金都可以选择现金分红与分红再投）。

3. 稳健型组合的案例分析

稳健型与积极型的两个组合，我们选择的定投时间是从 2010 年 11 月 1 日的 3054 点开始的，之所以采取这个时间点，是因为从该时间点是历年来高位定投最难的，比 2007 年 10 月开始定投要难很多，因为在那个时间点，到了 2009 年 6 月就开始获利了。本文采取的是每个月第一个交易日的定期定额定投（若 1 日不开市，则延后），3 个基金每个月都定投

1 000元，即每个月共定投 3 000 元。时间截止到 2015 年 8 月，一共 58 个月，采取的是红利再投方式。另外，假设定投申购与赎回都没有赎回费。在组合计算上，可以运用广发基金官网的定投计算器作为辅助。

从上证指数可以看到，从2010 年 11 月到2012 年 12 月（当然2013 年继续震荡且创新低），上证指数几乎面临单边下跌的走势，时间上有 2 年，因此非常考验人的定投耐心。但是，从定投效果看，一旦结束单边下跌，那么后续几个月的上涨，就很容易超过理财收率，也就是说 8% 以上的复合年化收益率是相对容易实现的。

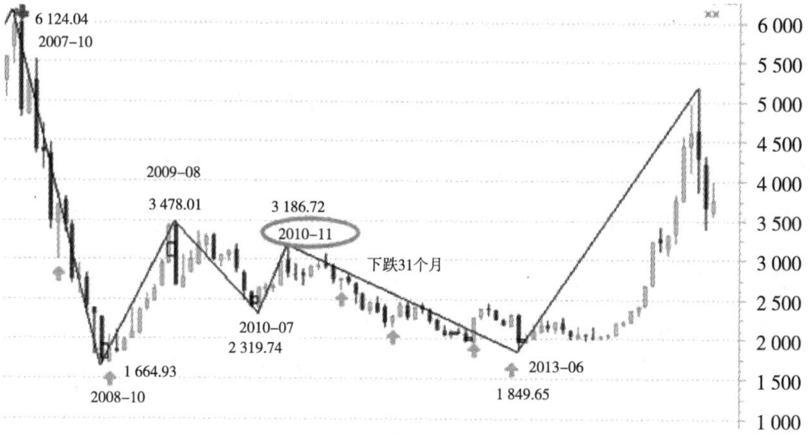

图 10－10　上证在 2010 年 11 月后单边下跌的趋势

对于稳健型组合来说，从 2010 年 11 月 1 日的上证 3054 点开始定投，在第 28 期（2013 年 2 月）开始实现正收益，虽然此时上证指数只有2500点。但对于多数人来说，在没有实现正收益时候，就已经选择停止定投（即定投断供）了，或者一旦获利就停止定投，且将所有份额赎回。之所以很多人很难坚持，主要有两个原因。

第一，多数投资者很难承受连续 2 年以上定投还亏损的局面。关于这点，选择停止定投也并非没有道理，因为之前很多投资者选择了沪深 300 指数基金，从 2007 年 8 月的 5000 点开始定投，经过 2008 年大跌后，除了

注：计算工具为广发基金公司网站提供的基金定投计算器。

图 10－11　稳健定投组合的计算

在 2009 年 8 月，2010 年的 11 月，2011 年 3 月的 3000 点上方（以上证指数为参考）获得正收益外，多数时间依然是亏损的。也就是说，过去不乏定投 5 年还亏损的情况（如 2007 年 8 月到 2012 年 8 月）。出现 5 年定投还亏损的问题，一来是因为高位才开始定投，第二是基金的选择出现了问题，假如定投中小盘指数基金，如中小板指或中证 500，就很长时间获利丰厚，或者选择主动管理强的基金经理，如景顺内需增长。不过，也不能全怪投资者，毕竟充斥 2007 年的基金投资理念中（甚至现在），一直推崇沪深 300 这样的蓝筹基金，当然，就成熟市场的经验来说，定投中小盘指数的基金机会会更大，只不过波动会更大。

第二，投资者会觉得后面的市场，可能会继续走熊。实际上，后面也的确跌到 2000 点，而且有 1 年多在 2200 点以内震荡，不过即使如此，定投组合的收益率依然一直为正。因为，从后面的收益率表可以看到，之后虽然大盘继续震荡或下跌，但整个组合开始与市场背离，在企稳后逐步出现上涨趋势。从这个实例看出，绩优基金经理在经历长期熊市洗礼后，会相应的调仓换股，所以轻指数，重基金也是适用于基金定投的。

就收益率来说，该组合在4后的年化收益率大大超过理财，而在大盘刚到在2014年12月实现正收益的时候，整个组合已经获得32%以上的收益率，到了2015年6月份实现129%收益率。

而就回撤来说，该组合最初下跌的最大亏损为13.59%，发生在2012年1月。而从2015年6月到8月初的回撤幅度最大，从获利129%回落到获利70%，回撤幅度达到25%（即根据净值相当于1.7/2.29－1），之所以下跌幅度较大，是因为发生了前所未见的股灾。所以，对于稳健型来说，当基金面临大幅收益的时候，例如年化收益率达到10%以上时，就应该坚决落袋为安，而实际上在获利129%时，还不到5年，年化收益率达到19%以上。

从这个案例可以获得4点启示。第一，定投若没有3年的思想准备，则不能轻易参与。也就是说，定投1年会亏损，定投2年也可能亏损，只有定投3年，则存在较大的概率实现正收益。第二，一般来说，当众多投资者很难继续坚持的时候，定投就开始进入收获季节，届时市场虽然下跌，但基金已经开始获利。第三，对于稳健型来说，3年以上的复合年化

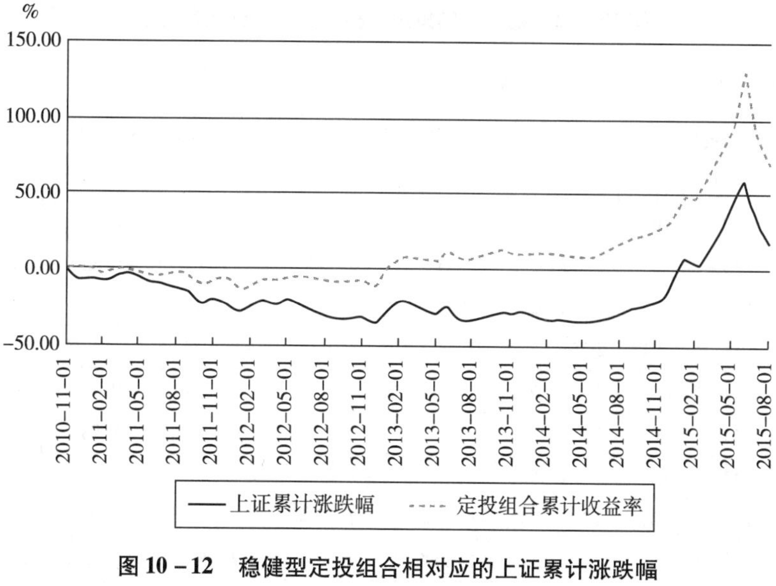

图10－12　稳健型定投组合相对应的上证累计涨跌幅

收益率能达到10%以上，就可以开始着手适当减持获利，若超过15%，则可以大举赎回，然后将之前的收益进行重新分配定投。第四，对于稳健型来说，从回撤角度来说，极端情况下要做好最大亏损25%的准备，当然在正常情况下，应该很难超过15%。

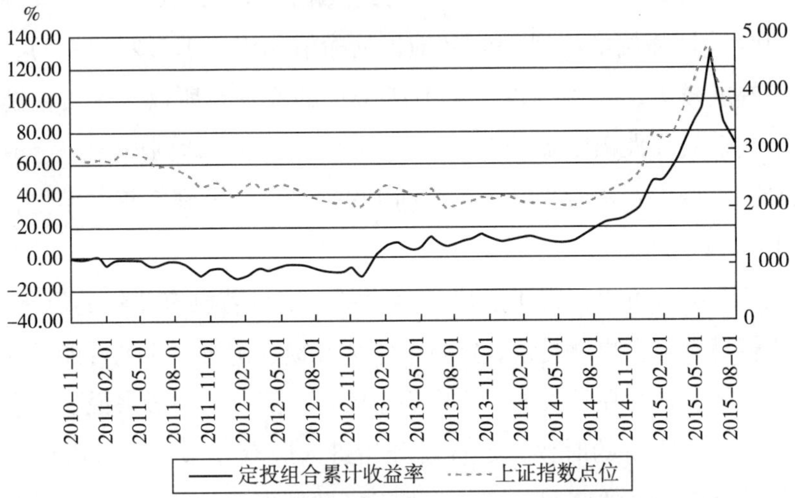

图10-13　稳健型定投组合相对应的上证指数点位

表10-9　　　　三个稳健基金构成的稳健型组合收益率

定投期数	定投日期	上证点位	富国天成累计收益率	汇添富价值累计收益率	兴全可转债累计收益率	定投组合累计收益率	定投组合的年化收益率
1	2010-11-01	3 054.02	0	0	0	0.00%	0
2	2010-12-01	2 823.45	0.01%	-0.98%	-1.44%	-0.80%	-9.23%
3	2011-01-04	2 852.65	3.69%	-1.03%	0.57%	1.08%	6.64%
4	2011-02-01	2 798.96	-3.54%	-7.01%	-2.71%	-4.42%	-16.54%
5	2011-03-01	2 918.92	0.43%	-0.51%	-1.11%	-0.40%	-1.19%
6	2011-04-01	2 967.41	-1.01%	-2.05%	-0.78%	-1.28%	-3.04%
7	2011-05-03	2 932.19	-1.04%	-2.24%	-0.91%	-1.40%	-2.77%
8	2011-06-01	2 743.57	-4.68%	-7.63%	-2.90%	-5.07%	-8.53%
9	2011-07-01	2 759.36	-2.20%	-4.20%	-1.85%	-2.75%	-4.10%

续表

定投期数	定投日期	上证点位	富国天成累计收益率	汇添富价值累计收益率	兴全可转债累计收益率	定投组合累计收益率	定投组合的年化收益率
10	2011-08-01	2 703.78	-0.83%	-3.20%	-1.98%	-2.00%	-2.66%
11	2011-09-01	2 556.04	-0.25%	-5%	-5.98%	-3.74%	-4.48%
12	2011-10-10	2 344.79	-9.59%	-14.14%	-10.93%	-11.55%	-12.53%
13	2011-11-01	2 470.02	-5%	-8.08%	-5.45%	-6.18%	-6.18%
14	2011-12-01	2 386.86	-6.01%	-8.29%	-6.10%	-6.80%	-6.29%
15	2012-01-04	2 169.39	-14.70%	-16.86%	-9.22%	-13.59%	-11.77%
16	2012-02-01	2 268.08	-13.86%	-15.40%	-6.65%	-11.97%	-9.70%
17	2012-03-01	2 426.11	-6.34%	-7.06%	-5.81%	-6.40%	-4.84%
18	2012-04-05	2 302.24	-8.43%	-8.64%	-6.26%	-7.78%	-5.55%
19	2012-05-02	2 438.44	-3.83%	-5.53%	-4.28%	-4.55%	-3.05%
20	2012-06-01	2 373.44	-4.97%	-4.67%	-3.69%	-4.44%	-2.83%
21	2012-07-02	2 226.11	-6.46%	-4.03%	-4.27%	-4.92%	-2.98%
22	2012-08-01	2 123.36	-9.76%	-6.04%	-5.15%	-6.98%	-4.05%
23	2012-09-03	2 059.15	-10.65%	-6.79%	-7.27%	-8.24%	-4.58%
24	2012-10-08	2 074.42	-9.71%	-6.26%	-7.84%	-7.94%	-4.22%
25	2012-11-01	2 104.43	-8.84%	-2.24%	-7.90%	-6.33%	-3.22%
26	2012-12-03	1 959.77	-15.60%	-10.39%	-10.47%	-12.15%	-6.03%
27	2013-01-04	2 276.99	-2.40%	4.76%	-3.13%	-0.26%	-0.12%
28	2013-02-01	2 419.02	4.06%	16.54%	2.02%	7.54%	3.28%
29	2013-03-01	2 359.51	6.51%	18.40%	2.46%	9.12%	3.81%
30	2013-04-01	2 234.4	3.06%	13.30%	1.64%	6.00%	2.44%
31	2013-05-02	2 174.12	4.77%	12.52%	-0.98%	5.44%	2.14%
32	2013-06-03	2 299.25	11.95%	21.57%	5.12%	12.88%	4.80%
33	2013-07-01	1 995.24	6.32%	13.40%	2.21%	7.31%	2.68%
34	2013-08-01	2 029.07	10.24%	16.08%	3.31%	9.88%	3.48%
35	2013-09-02	2 098.45	11.47%	19.10%	2.97%	11.18%	3.81%
36	2013-10-08	2 198.2	15.73%	22.20%	7.16%	15.03%	4.92%
37	2013-11-01	2 149.56	12.62%	15.29%	5.12%	11.01%	3.54%
38	2013-12-02	2 207.37	14.16%	12.79%	5.02%	10.66%	3.34%

续表

定投期数	定投日期	上证点位	富国天成累计收益率	汇添富价值累计收益率	兴全可转债累计收益率	定投组合累计收益率	定投组合的年化收益率
39	2014-01-02	2 109.39	17.33%	14.55%	5.92%	12.60%	3.82%
40	2014-02-07	2 044.5	18.21%	12.71%	7.34%	12.75%	3.76%
41	2014-03-03	2 075.23	19.15%	10.86%	9.26%	13.09%	3.76%
42	2014-04-01	2 047.46	13.82%	10.69%	6.35%	10.29%	2.91%
43	2014-05-05	2 027.35	11.84%	10.10%	6.02%	9.32%	2.58%
44	2014-06-03	2 038.31	12.13%	10.21%	7.13%	9.82%	2.65%
45	2014-07-01	2 050.38	16.38%	12.36%	9.87%	12.87%	3.36%
46	2014-08-01	2 185.3	19%	19.23%	12.45%	16.89%	4.25%
47	2014-09-01	2 235.51	32.07%	20.01%	14.84%	22.31%	5.39%
48	2014-10-08	2 382.79	28.31%	25.75%	17.84%	23.97%	5.64%
49	2014-11-03	2 430.03	30.44%	27.25%	22.25%	26.65%	6.08%
50	2014-12-01	2 680.16	32.25%	34.91%	30.24%	32.47%	7.13%
51	2015-01-05	3 350.52	32.16%	54.98%	60.72%	49.29%	10.09%
52	2015-02-02	3 128.3	39.67%	58.14%	48.47%	48.76%	9.80%
53	2015-03-02	3 336.28	51.93%	72.65%	53.87%	59.48%	11.37%
54	2015-04-01	3 810.29	66.65%	104.43%	63.59%	78.22%	13.98%
55	2015-05-04	4 480.46	80.68%	121.40%	77.70%	93.26%	15.77%
56	2015-06-01	4 828.74	118.28%	172.86%	96.38%	129.17%	19.83%
57	2015-07-01	4 053.7	83.24%	126.95%	55.98%	88.72%	14.58%
58	2015-08-03	3 622.91	56.73%	108.44%	46.79%	70.65%	11.91%

4. 积极型组合的案例分析

对于积极型组合来说，从2010年11月1日的上证3 054点开始定投，在第28期开始实现正收益，但对于多数人来说，其实已经很难继续坚持下去了。相对于稳健型，我们将看到积极型的上涨力度更大，当抗跌幅度有所弱化。

不过，从后面的收益率表可以看到，之后虽然大盘继续震荡或下跌，但整个组合开始企稳，且逐步向上出现上涨趋势。而且，在3后的年化收益率大大超过理财，而在大盘刚到在2014年12月实现正收益的时候，整个组合已经获得50%以上的收益率，到了2015年4月份实现124%收益率，到了2015年6月份还实现了215%的涨幅。

从回撤来说，该组合最初下跌的最大亏损为19.31%，发生在2012年2月。而从2015年6月到8月初的回撤幅度最大，从获利215%回落到获利116%，回撤幅度达到31%（即根据净值相当于2.16/3.15－1）。所以，当基金面临大幅收益的时候，例如年化收益率达到20%以上时，就应该坚决落袋为安，而实际上在获利215%时，还不到5年，年化收益率达到25%以上。

从这个案例可以获得4点启示。第一，与稳健型一样，定投若没有3年的思想准备，则不能轻易参与。第二，也与稳健型的观点一样，即定投最难坚持的时候，基金获利往往就会发生了。第三，对于积极型来说3年以上的复合年化收益率能达到15%以上，就可以开始着手适当减持获利，若超过20%，则可以大局赎回。第四，对于积极型来说，从回撤角度来

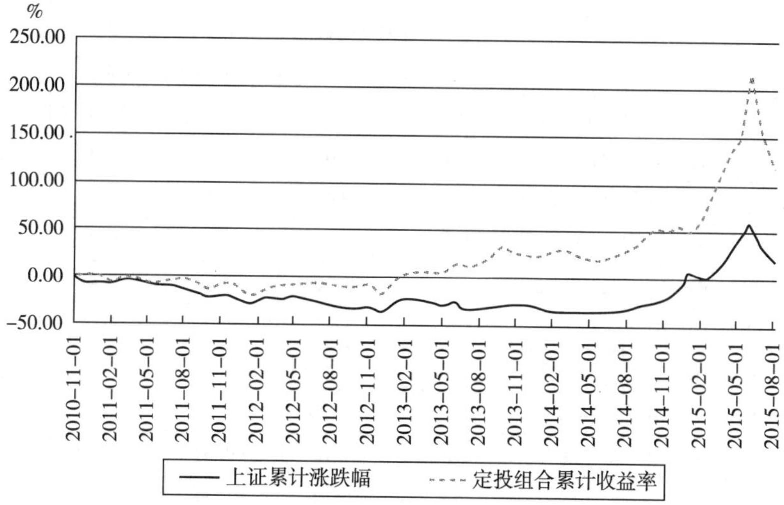

图10－14　积极型定投组合相对应的上证累计涨跌幅

说，极端情况下要做好最大亏损 30% 的准备，当然在正常情况下，应该很难超过 20%。

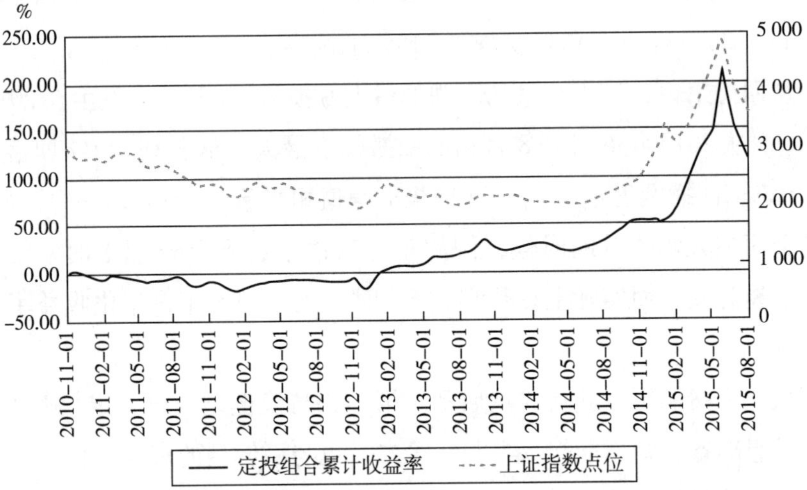

图 10－15　积极型定投组合相对应的上证指数点位

表 10－10　　三个积极型基金构成的积极型组合

定投期数	定投日期	上证点位	富国天惠累计收益率（%）	华商动态累计收益率（%）	汇添富民营活力累计收益率（%）	定投组合累计收益率（%）	定投组合年化收益率（%）
1	2010－11－01	3 054.02	0	0	0	0.00	0
2	2010－12－01	2 823.45	0.34	3.20	－0.77	0.92	11.62
3	2011－01－04	2 852.65	3.97	0.90	－2.75	0.71	4.34
4	2011－02－01	2 798.96	－3.20	－6.51	－9.05	－6.25	－22.75
5	2011－03－01	2 918.92	1.27	－0.30	－2.22	－0.42	－1.25
6	2011－04－01	2 967.41	－1.55	－3.45	－4.08	－3.03	－7.12
7	2011－05－03	2 932.19	－1.14	－7.53	－4.10	－4.26	－8.34
8	2011－06－01	2 743.57	－3.80	－11.09	－7.12	－7.34	－12.25
9	2011－07－01	2 759.36	－1.88	－8.75	－4.67	－5.10	－7.55
10	2011－08－01	2 703.78	0.18	－6.34	－3.71	－3.29	－4.36
11	2011－09－01	2 556.04	－0.28	－7.82	－5.67	－4.59	－5.48

续表

定投期数	定投日期	上证点位	富国天惠累计收益率（%）	华商动态累计收益率（%）	汇添富民营活力累计收益率（%）	定投组合累计收益率（%）	定投组合年化收益率（%）
12	2011－10－10	2 344. 79	－10. 77	－18. 31	－12. 97	－14. 02	－15. 19
13	2011－11－01	2 470. 02	－6. 38	－10. 45	－8. 59	－8. 47	－8. 47
14	2011－12－01	2 386. 86	－6. 83	－11. 01	－7. 38	－8. 41	－7. 79
15	2012－01－04	2 169. 39	－20. 36	－19. 95	－15. 73	－18. 68	－16. 24
16	2012－02－01	2 268. 08	－21. 44	－20. 61	－15. 89	－19. 31	－15. 77
17	2012－03－01	2 426. 11	－11. 74	－9. 38	－8. 77	－9. 96	－7. 57
18	2012－04－05	2 302. 24	－12. 87	－12. 61	－8. 19	－11. 22	－8. 06
19	2012－05－02	2 438. 44	－7. 72	－9. 76	－6. 75	－8. 08	－5. 46
20	2012－06－01	2 373. 44	－6. 51	－8. 03	－5. 04	－6. 53	－4. 18
21	2012－07－02	2 226. 11	－8. 24	－9. 95	－0. 46	－6. 22	－3. 78
22	2012－08－01	2 123. 36	－11. 64	－12. 90	－3. 03	－9. 19	－5. 36
23	2012－09－03	2 059. 15	－13. 61	－12. 44	－0. 47	－8. 84	－4. 92
24	2012－10－08	2 074. 42	－12. 23	－12. 61	－1. 95	－8. 93	－4. 76
25	2012－11－01	2 104. 43	－11. 49	－11. 11	1. 67	－6. 98	－3. 55
26	2012－12－03	1 959. 77	－20. 90	－22. 91	－6. 43	－16. 75	－8. 42
27	2013－01－04	2 276. 99	－6. 51	－10. 08	1. 68	－4. 97	－2. 33
28	2013－02－01	2 419. 02	－0. 62	－1. 14	15. 35	4. 53	1. 99
29	2013－03－01	2 359. 51	1. 82	1. 66	20. 90	8. 13	3. 41
30	2013－04－01	2 234. 4	－1. 49	－2. 08	21. 88	6. 10	2. 48
31	2013－05－02	2 174. 12	－2. 60	3. 63	22. 01	7. 68	3. 00
32	2013－06－03	2 299. 25	4. 92	16. 95	28. 05	16. 64	6. 14
33	2013－07－01	1 995. 24	－3. 11	14. 80	28. 21	13. 30	4. 79
34	2013－08－01	2 029. 07	4. 74	23. 02	35. 31	21. 02	7. 18
35	2013－09－02	2 098. 45	3. 62	30. 17	37. 92	23. 90	7. 86
36	2013－10－08	2 198. 2	13. 11	44. 24	48. 45	35. 27	10. 91
37	2013－11－01	2 149. 56	8. 29	26. 55	35. 74	23. 53	7. 30
38	2013－12－02	2 207. 37	7. 67	26. 65	32. 71	22. 34	6. 76
39	2014－01－02	2109. 39	10. 87	32. 60	34. 09	25. 85	7. 53

续表

定投期数	定投日期	上证点位	富国天惠累计收益率（%）	华商动态累计收益率（%）	汇添富民营活力累计收益率（%）	定投组合累计收益率（%）	定投组合年化收益率（%）
40	2014－02－07	2 044.5	11.14	35.42	43.20	29.92	8.39
41	2014－03－03	2 075.23	9.72	35.44	46.21	30.46	8.30
42	2014－04－01	2 047.46	7.59	25.46	38.49	23.85	6.46
43	2014－05－05	2 027.35	3.25	23.80	35.44	20.83	5.55
44	2014－06－03	2 038.31	4.38	23.65	36.27	21.43	5.57
45	2014－07－01	2 050.38	6.36	30.61	46.14	27.70	6.90
46	2014－08－01	2 185.3	11.80	34.15	43.52	29.82	7.21
47	2014－09－01	2 235.51	17.11	43.41	54.03	38.18	8.80
48	2014－10－08	2 382.79	25.27	61.12	69.54	51.98	11.28
49	2014－11－03	2 430.03	26.74	59.31	68.22	51.42	10.93
50	2014－12－01	2 680.16	33.61	61.75	71.66	55.67	11.45
51	2015－01－05	3 350.52	34.62	61.28	55.28	50.39	10.29
52	2015－02－02	3 128.3	46.05	68.54	78.46	64.35	12.40
53	2015－03－02	3 336.28	60.26	83.09	124.28	89.21	15.85
54	2015－04－01	3 810.29	92.26	109.55	171.39	124.40	20.08
55	2015－05－04	4 480.46	111.03	125.63	208.65	148.44	22.41
56	2015－06－01	4 828.74	152.07	184.85	308.55	215.16	28.46
57	2015－07－01	4 053.7	108.35	135.81	207.56	150.57	21.75
58	2015－08－03	3 622.91	76.28	122.72	150.25	116.42	17.65

五、智能定投的常见方法

在定投前面加“智能”两个字，就表示定投其实还可以进行一定的优化。由于传统的定投是定期且定额的，这就代表时间是每个月固定的、投入的本金也是固定的，而不管市场的涨跌状况。那么，投资者自然会联想到，能否在大跌时再进呢，能否在股市跌的不能再跌的时候，多投入点资金呢，这就引出了智能定投的概念。所谓智能定投，即是在传统定期定额投资方式基础上的一种创新模式，主要是通过嵌入一定的择时机制，使“定期”或“定额”中的一个方面或两个方面具备一定的弹性，目的是力争实现低处多投、高处少投以优化持有成本、增加获利机会。所以，可以有3种：定期不定额、定额不定期、不定期不定额。当然，就基金销售机构来说，希望投资者采取定期的方式，也就是定期不定额的智能定投是最普遍的。

就目前来说，银行与基金公司所提供的智能定投方法主要可以概括为四种类型：一是技术分析，如趋势定投，移动平均线定投；二是价值投资，如市盈率定投；三是成本倍投，如1234定投法；四是时间调整法，如双周定投等。这四类方法，要么从择时进行优化，要么从成本进行优化。当然，由于这些都带有主观判断成分，而既然主观，就未必全对，所以，也并不能说智能定投就比定期定额好。下面，我们给出常见的3种智能定投方法，它们也为基金公司所采用，例如富国基金采取了均线偏离定投，而广发基金采取了趋势定投。

1. 均线偏离定投

均线偏离定投，可以归到技术分析范畴，也可以归类到成本控制范畴。所谓均线偏离定投，指的是T日定投的金额，根据T－1日的市场指数收盘价相对于N日均线的偏离程度进行设定的一种智能定投方法。根据均线偏离度，T日定投的金额，将在原先正常的定投金额的基础上，自动增加或减少。这里的市场指数，可以指上证指数，深证成指，沪深300指数，中证500指数，创业板指数等；一般来说，若是定投的为价值类基金，则选择上证指数、深证成指与沪深300指数，若定投的是成长类的，则可以选择中证500与创业板指数。而N日均线，可以设置为120日均线或 180 日均线，250 日均线，500 日均线等，它们指的是半年线或急跌急涨的暴动线，年线与 2 年线；一般来说，定投的时间在 1 年之内的，则可以选择 120 日或 180 日均线，若 1 年到 5 年则可以选择 250 均线，而 5 年以上的则选择 500 均线。

这样，假如投资者定投的是嘉实沪深 300 指数基金，则可以选择上证指数的 250 日均线偏离度，作为扣款选择。这里，偏离度的公式为：

均线偏离度 = [（T－1 日）市场指数的收盘价－（T－1 日）N 日均线值)] /（T－1 日）N 日均线值。

举例来说，假设实际扣款日（T 日）前一日（T－1 日）的上证指数为 2 059. 15 点，120 日均线为 2 267. 59 点，则均线偏离度为（2 059. 15－2 267. 59）/2 267. 59 × 100% = 9. 19%。就偏离度而言，一般市场指数处于高位时，则按 15% 作为每档的递增，而市场指数处于低位时，则按 10% 作为每档的递增。

那么，如何根据这个偏离度，计算出定投的扣款金额呢？具体可以根据该公式：

智能定投的实际扣款金额 = 定投基础金额 ×（1 + 档位参数 × 级差）

其中，基础金额是普通定期定额的定投金额，而括号的数值我们称为相对扣款率。这里，级差指的是，在档位基础上增加或减少的投资比例，投资者可以选择的级差包括：10%、20%、30% 三个级别。显然，级差越大，定投扣款金额波动越大。而档位参数指的是，均线偏离幅度各个区间所对应的权重；偏离度若为正数，则说明市场指数越高，风险越大，所以理应减少定投金额，此时档位参数为负的权重，而且，偏离幅度越大则档数越大，也就是说，偏离度与档位参数是负相关的。通俗地说，市场指数越高，定投的金额越小，表 10－11 将给出从 40% 到 80% 不等，相当于价格越高则买得越少，而市场指数越低，则定投的金额越大，相当于价格越低则买得越多，总体属于金字塔的买入法。

表 10－11　均线偏离定投的扣款设计（定投基础金额为 1 000 元）

T－1 日市场指数收盘价相对于 N 日均线的偏离程度		档位参数	10%级差		20%级差		30%级差	
			相对扣款率	定投金额	相对扣款率	定投金额	相对扣款率	定投金额
T－1 日指数收盘价高于均线（%）	50（含）以上	－2	80%	800	60%	600	40%	400
	35（含）～50	－1.5	85%	850	70%	700	55%	550
	20（含）～35	－1	90%	900	80%	800	70%	700
	5（含）～20	－0.5	95%	950	90%	900	85%	850
T－1 日指数收盘价与均线相比（%）	负 5（含）－正 5	0	100%	1 000	100%	1 000	100%	1 000
T－1 日指数收盘价低于均线（%）	5～15（含）	1	110%	1 100	120%	1 200	130%	1 300
	15～25（含）	2	120%	1 200	140%	1 400	160%	1 600
	25～35（含）	3	130%	1 300	160%	1 600	190%	1 900
	35～45（含）	4	140%	1 400	180%	1 800	220%	2 200
	45（含）以上	5	150%	1 500	200%	2 000	250%	2 500

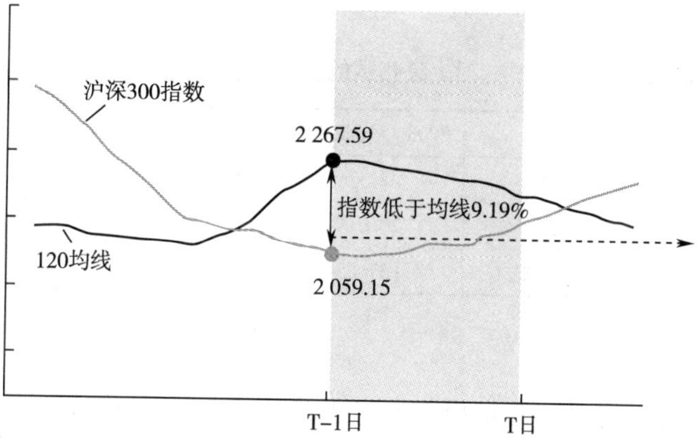

资料来源：数米基金网。

图 10－16　均线偏离幅度投档的示意图

如表 10－11 所示，档位参数共分为 10 档；若偏离度为零，则档位参数为零，最大负偏离在 50% 以上，则为－2，若正偏离幅度在 45% 以上，则为5。根据扣款率1+档位参数×级差，可以得出各个偏离度下的定投金额。显然，正偏离越大，则定投金额越少，而负偏离越大，则说明下跌越大，从而价格越低，所以投入的比例越大。如图10-16所示，定投的前一日（T-1日），沪深300指数为2059.15点，低于均线的幅度为9.19%。根据公式或查阅表格，可以看到该偏离幅度在第1档，那么根据三个级差，则分别投资1 100元、1 200元、1 300元。

我们认为，由于偏离份额定投采取了金字塔的定投方式，所以更适合牛短熊长的A股，不过，未必适合像美国那样的牛长熊短的股市。根据数米基金网的智能定投计算器，若以上证指数自2008年1月至2011年12月的实际走势为基础进行模拟。假设于2008年1月10日一次性购买；而普通定投假定每月10日进行定额定投；智能定投假定每月10日进行定投扣款，智能定投的均线选择250日均线，级差设定20%。那么，定投模拟收益优于一次性投资模拟收益，但智能定投模拟收益优于普通定投模拟收益。

表10-12　　对上证指数的模拟定投

	2008年	2008年至2009年	2009年至2010年	2008年至2011年
智能定投	-30.25%	27.37%	6.59%	-16.46%
普通定投	-35.24%	20.01%	1.68%	-19.57%
一次性投资	-65.47%	-37.85%	-46.74%	-58.29%

资料来源：数米基金网。

总体来说，均线偏离定投在原理上是完美的，要说存在的问题，可能就是均线偏离度与档位的设置，存在一定的主观性。但是，从概率来说，均线偏离定投相比普通定投，又多了一些机会，这样与137定投止盈法相结合，会好操作很多。

2. 趋势定投

其实，通过定投曲线可以知道，只有向上的抛物线出现时才会赚钱，虽然那时成本较高，而向下的抛物线介入时，尽管成本会降低，但一直都在亏钱。这就涉及交易中的左侧交易与右侧交易。作为定投的投资者，当然希望熊市的时候空仓或买入避险的货币基金，而牛市的时候再介入，这正是趋势定投的基本原理，它属于典型的技术分析范畴。

趋势是证券市场的重要特征之一，尽管我们不能准确的预测最高点和最低点，但可以通过三种均线（短期均线、中期均线、长期均线）的特征来发现市场的牛、熊趋势，进而将定投的存量资产进行转换，所以衍生出了“趋势定投”的概念。所谓趋势定投，是根据投资者所设置的标的指数和均线组合对市场趋势作出判断，并由网上交易系统在投资者指定的高风险基金（如股票型基金）和避险基金（如货币基金）之间自动切换投资标的的一种定投方式：当判断市场为熊市时，存量资产转入避险资产；判断市场为牛市时，存量资产转入高风险资产；趋势不明朗时则不做转换。

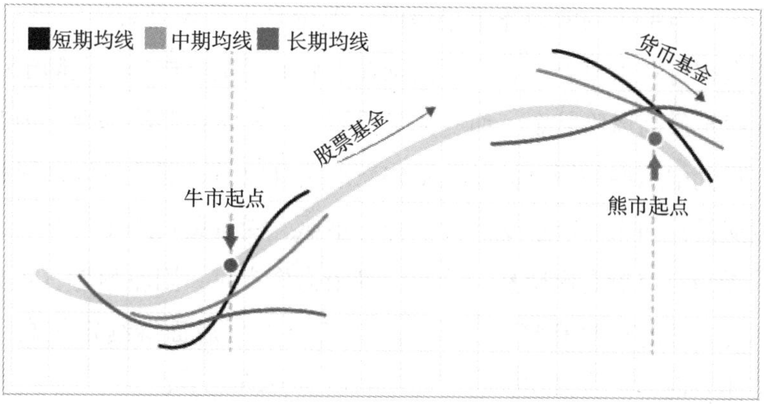

资料来源：广发基金的趋势定投说明书。

图 10－17　关于趋势定投的示意

我们可以通过计算均线特征，来判断市场是处于熊市还是牛市状态：当短期均线 < 中期均线 < 长期均线时，系统判断此时市场为熊市状态；

当短期均线 > 中期均线 > 长期均线时，系统判断此时市场为牛市状态。这里，将 30 均线，90 日均线与 120 均线分别称为短期均线，中期均线与长期均线。

当牛市状态时，网上定投系统会将前期转到避险基金的资金，又转入高风险基金（即定投产品），而当系统判断市场为熊市状态时，会将前期定投的存量资金，全部转换为避险基金（如货币基金）。不过，在定投初次扣款时，标的指数的趋势特征没有明确的显示牛熊市时，即非牛非熊状态时，定投过程需经历“牛市”状态后，再进入“熊市”状态，才将存量资金进行转换。也就是说，趋势不明朗的时候，是不做转换的。

根据广发基金趋势定投的介绍，趋势定投包括左侧交易和右侧交易两类。其中，左侧交易规定定投品种始终为高风险品种，适合风险承受力相对较高的投资者选择；右侧交易规定当市场趋势转强时定投高风险品种，市场趋势转弱时定投低风险品种，适合风险承受力相对较低的投资者选择。所以，当系统判断为熊市趋势时，无论是左侧还是右侧定投，首先，存量资金都将转入避险基金，而区别在于后面的基金选择：左侧定投会在每期继续定投高风险基金，而右侧定投则在每期定投避险基金。因此，如果能够承受中短期的资产波动，希望获取更高收益，那么可以选择趋势定投左侧交易；如果风险承受能力较低，不愿忍受看到资产账户缩水，那么可以选择趋势定投右侧交易。若系统判断为牛市时，则左侧与右侧交易都是相同的，此时存量都将转为高风险基金，然后后面继续定投高风险基金。总体来说，前者预期收益更高，而后者波动更小。

根据广发基金提供的趋势定投计算器，我们可以轻易得出牛熊切换的时间点，以及对应的转入基金与后续定投基金。例如，当 2008 年 2 月 16 日，市场进入熊市，此时前面定投的所有存量股票型基金，将全部转入货币基金，之后对于右侧定投来说，则定投货币基金，而左侧定投则定投股票基金。这种状态一直持续到 2009 年 3 月 16 日，之后市场转入牛市状态，此时对于右侧定投来说，将把全部货币基金一次性转入股票型基金，后续则将定投货币基金改为定投股票型基金，而对于左侧定投来说，将把之前的货币基金一次性转入股票型基金，而之前的股基定投则继续。

表 10－13　　　左侧与右侧趋势定投的牛熊判断与基金切换

切换时间	切换的上证点位	切换状态	准确与否	右侧趋势定投		左侧趋势定投	
				存量转入基金	后续定投	存量转入基金	后续定投
2008－02－18	4 497.13	转入熊	准确	转入货基	货基	转入货基	股基
2009－03－16	2 128.85	转入牛	准确	转入股基	股基	转入股基	股基
2010－04－07	3 158.68	转入熊	准确	转入货基	货基	转入货基	股基
2010－11－01	2 978.84	转入牛	大错	转入股基	股基	转入股基	股基
2011－07－19	2 816.69	转入熊	准确	转入货基	货基	转入货基	股基
2012－05－15	2 380.73	转入牛	小错	转入股基	股基	转入股基	股基
2012－07－13	2 185.49	转入熊	准确	转入货基	货基	转入货基	股基
2013－01－21	2 317.07	转入牛	小错	转入股基	股基	转入股基	股基
2013－06－25	1 963.24	转入熊	小错	转入货基	货基	转入货基	股基
2013－11－22	2 205.77	转入牛	小错	转入股基	股基	转入股基	股基
2014－02－12	2 103.67	转入熊	准确	转入货基	货基	转入货基	股基
2014－08－04	2 185.3	转入牛	准确	转入股基	股基	转入股基	股基

注：定投测试的均线设置：短期 30 天/中期 90 天/长期 120 天，标的指数：上证综指，定投时间：2007 年 10 月 6 日至 2015 年 8 月 3 日。

但是，技术归技术，有时也难免错。例如 2010 年 11 月 1 日技术上显示要转入牛市，但其实相反要转为熊市。而在 2013 年 6 月 25 日，技术判断为要转入熊市，而实际上市场进入了大底。但是，从 2007 年 10 月的 6 124点到 2015 年 8 月，其实发生大错的只有一次，即 2010 年 11 月，因为判断错误，而导致损失较大，而像 2013 年 6 月 25 日，虽然判断错，但没有造成大的损失。而在 2012 年到 2014 年，因为震荡行情，所以小错较多，但是，并不带造成大的损失。鉴于此，从过去对上证指数的测试看，基于短中长均线判断市场牛熊与否的系统，总体能做到大赚小赔。

当然，正因为会有判断差错，所以就累计收益率而言，无论是左侧还是右侧的趋势定投，差距不会明显。例如，以 2007 年 10 月到 2015 年 8 月的广发聚丰（270005）趋势定投为例，除了最初的熊市有区别外，在累计收益率上两类趋势定投几乎黏合在一起。但是，总体来说，右侧趋势定投的波动更小，风险也就越小，因此我们认为右侧趋势定投可能更适合 A 股市场；实际上，在 2008 年的熊市过程中，由于右侧趋势定投规避了熊市，且定投货币基金，所以定投 1 年的收益率还是正的。不过，趋势定投与普通定投相比，优势就比较明显。例如，从年化收益率上看，在 1 年到 7.8 年，两类趋势定投都比传统定投的来得高，而且即使像 2008 年的熊市，左侧定投虽然亏损，但亏的不多，且两类趋势定投在每个整数定投年份都为正的年化收益率。所以，若将右侧趋势定投与定投止盈法结合起来，就会比较完美。

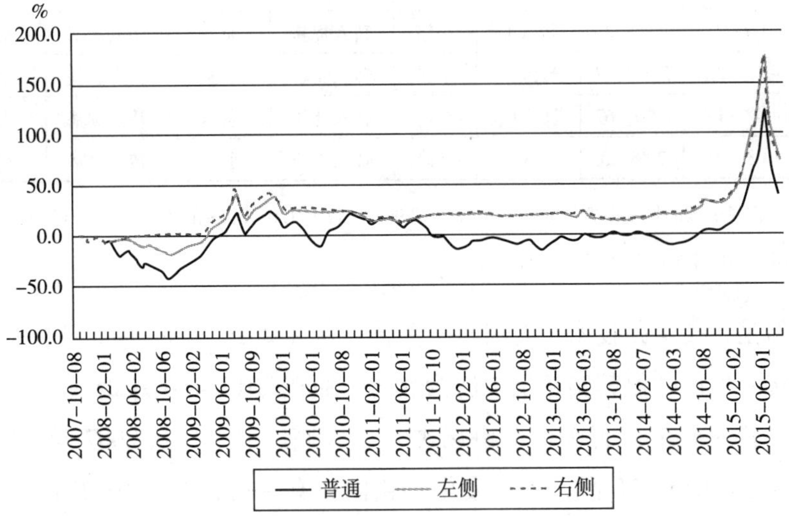

注：定投的对象为广发聚丰（270005）；这里，均线设置：短期 30 天/中期 90 天/长期 120 天，标的指数：上证综指，定投时间：2007 年 10 月 6 日至 2015 年 8 月 3 日。

图 10－18　趋势定投与普通定投的累计收益率比较

表 10－14　　趋势定投与普通定投的年化收益率比较

定投年数	定投期数	定投日期	普通定投	左侧趋势定投年化收益率（%）	右侧趋势定投年化收益率（%）
1.00	13	2008－10－06	－36.90	－16.40	0.76
2.00	25	2009－10－09	5.81	11.94	14.21
3.00	37	2010－10－08	4.15	7.24	7.71
4.00	49	2011－10－10	－0.84	4.69	4.87
5.00	61	2012－10－08	－1.67	3.84	3.95
6.00	73	2013－10－08	0.27	2.35	2.34
7.00	85	2014－10－08	0.60	4.08	4.09
7.50	91	2015－04－01	5.99	9.23	9.24
7.58	92	2015－05－04	7.18	10.41	10.42
7.67	93	2015－06－01	11.04	14.33	14.34
7.75	94	2015－07－01	6.08	9.17	9.18
7.83	95	2015－08－03	4.23	7.21	7.22

注：基于广发趋势定投的计算器。

总体来说，趋势定投成功与否的关键，就在于如何有效的判断牛熊。假如原本为牛市而判断为熊市，那么将错过一波收益，但本金并不会发生亏损，所以只是少赚而已，可以理解为踏空；而假如将后面的熊市判断为牛市，则会产生很大的损失。所以，从趋势定投的风险控制或回撤控制来说，最关键的是不能将熊市判断为牛市，例如不能将 2010 年 11 月之后的市场判断为牛市。但是，当身在市场之中，只能在事后确定是对是错，而不能立马判定对错。综上所述，我们认为，只要趋势判断系统能大对小错，那么在胜算上就提供了更多的机会，这就已经足够了。

3. 市盈率定投

市盈率定投，属于价值分析范畴。市盈率已经为投资者耳熟能详，它是当前股价除以每股收益（EPS）所得到的数值。在内涵上，表示当以当下市盈率投资一个股票时，所能回本的时间，所以一般可以认为，市盈率越高则风险越大，反之则反。例如，10元的股票，每股收益为1元，那么若以10元买入，则10年就可以收回本金。当然，这里属于静态的概念，对于成长性高的股票，适用于动态市盈率，例如今年每股收益是1元，明年与后年可能就是2元与3元，这样收回成本根本用不了10年。显然，若假设成长性不变，则市盈率越低，则回本速度越快，所以我们希望在市盈率低的时候，加大定投投入，而在高市盈率时，就减少投入。定投所适用的市盈率，是指市场指数的市盈率，例如沪深300市盈率，创业板市盈率。若将市场定投金额与市场市盈率看成是函数关系，则两者是反向的，即市场市盈率越高，则定投金额越小，反之若市盈率越小，则定投投入越大。接下去的问题便是确认市盈率何为高何为低，常见的方法有两个。

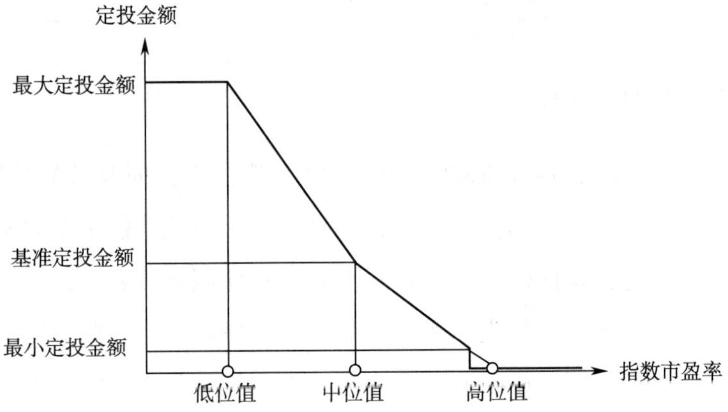

图10－19　市盈率与定投金额的相关性

第一，便是将市场指数按市盈率分布情况划分成高估、合理与低估三种分类，至于采取的分类是按正态分布，还是三等分，则可以有所不同。但是，这里存在很大的问题，比如，若在2006年到2009年，20倍以内的都是相对低的市盈率，但是若在2011年到2014年，12倍以内才算低估的市盈率，而20倍以上则显得相对高估，例如2015年6月9日的市盈率在

5 000 上方时，还不到 25 倍。所以，市盈率的划分，因为经济环境的不同，股市环境的不同而不同，通常情况下，若经济繁荣时，或处于牛市时，估值也会提高，而经济萧条，或处于熊市时，估值也就下降。

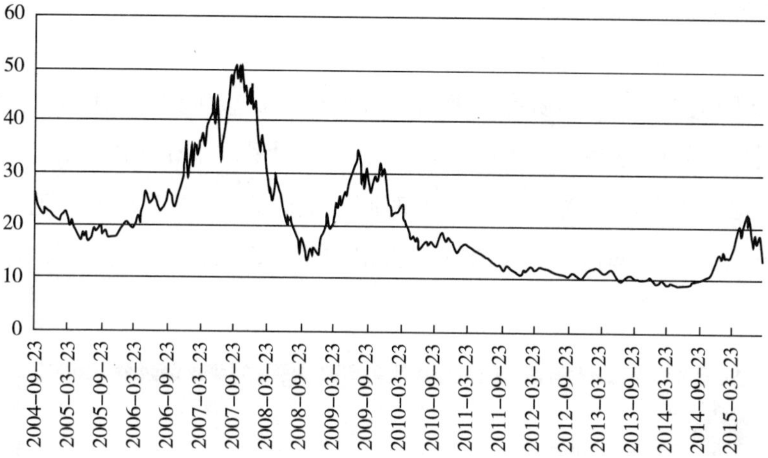

资料来源：东方财富 Choice 数据库。

图 10 - 20　上证指数的市盈率走势

第二，就是按照正常的估值水平来定义高估与低估。一般来说，我们都将无风险利率的倒数作为合理估值的标准，即 1/无风险利率作为标准；当然，不同的市场环境下，将对应不同的无风险利率。那么，这个无风险利率该如何设定呢？国外的话一般根据国债利率。不过，在中国，若根据一年期定期存款利率或国债利率显然太低，而若按照货币基金收益率，则相对合理，因此若货币基金收益率有 4%，则合理的估值是 25 倍。

但是，实际上，无风险利率实际上是个区间的概念，例如 2015 年万能险正常情况下年化都可以到 7%，而假如信用风险真的爆发，那么可能也只有国债利率才可靠了。例如，在 2015 年，无风险利率可以落在 3% 到 7%，所以合理的估值水平可以在 14 倍到 33 倍；若将两者分别作为下限与上限，则可以将 14 倍以内都定义为低估区，而将 33 倍以上都设定为高估区。之后，比如在高估区，则可以减少投资额度，比如统一减少 40%，而在低估区，统一增加 40%。这样，若正常定投额度为 1 000 元的话，那么若市盈率在 40 倍，则定投额度为 600 元，若市盈率在 10 倍，则定投额度为 1 400 元。当然，也可以按均线偏离定投那样，根据一定的高估或低估度进行设置。

关于市盈率定投的研究，海通证券研究的比较细致。目前，国内的基金公司中，有南方基金、景顺长城等基金公司采取了相应的方法。我们以南方稳健（202002）为例，定投的时间区间为 2006 年 1 月 1 日到 2015 年 8 月 26 日，市盈率低估时最大的放大倍数为 1.5 倍，具体设置参考南方基金的定投计算器。

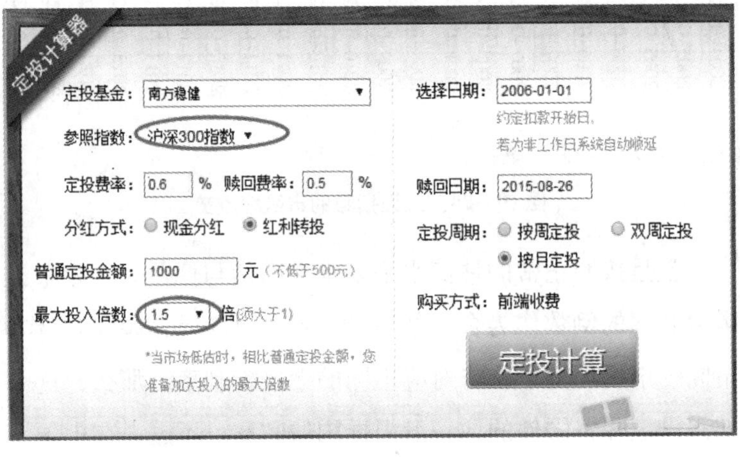

来源：http：//www. nffund. com/ezdt/ezdt_ sy. jsp.

图 10－21　南方稳健的市盈率定投设置

通过定投测试我们发现，最开始定投时，由于市盈率都是低估的，因此额度都在增加，直到 2007 年 1 月开始，才减少额度。具体是从 2007 年 1 月到 2008 年 5 月，定投的额度逐步减少，而在 2007 年的 8 月 11 月，定投额度甚至降低到了零元。之后，在 2008 年 6 月之后，定投额度又开始高于正常值（1 000 元），这一过程一直持续到 2009 年 4 月，而 2009 年 5

月到2010年4月，又处于高估状态。不过，从2010年5月后，市盈率一直处于低估状态，然后定投额度持续增大。总体来说，在整个定投区间，累计投入比普通投入多出2.5万元，而收益率也高出6%，因此相对来说还是成功的。如说存在的问题，可能就是随着环境的变化，市盈率该如何区分高估与低估，这是一大难题，否则我们可以看到2010年5月后，市盈率总是处于低估中，这让人产生A股市场似乎四五年来一直处于低估中。

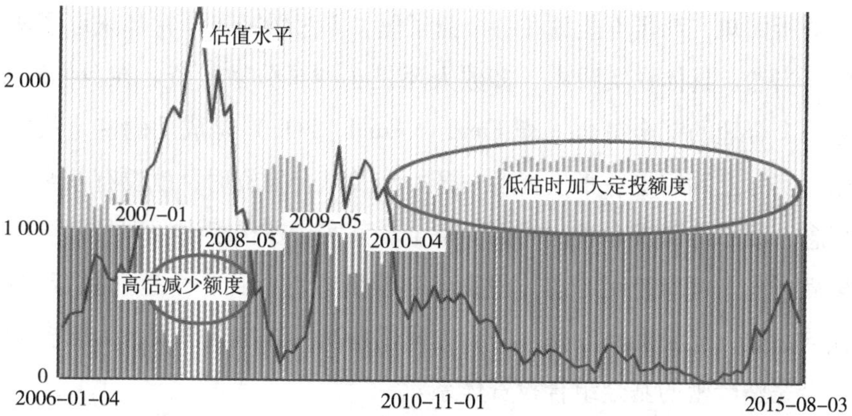

注：根据南方基金e定投计算器获得。

图10－22　南方稳健（202002）的市盈率定投测试

表10－15　　　　南方稳健（202002）的定投总收益率

定投方式	累计投入（元）	赎回所得（元）	累计转投（份）	定投总收益（元）	定投总收益率
市盈率定投	137 046.62	183 239.28	26 721.33	46 192.66	33.71
普通定投	116 000	147 979.41	22 354.03	31 979.41	27.57

第十一章　基金组合的构建理论及实战

就投资来说，是选择集中投资，还是分散投资，历来是有争议的。因为，众所周知，鸡蛋不能放在一个篮子里，不过股神巴菲特却采取了集中投资。当然，具体在实践中，多数人还是选择了分散投资。在我们看来，构建一个合理的基金组合（即 Fund of Fund，FOF）是成功的基金投资的开始，实际上我们也主张投资者一开始涉及基金投资时，就要有基金组合的理念，而不建议没有章法的买卖基金。其实，在构建出合理的基金组合框架后，我们可以控制好总体亏损，风险资产的配比，个基的投资比例、止损与止盈，进而提高收益。下面，我们将从具体实践出发，为投资者呈现一个完整严密的基金组合投资体系。

一、基金组合的构建步骤

在 2007 年 10 月至 2014 年 7 月，多数老基民都亏损严重，除了市场因素外，更多的是因为没有构建一个合理的组合。实际上，回顾 2007 年到 2014 年，除 2011 年股债双杀外，其他年份都有赚钱的基金，比如 2007 年是普涨的牛市，2008 年债基赚钱，2009 年普涨，2010 年价值型、成长型与主题型轮动，2012 年是白马成长股的天下，2013 年则是成长与主题型为主，2014 年价值型与债券型为主，其他为辅。

不过，看一些老基民的基金组合，有如下典型特点：第一，几乎全部都是股票型基金；第二，大盘指数基金有好几只，例如买了华夏沪深，博时沪深300，这其实相当于只买了一只基金；第三，很多都是规模很大的基金。这也难怪，因为在2007年还没有医疗主题、军工主题等投资，也没有7大新兴产业的说法。不过，随着当下基金的产品广度越来越宽，构造合理的组合，已经成为可能。

从传统意义上说，可以构造一个全市场组合，例如：华夏沪深300，南方中证500，易方达创业板ETF连接。不过，这种看似大而全的组合，意义不大，因为沪深300 + 中证500≈中证800，而我们看到中证800的表现也一般：波动大但收益率平平。

那么，怎么构建一个基金组合呢？从构建框架上，我们认为第一是多元化的，而不应该是同质化的；第二，要有一定的广度，而不应该拘泥于某一方向；第三，最好相互间有一定的互补性，而不应该是彼此加强，比如不应该都是周期性个股的基金。具体涉及构建组合的步骤，我们认为，基金组合的第一步要做的就是控制风险，所以最初就必修确定组合的投资风格是保守、稳健还是积极。但在投资中，除风险之外，还有收益与时间两个因素。所以，如何控制风险只是基金组合构建一步，我们还需要考虑如何设定基金的投资比例，以及对比例的动态调整，以期控制风险，且获得较高的收益。

下面详细给出构建基金组合的5个步骤。

步骤1：基金组合的投资风格确定；

步骤2：组合中基金风格的确定；

步骤3：组合中基金的最大回撤预估；

步骤4：组合中基金的资产比例；

步骤5：组合中基金的动态调整 。

上述5个步骤的逻辑关系如下：步骤1是为了在最初就设计好仓位，从而控制风险，步骤2是为了使组合具备多元性、广泛性与互补性，步骤

3是为了控制组合中个基的最大风险，从而使止损能很好的执行，步骤4是为了落实步骤2与步骤3，使组合中资金分配合理，步骤5则是为了让组合中的基金控制风险的同时，进一步提高收益。下面，我们详细对上述5个步骤进行阐述。

二、基金组合的投资风格确定

基金组合的风格，一般有三种：保守型、稳健型与积极型，而我们通常是基于风险角度对三类风格做区分的，当然三类风格具体承受的风险程度，并没有统一的说法。在我们看来，三类风格，基于风险角度，可以按下述进行规范：

保守的风格：总资产保本，不允许亏损。

稳健的风格：总资产亏损比例控制在0到10%。

积极的风格：总资产亏损比例控制在10%到15%。

也就是说，三类组合的风险控制，首先都是基于投资风险资产比例进行的，而且在期限上一般都基于1年，当然也可以为2年或3年。需要特别指出的是，风险资产的仓位，才决定了组合的投资风格，而并不能说因为基金组合投资了高风险品种，所以组合就是高风险的。在下面的组合风格的确定中，将会说明，即使是保守型投资者，也可以参与高风险产品的投资，例如也可以投资比较激进的股票型基金。下面，将具体给出保守型与非保守型的风险资产的比例确定方法。

1. 保守型的风险资产比例确定

我们假设投资者有这样一个需求：有现金100万元，希望在保本的前提下，用基金提高银行理财收益，投资期限为1年。那么，该如何实现这个目标？

根据客户的要求，我们必须在保证本金不亏的前提下进行基金投资。我们知道，基金中除了货币基金之外，其他的类型都具备一定的风险——即使保本型在保本运作期内也有风险。所以，若要保住本金，那么必须要做好基金投资亏损的准备。那么，该拿出多少比例的本金，用于基金这项风险投资呢？我们可以进行如下计算。

设本金 a，理财收益率为 b（$b>0$），风险资产（即非货币型基金）比例为 x，风险资产收益率为 c，则：当 $c\geqslant 0$ 时，$0<x<1$，也就是说，若基金能绝对赚钱，那么你投资比例可以接近本金。

所以，这里考虑的是 $c<0$ 的情况。若要保本，则保本理财的收益，必须可以覆盖基金的亏损，因此有：

$a(1-x)\times b\geqslant -ax\times c$

则：$x\leqslant 1/(1-c/b)$

根据上述公式，你会发现风险投资资产的比例，取决于理财的收益率与基金的收益率，而与本金无关。当然，理财收益率的高低与本金有关，只不过在这个公式中通过理财收益率将这个影响考虑进去了。

举例来说，若 100 万元的本金，1 年保本理财的预期收益率为 5%，且基金投资的最大亏损设置为 20%，则根据上述公式，可以投入的本金比例为 20%——即 $1/(1+20/5)=20\%$。当然，若基金可能的最大亏损为 30%，那么只能投入 1/7，即 14.2%。

对于前者来说，相当于客户 100 万元的本金，可以用 20 万元参与非货币型的基金投资，当然前提是基金的最大亏损必须控制在 20% 以内（即使出现 2008 年那样的危机），才可以绝对保证本金的安全。根据基金法，可以投资于股票的二级债基的投资比例不高于 200%，所以依此角度看，二级债基为保守型基金，适合的投资对象为保守型投资者。

当然，若客户把保本时间提高到 3 年，则理财收益可以设定为 15%，此时基金的最大亏损的弹性也更大，比如可以设定为 30%，则投资的比例为：1（1+30/15）=33.33%。

所以，在上述公式中，虽然没有时间约束，但随着时间的延长，固定资产的收益率与基金回撤都可以动态变化。例如，若2年保本收益有12%，且风险资产可以承受的最大亏损为30%，则风险资产比例可以为28.57%。实际上，还可以在相同风险资产比例，选择不同的固定收益与最大亏损。例如，若风险资产的比例都为28.57%，则在固定收益有6%的前提下，风险资产的最大亏损为15%，在8%固定收益下，风险资产的最大亏损为则为20%，而在10%的收益下则为25%。

表11-1　　保守风格下（亏损为零）的风险资产比例表

最大亏损/收益（%）	5	6	7	8	9	10	11	12
5	50.00%	54.55%	58.33%	61.54%	64.29%	66.67%	68.75%	70.59%
10	33.33%	37.50%	41.18%	44.44%	47.37%	50.00%	52.38%	54.55%
15	25.00%	28.57%	31.82%	34.78%	37.50%	40.00%	42.31%	44.44%
20	20.00%	23.08%	25.93%	28.57%	31.03%	33.33%	35.48%	37.50%
25	16.67%	19.35%	21.88%	24.24%	26.47%	28.57%	30.56%	32.43%
30	14.29%	16.67%	18.92%	21.05%	23.08%	25.00%	26.83%	28.57%

在互联网金融（尤其是P2P）发达的今天，固定收益在8%到10%之间其实也不是难事，当然这也存有风险，不过相应的增加期限，从而提高固定收益，是较为合理的方法。总之，风险资产的投资比例与最大亏损，都取决于固定收益率。

当然，也有的投资者希望在有3%的收益下，即不损失最低利率的前提下，进行风险投资，这类似于万能险。不过，对于一般的投资者来说，这种需求并不大。更多的需求，是在下面将阐述的稳健型与积极型的风格。

2. 稳健型与积极型的风险资产比例确定

与前面类似，我们假设投资者有这样一个需求：有现金100万元，希望在最大承受10%的亏损前提下，博取基金收益。

显然，该投资者属于前面所讲的稳健型投资者，他可以承担一定的本金亏损。由于可以承受的风险更大，于是，仓位可以适当提高。那么，具体该提高多少，才会与风险相匹配呢？我们可以进行如下计算。

假设本金a，理财收益率为b（b>0），风险资产（即非货币基金）比例为x，风险资产收益率为c，本金可能承受的最大亏损率为d（d<0）。由于当c>0时，0<x<1，也就是说，若基金能绝对赚钱，那么你投资比例可以接近1。

所以，这里考虑的是c与d都小于0的情况，我们必须做到亏损率控制在d之内。由于d为负数，而总的收益率也为负数，所以有：

$[a(1-x)\times b-ax\times(-c)]/a\geq d$

则：$x\leq(b-d)/(b-c)$

不妨举例来说明公式。对于一般的客户来说，可以承受10%的本金亏损，所以，假设在基金上的最大投资亏损为20%，理财收益为5%，则b=5%，d=-10%，c=-20%，则有x≤15%/25%=60%，即投资者可以投入的最大风险资产为60%，但一旦亏损20%时，就必须止损。若客户最大可承受的基金亏损为30%，则x≤15%/35%=42.8%。

对于前者来说，假如客户有100万元，那么其中的40万元用于买5%年华收益率理财，由此得到2万元的收益，而由于总资产最大亏损为10万元，则非货币型的基金组合的最大亏损就为12万元，相对于60万元的基金组合，则最大亏损可以为20%。当然，若设定基金组合的的最大亏损率为30%，则最大投资资产不超过42.8万元，即最大亏损不超过12.84万元，而固定资产收益为57.2万元，可以获得2.86万元收益，用于弥补部分亏损，所以总亏损不超过10万元。

上面假定了10%的比例，那么若对于15%的积极型风格，同样可以应用上述公式计算。例如，假设在基金上的最大投资亏损为20%，理财收益为5%，则 $b=5\%$，$d=-15\%$，$c=-20\%$，则有 $x\leq 20\%/25\%=80\%$，即投资者可以投入的最大风险资产为80%，但一旦亏损20%时，就必须止损。若客户最大可承受的基金亏损为30%，则 $x\leq 20\%/35\%=57.14\%$。

通过前者的例子，可以知道若风险组合的止损设置在20%，那么投资者的100万元资产，最高可以投资80万元到股票及混合型基金中去。根据基金法，股票型基金的投资比例不低于80%，所以依此角度看，股票型基金为积极型基金，适合的投资对象为积极型投资者。

三、组合中基金的投资风格划分

根据实践，我们认为基金组合中，应该按基金的投资风格进行比例配置。而个基投资风格的方向有：价值型、成长型、主题型、低风险型（如债基、打新基金）。关于价值型，成长型与主题型并没有量化上的严格定义。

但大体上我们认为价值型基金，就是主要以投资大盘蓝筹股为主的基金，如主要投资银行股、电力股、地产等，或者说基金的配置方向以沪深主板的大中盘股为主，比较典型如汇添富价值精选。成长型基金则主要配置了新兴产业个股，或者传统的白马股如海康威视等，或者说基金所配个股以中小板、中证500与创业板为主，比较典型的基金如中邮战略新兴产业。主题型基金则主要是专门投资于为国策导向主题的个股的基金，如国企改革、一路一带、国防军工、生态环保基金，典型的如富国国企改革、长盛一带一路等。当然，关于价值型、成长型与主题型的投资风格划分，主要是针对股票及混合型而言的。低风险的投资风格，就是回撤非常小的基金，一般不会超过10%，包括了保本基金，货币基金，债券型基金，混合型中的打新基金等。

不过，也有人会说，权益类基金的投资方向也可以分为大盘，中盘与小盘，不过现实意义不大，因为若按照市值规模来排名的话，那么经过炒作的中盘经过成长可以变大盘，而中盘经过暴跌也可以变成小盘，总之难以区分。当然，价值，成长与主题，也可以转换，但在主观上相对好判断。

实际上，对于一般的投资者来说，要熟练到看到市场上的股票型及混合型，看看它的走势，重仓、持仓比例，能一眼就看出属于什么风格。当然有些换手高，持仓经常变的，可以归为灵活型风格，不过此类风格由于飘忽不定，所以除非走势非常稳，基金经理非常强，一般不予考虑。

若一个组合需要选 3 个及以上投资风格的基金，那么可以有 5 个组合：价值 + 成长 + 低风险，价值 + 成长 + 低风险，价值 + 主题 + 低风险，成长 + 主题 + 低风险，价值 + 成长 + 主题 + 低风险。但是，话又说回来，并不是不投资低风险的品种，就意味着这个组合的投资风格就是积极型了。因为在前面的基金组合的投资风格确定中，已经明确说明，风险资产的仓位才决定了组合的投资风格，而非投资了高风险品种，就代表组合就是高风险的或是积极型的。在表 11 - 2 中，我们给出了典型的价值型、成长型与主题型基金，其中主题型基金是随着经济政策变化而变动的，目前比较有影响的是 10 大政策主题基金。

表 11 - 2　　基金投资风格的分类与代表性基金（方向还可补充）

基金的风格分类	投资板块或方向	代表基金
价值型	大盘蓝筹（国企）	汇添富价值精选
	二线蓝筹	景顺长城优势企业
成长型	创业板（新兴产业）	中邮战略新兴
	上证 380	南方上证 380
	中小板，中证 500	华商新量化

续表

基金的风格分类	投资板块或方向	代表基金
主题型	一带一路	嘉实周期
	国企改革	工银国企改革
	工业 4.0	前海开源工业 4.0
	生态环保	华宝生态
	国防军工	富国中证军工
	高端装备	长盛高端装备
	沪港通	华夏沪港通
	城镇化	长盛城镇化
	行业主题	如博时医疗保健

四、基金的最大回撤预估

投资者买基金常会与股票一样，喜欢追涨杀跌。我们的看法是，每当买入一只基金，都事先要把风险控制好，而不要急着赚钱。其实，无论是价值型，还是成长与主题型，都要做好回调的准备，我们这里称为回撤。为何要引入回撤？因为它是为基金组合中个基投资的比例确定做准备的，也是风险控制的前提。

所谓回撤，前面章节已经讲过，通俗的说是指投资者买入一只基金之时，可能回调的幅度，它主要用于描述基金的最大亏损幅度或最大止损。比如一个基金，你从 1 元买入，后来涨到 1.2 元，但你没卖，又跌到了 0.8 元见底，那么这个基金的相对于你买入的价格来说，回撤就是 20%，不过你若是 1.2 元买入的，那么回撤就是 33.33%（即 0.4/1.2）。所以，基金组合中回撤，是针对你的买入点来说的。

一般来说，我们要评估的是最大回撤。像下图中，你若 A 点买入，则最大回撤就是 C 点，所以为零，而若 B 点买入，最大回撤虽然同为 C

点，则为50%。那么，到了D点后，若投资者想追涨买入，那么该怎么办？此时要做好一个最大回撤的预估。预估的方法有3种，第一种，是跌破前期的高点（即B点），此时最大回撤为50%，第二种是跌破前期的低点（即C点），此时最大回撤为66.67%。当然，对于较好的基金来说，只要大盘不出现系统性风险，通常不会出现30%以上的大幅回撤。还有一种是，根据行业或指数进行的预估，比如预计大盘要下跌15%，则可以将该基金的最大回撤预估为15%。

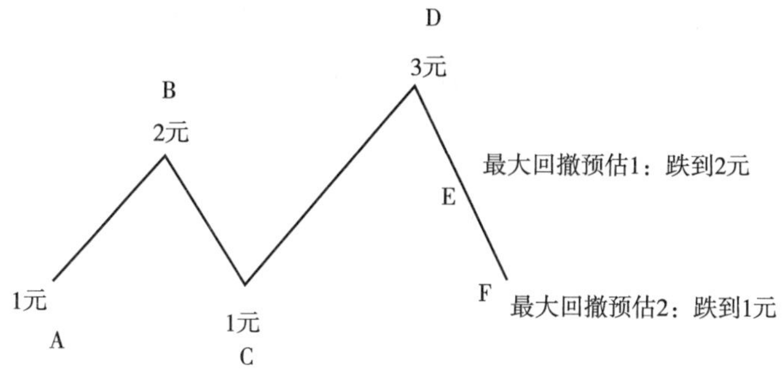

图11-1　基金最大回撤的预估

当然，不同投资风格的基金，在不同市场环境中，最大回撤幅度是不同的。例如，对于沪深300的指数基金来说，假设指数本身的市盈率就在10倍，那么回撤幅度达到20%，即达到8倍就已经很大了。但是，像2015年6月初的创业板指数，其整体估值（即市盈率）已经达到160倍，那么在回撤幅度上，就应该预估很大了。根据各国的横向泡沫以及A股的纵向泡沫来说，一般中小盘的泡沫区间落在50倍到70倍，即使创业板成长性高人一等，也很难超过90倍不破灭。所以，若在2015年6月初要买入汇添富移动互联（000697）这样的成长型基金，那么就要做好创业板指数在估值上下跌到90倍的准备，从而基金的最大回撤事先也应该预估为43.75%（即70/160）。

而对于主题型基金来说，具体还要看该主题指数的估值是否过高。例如像国防军工指数，在股灾反弹后的市盈率依然高达186.77倍，那么你介入军工指数基金，就应该做好跌到90倍市盈率的准备，即做好跌50%的回撤预估。而对于新兴产业主题，我们从计算机、传媒与电子行业可以看到，综合市盈率估计为90倍左右，那也需要做好跌到70倍，甚至50倍的准备，从而创业板介入较多的基金，也要做好20%到40%的回撤预估。即使像医药主题，在过去大体是35倍属于合理，而在2015年7月24日是57.33倍，那么若介入医药主题基金，就要做好回撤38.9%的准备。

表11－3　　2015年7月24日申万一级行业市盈率

指数代码	指数名称	发布日期	收盘指数	成交量(亿股)	涨跌幅(%)	换手率(%)	市盈率(倍)
801740	国防军工	2015-07-24	2554.59	97.30	14.65↑	5.39	186.77
801750	计算机	2015-07-24	6996.55	147.04	7.68↑	5.75	109.45
801760	传媒	2015-07-24	1860.05	94.91	5.37↑	4.68	101.90
801890	机械设备	2015-07-24	2086.35	276.60	5.90↑	4.52	97.96
801050	有色金属	2015-07-24	4078.13	226.11	6.36↑	5.78	95.07
801010	农林牧渔	2015-07-24	3848.55	117.16	11.22↑	5.61	94.76
801230	综合	2015-07-24	3787.59	52.66	6.22↑	4.54	87.62
801040	钢铁	2015-07-24	3941.69	143.49	3.68↑	3.01	85.36
801140	轻工制造	2015-07-24	3980.87	89.12	6.87↑	4.64	83.02
801080	电子	2015-07-24	3550.89	200.67	7.54↑	5.37	82.96
801210	休闲服务	2015-07-24	6808.85	19.97	8.21↑	3.94	78.48
801730	电气设备	2015-07-24	7462.04	193.62	6.23↑	5.28	71.55
801770	通信	2015-07-24	3529.94	95.64	10.90↑	4.76	70.53
801150	医药生物	2015-07-24	9391.92	155.74	4.10↑	3.83	57.33
801030	化工	2015-07-24	3618.27	325.80	6.18↑	3.23	55.61
801200	商业贸易	2015-07-24	6255.63	130.08	6.46↑	4.60	48.38
801130	纺织服装	2015-07-24	4091.63	95.43	10.04↑	5.80	45.90
801020	采掘	2015-07-24	4531.87	172.17	6.78↑	1.82	42.46
801710	建筑材料	2015-07-24	5773.33	82.86	6.66↑	4.66	35.05
801170	交通运输	2015-07-24	4146.38	292.96	7.33↑	3.14	33.14

资料来源：http：//www. swsindex. com/idx0200. aspx？ columnid＝8838&type＝Week.

从原则上来说，若是集中投资的话，我们不主张介入最大预估回撤超过30%的基金，因为若真的回撤30%，相当于亏损30%，那么需要实现43%的涨幅，才会回到原来的位置。当然，在2015年创业板的疯狂上涨中，70倍之后的市盈率可以继续扩大到140倍以上，基金还有100%以上的涨幅。所以，若分散投资的话，要介入也是可以，只不过在投资比例上，要严格控制，不能使之一旦发生风险，对总资产造成重大影响，这正是下节将要分析的。

五、组合中基金投资比例的确定

基金组合中的每个基金，到底该买入多少资产比例的资金，并非随意设定的，而是有着严格的运算规则的。首先，我们根据前面刚提到的个基的最大回撤，可以确立个基对总资产造成的最大亏损，即最大回撤等于最大亏损。这里，我们将一只基金的最大亏损占总资产的比例，称为个基对总资产的潜在亏损，我们可以设定2%到10%。通常，我们认为不高于5%为好，因为这样才在触及止损的时候，能坚决止损。这样，就可以得到个基占比公式：

个基占总资产的投资比例=个基对总资产的潜在亏损/个基最大回撤

关于公式的说明如下。比如说，买入嘉实研究，若该基金最大回撤可能为10%，假设事先设定对于总资产造成的最大亏损为5%，则最多只能买入5%/10%，也就是50%的资产比例。更通俗的说，100万元的资产最多买50万元的嘉实研究，那样即使亏损10%，那么，对总资产造成的损失也只有5万元，即5%。

若我们将个基对总资产的潜在亏损都设定为2%，且对于价值型基金做好了回撤15%的准备，而成长与主题做好了30%的准备。于是在仓位上，价值型可以配置13.33%（最大比例为2%/15%=13.33%），主题型与成长型分别为15%（最大比例为2%/30%=6.66%）。这样，就有了26.67%的权益类仓位。若三只基金都止损出局，则对总资产的最大亏损为6%。这样，可以反推回去，该基金组合属于稳健型。

在实践中，我们其实没必要对一开始计算占总资产的比例，因为只要根据基金的最大回撤与对风险资产的潜在亏损，就可以确认基金占风险资产的比例，然后再将仓位乘以该值，就可以得到个基占总资产的投资比例。所以，具体有如下两个公式：

个基占风险资产的投资比例 = 个基对风险资产的潜在亏损/个基最大回撤

个基占总资产的投资比例 = 基金仓位 × 个基占风险资产的投资比例

根据前面所说的保守、稳健与积极的风格，我们对风险资产（权益类基金）的投资比例分别为 20%，60% 与 80%，则单就风险资产的亏损比例控制在 20% 之内，就可以满足组合风险控制的要求。为了说明方便，我们都假定投资权益类基金的总亏损率为 20%。那么，若每个基金对风险资产造成的最大亏损为 2%，则基金数量可以达到 10 个，即有如下公式：

基金的数目 = 风险资产的总亏损/个基潜在亏损

= 风险资产的总亏损/（个基最大回撤 × 个基在风险资产中的占比）

所以，基金的数目与个基的最大回撤及持仓占比是反向关系，它反映了两层意思。第一，若组合中的个基的最大回撤都比较小，则基金的数量可以增多，例如若组合中大多是低风险品种，则基金的数量可以增加。第一，若基金买入的资金比例越小，则可以买到基金数目越多，例如很多量化基金，采取非常分散化的方式，买入的个股数量都在 2% 左右，这样它可以买入的股票数目就越多。

那么，买入的基金数目，该控制在多少呢？显然，太少与太多，都不是构建基金组合的本意。我们可以做如下设定，假设三类风格的风险资产的最大亏损比例都是 20%，我们可以按如下步骤预估权益类基金的数目。

第一，当每个基金最大潜在亏损为 3% 时，则数量可以多于 20%/3%，即可以多于 6 只以上基金；

第二，当每个基金的最大回撤设定都为 50% 时，若最大的潜在亏损为 3%，则每个基金持仓比例将大于 3%/50% = 6%，若都按 6% 计算，则在风险资产中的基金数量不高于 100%/6% = 15 只；

第三，价值型、投资型与主题型至少需要 2 只，所以应该不少于 6 只，主要的原因在于中国的公募基金基金经理更换比较频繁，然后就是不同的基金，即使同一风格的，上涨与下跌并不同步，这样，基金数目增加得越多，同时发生最大回撤的概率越小，从而能很好地将最大亏损控制住。

鉴于上述理由，基金组合中的股票及混合型数量之和，应该不低于 6 只，但不超过 15 只。若算上低风险的债基、打新基金等低风险收益基金，则数量应该不低于 7 只，但不超过 16 只。不过，由于后续的基金组合会动态调整，可能会动态增加一些基金，所以一开始可以从 7 只基金开始构建。

值得一提的是，我们并不是说 5 只基金就不能构成一个组合。因为在实践中，集中投资也是行得通的。例如，我们买入绩优基金的最大回撤一般可以控制在 20% 以内，而若假设潜在亏损为 2%，则一个基金占比为 10%。若预设风险资产的最大亏损为 10%，那么基金个数为 10%/2% = 5 只。也就是说，买入 5 只风格不同的绩优基金，每只持仓为 10%，若个基最大回撤能控制在 20% 之内，则能使总资产的亏损控制在 10% 以内，此时相当于一半权益类基金，一半固定收益类基金，它总体属于我们前面提到的稳健型组合：风险资产比例不超过 60%，风险资产的最大亏损不超过 20%。当然，这里的前提是能有回撤在 20% 之内的绩优基金可以选到，不过，一旦估值处于相对合理的时候，出现的概率就会大大增加。

总之，在构建基金组合时，风险资产的最大亏损比例、个基的最大回撤、个基的潜在亏损，并非一成不变的。但是，风险资产的最大亏损比例不超过 20%，个基的潜在亏损不超过 3%，这两项可以大体固定不变。不过，个基的最大回撤，往往跟随市场环境而变动。通常，估值很高的时候，最大回撤增加，相应的基金持仓占比降低，从而基金数量增加，此时适宜于分散投资，或者说牛市反而适宜于分散投资；而估值低的时候，最大回撤减少，相应的持仓集中，从而基金数量减少，此时适合集中投资，或者说熊市反而适宜于集中投资。

六、基金的动态调整

选好一个基金组合，想要一劳永逸，并不那么容易，原因有五点。第一，基金经理经常变更，尤其是在 2014 年末至 2015 年上半年的牛市期间，大批过往优秀的基金经理选择奔私，所以一旦基金经理更换，组合中的基金可能也会相应调整。第二，基金的止盈问题，基金的涨跌不同步，根据前面所说的风险收益模型，也要适时地做波段操作。除非经历大的系统性风险，否则，不同风格的基金的涨跌是不同步的，即使同一风格的基金，也因投资方向的不同，而呈现不同的涨跌节奏。第三，我们知道最大回撤是事先预估的，一旦跌幅超过最大预估值，则可以采取止损，也可以采取减仓的策略，具体我们在后面讨论。由于基金经理变更不可控，所以这里主要探讨后面两点发生时，该做怎样的调整。

1. 适度止盈的规则

组合中，涉及止盈时，可以不用完全止盈，但需要适度止盈。适度止盈是为了落袋为安，不再让盈利反倒成为亏损。实际上，当有了盈利，后续又可以增加基金，相当于孵化出另一只基金，也还可以抵销因其他基金止损带来的损失。

那么，何为适度止盈？就是每当赚 20%（也可以定为 10% 或 30%），就适度止盈，目的是为了提高抗风险能力，即为了防止较大的回撤将利润抹平。当然，在实际操作中，我们没法做到这么精确，所以一般是超过 20%，就开始做好止盈准备。关于止盈的规则有两点。

第一，价格上升后的止盈。这里的适度止盈规则是：当获利 20% 时候，卖出一部分本金，使得剩余本金是 2 倍的利润，这样资产就分为新的本金 +0.5 倍新的本金，所以相当于收益率变为 50%，这样新的总资产可以承受 33.33% 的回撤——一般而言只要不是熊市或股灾，绩优基金的回撤不会超过这么大，当然对于股票来说就相对常见。那么，若后面基金净值继续上涨，该怎么办呢？我们认为，一旦使得所获利润总和等于本金，即有 100% 利润，则最好卖出本金，这样成本就为零。这其实等价于，若客户在赚 20% 都不做止盈的话，那么一旦获利 40% 以上，最好就全部止盈——此时卖出所有本金，只留下利润。

表 11-4　　适度止盈后持续上涨的处理

基金的状态	净值（元）	本金（万元）	利润（万元）	备注
买入	1	5	0	
适度止盈前	1.2	5	1	
适度止盈后	1.2	2	1	卖出 3 万元本金
持续上涨	1.6	2	2	
持续上涨的二次止盈	1.6	0	2	卖出 2 万元本金

第二，价格回撤使得利润回吐时的止盈。新的总资产回吐 10%（本金加利润都回吐 10%），则可以选择全部卖出，或者将总资产的回吐全部记为利润的回吐，则相当于利润回吐了 30%，这样新的本金将重新调整为 2 倍的新利润。

表 11-5　　适度止盈后遭受持续下跌的处理

基金的状态	净值（元）	本金（万元）	利润（万元）	备注
买入	1	5	0	
适度止盈前	1.2	5	1	

续表

基金的状态	净值（元）	本金（万元）	利润（万元）	备注
适度止盈后	1.2	2	1	卖出3万元本金
首次下跌10%	1.08	2	0.7	利润损失3 000元
首次下跌10%后的止盈	1.08	1.4	0.7	卖出0.6万元本金
再次下跌10%	0.972	1.4	0.49	利润损失2 100元
再次下跌10%后的止盈	0.972	0.98	0.49	卖出0.63万元本金

例如5万元赚了1万元，那么你可以卖出3万元，保留2万元的本金（等于2倍的利润），还保留有1万元的利润，于是就有50%的盈利，它可以承受33%的回撤（3万元的资产回吐9 900元），从而大大增加抗风险能力。这样，2万元的资金，保留了1万元。接下去，新的总资产回吐10%，即3 000元（3万元×10%），则第一个选择是全部卖出，此时剩下9 000元利润，1.8万元本金。第二个选择是将这3 000元作为利润的回吐，则利润剩下7 000元，这样新的本金就需要调整为1.4万元，也就是需要卖出6 000元（即2.7万元－2.1万元），此时新的本金与利润合计为2.1万元。那么，若新的总资产若继续回调10%，则相当于利润回吐2 100元，所以利润还有4 900元，此时新的本金就调整为9 800元，此时需要卖出21 000－（4 900＋9 800），即5 700元，此时新的本金与利润合计为14 700元。

这里，需要注意两个问题。第一，当投资者打算持续做该基金，那么怎么办？我们认为，最好将新买入的筹码与原先的筹码区分开来。第二，还有个何时启动止盈的问题。我们认为在牛市时，有20%时，适度止盈是好的。但是，熊市的话，20%的盈利不容易达到。那么，假如是10%启动的话，则10万元，赚1万元。然后若回撤10%，则可以按上述规则进行减仓。

2. 两种适度止损的规则

根据组合的要求，基金一旦买入后就下跌，若没有达到最大回撤，即止损线，则可以继续持有。而若达到止损线后，那么该怎么办呢？我们首先要考虑的原则是止损。但对于那些趋势依然有望向上或还可能创新高的基金，可以采用适度止损规则。所谓适度，就是说对符合条件的基金，可以不用完全止损。当然，对于很多投资者来说，很难判断手中的基金是否符合条件。这里，提供一个判断标准。第一，看 2015 年 6 月开始的股灾是否使原先排名较好的基金，在 2015 年排名中没有进入前 1/3 之后。第二，看股灾后（截止到 7 月 31 日）的反弹力度是否超过平均。若这两个都符合，则可以作为适度止损的对象。

这里提供两种方法，这两类都可以在不增加资金的前提下进行。其中，第一类方法是在降低仓位后，使得成本不高于最高价的前提下，按风险收益收益模型进行的反复高抛低吸，最终能挽回损失。第二类方法是在降低仓位，同时扩大最大回撤的前提下，不打算挽回损失，但可以减少损失。

（1）解套 = 降仓高抛低吸 + 成本小于最高价

举例，投资者王老师由于看好互联网的发展前景，在 5 月 8 日买入汇添富移动互联（000697），成本为 3 元，买入 10 万份，最高到 3.8 元没有赎回，而 7 月 6 日净值为 1.9 元，亏损达到 37%，请问怎么办？

我们的解答：王老师当时买入该基金，也是基于自身对互联网的认识的。所以，正如前面所说，每个投资者买入一只基金，无非认为该基金主题好，或者市场还将冲破 6000 点。而关于这个最初的观点，可以用该基金的部分去兑现。我们的具体方案如下。

在不增加新的资金，且给出高抛低吸前提前，先要知道降仓的原始公式：

实际投入资产 = 实际持股股数 × 实际的每股成本

其中，实际投入资产 = 最初投入资产 − 套现资产

所以，有问题：假设小明最初有 x 股中国石油，成本为 a 元，请问，

要在 b 元卖出多少股，才会使成本为 c 元?

回答：设卖出 y 股，则：x×a－y×b＝（x－y）×c，即 y＝x×（c－a）/（c－b）

根据上述公式，我们拟定在 2.59 元卖出部分基金，但成本不超过 3.8 元。之所以要控制在 3.8 元，是因为只要创业板没有走熊，那么未来创新高的可能依然较大，那么此时该基金就有解套希望。

所以，问题变为：小王最初有 10 万份汇添富移动互联，成本为 3 元，请问，要在 2.59（风险收益模型的卖出点）元卖出多少份，才会使成本为 3.8 元?

根据公式：y＝ y＝x×（c－a）/（c－b）＝100 000×（3.8－3）/（3.8－2.59）＝66 115 份。

所以，第一步，小王需要在 2.59 元以上卖出 66 115 份汇添富移动互联，这部分看成汇添富移动 A（成本 3.8 以内，33 884 份）。而 2.59 元，减持出的 66 115 份该基金，算为汇添富移动 B，该部分根据风险收益模型公式，则在 1.96 以内较大比例的买入，而在 1.96 到 2.12 增持部分。例如，在 7 月 28 日的 1.852 元净值（这是收盘后的净值，不过大体可以预估到收盘价格也在买入价格区间），就可以买入。

第二步，汇添富移动 A 份额保持不动，除非到 3.8 元解套。

第三步，汇添富移动互联 B，在 2.12 元不断分批买入，这样就有一个好处，将使得成本逐步降低，当全部在 2.12 元以内买入时，成本降大幅低于 3 元以内。

表 11－6　　基金高抛低吸适合介入与卖出的价格（元）

基金代码	基金名称	买入价格	增持价格	持有价格	卖出价格	7 月 28 日举例	
						净值	所处的位置
000697	汇添富移动互联	≤1.96	1.96 至 2.12	2.12 至 2.598	≥2.598	1.852	买入

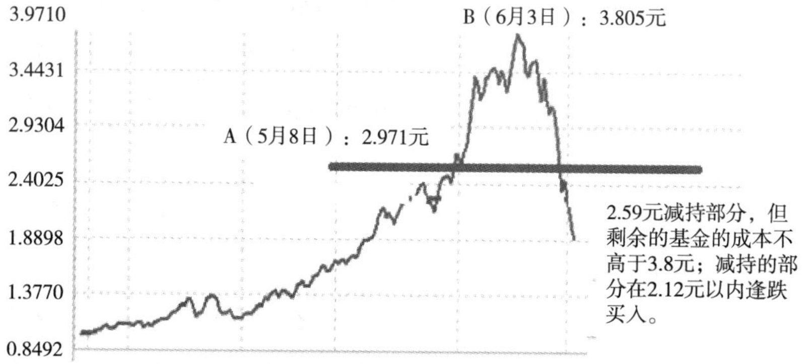

图 11 -2 汇添富移动互联的高抛低吸

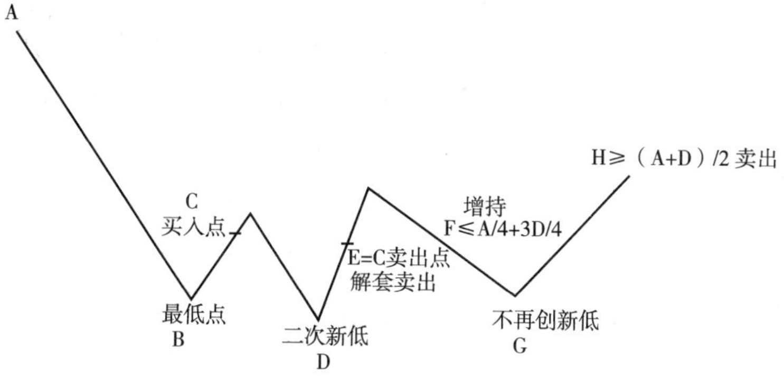

图 11 -3 二次创新低后的买卖程序

第四步，若之后没有创出 7 月 8 日的低点，则可以一直按风险收益模型反复高抛低吸，而一旦跌破 7 月 8 日的低点，则重新按新的低点，计算出新的买入区间，增持区间，持有与卖出区间，而之前买入与增持的份额，一旦到成本就选择卖出，之后按新的买入与增持价格区间介入。例如图 11 -3 中，D 点二次新低后，则 C 点买入的筹码一旦解套就卖出，之后在 F 价格以内可以增持，而 G 也没创新低，则之后可以选择 H 点卖出。

（2）减少损失 = 减仓 + 扩大最大回撤

最大回撤，尽管我们有两个预估，但是在极端情况下，依然有跌破最大回撤的可能。比如，在2015年5月底预估成长型跌幅为45%，但是，在6月26日至7月8日期间的股灾，还是让很多创业板为主的基金，从高位下跌了50%以上。举例而言，某只以创业板为主的基金，假如你从2元买入，预先估计最大回撤到1.2元，即回撤40%，然后由于潜在亏损不大于5%，所以你买入了5%/40% =12.5%的比例——相当于100万元，你买入了12.5万元。

此后会有两个选择，要么跌破1.2元，要么没有跌破1.2元。若跌破了，即亏了5万元，还剩7.5万元，我们的正常策略是止损，因为已经超过了最大跌幅。不过，由于跌幅实在很大，此时你可能难以下手止损，那么我们的下一步补救策略就是减仓，而不是加仓。

此时，你需要再次做出最大回撤的预估，比如预测可能跌到0.9元。这时，你是相当于从1.2元开始预估最大回撤，即最大回撤为0.3/1.2 =25%，此时，在这个基金上面若你只能再承受1万元的亏损，即对总资产的亏损为1%，则只能买入1%/25% =4%，也就是最多只能持有4万元的仓位。而此时你还剩下7.5万元，所以你需要卖出3.5万元，相当于只能持有总资产4%的比例。万一继续跌破0.9元，则最好选择止损出局，此时你在该基金上的最大亏损为6万元。

当然，这4万元，若在1.2元的基础上，继续上涨到2元，则变为6.67万元，加上你卖出的3.5万元，共10.16万元，相当于只损失2.33万元，即让总资产实际亏损2.33%。所以，一旦最大回撤都被跌破了，通过减仓的补救措施，依然可以使得亏损降低。不过，在实践中，下跌时止损或减仓，是逆人性的，所以严格执行纪律是至关重要的。千万不要选择越跌越加仓，因为熊市不言底，万一像日本股市泡沫破灭那样，代价是极为惨重的。

（3）适度止损的总结

总体来说，上述的两类方法中，第一种技巧很高，对于资金充裕的人

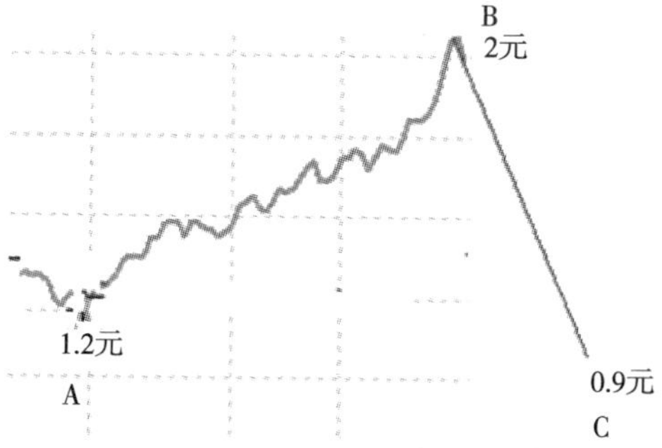

图 11－4　某基金可能的价格走势

来说还可以选择加仓高抛低吸，而对于第二种相对容易，但最终还是选择亏损出局。我们认为，对于投资者来说，若要长久的生存，学会第一种方法是有必要的。

3. 涨跌不同步的调整

基金涨跌不同步时，可以分为上涨与下跌两种情况，不过无论哪种情况，风格的总占比是不能变的。若是上涨，我们一般是降低同一风格中涨势较大的比例，然后适当提高涨幅较小的比例。若是下跌时，在都亏损的背景下，可以不用调整，但若是赚钱情形下的回调，可以加大跌幅大的基金的比例。当然在实践中，两者动态调整的时机，是比较难把握的，若没什么把握一般也没必要调整。

这里以价值型为例，华泰柏瑞量化增强是大盘方向的价值型基金，而华商大盘量化为二线蓝筹方向的价值型基金。一般来说，二线蓝筹与一线蓝筹（大盘蓝筹）会轮流涨，且二线蓝筹先涨，然后才是一线的。像 2014 年 6 月底，两者最初同步，后来华商大盘量化涨势超过华泰量化增强，此时，可以考虑转换将华泰量化增强调入，而降低华商大盘量化的比例。而我们看到，2014 年 11 月 21 日，大盘蓝筹涨时，华泰量化涨幅较大，而华商大盘量化并没有上涨，此时也可以选择重新调整。

一般地，成长型同步的概率较大，不过对于主题型风格的基金来说，

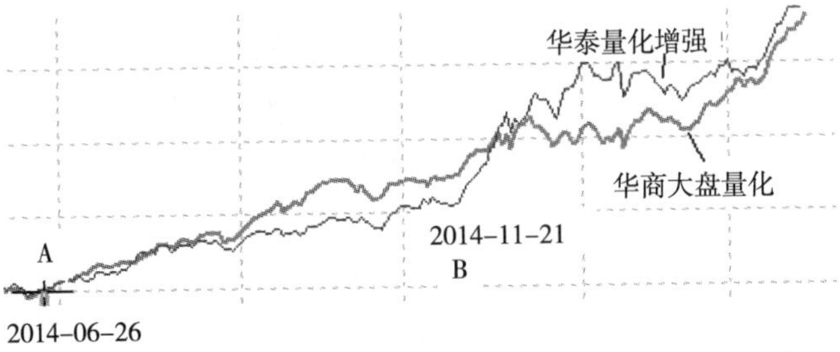

图 11－5　两只价值型基金不同步的对比

相对好把握得多。只要降低涨幅过大过快的主题基金，然后适度提高那些没有上涨的主题即可。当然，若没有把握的话，依然可以不用调整。

七、关于保守、稳健与积极型的举例说明

将上述步骤进行概括，可以得出具体简洁的步骤：

1. 确定组合风格，保守、稳健与积极分别对应不高于两成，六成与八成的风险仓位，风险资产的整体最大亏损比例最好控制在 20% 以内；

2. 确定基金风格，价值、成长，主题以及低风险品种，最好都要有；

3. 基金的最大回撤，即最大亏损预估，最好控制在 30% 以内；

4. 基金数量及投资比例的设定：数量最初可以从 7 只到 9 只基金丌始，而每个基金对风险资产的最大亏损，最好控制在 3% 以内，因此个基的比例最好小于 3%/最大回撤；

5. 基金的动态调整：盈利时设定 20% 的适度止盈规则（熊市为 10%），亏损时可以设定 2 类适度止损规则，也可以利用同风格基金的不同步特点，进行适当调整。

根据上述步骤，我们可以构建出三类组合。关于保守型的组合，构建起来技巧性很小，按照正常的步骤即可。而对于非保本型的，即稳健与积

极型的风格来说，构建有两类方法，一种是按仓位进行，另一种是在基于概率基础，可以适当提高仓位。具体我们以三个组合来说明。

首先，构建保守组合，构建的时间为 2015 年 8 月 3 日。由于经历过股灾后，股指整体在国家队的一系列维稳举措下，开始步入稳定，所以一般基金经理较好的基金，总体回撤幅度有很大的概率控制在 30% 以内。那么，可以构建表 11 -7 的组合。由于是 20% 的风险仓位，那么只要关注 20 万元的风险资产即可，而这 20 万元可以当作总资产来看待。由于价值型，继续出现最大回撤的可能较低，所以我们将价值类的基金投资比例放大，达到 15% 。而低风险品种中，就权益类基金来说，将 C 类的混合型新基金作为首选，因为此类基金申购赎回手续费相对优惠，就短期（1 年以内）来说，会比 A 类好，我们还可以申购打新基金或二级债基。

根据表 11 -7，我们可以对该组合做一个基本介绍：该组合总资产为 100 万元，为期 1 年，其中，80 万元为 5% 的固定收益，对总资产的贡献为 4% ，而其他 20 万元投资 9 只基金，一旦跌破最大回撤，原则上需要止损，从而总体止损为 18% ，相当于对总资产的损失为 3.8% ，从而能做到保本。在实际操作中，若出现某只基金（如新基金），因为封闭期超过最大止损而卖不出的情况时，则开放赎回后需赎回，总之，个基可以超过最大回撤而止损的情况，但总资产不应出现亏损的情况。

表 11 -7　保守型：100 万元资产中 20 万元的基金组合

（基金仓位 20% ，总资产需保本）

投资风格	基金及代码	类型	单只基金的潜在回撤	占风险资产的投资比例	占总资产的投资比例	对风险资产的潜在亏损
价值	汇添富价值精选（519069）	混合型	20%	15%	3%	3%
	富国天成红利（100029）	混合型	20%	15%	3%	3%
成长	招商行业精选（000746）	股票型	25%	10%	2%	2.5%
	华商创新成长（000541）	混合型	20%	10%	2%	2%
主题	长盛生态（000598）	混合型	20%	10%	2%	2%
	工银医疗（000831）	股票型	20%	10%	2%	2%

续表

投资风格	基金及代码	类型	单只基金的潜在回撤	占风险资产的投资比例	占总资产的投资比例	对风险资产的潜在亏损
低风险（新基/债基）	博士新策略 C（001523）	混合型	15%	10%	2%	1.5%
	建信双息红利 C（531017）	二级债基	15%	10%	2%	1.5%
	工银瑞信添颐 B（485014）	二级债基	10%	10%	2%	1%
合计				100%	20%	18%

其次，构建稳健型与积极型的组合，时间也为 2015 年 8 月 3 日，采取的方法也是根据仓位进行配置。对于稳健型组合，我们依然根据保守型的方法进行。通过下表可以发现，在选择相同的基金背景下，若设定基金组合的最大亏损为 20%，则实际上都可以复制保守型，只不过在占总资产的投资比例上，根据仓位的不同而不同，即占总资产的投资比例 = 基金仓位 × 占风险资产的投资比例，例如保守型，则为 20% 占总资产的投资比例。那么，对于积极型风格来说，只要占总资产的比例的仓位改为 80% 就可以了。

同样，根据表 11 - 8，我们可以对稳健型组合做一个基本介绍：该组合总资产为 100 万元，为期 1 年，其中，40 万元为 5% 的固定收益，即对总资产贡献为 2%，而其他 60 万元投资 9 只基金，一旦跌破最大回撤，原则上需要止损，从而总体止损为 18%，相当于对总资产的损失为 10.8%（即 60% ×18%），从而总资产最大亏损能控制在 10% 以内。在实际操作中，若出现某只基金（如新基金），因为封闭期超过最大止损而卖不出的情况时，则开放赎回后需赎回，总之，个基可以超过最大回撤而止损的情况，但总资产不应出现超过 10% 的情况。

表 11－8 稳健型：100 万元资产中 60 万元的基金组合
（基金仓位 60%，总资产最大亏损 10%）

投资风格	基金及代码	单只基金的潜在回撤	占风险资产比例	占总资产比例	对风险资产中的潜在亏损
价值	汇添富价值精选（519069）	20%	15%	9%	3%
	富国天成红利（100029）	20%	15%	9%	3%
成长	招商行业精选（000746）	25%	10%	6%	2%
	华商创新成长（000541）	20%	10%	6%	2%
主题	长盛生态（000598）	20%	10%	6%	2%
	工银医疗（000831）	20%	10%	6%	2%
低风险（新基/债基）	博士新策略 C（001523）	15%	10%	6%	1.5%
	建信双息红利 C（531017）	15%	10%	6%	1.5%
	工银瑞信添颐 B（485014）	10%	10%	6%	1%
合计			100%	60%	18%

最后，我们以积极型组合为例，基于概率角度来构建组合。这里，我们增加了中银稳健双利 B 基金，而将风险仓位提高到 88%，而风险资产的潜在亏损为 18%，所以对总资产的潜在亏损为 16.72%，剩下的 12 万元资金，若利率为 5%，则对总资产贡献为 0.6%。因此，从总资产的潜在亏损来说，亏损为 16.12%，并没有控制在 15% 以内。但是，若从概率角度来说，可以控制在 15% 以内，因为，从概率来说，在 2015 年 8 月 3 日建仓（上证点位在3622 点），全部发生止损的概率是极其小的，尤其对于低风险品种来说，应该不会出现 2 次止损，所以对风险资产的总体亏损可以降低到 17%，这就意味着对总资产的亏损为 14.96%，从而将亏损控制在 15% 以内。

表 11 -9　　积极组合：基于概率基础的基金组合

（基金仓位 88%，大概率下亏损小于 15%）

投资风格	基金及代码	单只基金的潜在回撤	占风险资产比例	占总资产比例	占风险资产的潜在亏损
价值	汇添富价值精选 519069）	20%	15%	12%	3%
	富国天成红利（100029）	20%	15%	12%	3%
成长	招商行业精选（000746）	25%	10%	8%	2%
	华商创新成长（000541）	20%	10%	8%	2%
主题	长盛生态（000598）	20%	10%	8%	2%
	工银医疗（000831）	20%	10%	8%	2%
低风险（新基/债基）	博士新策略 C（001523）	15%	10%	8%	1.5%
	建信双息红利 C（531017）	15%	10%	8%	1.5%
	工银瑞信添颐 B（485014）	10%	10%	8%	1%
	中银稳健双利 B（163812）	10%	10%	8%	1%
合计			110%	88%	19%

通过上述例子的说明，我们可以看出，基于仓位控制及严格的止损，可以很好地完成风险控制，而基于概率角度来说，仓位上可以适度提高，但最好只在大概率不发生全部止损的条件下采取此类方法。不过，由于设置了期限（一般是 1 年），因此，一旦组合在 1 年内出现最大亏损，则该年度就清仓结束交易，这样的好处是像稳健的投资者，则 1 年最多只亏 10%。实际上，从 2006 年到 2015 年来说，出现这样情况的可能只存在 2008 年与 2011 年之中，而其他年份赚钱是很正常的。总体来说，我们认为，在仓位控制下，严格执行止损的操作，会更顺畅，也不会出现意外。

八、案例分析：如何构建穿越牛熊的基金组合？

上述已经系统的构建了基金组合的投资框架，那么，可能大家还会有个疑问，即是否存在不用止盈、止损的穿越牛熊的基金组合呢？我们的答案是，若没有2008年那样断崖似的暴跌情形，则存在这样的稳健型风格，它的历年最大亏损能控制住10%以内，且还能获得很高的复合收益率。为了说明方便，我们在下面构建了一个穿越牛熊的价值＋成长＋主题＋低风险（债券）的稳健型风格组合，并以此得出构建此类组合的注意事项。

1. 穿越牛熊组合的构建与运行结果

就组合的合理构建而言，即使在当下重建一个未来组合，也需要符合四个条件：第一，基金投资风格要始终如一；第二，要经历完整的牛熊市；第三，基金经理离职率低；第四，基金经理要有较好的管理水平。

根据4个要求，我们选择了价值型的博时主题，成长型的富国天惠，主题型的景顺内需（最久远的只有内需主题），债券型的兴全可转债（严格来说是混合型）。不得不说明的是，上述4只基金，整体收益率表现较好，当然，这也是根据四个条件选出的大概率结果。所以，分析下面的组合收益表现，也为我们提供了优秀FOF的运作思路。

这里，我们考虑的是牛熊更迭，所以我们选择2005年12月31日作为基点，即从牛市开始投资，此时组合净值设定为1元。从下图可以看到，先市2006年与2007年的牛市，后是2008年的熊市，而2009年8月前为牛市，之后可以看成熊市，也可以看成是震荡市。需要说明的是，由于是稳健型，则仓位应该控制在60%以内，由于不考虑止损，也不考虑择时问题，所以不用考虑回撤，所以每个基金都采取平均分配，获得25%的比例。当然，这里的组合仅是提供案例参考，业绩只反映过去，不代表未来趋势。

根据4只基金的每日历史涨跌幅数据，经过运算，我们获得三个结果。第一，整个组合除了2008年与2011年两个熊市亏损外，其他年份都有获利，且跑赢通胀。第二，组合在2010年突破了2007年的历史高位，总体保持向上趋势。第三，若截止到2014年底，则组合长期累计收益率

图 11－6　上证指数月线运行图

达到了 649.6%，年化达到了 25% 的复合收益率，整体表现优秀，当然若仓位按六成的话，则累计收益率需要打 6 折，相当于 18% 的复合收益率，该收益率也足以穿越牛熊。当然，假如投资的起点在 2008 年初作为起点，则结果会大大不同，所以，基金投资的起点，最好选择在估值相对合理的时候。

表 11－10　　基金组合的历年收益率与累计收益率

市场描述	运作年份	截止日期	年末组合净值	历年组合收益率	组合累计收益率
牛市	2006 年	2006－12－31	2.1983	119.83%	119.83%
牛市	2007 年	2007－12－31	4.9850	126.77%	398.50%
熊市	2008 年	2008－12－31	2.8152	－43.53%	181.52%
牛市	2009 年	2009－12－31	4.7126	67.39%	371.26%
震荡市	2010 年	2010－12－31	5.0316	6.77%	403.16%
熊市	2011 年	2011－12－31	4.1779	－16.97%	317.79%
震荡市	2012 年	2012－12－31	4.4729	7.06%	347.29%
震荡市	2013 年	2013－12－31	5.5260	23.54%	452.60%
牛市	2014 年	2014－12－31	7.4960	35.65%	649.60%
?	2015 年初至 2 月 13 日	2015－02－13	7.7993	4.05%	679.93%

注：若按六成的仓位，则总收益率要打 6 折。

不过，像2008年出现了43.53%的负收益率，那么，若按照60%的仓位来测算，相当于1年亏损达到26.12%，当然像2011年，则正好10.18%，处于稳健投资风格的止损最大临界点。所以，若将2008年这样的世界性危机排除，则2006年到2014年可以运用稳健型风格的构建方法穿越牛熊。实际上，若将2008年此类的风险也考虑进去，那么可以采取两个方法，以避免止损的发生。第一，就是降低仓位，例如，若考虑基金组合在市场暴跌的年份，最大亏损可能达到50%，则基金组合的仓位可以控制在20%。若按此仓位，则该组合的历年收益率都不会超过下跌10%的情况。当然，总收益率截止到2014年底，9年复合年化收益率在10%以上——该收益率也比理财高很多。第二，就是将债券基金的比例提高，不过具体提高到多少，并不好控制。所以，总体还是控制仓位为好。

2. 基金组合与市场的比较

显然，从上面的上证运行图可以看到，跟踪主板指数的基金，例如像沪深300指数基金，并不能穿越牛熊，那么，上述组合与市场，稳健型组合的优势在哪里呢？通过与沪深300的比较，我们可以得出三个结论。第一，牛市时期，稳健的基金组合，难以跑赢市场。第二，稳健的组合，在震荡市与熊市的时候，一般能跑赢市场。第三，累计超额收益率的获得，主要来自于熊市与震荡市。

表11－11　　　　基金组合相较于市场的表现

市场描述	运作年份	组合收益率		沪深300收益率		超额收益率	
		历年	累计	历年	累计	历年	累计
牛市	2006年	119.83%	119.83%	121.02%	121.02%	-1.19%	-1.19%
牛市	2007年	126.77%	398.50%	161.55%	478.08%	-34.78%	-79.58%
熊市	2008年	-43.53%	181.52%	-65.95%	96.84%	22.42%	84.69%
牛市	2009年	67.39%	371.26%	96.71%	287.20%	-29.32%	84.06%
震荡市	2010年	6.77%	403.16%	-12.51%	238.76%	19.28%	164.40%
熊市	2011年	-16.97%	317.79%	-25.01%	154.03%	8.04%	163.76%

续表

市场描述	运作年份	组合收益率		沪深300收益率		超额收益率	
		历年	累计	历年	累计	历年	累计
震荡市	2012年	7.06%	347.29%	7.55%	173.21%	-0.49%	174.07%
震荡市	2013年	23.54%	452.60%	-7.65%	152.31%	31.19%	300.28%
牛市	2014年	35.65%	649.60%	51.66%	282.66%	-16.01%	366.94%
待定	2015年初至2月13日	4.05%	679.93%	-1.81%	275.73%	5.86%	404.20%

从风险角度，我们可以比较下在市场极端情况下，基金组合的表现。我们挑选了2007年10月16日的6124点，2008年10月的1664点，2009年8月的3478点，2010年11月的3186点，2012年12月4日的1949点（注：考虑到多数指数在该点共振，故不选择2013年的6月），作为市场的转折点。

比较从最高点到最低点的回撤，我们可以发现，基金组合的最大回撤幅度，都显著地小于上证指数。所以，基金组合即使在牛市的时候不助涨，但也依然可以凭借抗跌性，屡创新高。而从最大回撤49.99%可以知道，前面将极端情况下，稳健型组合的最大回撤设定为50%是合理的。

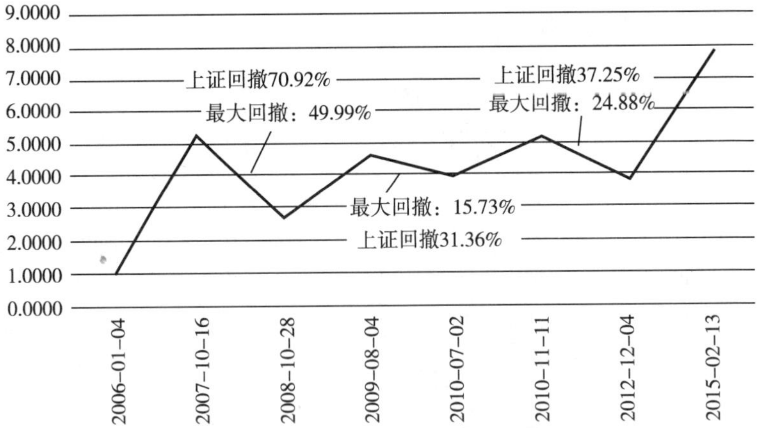

图11-7　基金组合的最大回撤

总体来说，在控制回撤前提下，若获得超额收益率，则能做到穿越牛熊。

3. 构建牛熊组合的经验

根据对基金组合的分析，我们可以知道一个优秀的 FOF 组合，若要长期穿越牛熊而不败，需最好满足五个条件。

第一，组合的构建，最好考虑稳健型组合的构建方法，最好考虑到股票投资方向的多样性（比如涉及价值、成长与主题），以及基金类型的多样性（比如要涉及权益类与固定收益类）。

第二，由于要穿越牛熊，中间不经历过止损，则需要将仓位控制在六成以内，若考虑到像 2008 年的极端情况，则需要将基金的投资仓位控制在 20% 以内。

第三，穿越牛熊的基金组合构建的起点，最好是在市场估值合理之时，而不该选择高估之时，例如，我们可以选择在 2000 点构建组合，而不选择在 5000 点。所以，若市场已经处于高估（例如 PE 在 50 倍上方），我们最好放弃构建牛熊组合，而采取前面系统的组合方法。

第四，必须按照合理的条件进行构建组合，前面四个条件可供参考。所以，投资者若要再次构建一个组合，核心不在于市场是好是坏，而在于基金经理。显然，我们需要基金经理经历过牛熊市考验，过往多数基金业绩处于中上，基金经理离职率低，还需要操作风格始终如一。

第五，整个组合在构建上，若要做到长期趋势向上，则首要的前提是最大回撤率需要尽可能降低。考虑到 A 股市场牛短熊长的特征，所以应该将抗跌性摆在比助涨更显著的位置，当然在基金选择上，可以优先考虑既助涨又抗跌的基金。当然，未来若市场走向牛长熊短的成熟特征后，可以将助涨性放第一位。